실전 글로벌 비즈니스 영어

Preface

다양한 산업의 글로벌 비즈니스 무역 경험으로 『실전 글로벌 비즈니스 영어』를 출간하게 된 바, 본 서적이 글로벌 비즈니스 지침서가 되어 대학생, 취준생, 국제 무역사 응시자, 직장인 및 사업하시는 분들에게 실질적인 도움을 줄 수 있기를 기대한다.

본 『실전 글로벌 비즈니스 영어』는 비즈니스 영어, 글로벌 비즈니스 know-how와 무역 실무, 영문 계약서 상용어(법률 관용어 포함) 와 계약서 작성 주의 사항을 수록한 바, 간접 경험을 통해 BIZ 추진에 크게 주효할 것이다. 또한, 다양한 상황에 적합한 비즈니스 회화 및 영작문을 자유자재로 하게 되어 글로벌 거래뿐만 아니라 관련 영문 계약서를 협상, 체결하는데 자신감 있는 businessperson이 될 것으로 기대한다.

저자는 상경대 졸업 후 LG상사를 첫 직장으로 세계 유수 업체들에서 근무하였으며, 개인 무역 회사 운영, 외국 회사에 회사 매각, 실제 M&A를 경험하였으며, 미국 회사 지사장, 중국 회사 지사장 등 여러 산업 분야에서 다양한 품목 수출입 및 독점 대리점 비즈니스를 하였다. 또한, R&D, 생산, QC, 계약 등 회사의 전반적인 업무에 친숙한 engineering salesman이 되어 글로벌 비즈니스를 추진하였으며, 그러한 경험을 바탕으로 국제 무역사 무역 영어 시험 출제위원을 한 바 있다.

『실전 글로벌 비즈니스 영어』는 이러한 경험을 바탕으로 회사 업무에 가장 필요한 내용, 무역 실무 및 비즈니스 실전에 가장 자주 사용되는 영어 표현을 압축 요약한 것이다. 거래처 발굴에서부터 상담/접대/협상/공장 실사/계약/발주/생산/선적/클레임 해결까지 무역 실무에 실제 사용되는 핵심 문장들을 상황별로 분류하여 영어 실력과 상관없이 누구나 손쉽게 활용할 수 있다. 또한, 거래처와의 인간관계 수립/돈독함을 위한 Protocol 영어도 관련 상황에 맞게 편집하였다.

『실전 글로벌 비즈니스 영어』의 특징은,

첫째, 100% 현장 영어이다.

둘째, 비즈니스 영어를 왜 이렇게 작성하여야 하는지를 일부 문장들 밑에 businessperson의 관점에서 설명하였다. 예를 들면, 가격 인상 요청을 어떻게 해야 수락할 가능성이 큰지, 고객의 가격 인하 요청을 어떻게 논리적으로 거절할 수 있는지 등을 설명하였다.

셋째, 각 상황에 핵심적으로 필요한 business point와 tip을 달아 놓았다. Business point는 비즈니스에 통용되는 규정과 지식이고, business tip은 비즈니스에 도움이 되는 부연 설명이자 hint이다.

넷째, 글로벌 비즈니스에서 발생하는 다양한 상황에 맞는 적합한 영어 문장들이 세분되어 있어 사전에서 단어 숙어 찾듯이 그 상황에 맞는 문장들을 즉시 찾아 활용할 수 있다.

다섯째, 진정한 비즈니스·무역인이 되기 위해 연구 개발, 생산 수율, 생산성, 품질 관리, 유해 물질, 환경 관리, 협력 업체 선정 등 외국 업체를 한국의 대기업 제조업체의 협력 업체로 만드는 실제 상황에서 발생하는 핵심 사항들을 간추려 놓은 바, 영어 설명이 가능할 것이다.

여섯째, 본문은 한글-영어의 순으로 되어 있고, 패턴 연습에는 영어- 한글 순으로 되어 있는 바, 한 번은 영작, 한 번은 독해 연습을 할 수 있어 비즈니스 영어를 익히는 데 큰 도움이 될 것이다.

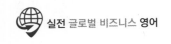

일곱째, 영문 계약서에 자주 사용되는 상용어와 법률 관용어를 정리하여 일반 businessperson이 어려워하는 영문 계약서를 쉽게 접근할 수 있도록 하였다.

그리고, 「실전 글로벌 비즈니스 영어」에 있는 문장들은 단문 위주로 되어 있는 바, 이를 자유자재로 활용할 수 있다면 해외 거래처 상담 및 Protocol에 크게 유용할 것이다. 영어가 모국어가 아닌 국가를 상대로 하는 글로벌 비즈니스의 경우 문어체 영어가 가장 효율적이며, 문법에 맞는 영어를 구사한다면 확실한 의미 전달이 쉽게 이루어지기 때문이다.

영어를 제2외국어로 사용하는 아시아, 유럽, 남미, 아프리카 기업과 영어 소통 시, 가급적 부정문 사용은 자제하는 것이 뒤탈이 없다. 왜냐하면, 부분/완전 부정문을 정확히 구별할 수 있는 businessperson이 많지 않기 때문이다. 만에 하나, 부분/완전 부정문을 꼭 사용 하여야 한다면 상대방의 회신을 Yes, No로 판단하지 말고 정확히 무엇을 의미하는지 짚고 넘어가야 추후 논쟁의 소지가 없을 것이다.

또한 글로벌 비즈니스에서 주의할 사항 중 하나는 무역의 Incorterms 규정과 영문 계약서의 영문법이 다른 경우도 있어, 계약서가 Incortems 기준인지 아닌지를 명확히 할 필요성이 있다. 예를 들면, 기산일 계산이 상이할 수도 있는 바, 문제가 될 소지가 있다면 전치사를 하나 추가하여 분쟁의 소지를 미리 없애는 것이 안전하다.

그리고 영문 계약서는 핵심 사안들만 먼저 확정하면 나머지 사안들은 거의 틀에 박힌 문장들을 사용하는 경우가 많아 쉽게 작성 가능한 바, 핵심 사안 확정 전에 전체 계약서를 반복적으로 검토 수정하는 것은 비효율적이며 시간 낭비이다. 또한, 계약 대상 비즈니스의 기본 구조를 이해하여야 계약서 작성이 쉬울 것이다. 마지막 Chapter에 있는 영문 계약서 상용어만 숙지하면 영문 계약서 접근이 쉬울 것이다.

「실전 글로벌 비즈니스 영어」는 인위적으로 만든 문장들이 수록된 것이 아니고 실제 비즈니스 상황에 사용된 영어 문장들과 실전 비즈니스 상황이 설명되어 있다. 옆에 두고 참고하면 활용할 기회가 왔을 때 자연스럽게 적용할 수 있으며, 자신도 모르는 사이 글로벌 비즈니스의 전문가가 되어 있을 것으로 확신한다.

끝으로 「실전 글로벌 비즈니스 영어」를 출간하여 주신 한올출판사 임순재 사장님과 바쁜 일정에도 불구하고 본 서적 출간을 위해 수고하신 최혜숙 편집장님께 감사의 말씀을 드린다.

2024년 1월

아펠바움에서

저자 장시혁

Contents

실전 글로벌 비즈니스 영어

실전 글로벌 비즈니스 영어
Practical Global Business English

Chapter 01

영문 계약서 일반

1 계약의 핵심 사안

계약이란 필요한 것을 주고받는 것이다. 복잡한 계약서도 핵심 사안은 단순하다. 이 핵심 사안들만 결정되면 나머지 사안들은 요식 행위다. 따라서, 계약서를 작성할 때는 그 계약의 핵심 사안만 미리 협의 결정하면 부수 사안들은 합의가 쉬우며, 나머지는 요식 행위에 따라 작성하면 된다.

『계약 사안 하나 변경될 때마다 전체 계약서를 검토』하는 것은 바람직하지 않다. 그건 시간, 돈 낭비이다. 또한, 계약서 전체 내용이 틀어지고 큰 실수를 범할 수도 있다. 따라서 계약서 작성, 체결은 아래와 같이 하는 것이 효율적이다.

· 핵심 사안 협의 결정
· 부대 사안 합의
· 나머지 사안 요식 행위 작성으로 추진

각 거래의 핵심 사안을 정리하면 대략 다음과 같다. 물론 특정 계약의 경우, 핵심 사안은 변동될 수도 있다. 이는 계약 체결 당사자의 이해관계와 시장 상황에 달린 것이다.

계 약	핵심 사안
상품 매매	상품, 품질, 가격, 결제 조건, 납기
기밀 유지	기밀 유지 대상, 기간, 이해의 상충
대리점	독점 여부, 의무 구매량, 판매량, 커미션, 가격, 기간

계 약	핵심 사안
기술 이전·도입	기술의 의미, 특허, 기술 이전·도입 내용, 로열티
합작 투자	투자의 주체, 지분, 경영권, 이사회, 배당, 생산, 마케팅, 기간
제품 개발	개발 제품 내용, 개발비, 개발 후 권리, 의무 구매, 파생 제품
M&A	M&A 대상의 적격성, 비용, 매출 채권, 채무, 소송, 특허, 고용
고용	피고용인의 형태, 급여, 보너스
임대차	기간, 월세

 2 계약의 구조와 주의 사항

 계약의 구조

계약서는 계약 당사자 간의 권리·의무 내용을 명확히 하는 것인 바, 육하원칙에 따라 명료하게 작성되어야 한다.

일반적으로 는 다음과 같은 구조로 작성된다.

· 표제(Title)
· 전문(Nonoperative Part) : 일자/계약 당사자/설명 조항
· 정의 조항(Definition)
· 계약의 주된 내용
· 계약상 일반 조항
· 계약 기간
· 계약 해지

- 불가항력
- 중재, 준거법, 재판 관할
- 통지
- 다른 계약과의 관계 – 완전 합의(entire agreement)
- 말미 문언
- 서명(signature) 및 날인(seal)

 주의 사항

모든 계약서에는 poisonous clause(독소 조항)가 숨어 있을 수 있다. 확연히 나타나 있는 독소 조항도 있지만, 몇 가지 조항을 연계시킬 때 독이 되는 조항들이 있는 바, 특히 이를 조심하여야 한다.

『계약을 체결할 때는 핵심 사안에 관한 결정이 가장 중요하다.』 즉, 계약 체결의 목적과 그에 따른 핵심 사안 합의가 가장 중요한 것이므로, 핵심 사안에 대한 합의를 먼저 하여야 한다. 계약서 조항 변경될 때마다 복잡한 계약서 전체를 계속 검토하는 것은 시간 낭비이다. 핵심 사안이 정해지면 전체 계약서 작성은 기계적으로 작성할 수 있다.

그리고, 계약서 작성 때 실수하기 쉬운 사안은 『당연한 사안이라고 계약서에 명기하지 않는 것』이다. 이 당연한 사항을 계약서에 명기하지 않아 추후 낭패를 볼 수도 있기 때문에 당연한 사항이라도 계약서에 명기하는 것이 분쟁을 예방할 수 있다. 왜냐하면, 이 당연한 사안도 계약서에 명기되어 있지 않다면 분쟁 발생 시 입증을 하여야 하기 때문이다.

즉, 예를 들어, 어떤 부품을 개발할 때, 그 부품의 당연한 사양을 명기하지 않고 개발 진행하였는데, 개발한 성능은 잘 작동하나 당연한 성능상에 문제가 발생하여 만족스럽지 못할 경우도 있다. 이 경우, 이 부품 개발은 실패했지만 실패로 인정받는 것이 그리 쉬운 일은 아니다. 계약서에 확실히 명기했으면 증명 책임이 없을 것이나, 계약서에 명기되어 있지 않으면 당연한 사안을 입증하여야 하는 의무까지 발생한다. 소송이 진행되면 법원의 판결을 구해야 하지만, 법원의 관점에서는 「계약서에 명기되어 있는 사안과 명기되어 있지 않은 사안은 전혀 별개의 사안」으로 간주할 수도 있기 때문이다.

사업마다 핵심 사안이 조금씩 상이할 수 있으나, 계약의 기본은 「무엇을 주고 무엇을 얻을 것인가?」이다. 즉, 「책임과 의무는 무엇이고 권리와 이득은 무엇인가?」이다. 여기에 대한 trade-off만 합의되면 계약의 기본 구조가 확정되기 때문에 계약서 작성 체결은 어렵지 않다. 단, trade-off의 가치 평가는 상대방의 속사정을 잘 알아야 뭘 주고 뭘 받을 것인가를 추정할 수 있는 바, 정보 입수가 중요하다. 나에게는 90만큼 가치가 있으나 상대에게는 100의 가치가 있으며, 그 반대일 수도 있다.

계약 당사자는 누구나 계약서를 유리하게 작성하기를 원한다. 계약 당사자의 계약 체결에 대해 애절함이 다를 경우, 예를 들어, 「이번 계약을 체결하지 못하면 공장 가동이 되지 않아 직원 급여를 지급하지 못하고 회사가 파산할 수도 있는 상황에 있는 업체」라면 불공정한 계약이라도 체결하여 일단 오더 수주하려고 할 것이다. 하지만, 그게 아니라 『계약이 체결되면 좋고, 안 되면 그만이고』의 상황에 있는 업체라면 공정하고 합리적이고 상호 호혜적인 계약 체결이 가능할 것이다.

계약은 상호 호혜의 원칙하에 체결이 되는 것이 기본 원칙이므로
항상 상대방의 처지에서 생각하여 계약 문구를 작성하는 것이
장기적인 비즈니스 파트너(사업 동반자) 확보에 주효하다.

핵심 사안을 몇 가지 들면 다음과 같다.

· 제품/사양/품질/하자 보증
· 가격/납기/계약 기간
· 독점권 유무
· 로열티(기술 이전 계약, 합작 투자 등)
· 책임 vs. 불가항력
· 기타

Chapter 02 회사 소개

 1 회사 소개 시작 문장

귀사에 연락드리게 되어 기쁘고 영광스럽습니다.

We are pleased and honored to write this e-mail to your prestigious company.

• 귀사 : prestigious/preeminent/esteemed company/firm

결례를 무릅쓰고 귀사에 연락드립니다.

We would like to take the liberty of writing this e-mail to your preeminent firm.

• take the liberty of ~ing; take the liberty to do:
실례를 무릅쓰고 ~하다, 실례이지만 ~하다

귀사 제품의 한국 판매 가능성 타진을 위해 귀사에 연락드립니다.

We are writing this e-mail to your preeminent firm in order to tap the possibility of selling your products in Korea.

이차 전지 산업에 관련된 한국 소재 무역 회사입니다.

We are a trading company in Korea which is heavily involved in secondary battery industry.

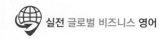

지난 달 서울에서 개최된 스마트 전시회에서 귀사 부스에 전시된 최신 5G 전화기에 감명
받았습니다.

We were impressed by the newest 5G phones displayed at your booth at
the SMART Exhibition which was held in Seoul, Korea last month.

당사는 한국에 있는 주요 전자 부품 회사들 중의 하나이며 새로운 하이테크 부품을 만드는 것에
관심 있음.

We are one of the major manufacturers of electronic parts in Korea,
and are interested in making a new high-tech part.

당사는 네나 그룹의 전담 수출입 창구이자 한국의 유수 무역 회사들 중 하나입니다.

We take this opportunity to introduce our company, Nena Trading Corp.,
as one of Korea's preeminent trading companies as well as the exclusive
import and export arm of Nena Group.

🎤 패턴 연습

introduce A to B: A를 B에게 소개하다

We have the pleasure of introducing our company, SHSH Trading Corp.,
to your prestigious company.

귀사에 당사를 소개드리게 되어 기쁩니다.

- It is my great pleasure to introduce A to B.
  A를 B에게 소개하다. 일반적으로 누구를 소개할 때, 그 사람에 대한 설명은 글을 읽는 사람의 편의를
  위해, introduce to B + A + A에 대한 설명의 형식으로 많이 사용함.

  It is my great pleasure to introduce to you Mr. SH Kim, Executive Director of our
  5G Phone Division, who will represent our company at the seminar.
  ☞ SH Kim에 대한 설명이 있음

상호 호혜적인 사업 관계 수립을 위해 귀사에 연락드립니다.

We take the liberty and honor of writing this message to your prestigious
company in order to establish mutually beneficial business relationship.

당사는 큰 체인망을 갖고 있는 도매상이며 10대용 청바지를 다양하게 공급할 수 있는 제조업체를 찾고 있습니다.

We are a large chain of wholesalers and are looking for a manufacturer who can supply us with a wide range of blue jeans for teenage market.

🎙 패턴 연습

이번 기회에 ~하다, ~할 기회를 잡다:

would like to   take/seize   this opportunity to 동사 원형;

would like to   take/seize   this opportunity of ~ing

We would like to take this opportunity to expand our business line to semiconductors.
이번 기회에 반도체로 사업을 확장하고 싶습니다.

We wish to take this opportunity to thank you very much for your strenuous efforts of selling our touch screen.
이번 기회에 당사의 터치스크린 판매를 위한 귀사의 부단한 노력에 감사드립니다.

- Opportunity seldom knocks twice.   좋은 기회는 두 번 다시 오지 않는다.
- at/on   the first opportunity: 기회가 있는 대로   equality of opportunity: 기회 균등
- have an/the opportunity for/of ~ing; have an/the opportunity to 동사 원형: ~할 기회가 있다
- lose/miss/neglect   no opportunity of ~ing; lose/miss/neglect   no opportunity to 동사 원형: ~할 기회를 놓치지 않다

대한무역진흥공사를 통해 귀사를 알게 되었음.

We received your esteemed company's name through Korea Trade Promotion Corporation.

당사 뉴욕 지사를 통해 귀사 이름을 알게 되었으며, 당사를 소개드리고자 합니다.

We have got your esteemed company's name through our branch in New York, and would like to take this opportunity to introduce ourselves, KFS Trading Corporation, to your prestigious company.

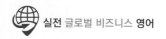

TTK사 사장인 SH Park의 소개로 귀사에 연락드리게 되어 영광스럽습니다.
Through the courtesy of Mr. SH Park, President of TTK Corp., we have the honor of writing this message to your prestigious company.

네나무역 사장의 소개로 귀사 이름을 알게 되었습니다.
Your preeminent company name was given to us by Mr. SH Kim, president of Nena Trading Corp.

패턴 연습

~의 소개로 : through/by   the courtesy of ~

We, Nena Trading Corporation, are pleased to learn about you and your esteemed organization through the courtesy of Mr. GH Park, President of Nena Cable, Inc.
당사 네나무역은 네나전선 사장 소개로 귀하 및 귀하의 조직을 알게 되어 기쁨.

- by courtesy; as a matter of courtesy : 예의상, 호의로, 무료로
- do a person the courtesy to do(of doing) : 아무에게 정중하게 ~하다 ; 아무에게 일부러 ~해 주다
- to return the courtesy : 답례로

2 회사 소개 내용

연 혁

company introduction - profile(at a glance)
☞ 연혁에는 일반적으로 아래 사항 정도만 간단히 기재한다.

회사 이름 : name of company

설립 연도 : year of establishment

대표 이사 : president & CEO

납입 자본금 : paid-in capital

매출액 : sales, sales revenue, revenue

본사 소재지 : address of headquarter

종업원 수(총, 연구소, 품질 관리, 생산) : number of employees(total, R&D, QC, production line)

직원이 총 500명이다. 80%가 생산 라인에서 일하며, 10%가 연구소, 5%는 품질 관리, 4%가 영업 부서, 1%가 총무부에서 일하고 있다,

We have a 500-person work force. 80% are working at the production line. 10% are R&D engineers. 5% are QC, 4% are at Sales Department, and 1% at General Affairs Department.

• work force : 직원, 노동 인구, 인력
　We have a 500-person work force.　☞ Our employees are 500 persons.
　☞ 연구소 직원의 전체 직원 비중, 연구 개발비가 매출액 대비 몇 %를 차지하는지가 기업 평가의 주요 요소 중의 하나다.

🖋 사업 분야

우리의 사업 분야는 태양광 유리 수입/판매입니다.
Our business venue is to import/sell solar glass.

귀사의 주 사업 분야가 무엇인지요?
What's your main business venue?

당사는 거의 모든 종류의 화학품을 취급한다.
Our company deals in almost all kinds of chemicals.
- almost all: 거의 모든
- deal in: 취급하다, 관계하다

우리의 주 사업은 첨단 기술 기계를 한국 내 관련 제조업체들에게 제공하는 것임.
Our main business is to introduce high-tech machines to the makers in Korea who need them.

그 회사는 창립 이래로 항상 수익이 낮으나, 단계적으로 사업을 확장하고 있다.
The company always generated profit ever since establishment.
It, however, has been expanding its business step by step.
- ever since ~한 이래로, 그 후로 쭉
  The couple never fought with each other ever since marriage.
  결혼한 이래로 싸운 적이 없다.

🎙 패턴 연습

~로 사업을 확장하다 : expand business to ~
사업 확장 : business expansion, expansion of business

We have been expanding our business to high technology fields.
고도 기술 사업 분야로 사업 영역을 확장하고 있다.

The one-man company has expanded into a big company with 1,000 workers.

그 일인 회사가 지금은 직공이 천 명인 회사가 되었다.

Metal is expanded by heat.

금속은 열에 의해 팽창된다.

We hope that you can use all your powers to expand the sales of our 5G mobile phones. In order to complement your best efforts, we will also put forward our best mobile phones. If there is any obstacle, please do not hesitate to contact me personally.

귀하의 모든 역량을 다해 우리의 5G 핸드폰 판매를 확대하여 주시기 바람. 귀하의 영업력에 걸맞게 우리도 최상의 핸드폰을 제공해 드릴것임. 걸림돌이 있으면 언제라도 개인적으로 연락 바람.

It is out of doubt that the business cooperation between your company and ours will be expanded and deepened through your newspaper.

이번 신문 기사로 귀사와 당사의 비즈니스 협력이 심화될 것으로 확신함.

당사는 2022년 1억불의 핸드폰 안테나 수출액을 달성함. 한국에서 가장 큰 안테나 업체로의 위상을 굳혔음.

Our export amount of cellular phone antenna reached US$100 Mil in 2022. It solidified the position as the largest antenna company in Korea.

🎤 패턴 연습

~로의 위치를 굳히다/굳건히 하다 : solidify the position as ~

The company solidified the position as Korea's undisputed manufacturing leader of a variety of parts and components for mobile phone.

그 회사는 핸드폰 부품 업체의 선도 기업으로서의 입지를 확실히 굳혔다.

• undisputed, out of question, beyond question:
  의심할 것 없는, 이의 없는, 확실한, 논쟁의 여지가 없는
  out of the question; impossible: 불가능한

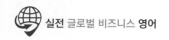
- dispute: 논쟁/논의하다, 의문시하다, 문제 삼다, 토론/논의/논쟁/반론
  We disputed whether or not we would adopt the proposal.
  우리는 그 제안의 채택 여부에 대해 논의했다.
  The fact cannot be disputed.
  그 사실은 의심할 여지가 없다.
- dispute with/against A(about/on/over) B: B에 대해 A와 논쟁하다
  General Manager disputed with manager(about) the cause for defectiveness.
  부장은 과장과 불량 원인에 대해 논쟁했다.
- beyond/out of/past/without dispute: ~논란의 여지없이, 분명히
  in dispute: 논쟁 중의, 미해결의
  a point in dispute: 논쟁점

우리는 양극재를 수출하며, 연간 규모는 천억 불이다.

Our export is cathode material, and the annual amount is US$100 billion.
Our annual export amount of cathode material is US$100 bil.
Our export amount of cathode material is US$100 bil/year.

- annual; yearly: 연간의

우리는 고철을 수입하며 연간 수입액은 100억불이다.

Our import is steel scrap, whose annual amount is US$10 billion. We import
US$10 billion of steel scrap annually.

당사는 당 그룹의 15개 계열사의 후원을 받고 있는 종합 무역 상사임.

We are a leading general trading company, backed up by fifteen sister
companies of our Group.

- venue/line/field/area of business; business venue/line/field/area: 사업 분야
  That's not(in) my line of business.
  그것은 내 분야가 아니다.
  Everybody's business is nobody's business.
  (속담) 공동책임은 무책임.
- venue/area/field of cooperation: cooperation venue/area/field: 협력 분야

🎙️ 패턴 연습

~로(잘) 알려져 있다 : be known as ~

In the technology business, we are known as a pioneer importer not only of facilities and materials, but also of technical know-how.

기술 사업 분야에서 당사는 설비/자재를 비롯하여 기술 수입의 선도적인 업체로 유명함.

- pioneer/herald/harbinger/first penguin : 개척자, 선구자, 솔선자, 주창자, 선봉
- not only A but also B; B as well as A: A뿐만 아니라 B도 ~하다
  동사는 B에 따라 단·복수 사용

  Not only general manager of Marketing Department but also his staff members have been making a detailed market analysis report.
  His staff members as well as general manager have been making a detailed market analysis report.
  마케팅 부서의 부장뿐만 아니라 모든 직원들이 상세한 시장 분석 보고서를 작성하고 있음.

We are known as the technology-oriented company in Korea. We welcome any new innovative technology that you can offer to us.

당사는 한국에서 기술 지향적인 회사로 잘 알려져 있다. 귀사가 당사에 오퍼할 수 있는 어떤 새로운 혁신적인 기술도 환영합니다.

🎙️ 패턴 연습

후원하다, 지지하다 : back up

SH EMI Shielding Co., Ltd., is backed up by the owner of one big company, which is one of the largest mobile phone companies in the world, and so its future is bright. The high frequency product like mobile phone requires lots of EMI shielding. Therefore, it seems OK for you to buy the stock of SH EMI Shielding now.

SH이엠아이는 세계 최대의 핸드폰 회사들 중의 한 회사 오너가 후원하는 덕분에 전망이 밝다. 핸드폰과 같은 고주파 제품들은 전자파 차폐를 많이 하여야 된다. 따라서 SH이엠아이 회사 주식을 매입하는 것은 괜찮아 보인다.

- EMI: electro magnetic interference(전자파 장해)

The purchasing manager's tip on the internal progress with the present vendors was priceless. Backed up by the tip, the company could submit the competitive price as the potential vendor.

현 협력 업체들과의 내부 진행 사항에 대한 구매 과장의 귀띔은 더없이 소중했다. 그 귀띔으로, 그 회사는 잠재 협력 업체로서 경쟁력 있는 가격 제시가 가능했다.

 잠재 고객에게 가격 제시

잠재 고객의 현 납품 업체들이 문제가 없으나 잠재 고객이 단순 이원화, 삼원화의 목적으로 협력 업체 추가 시, 협력 업체가 되고자 하는 신규 업체는 어떤 잇점을 잠재 고객에게 제시하여야 한다. 일반적으로 현재의 납품 업체보다 낮은 가격이 제시되어야 신규 업체 등록이 가능하다. 물론 현재의 납품업체가 문제를 야기하고 있는 경우는 상황이 완전히 상이하다. 따라서 현재 납품업체의 현황(문제 야기 여부, 납품가 등등)을 정확히 알 수 있다면 잠재 고객에게 얼마의 가격을 제시하면 납품업체가 될 수 있는지 답이 나온다. 이 정보가 없으면 필요 없이 낮은 가격을 제시할 수 있다. 정보는 장사의 생명이며, 수익의 원천이다.

사업 다각화를 조심하여야 한다. 지금과 같은 불경기에는 일부 특정 사업에만 집중하는 것이 좋다.

You should be careful about business diversification. It's better for you to focus your corporate energy and resources on a few specific business areas under the present, sluggish economy situation.

최근 당사 사업을 건축 자재에서 환경 위생을 포함한 빌딩/주택 유지 보수 사업 같은 미래 사업으로 다각화시키려고 노력중임. 그 사업들의 시장 전망이 좋다.

Recently, our company diversified its interests from a sole concentration on construction materials to other future-oriented business fields such as Building and House Maintenance, inclusive of items related to environmental hygienes. Their market prospect is high.

🎤 패턴 연습

다각화, 다각화하다 : diversification, diversify

The company's acquisition of the chemical company means its business diversification.

그 회사의 화학 회사 인수는 사업 다각화를 의미한다.

Our only concern at this moment is that other sources may approach you with business propositions, causing your undivided attention to us to be

somewhat diversified; this in turn would discourage us and could badly influence any dynamic further proceedings.

현재 당사의 유일한 걱정거리는 다른 업체들이 귀사에 사업 제안함으로서 당사에 전념하고 있는 귀사의 관심이 분산되지 않을까 하는 것임. 만약 그렇게 된다면 우리를 낙담시키고 향후 진행에 악영향을 줄 수 있음.

🎤 패턴 연습

시장 전망이 밝다 : market prospect is bright

The prospects of a high demand for your product in our domestic market are bright, and we would like to work together with you as a reliable business partner to realize these prospects.

귀사 제품은 우리의 내수 시장에서 높은 수요가 있을 것으로 전망된다. 이러한 시장 전망을 실제 비즈니스로 구체화시키는 신뢰할 만한 비즈니스 파트너로서 귀사와 협력하기를 원함.

If the surface problem with imported particle board is not solved immediately, the long-term business prospect is not so bright.

표면 문제를 해결하지 않으면 수입산 합판의 장기적인 전망은 밝지 않음.

🎙 패턴 연습

집중하다, 모으다, 전력을 기울이다 : focus/concentrate/centralize   on
focus one's attention on ~: ~에 주의를 집중시키다
in focus: 초점이(핀트가) 맞아, 뚜렷하여, 표면화되어
out of focus: 핀트를/초점을 벗어나, 흐릿하여

You should concentrate your time and money on the business so that you can succeed.

성공하기 위해서는 사업에 시간과 돈을 집중해야 한다.

He could not concentrate his energy on the business since he parted from her.

그녀와 결별 후 사업에 전념할 수 없었다.

I was impressed by my staff's reports on the International Trade Fair held this summer. Your country's dynamism and the increasing world focus on your country will serve your country and its partners like Korea well in the global business environment.

여름에 개최된 국제 박람회에 대한 보고를 받고 감명 받음. 귀국의 활력과 전 세계의 귀국에 대한 관심 집중은 귀국과 한국 같은 귀국의 파트너를 세계 사업 환경에서 잘 대처하게 할 것임.

• focus: 초점, 중심, 집중,(지진의) 진원(the focus of an earthquake)

The company's investment has been focusing on the cutting-edge technology since its establishment in 1970.

그 회사는 1970년 창립 이래 최첨단 기술에 집중 투자하고 있다.

We focus our efforts on developing new, innovative products with which we can competitively supply your preeminent firm.

귀사에 경쟁력 있게 공급할 수 있는 새롭고 독창적인 제품을 개발하는 데 노력을 집중하고 있습니다.

생산품

한국 회사들은 신속한 신제품 개발로 이름이 높다.

The Korean companies are famous for fast development of new products.

당사는 고품질의 핸드폰과 OLED TV를 생산합니다.

We make high quality cellular phone and OLED TV.

Our products are high quality cellular phone and OLED TV.

카탈로그에서 보시다시피, 당사는 KFS 그룹의 무역 창구이며, KFS 그룹의 계열사들은 거의 모든 주요 산업 분야에서 관련 제품을 생산/취급하고 있음.

As you can see in the catalogue, our company is the trading arm of KFS Group which is composed of many companies covering the products of almost all major industrial sectors.

당사와 당사의 생산품에 만족할 것으로 믿습니다. 가까운 장래에 우리 양사 간의 협력 관계가 결실을 맺기 바랍니다.

We believe you will be satisfied at our company and its products, and hope that cooperation between our two companies will be fruitful in the near future.

당사는 과거 수년간 터치스크린 사업에 심혈을 기울여 왔고 모든 종류의 핸드폰용 터치스크린 생산 라인을 구축하고 있습니다.

We have been paying keen attention to the touch screen business for the past several years, and have been setting up our production lines required to carry out all kinds of touch screens for cellular phones.

• pay(keen) attention to: 예의 주시하다, 신경 쓰다

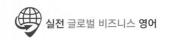
당사의 제품군은 품목 리스트와 카탈로그에 명기되어 있는 미국에서 보편적인 주거용 상업용 제품뿐만 아니라 OEM으로 공급하고 있는 제품들도 망라하고 있다.

Our product line covers not only all of the residential and commercial products popular in the USA, which are well described in our item lists and catalogs, but also products supplied on an OEM basis.

 패턴 연습

A뿐만 아니라 B도: not only A but also B; B as well as A
☞ 동사는 B에 따라 단·복수 결정

Not only KFS Aluminum but also Nena Aluminum cut down the price drastically in order to survive after increasingly worsening world economy.

KFS 알루미늄뿐만 아니라 네나 알루미늄도 날로 악화되고 있는 세계 경제 속에서 살아남기 위해 대폭적인 가격 인하를 단행했다.

As you may know, our company is one of Korea's largest and most diversified traders, handling not only the products of its sister companies within the KFS Group, but also those of numerous other firms.

아시다시피 당사는 한국의 가장 크고 사업이 다각화된 무역 회사의 하나로, 당사는 KFS 그룹 내 자매 회사 제품뿐만 아니라 다른 회사 제품도 취급하고 있음.

Our buyer sent a threatening claim letter to us, which not only delays its opening of the second L/C to us but also wants to revoke its L/C to us on the first shipment. Either is not acceptable to us, and so we greatly need your assistance.

당사 바이어가 위협적인 클레임 서신을 보내 왔음. 본 서신은 바이어가 당사에 대한 두 번째 L/C 개설을 지연시키며, 첫 선적에 대해 바이어가 당사에 개설하여 준 L/C를 취소한다는 것임. 당사는 이 두 가지 중 어떤 것도 받아들일 수 없는 바, 귀사의 도움이 절실함.

본사, 지사

우리 본사는 한국 서울에 위치하고 있으며, 4개 국가에 5개의 해외 지사를 보유하고 있다.

Our headquarters is located in Seoul, Korea. We have five overseas branches in four countries.

• headquarters; main office; principal office: 본사

KFS 상사는 24개 자매사와 25개 국가에 28개 지사를 갖고 있는 KFS 그룹의 무역 창구로써 이미 광고 준비를 위한 네트워크는 이미 구축이 되어 있으나 우리는 모든 분야에서 항상 새로운 생각 및 제안에 문을 열어 두고 있다는 말씀을 전해 드림.

As the trading arm of a conglomerate group consisting of 24 affiliated companies and spanning 28 branches in 25 countries, we, KFS Corp., already have an existing network of advertising arrangements; however, we would like to convey that we are always open to new ideas and methods in all spheres.

• conglomerate: 모아서 굳히다, 결합시키다   명 거대 복합 기업
• affiliated company; sister company: 계열사, 방계 회사, 자매 회사
• wholly-owned sublidiary: 자회사(100% 지분 소유), 종속 회사

상해 공장은 주문의 쇄도로 인력이 부족하다.

Our Shanghai factory is short-staffed because of a rush of orders.

• short-staffed: 인력이 부족한

심천 공장은 조직을 축소하려고 한다. 조직이 축소가 된다면 많은 인원이 해고되기 쉽다.

Shenzen factory is going to downsize the organization. Then many employees are likely to be dismissed.

• downsize ~을 축소하다,(차 따위를) 소형화하다

거래선

우리 생산품의 주 고객은 기저귀 회사이다.

The major customers of our product are diaper-making companies.

당사의 주 고객은 모두 ~같이 세계적인 회사들이다

All of our main customers are world-renowned companies such as ~.

- world-renowned; world-famous: 세계적으로 유명한
- main customers; major customers: 주(主) 고객, 주요 고객
- main business: 주(主) 사업, 주요 사업

전국적으로 고객이 약 50개 정도이다.

We have about fifty customers nation-wide.

저희 제품을 구매해 주시고 또한 저희의 오랜 고객이자 판매 대리점이 되어주신 귀하와 귀사에 감사드립니다.

We are grateful to you and your company for buying our products and being our loyal customer and distributor.

- loyal customer; repeat customer: 단골 고객

고객들에 대한 품질 불량에 대한 설명은 시종 일관해야 한다. 그래야 거래에 안심할 수 있다.

Our explanation for the defectiveness to the customers should be consistent, which is the way to make them rest assured of doing business with us.

☞ 비즈니스의 기본은 신뢰이다. 신뢰는 시종 일관한 태도와 말이 기본이다.

고객과 공평한 거래를 한다는 것은 결코 쉽지 않다.

Getting a square deal with the customers is not easy at all.

- square deal 공평(정당)한 거래/조처

그 회사는 그 고객의 오더를 수주할 수 없었다. 그 사유는 그 회사가 생산을 할 수 없어서가 아니라 고객이 너무 단납기를 요구했기 때문이다.

The company could not receive the customer's sudden order. It was not because the company could not produce the order but because the customer asked for too short delivery.

☞ 주문 생산의 경우, 납기가 맞지 않아 갑작스러운 오더 수주를 하지 않는 경우도 있다.

🎤 패턴 연습

~때문이 아니고 ~때문이다: it is not because ~but because ~
it is not that ~but that~

He could not get promotion on time. It was not because he was unable but because the company streamlined its organization.

그는 적기 승진이 불가하였다. 그 사유는 그가 무능한 것이 아니라 회사의 조직 합리화였다.

당사는 전 세계 26개국에 지사를 갖고 고객들에게 서비스해 왔다. 이러한 우리의 성공적인 역사로 KFS는 우수성에 대한 명성을 갖게 되었으며, 그 명성은 고객의 요청에 발 빠르게 움직이고 신뢰성 있는 서비스를 적기에 제공함으로써 점점 더 높아져 온 바, KFS의 명성은 너무나 당연한 것임.

We have served customers worldwide with our branch offices in twenty-six countries. Our successful history has created a well-deserved reputation for excellence - a reputation constantly improved upon by dependable, timely, and responsive service.

당사의 주 고객들은 수입산 합판의 조잡한 표면, 눈에 보이는 반점, 울퉁불퉁한 표면에 실망, 주 고객들의 대부분은 한국산 합판을 선호함. 선호 사유는 합판 내부 품질은 수입산에 비해 떨어지지만 표면이 아주 부드러워서임.

Our main customers were disappointed with the bumpy, see-through spots as well as the coarse surface of the imported particle board. Most of them prefer Korean particle board with superfine surface chips even though the core is inferior to the imported one.

• inferior to ~: ~보다 열등한 ⬌ superior to ~ : ~보다 우월한

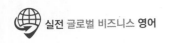

거래처를 잃고 나서야 거래처의 중요성을 알게 된다.

It is not until we lose our customers that we realize the importance of customers.

 패턴 연습

~하고서야 비로소 ~하다: it is not until ~that ~

It is not until we lose our health that we realize the importance of health.

건강을 잃고 나서야 건강의 중요성을 안다.

이상적인 파트너

모든 해외 업체들이 SHJ 전자 회사를 같이 일할 이상적인 파트너로 간주한다.

All the companies overseas regard SHJ Electronics, Inc., as an ideal partner to work with.

패턴 연습

같이 일할 이상적인 파트너 : an ideal partner to work with

We believe your company would be an ideal partner to work with first, in distribution of automobile parts.

자동차 부품 유통에 있어 귀사가 가장 먼저 같이 일할 이상적인 파트너로 믿는다.

In Korea, the company is the preeminent boat manufacturer who has incomparable experience in building 40 knot high-speed patrol boats with specifications similar to those required on the tender. And so the company is suggested as an ideal company to work together with.

한국에서는 그 회사가 입찰에서 요구한 사양에 가까운 40 노트 보트를 만든 경험이 가장 많음. 따라서 그 회사를 같이 일할 회사로 제안 드림.

• incomparable(↔ comparable); beyond/past/without comparison:
  비할 데 없이/없는, 견줄/비길 데 없는, 비교가 되지 않는

 ## 3 카탈로그 송부

귀사의 당사에 대한 이해를 돕기 위해 당사 카탈로그를 송부합니다.

For your better understanding of our company, we enclose herewith a copy of our company catalog.

귀사의 무선 통신 제품용 그래핀 카탈로그를 첨부와 같이 송부합니다.

We send our e-catalog of graphene for your wireless telecommunication products as the attachment.

• graphene: 방열 목적으로 무선 통신 제품, 이차 전지 등에 사용됨.

귀사의 풍력 발전 시스템에 관심 있는 바, 풍력발전시스템을 소개하여 주기 바람. 풍력발전시스템에 관련된 카탈로그와 기술 자료를 송부하여 주시기 바람.

We are very much interested in your wind power electricity generation system, and hope you can introduce it to us. Could you send us any available catalogs and technical data?

당사 고객 중 한 회사가 귀사로부터 기어 달린 모터의 수입을 원함. 세부 사양서 첨부드림.
수입량 연간 약 백만 개임. 공급 가능하다면 이메일로 e-catalog 송부 바람.

One of our customers would like to import motors with gear from you as per the enclosed specification. The import quantity will be about one million sets/year. If you can supply the motor, please send us your e-catalogue by e-mail.

귀사로부터 관심 있는 제품 명세를 아직 받지 못했기 때문에 귀사가 필요로 하는 정보를 제공해 줄 수 있는 당사 카탈로그 송부함.

Since we did not receive an itemized list of your products of interest, we are enclosing a copy of our company catalog, which may serve to provide you with the information that you require.

🎙 패턴 연습

~하는 데 도움/소용이 되다, 쓸모 있다, 알맞다, 족하다, 편리하다: serve to 동사 원형

Your immediate measures served to calm down the QC manager who was very angry at quality problem.
즉각적인 조처가 품질 불량으로 화가 많이 난 품질 과장을 진정시키는데 도움이 되었다.

• serve two ends: 일거양득이 되다
serve one's purpose/need: ~을 위해 소용되다
The excuse does not serve you.　　　　　　　　　　그 변명은 소용없다.
First come, first served.　　　　　　　　　　　　빠른 사람이 장땡, 선착순

상세한 검토/평가를 위해 치수 측정기계의 상세 사양/카탈로그를 송부하게 되어 매우 기쁩니다.

We are very pleased to send you the catalog of sizing machines together with their technical specifications for your detailed review and evaluation.

🎙 패턴 연습

~할 수 있어서 즐겁다, 즐겁게 ~하다: be pleased to 동사 원형; have the pleasure of ~ing: it's a pleasure for me to 동사 원형

I will be very happy to address and resolve any problems you may encounter in the future.
나는 귀하가 향후 부딪힐 문제를 즐겁게 짚어 보고 해결할 것이다.

• A heated discussion resolved itself into an argument.   열띤 토론이 논쟁으로 되었다.
 He resolved to study economics.   그는 경제학을 배우기로 결심했다.
 I have resolved upon going.   나는 가기로 마음먹었다.
 It was resolved that ~ : ~라고 결의되었다

We are very pleased to send you our price list and catalogues of car stereos.
우리의 카스테레오 가격표와 카탈로그를 송부 하게 되어 기쁩니다.

We have the pleasure of announcing that we have started the production of seamless pipe.
당사의 이음새 없는 파이프 생산 시작을 공표하게 되어 기쁩니다.

첨부물에 당사 기계 부서가 협력 가능한 분야를 표시함.
On Exhibit 1, which is attached, our Machinery Department has indicated areas for possible cooperation.

패턴 연습

징후, 징조: indication   통 indicate

There are indications that the secondary battery market will recover soon.
이차 전지 시장이 곧 회복될 징후들이 있다.

Slow sales of EV car indicate economic recession.
저조한 전기차 판매량은 경제 불황의 징후이다.
• EV: electric vehicle(전기 자동차)

There is every indication that the price of semiconductor will skyrocket soon.
반도체 가격 폭등 조짐이 현저하다.

Finally, at your earliest possible convenience, we need your proposed dealership agreement and an indication of the time requirements for consummation of commercial paper issuance.
가능한 빨리 주간사 계약 제안서를 주시고 CP(commercial paper: 기업 어음) 발행의 최적기가 언제인지를 말씀해주세요.

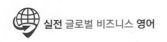

• **consummate**: 성취 완성하다　圈 완성된, 완전한
　consummation: 성취, 완성

 자금 조달의 최적기

자금 시장에는 돈이 넘쳐 유동성이 풍부할 때와 돈이 없어 유동성이 풍부하지 않을 때가 있다. 유동성이 풍부할 때는 이자율이 낮으나 그렇지 않을 경우엔 이자율이 높다. 자금 조달 업체에서는 조금이라도 낮은 이자율 확보가 가능할 때 CP 발행하는 것이 유리하다. 본 문장은 이러한 사실하에 CP 최적기를 언제로 생각하는지를 문의하는 것이다.

간단히 생각해서 주택 대출 금리도 언제 대출받느냐에 따라 이자율이 상이한 것과 같은 이치이다. 경제 원리는 수요와 공급이다.

반도체 (半導體, semiconductor) 일반

1. 반도체의 종류 및 시장 규모

반도체란 전기가 잘 통하는 도체와 통하지 않는 절연체의 중간적인 성질을 나타내는 물질이다. 초기의 반도체는 게르마늄으로 만들었으나, 2022년 현재 대부분 실리콘을 주원료로 사용하고 있으며, 다양한 새로운 원료가 개발 중이거나 개발 검토되고 있다고 한다.

반도체는 크게 메모리 반도체와 비메모리 반도체로 분류하며, 비메모리 반도체를 시스템 반도체라고 한다.

메모리 반도체는 정보를 저장하는 용도로 사용되는 반도체이며, 반면에 비메모리 반도체는 연산, 논리 작업 등과 같은 정보 처리 목적으로 이용된다. D램, S램, V램, 롬 등이 메모리 반도체에 속하며, 중앙처리장치(CPU), 멀티미디어 반도체, 주문형 반도체(ASIC), 복합형 반도체(MDL), 전력 반도체(power semiconductor), 개별 소자, 마이크로프로세서 등 메모리 이외의 반도체를 비메모리 반도체라고 부른다.

비메모리 반도체는 컴퓨터 중앙처리장치(CPU)와 같이 데이터를 해석하고 처리하는 기능을 하며, 전력 반도체, 멀티미디어 반도체 등이며, 비메모리 반도체 업체는 미국의 Intel이 선도 업체이다. 주문형 반도체(ASIC, application specific integrated circuit)는 특정한 전자·정보통신 제품에 사용할 목적으로 그 용도로 설계된 비메모리 반도체 칩을 의미한다.

2022년 현재 반도체 전체 시장에서 메모리 반도체는 약 25%, 비메모리 시장은 75% 정도이다. 삼성전자는 메모리 반도체 시장 부동의 1위이며, 2위는 SK하이닉스, 3위는 미국의 Micron이다.

2. 반도체 기업

반도체 회사는 팹리스(fabress), 파운드리(foundry), 종합 반도체 회사(IDM, Integrated Device Manufacturer)로 분류한다.

구 분	팹리스	파운드리	종합 반도체 회사
사업	설계	생산	설계, 생산
대표 기업	(영)ARM, (미)애플 등	(대만)TSMC	삼성전자, (미)인텔

ARM은 팹리스 업체 중 원천 기술을 가장 많이 보유한 업체이다. ARM은 반도체 설계도의 바탕 그림에 대한 특허를 다수 보유하고 있어, 팹리스 업체들은 특허료를 지불하면서 ARM의 밑그림을 바탕으로 필요한 설계도를 세부 조정하여 반도체를 설계한다.

파운드리(fab 또는 foundry, semiconductor fabrication plant)란 반도체산업에서 외부 업체가 설계한 반도체 제품을 위탁받아 생산·공급하는 공장을 가진 전문 생산업체를 지칭한다. 집적 회로 등의 장치가 제조되는 공장이다. 반대 개념으로, 공장 없이 파운드리에 위탁생산만을 하는 방식을 팹리스(fabless) 생산이라고 한다. 팹리스 업체라고 하면 반도체 개발·설계만 하는 업체를 의미한다.

2022년 현재, 파운드리 업체 부동의 1위는 대만의 TSMC로 시장의 50% 이상을 점유하고 있으며, 2위는 한국의 삼성전자, 3/4/5위는 비슷한 M/S를 보유하고 있는 대만의 UMC, 미국의 글로벌 파운드리지, 중국의 SMIC이다.

3. 반도체 제조 공정

반도체 제조 공정은 『회로 설계(circuit design)- 마스크 제작(masking) - 노광(lithography) - 식각(etch) - 확산(diffusion) - 박막(thin film) - 세정과 연마(cleaning & CMP) - 조립(package) - 시험(test)』이다같다.

· 회로 설계(circuit design)는 고객의 요구에 맞는 특성을 반도체 소자로 구현하는 제품의 바탕 그림을 그리는 단계로 전자 회로와 실제 웨이퍼에 그려질 패턴을 설계하는 과정이다.

· 마스킹(masking)은 설계된 회로 패턴을 실제 크기보다 확대하여 쿼츠(quartz)라 불리는 석영 유리 기판 위에 크롬으로 형성하고 미세한 형상을 만드는 작업이다. 마스크는 반도체를 생산하기 위한 원판이며 사진의 필름과 같은 역할을 하며, 사출물로 비교하면 금형이다.
  ▶ masking이 있어야 양산할 수 있다. 즉, 사출물/금형과 마찬가지로 해당 반도체 IC의 masking 소유주가 그 반도체를 양산할 수 있는 것이다.

· 노광(lithography)은 반도체 회로를 실리콘 웨이퍼에 형성하는 첫 번째 단계로, 설계한 회로 원판의 패턴이 스캐너라는 노광 장치에서 웨이퍼로 옮겨진다.

· 식각(etch)은 포토레지스트(photoresist, PR)로 가려지지 않은 부분의 박막을 선택적으로 제거함으로써 패턴을 완성하는 공정이다. 원하지 않는 부위를 깎아내어 원하는 부위가 양각되게 하는 것이다.

· 확산(diffusion)은 고온 열 공정에 의한 불순물의 확산과 박막을 구성하는 원소를 함유한 가스를 일정한 온도와 압력으로 기판 표면에 공급하여 박막을 증착한다.

· 박막(thin film)은 도체와 절연체를 적절히 쌓아 올려서 전기가 통하는 곳과 통하지 않는 길을 만들어준다.

· 세정과 연마(cleaning & CMP) 공정을 통해 후속 공정을 원만히 할 수 있다. 이 과정에서는 반도체 제조 공정 중에 발생하는 각종 불순물이 웨이퍼 표면에 오염되는 것을 방지 또는 제거한다.
  ▶ CMP : Chemical Mechanical Polishing

· 조립(package)은 웨이퍼를 다이아몬드 톱으로 절단하고 외부 연결을 위해 기판에 올린 다음, 기판과 칩을 금선으로 연결, 화학수지로 봉합하여 솔더볼(solder ball)을 붙인 후 절단하여 하나의 제품으로 완성하는 과정이다.

· 시험(test)은 프로브 테스트, 패키지 테스트, 모듈테스트가 있다. 프로브 테스트를 통해 제조 공정에서 발생한 불량을 찾아 개선한다. 패키지 테스트는 고객에게 출하되기 전에 악조건에서 잠재된 불량을 찾아 표시하며, 고객에게 비용 청구하지 않는다.

4. 반도체 용어

반도체 chip은 보통 wafer 상태로 공급되며, 공급자가 wafer 공급 시 wafer map을 제공한다. wafer map은 wafer에 있는 chip 들의 양품(good die), 불량품(bad die) 상태를 표시해주며, 이 과정을 die-sorting이라 한다. 구매자는 양품에 대해서만 물품 대금 지불한다.

Wafer는 size에 따라 상이하지만, 보편적인 중간 size의 wafer는 한 장에 3만여 개의 die가 들어가므로, die 고객사들은 제품 개발 단계에서는 die를 소량 구매하여 제품 개발에 활용한다. Die 공급업체에서 초기에는 100개나 1,000개 단위로 공급해 주나, 작은 물량을 계속 공급하지는 않는다.

왜냐하면, 천 개이든 만 개이든 십만 개든 공급자 측면에서 시간 투입은 같기 때문에 소량으로 한두 번 판매 후, 잠재 고객사의 오더 수량이 대폭 증가하지 않으면 handling charge 기회 비용 차원에서 그 잠재 고객사의 소량 오더는 더 이상 수주하지 않는 것이 일반적이다.

wafer 상태로 반도체 chip을 받으면, 고객이 직접 그 chip을 사용할 수도 있고, wafer chip 전문 업체에 필요한 작업을 의뢰할 수도 있다. 이는 chip을 사용하는 end-user의 상황에 따라 결정된다. 즉, end-user의 chip 가공 능력에 따라 요구하는 chip의 종류가 결정된다는 것이다.

가공 방법에 따라, 몇 가지가 있으며 다음과 같은 형태가 대표적이다.

· bumped die in gel pak
· bumped die on tape
· QFN(Quad Flat No-lead) loose
· QFN on roll

5. 기타

비메모리 반도체는 특정 고객용 custom product인 바, 주문 생산된다. 따라서 비메모리 반도체를 생산하는 파운드리 업체는 재고 부담 위험이 없다.

메모리 반도체는 범용 반도체인 바, 메모리 반도체 업체에서 재고 자산의 위험을 감수하며 생산한다. 반도체 시황에 따라 가격 변동도 심하며 수익 및 재고 자산도 up/down이 심하다. 이러한 사유로 시장에 불황이 닥치면 치킨 게임이 벌어지기도 하고, 시장이 호황이 되면 수익이 폭발적으로 증가한다.

4 프레젠테이션 송부

즉시 참조할 수 있도록 회사 프레젠테이션 송부합니다.

For your quick reference, we enclose our company presentation.

우리는 언제든지 잠재 고객에게 상세한 프레젠테이션을 할 준비가 되어 있다.

We are   ready/prepared   to make a detailed presentation to the potential customers any time.

We are   ready/prepared   for a detailed presentation to the potential customers any time.

🎤 패턴 연습

- ~할 준비가 되어있다

    ready/prepared to 동사 원형; prepared/ready for ~ing/명사

We are ready to send you all the available materials such as samples, catalogs, and price list.

견본, 카탈로그, 가격표 등 활용 가능한 모든 자료 송부 준비 완료되어 있음.

We are prepared to accept your price cut, unless it is drastic.

가격 인하 폭이 급격하지 않다면 기꺼이 가격 인하 받아 드리겠습니다.

We are always ready to fly to you if you can arrange our technology presentation to your R&D.

귀사 연구소에 당사 기술 프레젠테이션을 할 기회를 만들어 주시면 언제든지 날아 갈 준비가 되어 있습니다.

🎤 패턴 연습

언제든지: any time

Any time is OK with/for us.
우리는 언제든지 괜찮다.

Your investment in our technology is welcome any time.
당사 기술에 대한 투자는 언제든지 환영합니다.

We can fly to you any time if you want to test and evalvate our new product.
당사의 신제품을 테스트 평가 원할시 언제든지 날아갈 수 있습니다.

We can develop next model any time, but the market is premature.
차기 모델을 언제든지 개발할 수 있으나, 시장이 시기상조이다.

⑤ 홈피 소개

보다 상세한 내용은 당사의 홈페이지(http://www.hsshhs.com)를 참조바랍니다.
For more detailed information, please refer to our homepage (http://www.hsshhs.com).

현재 새로운 홈페이지 구축 중임. 다음 주 월요일부터는 주문 사항을 당사 홈페이지에 연결시켜 진행시킬 수 있습니다.
Our new homepage is being constructed. From next Monday, you can connect to our new homepage for order-processing.

당사 홈페이지가 현재는 영어만 가능하여 죄송합니다. 이삼 개월 이내에 중국어 홈페이지가 구축될 것입니다.
We are sorry that, at the moment, our homepage is available in English only. Chinese homepage is to be constructed within a few months.

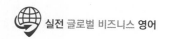

보다 상세한 사항은 당사 홈피에 있지만, 당사를 즉시 이해할 수 있도록 회사 프레젠테이션을 송부합니다.

Although more detailed info can be gotten from our homepage (http://www.shsh.com), we send our company presentation to you for your quick understanding of our company.

☞ 잠재 고객에게는 반드시 프레젠테이션을 제시하면서 홈피 얘기를 해야지 프레젠테이션 없이 홈피에 나와 있으니 홈피 참조하라고 하는 것은 고객 지향적이 아니다.

6 연락 요청

당사가 도와 드릴 일이 있으면 언제든지 연락바람.

Whenever you need our assistance, please feel free to contact us any time. Please don't hesitate to contact us any time if there is anything that I can be of help with.

• 언제든지 ~하다: feel free to 동사 원형; don't hesitate to 동사 원형

귀하의 편의를 위해 홍콩 지사 주소 통보 드립니다. 당사 홍콩 지사원과 상호 관심사에 대한 의견 교환 가능함.

For your convenience, the address of our Hong Kong branch is given below, where you can exchange opinions on matters of mutual interest with our representative.

양사 간 사업 추진을 용이하게 하기 위해 당사의 상해 지사 언제든지 활용 가능함.

To facilitate potential business between our two companies, you may contact our branch in Shanghai any time. The contact point is given in the attachment.

• contact point; point-of-contact: 연락처

당사와 사업을 원하면 당사 런던 지사에 연락하세요. 연락처는 다음과 같음.

If you are interested in doing business with us, please feel free to contact our branch in London, whose contact point is given below:

추가 질문이 있으면 연락주세요. 당사와 저희 부서에서 확실히 도와드리겠습니다.

Please contact me if you have additional questions. I am happy to extend the full assistance of my department and company.

귀사와 상호 호혜적인 비즈니스 관계를 구축하고 싶음. 사업 가능성이 있거나 당사에 대해 궁금한 사항 있으면 연락 바람.

Our goal is to have a mutually beneficial business relationship with your company. I encourage you to contact me if you have any business possibilities or if you would like further information about our company.

mutually beneficial(상호 호혜적인)

Business의 기본 원칙이다. 쌍방이 만족하지 않은 거래는 long-term이 되기 어렵다.

일반적으로 buyer, seller의 개념과 business partner의 개념은 약간 차이가 있다. 물품의 매도자는 seller이고 매수자는 buyer이다. Partner는 일반적으로 in the same boat에 있어 서로 상대방의 입장을 고려하며 공동의 목적을 위해 같이 가는 장기 거래 동반자의 관계를 내포한다. 거래처와의 가격 협상 시 괴리가 있으면 "We are looking for business partners, not buyers."등의 말을 던지는 것도 주효할 수 있다. 물론 각 국가에서 영어 단어 의미가 약간 상이할 수도 있는 바, 단어의 의미는 상황에 맞게 해석하는 것이 좋다.

귀사와 플랜트 건설 분야에서 협력하고 싶습니다. 귀사의 진보된 기술력과 당사의 자금 조달 능력이 합쳐진다면 시너지 효과가 있을 것으로 확신합니다. 귀사의 입장은 어떤지요?

We would like to cooperate with you in the area of plant construction. We are confident that both you and we can get synergy effect from your advanced technology and our financing ability. I would like to be informed about your position.

- synergy effect: 2가지 이상이 합쳐져 기대 이상의 상승 효과를 내는 것
- ~에 대해 알고 싶다: would like to know ~; would like to be informed about/on ~

🎙️ 패턴 연습

우리의 목적은/목표는 ~하는 것이다:
Our   goal/objective/purpose/aim/target   is to 동사 원형

Our goal is to become the largest mobile phone company in the world.
우리의 목표는 세계에서 가장 큰 핸드폰 회사가 되는 것이다.

Our objective is to generate annual sales of US$10 billion.
우리의 목표는 연 매출액 100억 불을 달성하는 것이다.

Our target is to find out another profitable business.
우리의 목적은 수익성이 나는 또 다른 사업을 찾아내는 것이다.

Our aim to develop at least ten models of cellular phone annually.
우리의 목표는 적어도 연간 핸드폰 모델 10개를 개발하는 것이다.

🎙️ 패턴 연습

A가 ~하도록 격려/고무하다: encourage A to 동사 원형

encourage A to 동사 원형: A가 ~하도록 격려하다
discourage A from ~ing: A가 ~하지 못하도록 방해하다
persuade A to 동사 원형: A가 ~하도록 설득하다
dissuade A from ~ing: A를 설득하여 ~하는 것을 단념시키다

The chemical engineer's joining the company encouraged its president to invest in the development of new products.
그 화학 기술자의 회사 입사는 그 회사 사장이 신제품 개발에 투자하도록 고무했다.

The bad cash flow discouraged the company from pursuing new projects.
현금 흐름이 좋지 않아 신규 프로젝트 추진이 어려웠다.

Encouraged by the success of this meeting, I am confident that the businessmen of our two countries endeavor in the years ahead to establish more business contacts than ever before.
본 회의의 성공에 고무되어, 우리 양국의 사업가들은 향후 과거 어느 때보다 빈번한 접촉을 가질 것으로 확신한다.

첫 단계로, 귀사에서 당사를 방문. 새롭게 개발한 물질에 대해 프레젠테이션을 하기 바랍니다. 그 물질이 당사 전화기에 적용될 수 있는지 평가하고 싶습니다.

As a first step, I would like you to visit us and to make a presentation on your newly developed material. We want to evaluate whether the material can be adopted on our phone or not.

🎙 패턴 연습

첫 단계로: as a first step

As a first step, we hope that you can give us information on the range of publications available from your institution at your earliest possible convenience. We would greatly appreciate a few copies of these publications for our reference.

첫 단계로 귀 연구소에서 공급 가능한 간행물 범주에 관한 정보를 가능한 빨리 제공 바람. 우리의 참고를 위해 간행물 몇 부를 보내주시기 바람.

• step by step: 한 걸음 한 걸음, 착착   in step with: 보조를 맞추어
  take steps: 조처를 취하다   watch/mind your step: 발밑을 조심하세요

As a first step, we would like to propose the following basic countertrade - you would sell us 50,000 M/T of rape seed meal in exchange for 40,000 M/T of urea.

첫 단계로 다음 카운터 트레이드를 제안합니다. 4만 톤의 요소(尿素)와 5만 톤의 채종박을 맞교환하는 것입니다.

• in exchange for: ~대신의, 교환으로
• countertrade: 연계무역, 수출과 수입이 연계된 무역으로 대응 무역 또는 조건부 무역이라고도 한다.
• urea: 요소(尿素 : 비료의 원료)
• 비료: fertilizer, manure, compost

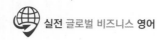

 7 비즈니스 협력 분야 타진

이번 기회를 계기로 가까운 장래에 양사 간 협력 분야가 구체화되기를 바랍니다.
We honestly hope that this opportunity will pave the way for specific venues of cooperation in the near future.

패턴 연습

∼을 위한 길을 닦다: pave the way for ∼
∼을 위한 상황을 조성하다:prepare the ground for ∼
∼으로 발전하다: develop into; grow into ∼

I believe that this touch screen business will prepare the ground for mutual cooperation on several items.
이 터치스크린 거래가 여러 가지 품목에 대한 협력 기반을 조성할 것으로 믿습니다.

☞ 여러 가지 품목을 공급할 수 있거나 판매 할 수 있을 때, 한 품목의 거래가 성사될 경우, 즉시 유용하게 사용할 수 있다.

We are sure that this opportunity will pave the way for a prosperous business relationship.
이번 기회를 계기로 향후 양사의 번창하는 BIZ 관계가 시작되는 길이 열릴 것을 확신.

☞ 위의 상황과 유사 상황에 사용하면 유용하다.

We are confident that your notifying us of your interest in our business proposal will pave the way for a mutually beneficial relationship in the future.
당사 제안에 대해 귀사가 관심이 있다면 상호 호혜 관계의 길을 열게 될 것임.

We hope that today's meeting will develop into a long-term business relationship between two fine companies.
오늘의 미팅이 우리 양사 간의 장기적인 거래 관계로 발전되기를 바랍니다.

다음 사업을 하자는 취지의 편지를 받았다.

I received a letter to the below business effect.

• to this/that/the same effect 이런/그러한/같은 취지로

금일 계약을 통해 서로를 더 이해하고 보다 깊은 협력 관계의 기회를 얻은 것으로 믿습니다.
이 작은 거래가 우리 양사 간 협력 분야를 넓힐 수 있는 디딤돌이 되기를 바랍니다.

I believe today's contract has provided us an opportunity for closer understanding and cooperation. I do hope that this small deal becomes a stepping-stone in expanding the venue of business between our two companies.

🎙 패턴 연습

디딤돌, 초석: stepping-stone, foothold, toehold

Strict quality control is the stepping-stone to generation of sales.
엄격한 품질 관리는 매출을 일으키는 디딤돌이다.

• secure a bridgehead: 교두보를 확보하다
  It is very important to secure a bridgehead for opening a new market.
  신규 시장을 개척하기 위해서는 교두보 확보가 매우 중요하다.

🎙 패턴 연습

넓히다, 확대하다: expand   명 expansion

expand solar module business between our two companies:
우리 양사 간 태양광 모듈 사업을 확대하다

☞ 명사를 사용하면 expansion of ~를 사용하면 된다.
  expansion of solar module business between our two companies

expand commercial relationships between two nations:
양국 간 상업적인 관계를 확대하다

지난 금요일 상호 간에 확인된 바와 같이, 양사 간 상호 보완적인 특성으로 사업 협력의 가능성은 광범위함.

As mutually expressed at our meeting of last Friday, I strongly feel that the possibility and the range of business cooperation between your company and ours are quite high and diverse, mainly due to the complementary nature of our two companies.

- 상호 보완적인 특성으로: due to the complementary nature

 complementary vs. complimentary

- complementary: 보완적인
- ☞ complementary nature of our two companies(양사 간 상호 보완적 특성)
  예를 들면, 한 회사는 규모는 작으나 독자적인 첨단 기술을 갖고 있고, 한 회사는 자금력과 세계적인 영업망을 갖고 있을 경우, 양사가 서로 힘을 합친다면 여러 가지 방법으로 협력할 수 있고, 시장 개척이 용이하다.
- complimentary: 칭찬/찬사의, 찬양하는, 아첨 잘하는, 무료의, 우대의
  complimentary address: 축사, 찬사
  a complimentary copy: 기증본
  complimentary beverage: 비행기/호텔 등에서 제공되는 무료 음료
- ☞ 세계 각지의 호텔마다 상이하지만, 일부 호텔의 경우 2가지 종류의 생수를 객실에 비치함. complimentary 라는 말이 있는 생수는 무료이고, 아무 말이 없이 비치해 놓은 것은 charge 되는 것이다.

당사는 대(對) 미국 사업 확장에 큰 관심이 있는 바, 송부하여 주신 자료의 정보를 토대로 상호 관심사를 도출하는데 활용될 것임

Since our company is always interested in expanding its mode and scope of business in the United States, the information materials that you have sent us will be carefully reviewed for identifying and matching areas of mutual interest.

- matching areas of mutual interest: 상호 관심 분야 도출
- matters of mutual interest/concern: 상호 관심사

8 담당자 파악

귀사의 신제품에 관심이 많습니다. 어디에 연락하여야 하는지 가르쳐 주십시오. 이메일 주소와 전화번호가 필요합니다. 저의 요청 사항이 불편하시면 저에게 연락하라고 해주세요. 제 이메일 주소는～.

We are very much interested in your new product. Please let us know the contact point for that product. I need E-mail address and phone No. If my request is not convenient, please let the right guy contact me. My e-mail address is ～.

☞ 제품 구매를 위한 담당자 파악 건인 바, 즉시 연락이 올 것이다. 물론 시장 상황이 완전 매도자 시장(seller's market)이라면 연락이 안 올 수도 있지만, 이런 상황은 희박하다.

새로운 FPCB 기술을 소개드리고자 합니다. 담당자를 통보주시면 감사하겠습니다. 이것이 불가하다면 첨부 FPCB에 대한 자료를 담당자가 검토할 수 있도록 전달하여 주시면 감사하겠습니다. 우리 전화번호는 ～이며 이메일 주소는 ～입니다.

We want to introduce our new FPCB technology to your preeminent firm. I would appreciate it if you could kindly inform us of the right person to contact. If not possible, please relay the attached informative materials on our new technology to the right guy for his review and evaluation. Our phone No., is ～ and E-mail address is ～.

☞ 거래 관계가 없으면서 인지도가 낮은 업체가 연락해서 제품/기술을 팔기 위해, 담당자를 문의하면 일반적으로 가르쳐 주지 않는다. 이 경우는 관련 자료를 제시하고 담당 부서에 전달하여 그 담당 부서에서 연락이 오도록 요청하여야 한다.

• FPCB(flexible printed circuit board): 연성 PCB
스마트폰, 태블릿 PC 등 얇고 가벼운 전자 통신 제품에 주로 사용되는 부드러운 PCB로 향후 사용처가 지속 확대될 것이다.

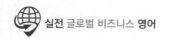

만약 당신이 연성 PCB를 맡고 있지 않다면 담당자에게 본 메시지를 전달해주시고, 그가 우리에게 연락하도록 해주세요.

Please relay this message to the person-in-charge if you are not in charge of FPCB. And I hope that you will let him contact us very soon.

- relay; pass on: 전달하다, 건네주다

☞ 해당 부서 직원에 대한 이메일 주소를 파악하였으나, 그간 담당자가 아닐 경우, 그에게 이메일을 보내면서 담당자를 파악하도록 노력한다.

Thank you for your contacting us for the new material. I will ask the right guy to contact you soon.

신물질 소개를 위해 당사에 연락주신데 대해 감사드립니다. 담당자가 곧 연락드리도록 하겠습니다.

☞ 기술 지향적인 회사로 보인다.

Chapter
03
상품 거래

 구매 조회

당사는 휘어지는 혁신적인 핸드폰을 개발 중에 있습니다. 여기에 사용될 수 있는 터치스크린을 구하고 있습니다. 귀사에서 공급 가능하면 즉시 연락주세요.

We have been developing an innovative, flexible handset. We are looking for touch screen to this end. If you can supply this kind of touch screen, please contact us immediately.

• to this end/purpose: 이러한 용도의/목적의

당사는 금일 자 산업 신문을 통해 귀사가 새롭게 개발한 '플라스틱 안료'가 산화티타늄을 대신하여 안료로 사용된다는 것을 알게 되었음.

We have learned from today's industrial newspaper that your newly developed plastic pigment is being used as the replacement of titanium oxide.

귀사 플라스틱 안료에 관심 있는 바, 기술 자료를 포함한 관련 정보 카탈로그 송부 요청드림.

We have much interest in your plastic pigment, and hope you can introduce it to us. Could you send us any available informative catalog including technical data?

그 회사는 다음 장에 표시되어 있는 품목과 수량을 수입할 의사가 있음.

The company has the intention to import the items and quantities listed in the next page.

우선, 귀국으로부터 수입 관심 품목은 밀과 같은 농산물, 니켈, 알루미늄 잉곳과 같은 금속이다.

To start with, the items that the company is interested in importing from your country are agricultural products like wheat and metals such as nickel and aluminum ingots.

• to start/begin with: 우선, 첫 번째로:

🎤 패턴 연습

~하려고 하다, ~하려고 하는 의지가 있다:

have the intention to 동사 원형: have the intention of ~ing

The company has the intention of coming down its price if long-term business is possible.

그 회사는 장기 거래가 가능하다면 가격 인하 의사가 있다.

The potential customer seems to have the intention to change its supplying source, after its present supplier caused the quality problem.

현 공급업체가 품질 문제를 야기한 후, 그 잠재 고객은 공급원 변경 의사가 있는 것 같다.

• by intention; intentionally: 고의로   without intention: 무심히
  with the intention of ~ing: ~할 작정으로

최근 큰 건설 회사 한 곳으로부터 품질 좋은 대리석을 구해달라는 요청을 받음. 그 건설 회사의 구매 담당 임원과는 아주 좋은 관계를 유지해 오고 있음.

Recently we were requested to source quality marble by one big construction company, with whose purchasing director we had been keeping an excellent relationship.

당사가 신뢰할 만한 대리석 공급원을 가지고 있다면 대리석 사업에서 크게 성공 할 것임. 남미에서 생산되는 대리석의 직거래 가능성을 알고 싶음.

Our marble business would be very successful if we can secure a reliable source. We would like to know the feasibility of directly purchasing marble from South America.

패턴 연습

~와 좋은 관계를 유지하다: keep an excellent relationship with

We keep an excellent relationship with the largest handset company in the world, as we have been making handset housing for the company more than 20 years.

당사는 세계 제 일의 핸드폰 회사에 이십 년 넘게 핸드폰 케이스를 공급하고 있는 바, 그 회사와 좋은 관계를 유지하고 있다.

• handset housing; 핸드폰 하우징(케이스, 껍데기)
 ☞ 이런 제품을 만드는 업체를 사출업체(plastic injection company) 라고 한다. 이런 제품을 만들기 위해 금형을 만드는 금형업체는 tooling company라고 한다. 붕어빵을 만드는 틀이 금형이고 붕어빵이 사출제품인 것이다.

Recently one copper smelter, whose president we had been keeping an excellent relationship with, requested us to source quality copper concentrate.

최근 동 제련소 한 곳으로부터 품질 좋은 동 정광을 구해달라는 요청을 받음. 그 제련소의 사장과는 아주 좋은 관계를 유지해 오고 있음.

당사는 귀사의 풍력 발전 시스템에 관심 있으며, 풍력 발전 사업을 검토 하고 싶습니다.
시스템에 대한 상세 정보를 보내주시면 감사하겠습니다.

We are very interested to learn about your wind power electricity generation system. Now we want to consider the business of wind power electricity generation. We would appreciate it if you could send us detailed information on your system.

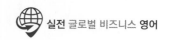

최근 한국에서는 태양광 유리 수요가 급증하고 있어 당사의 수입량도 증가하고 있음. 귀사에서 아래 조건을 충족시킨다면 귀사와 같은 신규 공급선과 거래를 개시하고 싶음.

Since our import activities have steadily escalated recently thanks to increasing demands for solar glass in Korea, we are in a very advantageous position to start cooperation with a new supplier like your prestigious firm, provided that you can meet the below specifications, terms and conditions.

귀사의 기계가 상기 사항을 충족시킨다면 상세 기술 자료와 견적 통보 바람.

If your machines can satisfy the above requirement, please send us detailed information on your machines - technical details and cost estimate.

틈새시장에 집중하면 큰 수익을 얻을 수 있다. 가격 산정용 도면을 송부하겠음. 가격 산정을 준비하고 계세요.

We can make a huge profit if we focus on niche market. We will send the drawing for your quotation. Please sharpen your pencil until then.

- niche market: 틈새시장
- sharpen the pencil: 작업 준비하다.

이러한 잠재 품목과 관련, 귀사의 어떤 제안이든 아주 기꺼이 주의 깊게 볼 것입니다.

We will most willingly look into any suggestion you may have concerning potential items.

- look into: ~을 들여다보다, ~을 조사/연구하다

🎙️ 패턴 연습

기꺼이 하는/자발적인: willing
마음이 내키지 않는/본의 아닌: unwilling
be willing to 동사 원형 ↔ be unwilling to 동사 원형

기꺼이, 자발적으로: willingly
마지못해, 억지로: unwillingly

I am willing to follow you. ↔ I am unwilling to follow you.
함께 가도 상관 없습니다.　　　　　　함께 가고 싶지 않습니다.

We are willing to accept your price cut, unless it is drastic.

가격 인하 폭이 급격하지 않다면 기꺼이 가격 인하 받아 드리겠습니다.

• willing or unwilling: 좋든 싫든

You are required to attend the seminar tomorrow, willing or unwilling.

좋든 싫든 내일 세미나 참석해야 된다.

There were many willing helpers.

자진해서 도와주겠다는 사람들이 많았다.

• a willing worker: 자발적으로 일하려고 하는 사람
  a willing sacrifice: 자진해서 행하는 자기 희생

🎤 패턴 연습

~하기 싫어하는/마지못해 ~하는: reluctant to 동사 원형

He was reluctant to make a trip to Japan because his wife is expected to give a birth sooner or later.

아내가 곧 출산 예정이라 일본 출장 가기를 꺼려했다. ☞ 갔는지 안 갔는지 확실치 않음

Reluctantly he made a trip to Japan.

일본에 마지못해 갔다. ☞ 간 것은 확실함.

✒ 판매 조회

당사는 한국에 있는 전기 제품 수출 선도 기업의 하나임.

We wish to introduce ourselves as one of the leading exporters of various kinds of electric products in Korea.

당사는 사업 영역을 확대하고 싶어 귀사와 긴밀하고 우호적인 거래 관계 기회를 갖고자 함.

We are very enthusiastic about expanding our business activities further, and we take this opportunity to try to establish a close and sincere business relationship with your prestigious company.

참고로 당사 카탈로그를 송부 하오니 관심 있는 품목이 있기 바랍니다.

For your reference, we have enclosed our catalog. We hope that some items interest you.

- enthusiastic: 열심인, 열광적인
  an enthusiastic soccer fan: 열광적인 축구팬
  an enthusiastic welcome: 열렬한 환영
  take the opportunity/chance to 동사 원형; take the opportunity/chance of ~ing: ~할 기회를 갖다, 기회를 빌어 ~하다
- for your reference/information: 참고로(← 약자로 **FYI**를 많이 사용)
  for your quick reference/information: 빨리/즉시 참고가 되도록
  e-mail에서는 information대신 info도 많이 사용된다.

귀사가 미국에서 산업용 공구를 수입/판매하는 선도적 유통 회사인 것을 알게 되었음.

We have learned that your esteemed company is one of the leading distributors and importers of various kinds of tools for industrial supplies in the USA.

- various; kinds/sorts of; a variety of; a range of: 여러 종류의, 다양한

패턴 연습

선도적인 ~이다, 선도 기업의 하나:
a leading ~, one of leading ~

Our subsidiary company, Nena Fashion, is a leading brand name in the Korean fashion industry.
당사 자회사 네나 패션은 한국 패션 산업에서 선도적인 상표이다.

SHHS Trading Corporation is a leading company in solar energy industry.

SHHS 무역은 태양광 산업에서 선도적인 회사이다.

For sixteen years, we, Nena Tools Co., Ltd., have been top one tool maker in Korea, thanks to our excellent quality and competitive price.

탁월한 품질과 경쟁력 있는 가격 덕분으로 16년 동안 한국 제일의 공구 기업의 위치를 고수하고 있습니다.

당사는 초경공구, 절삭/정밀 공구와 같은 산업용 공구를 전문적으로 취급합니다.

We specialize in industrial tools such as carbide tools and cutting/precision ones.

당사의 구체적인 생산 제품리스트 첨부하니 참고 요망. 당사는 귀국에 당사 제품의 잠재수요가 크다고 확신하며, 귀국으로 당사 제품을 수출하기 원함.

Please refer to the attached item list for details of our product line. We would like to export our products to your country which, we believe, has large potential demand for our products.

당사는 산업용 공구 분야에서 상호 이익을 위해 노력할 수 있는 역량 있고 신뢰할 만한 사업 파트너를 찾고 있음.

We are looking for a strong, reliable business partner in the industrial tool field with whom we can cooperate for our mutual benefits.

🎙️ 패턴 연습

전문적으로 취급하다, 전공이다: specialize in

We specialize in touch screens for cellular phone and tablet PC.

당사는 핸드폰 및 태블릿 PC용 터치스크린을 전문적으로 취급하고 있습니다.

He specializes in economics.

그의 전공은 경제학이다.

- specialized knowledge: 전문 지식
  a specialized magazine: 전문지

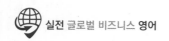
We wish to emphasize that our company specializes in the aforesaid items.
상기 품목들을 전문적으로 취급하고 있음을 강조합니다.

당사는 국내 다른 회사 제품뿐만 아니라 그룹 자매사 제품을 다양하게 수출하고 있음.
We export a variety of items produced by sister companies of our Group as well as by other local companies.

일의 진행을 빨리하기 위해 문의시 도면과 견본을 같이 주시기 바랍니다.
We welcome inquiries accompanied by drawings and samples to expedite our consideration.

상기 제품들의 수입에 관심 있으면 언제든지 우리에게 연락하십시오. 사양 및 도면을 주시면 제반 업무 신속 진행 가능함.
If you are interested in importing the above products, please feel free to contact us. To expedite our business possibility, we welcome detailed specifications and relevant drawings.

🎤 패턴 연습

편하게 ~하세요: feel free to 동사 원형; don't hesitate to 동사 원형

Whenever you need our assistance, please feel free to contact us any time.
당사가 도와 드릴 일이 있으면 언제든지 연락바람.

Please don't hesitate to contact me any time if there is anything that I can be of help with.
제가 도움 될 일이 있으면 언제든지 연락하세요.

If you need more information, please feel free to contact us. We are ready to send you all the available materials such as samples, catalogs, and price list.
추가 정보 원하면 연락 바람. 견본, 카탈로그, 가격표 등 활용 가능 모든 자료 송부 준비 완료되어 있음. 회신 바람.

🎤 패턴 연습

환영하다, 원하다: welcome

We welcome your visit to our factory any time.
언제든지 공장 방문을 환영합니다.

We welcome your order any time.
언제든 주문만 하십시오.

We welcome your investment in our new project.
신규 프로젝트 투자 환영합니다.

한국으로부터 저가이면서 품질이 좋은 부품들을 물색할 수 있다는 것을 확언드립니다. 구체적인 문의 내용 주시면 견본과 같이 최상의 오퍼 드리겠습니다.

We assure you that you can source low-cost, high-quality parts and components from Korea. Once we receive your specific inquiry, we will provide our very best offer together with sample.

• low-cost, high-quality: 저가, 고품질

☞ 이런 제품/부품을 만들 수 있는 회사는 큰 돈을 벌 수 있는 기회가 크다. 일반적으로 low price, OK quality만 되면 만사형통이다. Cost, price 사용은 구매자의 입장에서 말하는 것인지, 판매자의 입장인지에 달려 있다.

귀사가 당사의 새로운 터치스크린으로 거래를 시작할 입장에 있다면 귀사의 의견, 세부 도면, 예상 연간 수요 및 가격 등을 알려주기 바람.

If you are in a position to start business of our new touch screen, please let us have your opinions, detailed drawings, estimated annual demand, and pricing.

귀하가 지적한 바와 같이, 귀사의 중국 합작 투자 공장용 기계를 당사로부터 구입하는 것이 유망함.

You raised some promising areas here, namely, in the purchase of our machinery for your Chinese joint venture facilities.

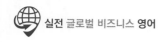

브라질은 태양광 모듈에 대한 잠재 수요가 크다. 왜냐하면 국토가 넓고 전기 값이 상대적으로 높기 때문이다. 필요로 하신 태양광 모듈의 사양을 주시면 아주 경쟁력 있는 오퍼를 제시드리겠습니다.

Brazil has a large potential demand for PV module. The reason is that Brazil is a very big country and the price of electricity is relatively high. Just give the specification of your required PV module for our very competitive offer.

🎙 패턴 연습

~에 대한 큰 잠재 수요: large potential demand for ~

We are looking for one strong, reliable business partner with whom we can cooperate for our mutual benefits in touch screen. We believe our products have a large potential demand in your country. If you are interested in doing business with us, please feel free to contact us. We are ready to send you all available materials such as samples, catalogues, and price list.

당사는 터치스크린 분야에서 상호 이익을 위해 협력할 수 있는 역량 있고 신뢰할 만한 사업 파트너를 찾고 있음. 당사 제품의 매우 큰 잠재 수요가 귀국에 있다고 확신함. 당사와 사업 추진에 관심 있으면 연락 바람. 견본, 카탈로그, 가격표 등 활용 가능한 모든 자료를 송부할 준비 되어 있음.

이것을 그 회사에 보여주고 관심이 있는지 확인해주면 감사하겠습니다.

I would appreciate it if you could show this to the company and ascertain its interest.

🎙 패턴 연습

관심을 확인하다 : ascertain one's interest

We explained to R&D engineers about a new shielding way for three hours, but could not ascertain their interest on the spot.

연구소 기술자들에게 새로운 전자파 차폐 방법에 대해 3시간이나 설명했으나 현장에서 관심사 확인은 불가했다.

• ascertain what really happened: 일의 진상을 알아보다
  ascertain whether or not the market report is true: 그 시장 보고서의 사실 여부를 확인하다

해외 지사 연락 요청

당사 홍콩 지사의 주소는 아래와 같으며, 당사 홍콩 지사원과 상호 관심사 의견 교환 가능함.

For your convenience, the address of our Hong Kong branch is given below, where you can exchange opinions on matters of mutual interest with our representative.

양사 간 사업 추진을 용이하게 하기 위해 당사의 칭따오 지사에 언제든지 연락하세요. 연락처는 다음과 같음.

To facilitate potential business between our two companies, you may contact any time our branch in Qingdao. The point-of-contact at the branch is as below.

당사와 사업 추진하고 싶으면 언제든지 당사 LA 지사에 연락하세요. 연락처는 아래와 같음.

If you are interested in doing business with us, please feel free to contact our branch in Los Angeles, whose contact point is given below.

패턴 연습

사업을 신속히 처리하기 위해, 촉진하기 위해:

(in order) to facilitate/expedite/propel/accelerate business

To expedite this business, please send us the information we have requested in our message. After receiving your information, we will prepare our preliminary proposal in order to discuss further details with you.

본 사업을 신속히 추진하기 위해 우리가 요청한 정보를 보내주시기 바람. 정보를 주시면 귀하와 상세한 상담을 위한 제안서 준비하겠음.

In the meantime, we would like to amend a few stipulations of the original memorandum in order to facilitate the practical execution of the contract, as has already been discussed with you.

귀하와 기 협의한 바와 같이 계약의 실질적인 실행을 촉진하기 위해 MOU의 몇 가지 내용 수정하고 싶음.

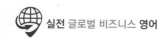
Please accelerate the production this weekend. Otherwise we will be most/ highly likely to receive a claim for the late shipment.

이번 주말에 생산에 박차를 가하라. 그렇지 않으면 선적 지연 클레임을 받을 가능성이 아주 크다.

 ## 구매 제품 대체 권유

당사는 세계에서 가장 큰 MLCC 회사입니다. 최근 생산 라인 증설로 어느 공급업체보다 경쟁적인 가격을 제시드릴 수 있습니다. 궁금하거나 필요한 사항 있을 시 언제든지 연락주십시오.

We are the largest MLCC maker in the world. Recently we have finished setting up one more production line, which allows us to offer more competitive price to customers than any other supplier. If there is anything which you need and/or are curious about, please contact us any time.

• MLCC(multi layer ceramic capacitor): 적층 세라믹 커패시터

 ## 패턴 연습

A가 ~하게 허락하다: allow/permit A to 동사 원형~

However, our company policy does not allow us to grant exclusive sales rights to any firms before we have held substantial business dealings with them.

그러나 당사의 회사 정책상 거래 실적이 상당하기 전에는 그 어느 누구에게도 독점 판매권을 부여하지 않음.

Please permit us to submit our countermeasure for the defective quality by next Monday.

불량 대책을 다음 주 월요일까지 제출토록 허락해 주세요.

Please allow us to submit our price for the next quarter by this Friday.

다음 분기 적용 가격을 금요일까지 제출하도록 허락하여 주시기 바람.

Our low cost and high quality allow you to secure competitive advantage.

가격은 저가이면서 고품질인 당사의 제품을 귀사에서 취급 시 귀사는 경쟁 우위를 갖게 될 것임.

We hope that you will be able to allow us to become your partner to extend the market of your MLCC

당사는 귀사의 MLCC 시장 확대를 위해 귀사 파트너가 되기를 희망함.

☞ 당사의 귀사 제품 판매를 허락해주면 잘 팔 수 있다는 것임. 이런 우회적인 표현은 본문에서 확실한 의미 전달을 한 다음, 이메일 마지막 문장으로 사용하는 것이 바람직하다.

수입 가능 품목 선정 통보

제안하신 품목 중 수입 가능 품목을 선정, 내주 금요일까지 상세 내역 통보드리겠습니다.

Among your proposed items, we will select the items which we can import, and will inform you of details by next Friday.

경쟁력 있는 가격을 제시한다면 우선 바닷가재를 수입하고 싶습니다.

We would like to import your lobsters first if you can offer competitive terms.

LME 가격에서 톤당 50불을 차감한 가격정도로 매월 50~60 톤의 아연을 수입할 수 있을 것으로 추정합니다.

I presume we will be able to import 50~60 tons of zinc ingots per month in the price range of LME price minus US$50/ton.

 LME (London Metal Exchange: 런던 금속 거래소)

주식 시장과 마찬가지로 금속이 거래되는 시장이다. 1877년 설립된 세계 최대의 금속 선물 거래소. 미국 시카고상품 거래소(CBOT)와 함께 세계 원자재 시장의 2대 거래소.

주식과 마찬가지로 양질의 금속은 LME 시장에 상장된다. 상장 품목은 금, 은, 전기동, 주석, 알루미늄, 납, 아연, 니켈, 알루미늄 합금 등이며, 한국 업체로는 고려아연, 니꼬 동 제련의 제품이 LME에 상장되어 있다.

이곳에서 결정하는 가격을 LME 가격이라고 하며, 세계 거래 가격의 기준이 된다.

우선, 당사 핸드폰에 적용 고려하고 싶은 첫 번째 품목은 귀사의 오버몰딩 개스킷입니다.

To start with, the first item that we are interested in adopting to our cellular phone is your overmolding gasket.

- overmolding gasket: 금형/사출을 활용하여 어떤 제품 위에 개스킷 원료를 바로 성형시켜 제조하는 개스킷

🎙 패턴 연습

우선 무엇보다도, 첫째: to start/begin with; firstly; first of all; first and foremost; as the most important thing

Your business plan is not feasible. To begin with, our company's financial status is not good enough for investment in a big project.

귀하의 사업 계획은 실현 가능성이 없다. 우선. 당사의 재정 상태가 큰 프로젝트에 투자할 만큼 좋지 않다.

First and foremost the new president of the company improved the fringe benefit of R&D engineers, as he is technology-oriented.

신임 사장은 기술 지향적이라 우선 무엇보다도 연구소 기술자들의 복리후생을 향상시켰다.

First and foremost, our objectives is to maintain the mutually beneficial business relationship between your esteemed company and ours.

우선 무엇보다도 우리의 목적은 귀사와 상호 호혜적인 관계를 지속하는 것임.

I would firstly like to say that it was a great pleasure as well as an unsurpassed honor to have been able to sit with you during the dinner hosted by Prime Minister of Korea, on the occasion of the official visit of His Excellency Prime Minister of your country to the Republic of Korea.

한국 국무총리가 주최한 귀국 총리의 방한 환영 만찬 때 옆 자리에 앉게 되어 무한한 영광이고 큰 기쁨이었다는 것을 우선 말씀드리고 싶습니다.

견본 테스트 제안

당사 신제품을 무료 테스트하는 것은 언제든지 가능합니다. 관심 있으시면 무료 견본 요청하십시오.

A free trial use of our new product is available any time. Please contact us for a free sample if you are interested.

귀사의 신제품을 2주간 시험적으로 사용하고 싶습니다. 무료 견본을 한 개 보내주십시오.

We want to test-use your new product for two weeks. Please send me one free of charge.

• test-use ~: use ~ for test: 시험적으로 사용하다.

당사의 제품을 7일간 테스트 후 구매 여부 결정하기 바랍니다. 관심 있으시면 견본 한 개를 무료로 발송하겠습니다.

I would like you to test our product for seven days and to decide on purchasing. If you are interested, I will send a sample free of charge.

귀사의 테스트와 평가를 위해 오버몰딩 개스킷 견본을 제출하고 싶습니다. 핸드폰 케이스와 도면을 주시면 3일 이내 오버몰딩 개스킷 견본을 만들 수 있습니다. 이 견본을 귀사 핸드폰에 조립하여 전자파 차폐 효과를 테스트할 수 있습니다.

We want to supply overmolding gasket sample for your test and evaluation. If you could release your handset housing and its drawing, we can make overmolding sample within three days. You can test EMI shielding efficiency after you assemble the overmolding gasket to your handset.

☞ 이 경우, 핸드폰 회사에서 현재 개발 중인 핸드폰 하우징의 도면을 협력 업체가 아닌 신규 업체에 제공하지는 않을 것이다. 모든 제품은 개발 단계에서는, 즉 시장에 출시되기 전까지는 대외비로 처리한다. 단, 현재 이미 시장에 판매되고 있는 핸드폰이라면 개스킷 제조를 위한 핸드폰 하우징의 일부 도면을 제공, 오버 몰딩 개스킷 sample을 받아, 전자파 차폐 비교 테스트할 가능성은 있다.

귀사 핸드폰(모델 No: ~)용으로 새롭게 개발된 터치스크린을 동봉해 드립니다. 현재 채택중인 터치스크린과 성능/내구성을 비교해보시기 바랍니다.

Enclosed is our newly developed touch screen for your handset(model No: ~). Please test this and compare its function and durability with your present touch screen being applied to the said handset.

• durability: 내구성, 내구력   형 durable 오래 견디는, 내구력이 있는

☞ 제품이 얼마나 견디는지를 말한다. 성능이 아무리 좋아도 얼마 사용하여 고장이 난다면 의미가 없는 것이다. 기업에서 제품을 개발할 경우 항상 내구성 테스트를 한다.

Chapter 04 상 담

① 일반적인 사항

 양사 업무 협조 기대

지난 금요일 우리가 논의한 것은 매우 소중하였음.

I hope you are well. I thought that our discussions of last Friday were invaluable.

귀사에 대한 설명 자료는 인상적이었음. 귀하가 필요로 하는 정보(자료)를 동봉함.

The descriptive material about your company was very impressive, and I am pleased to enclose your required information.

☞ 표현은

    The descriptive material about your company was very impressive.
    The descriptive material about your company impressed me.
    The descriptive material about your company made an impression on me.
    I was impressed at the descriptive material about your company.

당사 지사와 귀사 자매사가 인접해 있으니 그들이 직접 서로 만나 논의하기 바람.

I would like our branches and your sister companies in the neighboring locations to hold face-to-face discussions.

• neighboring location: 인접 위치/소재지   neighboring countries: 인접 국가들

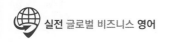

귀사 담당자 성명과 연락처를 알려주기 바람.

Please send us the names of the people to contact as well as their addresses, phone numbers, and E-mail addresses.

귀사 공장 방문으로 양사의 가까운 관계가 더욱 더 깊어졌기를 바라며, 지속적인 도움과 후원을 기대함.

I sincerely hope that my visit to your factory has further strengthened the already existing close friendship and cooperation between our two companies, and I look forward to your continuous assistance and support.

🎤 패턴 연습

부단한/지속적인 노력: ceaseless/continuous/continued/constant/endless/
unending/never-ending/eternal/incessant/perpetual efforts

The engineers' endless efforts made the company finally succeed in developing new, innovative materials.
연구원들의 부단한 노력으로 그 회사는 마침내 혁신적인 신물질을 개발하는 데 성공했다.

Once again, we earnestly hope that you will fully understand and accept our ceaseless efforts for mutual profit, and look forward to hearing favorable news from you soon.
다시 한 번 상호 이익을 위한 당사의 부단한 노력을 가상히 여겨, 우호적인 회신 주기를 기대함.

그 회사에서의 상담은 큰 가치가 있었음. 그 회사 성공의 대부분은 귀하의 탁월한 공헌에 기인한다는 것을 알게 되었음. 귀하의 도움과 협력으로 사업이 지속적으로 확대될 것으로 확신한다.

Our discussion at the company was rewarding and invaluable; a large portion of its success stems from your outstanding contributions. I am confident that, with your help and cooperation, the business between your company and ours will keep expanding.

🎙 패턴 연습

득이 되는, 할 가치가 있는, 보상이 되는: rewarding/fruitful

↔ rewardless/fruitless: 보수 없는, 헛수고의

I hope that your trip to Hong Kong was fruitful/rewarding.

홍콩 여행이 결실이 있기를 기원한다.

My trip to Hong Kong this time proved fruitless.

이번 홍콩 여행은 결실이 없었다.

You shall be rewarded for your active marketing.

활발한 마케팅에 대한 보상을 받을 것이다.

cf: You shall be awarded the Nobel Peace Prize.

　　노벨 평화상을 수상할 것이다.

- reward: 보수, 포상, 현상금, 사례금, 보답, 응보
- No reward without toil.(격언) 고생 끝에 낙(樂)
- in reward for/of: ~의 상으로, ~에 보답하여
- be properly rewarded for one's effort: 노력에 합당한 보수를 받다

They debated hotly on the marketing strategy, which was rewarding, as they found out the way to get more M/S.
They exchanged a heated debate about the marketing strategy, which was rewarding, as they found out the way to get more M/S.

마케팅 전략에 대해 열띤 토론을 했으며 시장 점유율을 높일 수 있는 방법을 찾아 토론의 가치가 있었다.

- debate 토론, 논쟁, 토의, 숙고　　동 토론/논쟁/숙고하다

It had been a most educational and rewarding experience for me as well. In all, I feel honored to be a part of such distinguished group of individuals.

나에게는 아주 교육적이고 보람 있는 경험이었음. 훌륭한 인사들로 구성된 그룹의 일원이 되어 영광스러움.

 패턴 연습

A는 B 덕분, A는 B에 기인, A는 B에서 나오다: A stems from B

The excellent marketing plan stems from his idea.
탁월한 마케팅 계획은 그의 아이디어이다.

The success of our business in Korea stems from your considerate help and hands-on cooperation.
한국에서 우리 사업의 성공은 귀사의 사려 깊은 도움과 깊은 협조 덕분이다.

최적의 협력 분야 발굴

귀사와 좀 더 구체적인 상담을 하여 최적의 협력 분야를 모색하기를 희망합니다.
It is our hope to have more detailed discussion with your company so that we can find out the optimal venue of cooperation.

패턴 연습

~하기를 희망합니다. ~하기를 바랍니다.
We hope to 동사 원형; We hope that ~ ; It is our hope to 동사 원형

We hope to have more detailed discussion with your company.
We hope that we will(be able to) have more detailed discussion with your company.
귀사와 좀 더 구체적인 상담을 하기를 원합니다.

We hope that we can be a partner with you to extend the market of your 3-D laser printers.
귀사 3–D 프린터의 시장 확대를 위한 사업 파트너가 되고 싶음.

We hope to establish a good business relationship with you and look forward to hearing from you soon.
거래가 성사되기를 희망하며 연락주시기를 기대합니다.

당장 생각나는 협력 분야는 화학품입니다.

The field of cooperation that immediately came to our minds is chemical products.

- cross/come into/come to/pass through/enter one's mind
  (어떤 생각이) 마음에 떠오르다:
- bear/have/keep ~ in mind : ~를 명심하다, ~를 유의하다
- change one's mind: 의견/생각을 바꾸다

내주 화요일 방문 예정인 회사에 제안할 내용을 사전 조율할 수 있도록 프레젠테이션 초안을 먼저 보내주십시오.

Please send the draft of your presentation in advance so that you and we can tune up our proposal to the company which we are to visit next Tuesday.

- tune up 조율하다, 맞추다   tune-up 엔진점검/조율
  The orchestra was tuning up when we entered the hall.
  우리가 홀로 들어갔을 때는 오케스트라가 악기들의 음을 맞추고 있었다.

귀하와의 사업 협의는 즐거웠고 시야를 넓힐 수 있었음. 귀하가 저에게 제공한 정보와 호의적인 제안은 매우 가치가 있었음.

Having the opportunity to discuss business with you was simultaneously pleasant and enlightening. Invaluable were the information you provided me with and the suggestion you graciously offered.

- simultaneously; at the same time: 동시에
- Invaluable were the information you provided me with and the suggestion you graciously offered.
  ☞ 도치 문장이다. 영어 문장 어순의 기본은 진주어/가주어와 같이 긴 내용은 뒤로 돌린다. 원 문장은
     The information you provided me with and the suggestion you graciously offered were invaluable.
  ☞ information과 suggestion이 주어인 바, invaluable 다음에 복수 동사를 사용함.

가까운 시일 내 다시 만나기를 기대함. 귀사의 환대에 보답하고 싶고, 가장 중요한 것은 양사 간 상호 이익이 될 수 있는 최상의 사업 분야를 귀사와 함께 개발할 수 있기를 바람.

I would like to reciprocate your hospitality, and most important, would like to further explore with you the best venues for mutually beneficial business between your company and ours.

🎙 패턴 연습

큰 가치가 있다: invaluable; priceless; very valuable; very precious

His visit to our factory last Friday was invaluable.

그의 지난 금요일 당사 공장 방문은 매우 소중하였음.

Your investment of US$10 Mil in our new business is priceless.

귀사가 우리의 신사업에 천 만 불 투자하는 것은 정말 가치가 있다.

🎙 패턴 연습

보답하다: reciprocate **명** reciprocation

We fully recognize the usefulness of the data terminal, and we propose to reciprocate your kindness and pragmatism with an offer to significantly increase our trade volume with your bank.

데이터 터미널의 유용성에 대해 충분히 인식하며, 귀 은행과의 거래를 늘림으로써 귀하의 친절과 실용주의에 보답하고자 함.

I would like to reciprocate your hospitality which you rendered to me when I visited your company.

귀사 방문 시 베풀어 주신 환대에 보답하고 싶습니다.

I would like to reciprocate your priceless info which was of much help to our getting the order from the company.

그 회사로부터 오더를 수주하는 데 큰 도움이 된 값진 정보에 보답하고 싶습니다.

제 사무실에서 논의한 귀하의 당사에 대한 사려 깊은 제안에 감사드립니다.

I am very grateful for your thoughtful proposals to my company which we discussed at my office.

사절단을 파견하라는 귀하의 제안은 충분히 검토되고 있으며, 제 직원과 제가 곧 적절한 파견 시기와 관련 사업을 찾을 수 있을 것임.

Your suggestion that we send a delegation is being fully studied, and my staff and I will soon find the right time and proper line of business in which we can cooperate with you.

귀하와 함께 일하는 것은 개인적으로나 회사 업무적으로나 너무나 큰 기쁨을 줌.

Working with you has been a source of tremendous personal and professional pleasure for me.

다른 분야에서도 우리의 관계가 지속되기를 희망함.

I eagerly anticipate continuing our relationship in another business venue.

✒ 전담 태스크 포스 구성

김 부장에게 그 사업을 위해 전담 태스크 포스를 구성하라고 지시하였습니다. 사업 추진을 적극적으로 하기 위해 팀원들은 추진력이 넘치는 사람들만 뽑을 것입니다.

I have instructed General Manager Kim to organize a task force for the business. I will select only the guys full of driving force in order to actively expedite the business.

• driving force 추진력

As far as driving force goes, Manager Kim is the best. But the problem is that he is not well-organized.

추진력에 관한 한, 김 과장이 최고이나, 문제는 김 과장은 조직적이지 못하다는 것이다.

🎙 패턴 연습

지시하다 : instruct A to 동사 원형,
  have one's instruction to 동사 원형

To accomplish this task, I have already instructed General Manager DH Kim of our Construction Materials Department to head this task on our side.

이 임무를 완수키 위해 건축 자재부 부장이 이 일의 총대를 메라고 지시하였습니다.

Nevertheless, due to the far distance between our two countries, I have also instructed the head of Mexico office to actively participate and increase the efficiency on our side.

그럼에도 불구하고, 우리 양국 간의 거리가 멀어 멕시코 지사장에게 본 건에 적극적으로 참여하고 효율성을 제고하라고 지시함.

He has my instruction to visit your company in early 2023 to confer with you. I hope that, by this time, there will have been lots of accomplishments made by both sides.

그에게 2023년 초 귀사를 방문하여 귀하와 협의하라고 지시함. 이때까지 양측에서 많은 진전이 있기를 바랍니다.

당사 뉴욕 지사장으로부터 그의 서울 방문이 1월까지 지연될 것이라고 이야기를 들음.
The head of our New York office recently advised me that his trip to Seoul would be delayed until January

그의 서울 방문이 지연되더라도 그동안 전담 태스크포스(Task Force)를 구성, 훈련을 함으로써 시간 손실을 경감하려고 애쓰고 있음.
I am trying to mitigate the time loss by organizing a task force and by proceeding with training.

귀사가 관련 사양을 보내주고 당사 직원의 귀사 홍콩 공장 견학을 허락한다면 비록 그의 서울 방문이 지연되었지만 우리 나름대로 일을 더 진행할 수 있음.
I think we can proceed further if it is possible for you to release relevant specifications and to allow me to dispatch my staff to your factory in China for a factory tour.

당사 직원이 귀사 중국 공장 생산 라인을 견학함으로써 최적의 생산 방안을 모색할 수 있을 것임.

By looking around your China factory's production line, my staff can find out the optimal way for us to organize production.

- optimal way: 최선의 방법, 최적의 방법
  optimum: 가장 알맞은, 최적의(optimal), 최적 조건, 최적도
  optimum levels: 적정 수준
  optimum working conditions: 최적의 근무 조건
  The production manager should find out the optimal way for the factory workers to cut down assembly time.
  생산 과장은 공장 작업자들이 조립 시간을 단축할 수 있는 최적의 방법을 찾아야 한다.

- look around/round ~: ~을 둘러(돌아)보다

깊은 협력 기대

귀하의 메시지에 언급한 바와 같이, 양사는 일본을 비롯하여 대(對) 중국/EU/러시아 수출 증진의 중요성을 충분히 인식하고 있음. 상호 우호적인 관계로 전폭적인 협력이 이루어져 양사의 수출 증진이 실현되기를 진심으로 희망함.

As you mentioned in your message, we also fully recognize the importance of the promotion of exports to China, EU, and Russia, as well as to Japan; we sincerely hope that the friendly ties between our two companies will continue to contribute to our mutual and wholehearted cooperation in realizing this promotion.

대 중국 OLED TV 판매에 귀사의 깊은 협조 지속해 주시기를 바랍니다.

We honestly hope that you will be able to keep extending deep cooperation on our selling OLED TV to China.

귀사의 도움이 당사의 중국 사업에 큰 기여를 하고 있습니다.

Your help has been greatly contributing to our business success in China.

패턴 연습

기여하다, 공헌하다, 기부하다, 기고하다: contribute to

Too much business expansion during recent three years contributed to the bankruptcy of the promising company.
최근 3년 동안의 지나친 사업 확장이 그 유망한 회사가 파산하는 원인이 되었다.

Reckless business expansion for the recent three years contributed to the company's ruin.
최근 3년간의 무모한 사업 확장이 그 회사 파산의(한) 원인이 되었다.

The factory workers' carelessness contributed to high defectiveness.
공장 직공의 부주의함이 높은 불량률의 한 원인이 되었다.

Your proposed way does not contribute to the solution of the pending issues between us.
귀하가 제시한 방법은 미결 사안 해결에 도움이 되지 않는다.

Meeting with you has contributed greatly to our better understanding of your party's impressive policies for the operation of the Joint Venture.
귀하와의 금번 회의를 통해, 합작 투자 사업 운영을 위한 감명 깊은 정책을 좀 더 잘 이해하게 되었음.

상담 유익

지난 월요일 품질 관리 미팅은 정말 모든 면에서 유익했다.
Our quality control meeting of last Monday was really instructive in all respects.

우리 모두는 상담을 통해 현 상황을 더 잘 이해하게 되었다고 생각함.
I thought that our discussions gave us both a better understanding of the current situation.

이러한 이해가 향후 발생할지도 모를 문제를 해결하고 양사 간에 돈독한 협력 구축에 도움을 줄 것임.

This understanding will help us resolve problems which might occur possibly in the future, and lead to greater cooperation between our two companies.

 패턴 연습

A가 ~하도록 도와주다, ~하는 것을 도와주다: help A(to) 동사 원형

We will open the second L/C if you can help us to immediately resolve the quality problem. We strongly suggest the following actions to resolve this quality issue.
귀사가 품질 문제를 즉시 해결하도록 돕겠다면 2번째 L/C를 개설할 것임. 본 품질 문제 해결을 위해 다음과 같이 제안드림.

We hope that your business discussion with us during trip to Korea was fully gratifying to you in all respects.
귀하도 한국 방문 동안 당사와의 상담이 모든 면에서 만족스러웠기 바람.

패턴 연습

모든 면에서: in all areas/respects

We hope that your trip to Korea was fully gratifying to you in all areas. Managing Director Kim expressed his extreme satisfaction with the results of the discussions held with the members of your mission.
귀하도 모든 면에서 한국 방문이 만족스러웠기 바람. 당사 김 상무는 귀 사절단 일원들과 가졌던 상담의 결과에 최고의 만족감을 표현했음.

I always consider any business matter in all respects. You are required to consider whether your investment is worthwhile.
나는 항상 어떤 사업상의 일이라도 모든 면을 고려한다. 당신은 투자 가치가 있는지를 생각해야 한다.

• in all areas: 모든 분야에서, 모든 면에서   in some respects: 어떤 점에서
  in all respects: in every respect: 모든 점에서

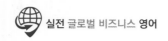
지금 진행 중인 거래와 가능성 있는 거래에 대한 상담은 참으로 좋았습니다.

I very much enjoyed discussing our current and potential business transaction with you and your staff members.

 패턴 연습

즐기다, 향유하다, 누리다: enjoy ~ing

We have enjoyed discussing marketing plan with your salesman.
귀사의 과 즐겁게 마케팅 계획을 토론했음.

I look forward to seeing you and to having the opportunity to reciprocate your hospitality. I would very much enjoy working with you again.
다시 뵙기 바라며, 환대에 보답할 기회가 있기 바람. 다시 같이 일할 수 있으면 좋겠음.

• enjoy oneself; have fun; have a good time
  I enjoyed myself at the party last night.   어제 밤 파티에서 신나게 놀았다.

특정 분야 비즈니스 기대

따라서, 양사 대표가 이러한 상호 관심사의 구체적 협의를 위해 서로 접촉해야 함. 이렇게 함으로써 가까운 장래에 결실을 맺을 것으로 확신한다.

Therefore, I think that representatives of our two companies should contact each other, for the purpose of holding detailed discussions on the specific areas of mutual interest. I am confident that, thru this, something fruitful will be borne between us in the near future.

 패턴 연습

~하기 위하여/위해서. ~할 목적으로, ~하기 위해:

for the purpose of ~ing; with a view to ~ing; in order to 동사 원형: so as to 동사 원형: aim to 동사 원형

The production manager rushed to QC manager with a view to finding out the root cause for the defectiveness.

생산 과장은 불량품의 근본 원인을 알아내기 위해 품질 관리 과장에게 달려갔다.

- purpose: 목적, 의도, 용도, 의지, 결심, 결의, 용도, 효과

  serve various purposes: 여러 가지 용도에 쓰이다

  speak to the same purpose: 같은 취지의 말을 하다

  answer/serve the purpose: 목적에 부합되다

  carry out/attain/accomplish one's purpose: 목적을 달성하다

  on purpose: 고의로, 일부러

  accidentally on purpose: 우연을 가장하여

The company always offers relatively high salary so as to employ good engineers.

뛰어난 연구원들을 고용하기 위해 항상 상대적으로 높은 급여를 제시한다.

어제의 실무진 상담은 적격 협력 분야를 모색하는 데 충분히 건설적이었다.

Yesterday's meeting with your working-level members was constructive enough to locate the right venue of business cooperation.

 패턴 연습

건설적인: constructive

Your business proposal is constructive, but, unfortunately, our company does not have enough cash to pursue the business.

귀하의 사업 제안은 건설적이나, 불행히도 우리 회사는 그 사업을 추진할 충분한 자금이 없다.

We are now closing the very constructive and productive 5th Joint Meeting, which I believe will produce closer cooperation between two companies.

이제 우리는 매우 건설적이고 생산적인 5차 회의를 마감하려 함. 본 회의로 우리 양사 간의 협력이 보다 더 긴밀하게 될 것으로 믿는다.

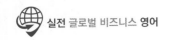

양사는 이 분야에서 뭔가를 창출해야 함. 당사 기계부와 협의 결과, 귀사의 비료/소다회 시설에 광범위한 장비가 소요 될 것 같음.

The two of us should be able to develop some business in this area. Talking to our Machinery Department, I pinpoint the following broad types of equipment that may be required in your fertilizer and soda ash facilities.

🎙 패턴 연습

꼬집어 말하다, 정확한 위치를 지적하다: pinpoint; point out

I understand that you pointed out three basic areas of interest to your company - selling your products to Korea, sourcing of products in Korea, and joint investment ventures. I have mobilized my staff to consider carefully your suggestions in these three areas. Here are my findings so far.

3가지 관심 사항이 있는 것으로 이해함 – 귀사의 제품 대 한국 수출. 한국에서의 제품 구매. 합작 투자. 직원들을 시켜 이 세 가지 분야에 대한 귀하의 제안을 신중히 검토시킴. 귀하의 제안 사항을 면밀히 검토한 결과는 다음과 같음

I would appreciate it very much if you could point out any newly minted sources of information such as books, periodicals, seminars, and university offerings that you are aware of.

이와 관련해 알고 있는 서적, 정기 간행물, 세미나, 대학에 대한 새로운 정보를 제공해 주시면 감사하겠음.

- off the point: 요점을 벗어난
  to the point: 요령 있는, 적절한
  Your sales plan presentation at the meeting was not to the point.
  당신이 회의 때 프레젠테이션 한 판매 계획은 요점을 벗어났었다.

- make a point of ~ing: ~을 중요시/강조/주장하다, 반드시 ~하다
  I make a point of playing golf once a week.
  일주일에 한 번은 골프를 친다.

- You have a point there.
  그 점에선 네 주장도 타당하다.

🖊 큰 결실 확신

양사 실무진들의 잦은 접촉으로 새롭게 형성된 BIZ 관계가 상호 도움이 되는 관계로 발전되기를 희망함.

I hope that, through the frequent contacts of our staffs, our newly-established business relation will develop into a mutually beneficial one.

또한 가까운 시일에 우리의 우정을 돈독히 하기 위해 다시 만나고 싶음.

Also I hope to meet you again in the near future to deepen our friendship.

끝으로 귀사의 도움으로 양사의 협력이 좋은 결실을 맺을 것이라고 확신함.

Finally, I take this opportunity to express my confidence that, with your company's assistance, fruits will be borne by our partnership.

- develop into: lead to: grow into: ~로 발전되다
- deepen/strengthen our friendship: 우정을 돈독히 하다

태양광 유리 거래와 관련, 귀하와 통화한 바와 같이, 당사는 귀사와의 거래를 현재와 같이 지속하고 싶다는 것을 강력히 말씀드림.

In regard to our mutual solar glass business, as already discussed over phone with you, our company would like to take this opportunity to express its strong desire to continue the present business transactions between your preeminent firm and ours.

- as already discussed over phone with you: 전화로 이미 논의한 바와 같이
  as we(mutually) agreed over phone: 전화로 이미 합의한 바와 같이

미래에는 우리의 관계를 굳건히 할 많은 기회가 있음을 확신하며, 상호 간의 이익 증진을 위해 확실하게 노력할 것임을 확언드림.

I am sure that future holds many opportunities to strengthen our relationship, and assure you of our unequivocal efforts to further our mutual benefits.

- unequivocal: 명료한, 모호하지 않은
  definite, absolute, certain, clear, decisive, straightforward, unambiguous
  ↔ 애매모호한, 확실치 않은: equivocal, vague, ambiguous, noncommittal

🎙 패턴 연습

미래에는 ~할 기회가 많다
future holds many opportunities
there are many opportunities in the future

Please never be disappointed at your failure. There are many opportunities lying ahead of the young guys in the future.
실패한다고 절대 실망하지마라. 젊은이들 앞에는 미래에 기회가 많이 있다.

Thanks to investment in the new technology of touch screen for the past five years, the future of Nana Electronics holds success only.
최근 5년간의 터치스크린 신기술 투자 덕분으로 나나전자의 미래는 성공만이 보인다.

• **the future holds** ~: 미래에는 ~가 있다, ~하다

금번 이틀간의 상담으로 구체적인 결실을 맺으려 하고 있음.
Our discussions of two days in Seoul are beginning to produce tangible results.

• **tangible**: 만져서 알 수 있는; 확실한, 명백한, 현실의, 유형의
  tangible asset: 유형 자산 ⟷ **intangible asset**: 무형 자산
  intangible: 만질 수 없는, 무형의(insubstantial), 파악하기 어려운

장기적으로 상호 이익을 창출하는 것이 가장 좋은 관계라고 확신함.
Here in Korea, we fervently believe that the best business relationship is one which produces long-term mutual benefits.

제가 지금부터 말하는 신규 성장 분야가 이 목적에 부합됨.
The new growth areas I will now cite fully meet this criterion for success.

🎙 패턴 연습

의견을 교환하다: exchange opinions
건설적인/결실이 있는/생산적인 의견 교환을 하다
exchange constructive/fruitful/productive opinions

We are very happy to see that, through this meeting, we have exchanged opinions on the practical ways to promote bilateral trade, joint venture and joint construction projects between our two countries.

이번 회의를 통해 양국 간 무역, 합작 투자 및 건설 프로젝트를 촉진할 수 있는 실질적인 방법에 대한 의견을 교환하는 것을 보게 되어 기쁨.

For your convenience, I would like to inform you that the head of our Paris branch office is Mr. TS Jang(E-mail: tsjang@KFS.com, phone: ×××-1234), with whom you can exchange opinions of mutual interest. Please feel free to contact him for any information that you may require.

당사 파리 지사의 매니저인 Mr. Jang의 연락처를 알려드리니 상호 유익한 의견을 교환하실 수 있을 것임. 어떠한 정보 요청도 그와 연락하시기 바람.

🎙 패턴 연습

판매 목표를 달성하다: accomplish/attain/achieve sales target
판매 목표 달성: accomplishment/attainment/achievement of sales target

Manager Kim accomplished his sales target two months earlier than original schedule. His accomplishment of US$10 Mil for such a short time is really amazing.

김 과장은 판매 목표를 당초 일정보다 2개월 앞서 달성했다. 그렇게 짧은 시간에 천만 불 판매 달성은 진짜 경이로운 일이다.

It's amazing that he generated a high volume business such a short time after his promotion to manager.

과장 승진 후 그렇게 단기간에 큰 비즈니스를 창출한 것은 놀라운 일이다.

The OLED company could not attain its sales target last year, as the market was oversaturated.

그 OLED 회사는 시장이 과포화되어 작년 판매 목표를 달성치 못했다.

🎙 패턴 연습

수행하다, 진행하다: carry out, perform

I believe our staffs will do everything in their power to see to it that this project is carried out most efficiently, and I will continually avail myself to be of service to you from every commercial standpoint.

우리 직원들이 프로젝트가 가장 효율적으로 진행되도록 최선을 다할 것으로 확신함. 상업적인 관점에서 귀하가 원하면 내가 직접 돕도록 하겠음

• avail oneself of; take advantage of; make use of: 이용하다

In order to get the order for the new FPCB plant, you should avail yourself of your personal connection with the owner of the company.

신규 FPCB(연성 PCB) 공장용 오더를 받으려면 그 회사 주인과의 개인적인 인간 관계를 활용해야 한다.

Making a plan is one thing, and carrying out the plan is another. The company has newly set up a section to carry out all kinds of financial dealings.

계획 수립과 실행은 별개의 것이다. 모든 종류의 재무 거래를 전담할 부서를 신설했다.

• A is one thing, and B is another: A와 B는 별개의 것이다.
  To be able to offer competitive terms is one thing, and to be able to receive an order is another.
  경쟁력 있는 조건을 제시할 수 있는 것과 오더를 받을 수 있는 것은 별개의 문제이다.

② 수 출

🖋 비교 우위 설명 및 판매 타진

당사의 LED 등을 귀사에서 현재 구매 중인 타국산 LED 등과 비교 시 품질에 다음 차이점을 발견하게 될 것이다.

If you closely compare your presently buying LED lightings with ours, you will notice the following differences in quality. Moreover our LED lightings are competitive in price.

게다가 가격도 당사 제품이 더 경쟁력이 있을 것입니다. 관심 있으시면 견본 한 개 보내면서 정식 오퍼 드리겠습니다.

We will submit our formal offer together with one sample, if you are interested.

☞ 품질 우위 및 가격 경쟁력을 내세워 일단 구매업체의 관심 유도

• you will notice the following differences in quality;
  the differences in quality are(shown) below for your reference
  품질의 차이는 아래와 같다

• 비교하다: compare with   ~와 비교하여:(as) compared with
  The sales amount of this year went up a lot(as) compared with last year.
  작년에 비해 금년 매출액이 많이 증가했다.

당사에서 최근 개발한 2단(段)층 AR(anti-reflection) 태양광 유리는 현재 어려운 태양광 시장을 돌파할 수 있는 최상의 해결책이다.

Our newly-developed dual layer AR solar glass is the right solution to pull thru the present difficulties in solar energy market.

태양광 투과율이 높으며, 품질 보증 기간은 일반 태양광 유리와 같이 20년이다. 견본을 테스트 해보시는 것이 어떤지요?

It admits much more solar transmission, and its warranty is same as twenty years of normal solar glass. If you are interested, I will be happy to provide samples for your test and evaluation.

- pull through: (난국·병을) 헤쳐 나가다, 완쾌하다

☞ 태양광 모듈이란 태양열을 갖고 전기를 만드는 것이다. 그럼, 태양열을 받아 얼마의 전기를 만들 수 있느냐가 효율이다. 유리의 성능은 태양열 에너지를 얼마나 잘 통과시켜주는지에 달렸다. 즉, 투과율이 높을수록 태양열이 덜 도망간다는 것이다.

 패턴 연습

최상의 해결책: right solution, best solution, optimal solution

You are required to elevate your yield rate by 2% within three months in order to keep your position of vendor. Please submit the right solution by the end of next week.

협력 업체의 지위를 유지하기 위해서는 3개월 내 생산 수율을 2% 향상시켜야 됩니다. 내주 말까지 최상의 해결책을 제시 바랍니다.

- yield rate(생산 수율): 생산량에서 양품이 나오는 비율

Your suggested solution does not work at all. Please do fly to Korea immediately, and find out what's causing the high defective ratio of your part at our production line.

제시하신 방법으로는 전혀 해결이 되지 않습니다. 즉시 한국으로 와서 왜 당사의 생산 라인에서 귀사 부품의 불량률이 그렇게 높게 나오는지 원인을 찾아주기 바랍니다.

☞ 부품이 단품일 경우 아무런 문제가 없으나 그 부품이 다른 부품과 혼합되어 사용될 때 불량이 발생하는 경우가 있다. 이는 매도자와 매수자 간에 책임 소재를 규명하여야 되는 사안으로 실제로 부품업체, 완제품 업체 간에 발생되는 사안이다. 특히, 화학품일 경우 다른 화학품과 반응을 일으킬 수도 있고, 온도에 민감한 부품일 경우 그러할 수 있다.

가격 근거 제시 및 구매 촉구

첨부는 최근 6개월간의 은 입자의 가격 동향입니다.

The attachment shows the price trend of silver particle for the recent six months.

보시다시피 은 입자 가격이 꾸준히 상승하고 있습니다.

As you see, the price has been steadily going up.

주(主) 원료가 은 입자인 당사의 도전성 페이스트 가격은 동 기간 동안 변동이 없었습니다.

The price of our conductive paste, whose main material is silver particle, had not changed at all for that period.

이것은 당사의 기술 개발 덕분입니다.

This is thanks to our technology development.

당사의 도전성 페이스트를 채택하여 주기 바랍니다.

We hope that you will be able to adopt our conductive paste soon.

- conductive paste: 도전성 페이스트
  전자파 차폐재의 한 종류이다. 금속 입자와 화학 물질을 혼합하여 만든다. 도전성(전도성이라고도 함)이 좋을 수록 즉, 전기 저항이 낮을수록 고가이다. 금속은 일반적으로 가격이 높은 금속일수록 전기 저항이 낮다. 금>은> 동 순으로 전도성이 좋다.

귀사의 상세 검토와 판단을 위해 기계 카탈로그를 송부함.

We are very pleased to send you the catalog of machines together with their technical specifications for your detailed review and evaluation.

가격이 다소 높으나 자동 장력기가 설치되어 있어 실의 장력도 자동 제어 가능한 모델을 구매하실 것을 권유.

We, however, recommend you to select the models with automatic tension control device in order to maintain even tension control of yarn.

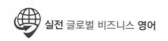
- recommend/advise/suggest A to 동사원형: A에게 ~하기를 권하다
  We recommend you to select the newest model.
  We recommend that you select the newest model.
  가장 최신 모델을 선택하기를 권해드립니다.

- select: 선택/선발/발췌하다, 고르다, 뽑다, 가려낸, 정선한, 극상의
  He was selected from/out of/among many candidates to make a presentation at the seminar.
  그는 많은 후보자 중에서 세미나에서 프레젠테이션을 하기로 선발되었다.
  The company is very select in the employees it hires.
  그 회사의 직원 채용은 매우 까다롭다.
  a select society/circle: 상류 사회

- maintain: 지속/계속/유지/옹호/부양/보존/주장/단언/언명하다
  명 maintenance
  maintain one's ground against ~ : ~에 대해 자기 입장을 고수하다

견본 제시 및 Offer

어제 이메일에 의거 오퍼 드리며, 귀사에서 관심 있는 제품들의 견본을 각 한 개씩 송부합니다.
In compliance with your e-mail of yesterday, we send our offer sheet as the attachment, and also send each one sample of your interested items.

🎤 패턴 연습

~에 따라, ~에 응하여, ~에 의거하여: in compliance/accordance with; according to; in obedience to: on the ground of; by/in virtue of;
~에 따라하다, ~에 응하다: comply with ~
~에 따라서, ~에 응해서/일치하여, ~에 준하여:
    according to ~, according as ~, accordingly

In compliance with your requirements, we enclose our leaflets related to your interesting items such as OLED TV, tablet PC, and 5G phone.
귀사의 요구대로 OLED TV, 태블릿 PC 와 5G 전화기와 같은 귀사의 관심 제품과 관련된 리플릿을 동봉함.

The company complied with its customer's request for the running change after checking what the end-users want.

그 회사는 최종 소비자가 뭘 원하는지 조사한 후 고객의 런닝 체인지 요청을 받아 들였다.

According to today's paper, there was an earthquake in Japan yesterday night, which will surely affect today's stock market.

신문에 의하면 어제밤 일본에 지진이 있었다고 하는 바, 금일 주식 시장에 영향을 끼칠 것이다.

The salespersons generating good sales should be treated accordingly.

실적이 좋은 판매원들은 거기에 상응하는 보상을 받아야한다.

사양 변경(running change, engineering change)

품질 개선, 원가 절감, 성능 향상, 고객의 욕구 반영 등의 목적으로 필요에 따라 일부 사양을 변경하는 것을 engineering change 또는 running change라고 한다.

이는 제품 양산 도중에도 일어날 수 있다. 사양이 변경될 때는 즉시 모든 관련 부서/업체에 통보하여야 한다. 이를 ECN(engineering change notice)이라고 한다. ECN에 들어가는 주요 내용은 변경 내용, 변경 사유, 변경 승인자 등이 기록되어 이력을 관리한다.

본 주문과 관련, 귀사 자체 소재로 견본 2개를 제작해서 송부바람. 견본 용도는 당사 고객과 당사의 품질 검토용임.

With regard to this order, please make two sets of counter samples using your own materials as per our order, and send them to us for our customer's and our own quality checks.

• as per our order/sample: 우리의 주문/견본대로
  as per specification attached: 첨부 명세대로

Comment

패턴 연습

반대/제시 견본: counter sample

When your counter samples are accepted by our customer, we will instruct you further on next steps.

귀사가 제시한 견본이 승인되면 다음 조처 사항에 대해 통보 드리겠음.

Your counter samples are acceptable, but we want you to polish the surface of housing as much as you can. How soon can you send ten PCS of new sample?

귀사에서 제시하신 견본은 사용 가능합니다만, 하우징의 표면을 최대한 광택이 나도록 해보세요. 새로운 견본 10개를 얼마나 빨리 보내 주실 수 있는지요?

☞ 일단 제품이 오케이 된 것이나 고객은 좀 더 품질을 향상시키기를 원한다.

각종 품목 판매 타진

카탈로그에 있는 당사 제품에 대한 귀국의 잠재 수요가 크다고 생각함.

We believe your country has a great potential demand for the products in our catalog.

당사와의 거래를 희망하시면 당사 LA 지사나 당사 본사에 직접 연락주시기 바람.

If you are interested in doing business with us, please feel free to contact us directly or through our Los Angeles office, whose address is given below.

관련 견본과 같이 최상의 가격을 제시드릴 준비가 되어 있습니다.

We are ready to offer our very best price together with samples.

상기 제품들을 수입하고 싶으시면 연락주세요.

If you are interested in importing the above products, please feel free to contact us.

구체적인 문의 주시면 즉시 회신드리겠습니다.

Upon receipt of your specific inquiry, we will reply to you quickly.

☞ upon receipt of; upon receiving, as soon as we receive

좋은 거래 관계를 희망합니다.

We hope to establish a good business relationship with you.

☞ 표현 방법은 여러 가지

We anticipate establishing a good business relationship with you.

We hope that we will establish a good business relationship with you.

 재고 관심 여부 타진

레지스터 10만 개를 갖고 있습니다. 좋은 가격으로 구매할 의사가 있는지요?

We have 100 thousand PCS of resistors. Are your interested in purchasing them at a good price?

당사가 시카고에 갖고 있는 파이프 재고에 귀사가 관심이 있는지를 알고 싶음. 재고 내역은 다음과 같음.

We wonder whether you might be interested in the pipe stock we have in Chicago. The details are as follows:

• as follows; as below: 다음과 같다, 아래와 같다

귀사 구매 관심 여부를 통보 바람. 만약 관심이 없으면 구매력이 있는 바이어 소개 바람.

Please advise us if you take an interest in purchasing the pipe. If you are not interested, we would appreciate your assisting us in locating potential buyers.

🎙 **패턴 연습**

assist/aid A to 동사 원형; assist/aid A in ~ing; assist/aid A in ~:
A가 ~하도록 도와주다

He assisted the company in establishing marketing strategy and in its upgrading office automation.
그는 마케팅 및 회사 업무 자동화에 도움을 주었음

My section's main function is to plan the business of our foreign subsidiaries and then to assist them in their smooth management.
당사 해외 지사의 사업 계획 수립과 운영에 도움을 주는 역할을 하고 있음.

I would greatly appreciate your understanding of our situation and your assistances in her long-term visa application.
우리의 사정을 이해하시어 그녀의 장기 비자를 발급하여 주시면 감사하겠습니다.

We aided him in solving the claim from customers.
우리는 그가 고객의 클레임을 해결하도록 도와주었다.

The company assisted its vendors to overcome the financial crisis worldwide by paying cash for their supplying goods.
그 회사는 납품 물품에 대한 대금 결제를 현금으로 함으로써 협력 업체가 전 세계적인 재정위기를 극복하는데 도와주었다.

• overcome; tide over: (곤란 따위를) 헤쳐 나가다, 이겨내다, 극복하다
  tide over hard times: 어려운 시기/불경기를 극복하다

🖋 제품 가격 제시

당사의 이음새 없는 스테인리스 파이프와 튜브는 미국/일본 및 다른 어떤 품질 규격에도 부합되는 바, 귀사에서 요구하는 어떤 사양이든 충족시킬 수 있습니다.

Our seamless stainless steel pipe and tube are available in accordance with ASTM, JIS and other standards, and can fully meet whatever requirements and specification you may have.

구매하기로 결정하시면 경쟁력 있는 가격, 탁월한 품질, 신속한 납기를 보장합니다.

If you decide to purchase our seamless pipe and tube, we can assure you of competitive prices, excellent quality, and prompt delivery.

☞ 각국의 공업 규격에 부합되어야 해당 국가에서 판매가 용이하다. 일부 제품은 공업 규격 승인을 득하지 못하면 수입 자체가 되지 않는다. 한국 KS, 미국 ASTM, 일본 JIS.

🎤 패턴 연습

~를 확신하면 된다, 믿어도 된다: We assure you of ~; We assure you that ~; Please rest assured that ~:

We assure you that our price and quality are the most competitive.
당사의 가격과 품질이 가장 경쟁력이 있다고 믿으시면 됩니다.

Please rest assured that we are always at your service.
당사는 귀사에 최상의 서비스를 제공할 것임을 약속드립니다.

We are always at your prestigious company's service. Just give us orders and then you shall be happy at our service.
항상 귀사의 주문을 기다립니다. 발주하시면 당사의 서비스에 만족할 것입니다.

• at one's service: 아무의 원하는 대로, 마음대로

③ 수 입

✒ 수입 판매에 대한 제안

궁극적인 마케팅 결정은 당사에 의해 결정됨.
The ultimate marketing decisions are in our hands.

이러한 결정은 우리가 할 것이며, 이는 고객의 수요를 반영할 것임.
Our actions will be our own and will reflect the demands of customers.

현재 한국 시장 상황은 귀사의 제품에 확실히 유리하다.
Current business conditions for your products in Korea are unambiguously favorable.

- unambiguously favorable: 분명히 우호적인
  ambiguous: 애매모호한 ↔ unambiguous; crystal-clear; self-evident
  It's crystal-clear that the aftermath of your continued defectiveness will mean no future orders from the company.
  불량이 지속되면 그 회사로부터 추후 발주는 없을 것이 명백하다.

당사는 건축 자재 분야에서 매우 강하다. 왜냐하면 당사 자매 회사 중 하나가 한국에서 가장 큰 건설 회사이기 때문입니다.
We are very strong in the area of construction materials, as one of our sister companies is the largest construction company in Korea.

만약 오퍼할 수 있는 양질의 건축 자재가 있을 시 상세 내역을 통보해주시면 수입 검토하겠음.
If you have any quality construction materials to offer, please detail the items so that we can consider importing them into Korea.

패턴 연습

분야에서, 부문에서: in the   area/field/venue   of

On behalf of our President, I received your e-mail of last Friday, kindly informing us again that your expertise could be helpful in the area of dumping duties.
당사 사장님을 대신해 덤핑 관세 해결사 역할 제안에 대한 지난 금요일자 귀하의 이메일을 수취함.

Our friend country's exports to Korea can be increased in the area of natural rubber, coffee and leather goods.
귀국의 대 한국 수출은 천연 고무, 커피, 가죽 제품의 분야에서 증가할 수 있음.

수입 판매 희망 및 일정 제시

당사는 JK 핸드폰 회사에 여러 종류의 기구 부품을 수년간 공급하고 있음.
We have been supplying several mechanical parts for JK Cellular Phone Co., Ltd., over years.

귀사의 광학 렌즈를 여기에 있는 핸드폰 회사에 판매토록 하여 주시면 3개월 이내 10만 개 발주 가능합니다. 물론 귀사의 품질과 가격에 따라 상황이 변동될 수도 있습니다.
If you can allow us to sell your optical lens to cellular phone companies here, we can place an order for 100,000 PCS within three months, subject to your quality and price.

당사를 독점 대리점으로 하여 주시면 즉시 항공기 한 대분의 돼지를 발주 할 수 있을 것임.
I think that we can immediately obtain for your firm a pig order of one planeload if you appoint us as your sole agent here in Korea.

한국의 돼지 농장 대부분(약 64개)이 당사에 돼지 수입을 의존하고 있음.
You will find that most of Korea's pig farmers(with about 64 big pig farmers) are associated with us as their importers.

사업 일정을 다음과 같이 제안드림. 시범 기간은 일 년입니다.

I would like to suggest the following timetable. The duration of trial agency will be one year, from January 1, 2022 to December 31, 2022.

• be associated/related/connected with: ~관련되다

잠재 시장 적기 진출은 사업 성공 주요 요소들 중의 하나이다.

To come to the potential market timely is one of the important factors to business success.

🎙 패턴 연습

중요한 ~중의 하나다: be one of the important ~
주된 ~중의 하나다: be one of the principal/main/major ~

At present, image sensors are one of the important fields in our plans. We will be able to place an order for one 20″ container of image sensors within one month if you can allow us to market them.

현재 이미지 센서는 우리 계획에 있는 중요한 분야 중의 하나이다. 당사의 마케팅을 허락하여 주신다면 20피트 컨테이너 한 대분의 오더는 1개월 이내 발주할 수 있을 것입니다.

The delivery is one of key factors to business success. We are known as the company who never failed to deliver customers' orders timely.

납기는 사업 성공에 필요한 주요 요소들 중 하나이다. 당사는 고객의 오더를 항상 적기에 공급한 업체로 유명하다.

This is one of the principal reasons why American companies are eagerly rushing into the Korean market.

이것이 미국 회사들이 한국 시장 진출을 서두르고 있는 주된 이유임.

수입을 위한 상세 자료 요청

귀사의 재질을 수입 결정하기 위해서는 상세한 사양, MSDS, HS 번호와 견본 10 kg가 필요합니다.

In order for us to decide on the import of your material, we need their detailed specification, MSDS, HS No, and 10 kg of sample.

패턴 연습

in order for A to 동사 원형: A가 ~하기 위해서는

In order for our company to elevate the yield rate of OLED TV, all the vendors are required to supply quality parts.

당사가 OLED TV의 수율을 올리기 위해서는 모든 협력 업체들이 양질의 부품을 공급해주어야 한다.

In order for you to catch the flight for Inchon at Hong Kong Airport at 11:50 PM, you have to catch the ferry for Hong Kong Airport at Shenzen ferry terminal at 9 PM at the latest.

홍콩 공항에서 인천항 밤 11시 50분 비행기를 타기 위해서는 심천 페리 터미널에서 늦어도 9시에 홍콩 공항으로 가는 페리를 타야 한다.

 MSDS(Material Safety Data Sheet): **물질 안전 보건 자료**

화학 물질을 안전하게 사용하고 관리하기 위하여 필요한 정보를 기재한 내용으로 제조자명, 제품명, 성분과 성질, 취급상의 주의, 적용 법규, 사고 시의 응급 처치 방법 등이 기입되어 있다. 처음 수입되는 화학품의 경우, MSDS가 요구될 때가 많다.

태양광 유리를 수입하고 싶습니다. 품질 보증을 할 수 있는 가장 얇은 유리의 사양을 통보 바랍니다.

We would like to import your solar glass. Please give us the detailed specification of the thinnest solar glass whose quality you can guarantee.

🎙 패턴 연습

~를 수입하고 싶습니다. ~를 수입하기를 원합니다

would like to import ~; want to import ~; hope to import ~

One of our customers would like to import motors with gear from you as per the enclosed specification.

당사 고객 중 한 회사가 귀사로부터 첨부된 사양의 기어 달린 모터의 수입을 원함.

We hope to import high-quality bicycles for children. Can you supply them for us?

고품질의 어린이 자전거를 수입하고 싶습니다. 공급 가능한지요?

✒ Offer 요청

핸드폰 케이스용 폴리카보네이트 100톤을 오퍼 주시면 감사하겠습니다.

I would appreciate it if you could offer 100 MT of PC for handset housing .

그린랜드의 빙하수를 공급 가능한지요?

Can you offer us glacial water from Greenland?

주요 커피 바이어와의 관계 유지 및 향상을 위해 귀사의 도움이 필요함. 인도네시아산(産) 커피 100톤 오퍼 요청 드립니다. 시장 상황상 오퍼가 쉽지 않은 것은 알지만 귀사의 역량을 믿습니다. 연락 기다립니다.

I need your help to preserve and to enhance our relationship with the main coffee buyer. If at all possible, our company would like your offer for 100 metric tons of Indonesian coffee. This is much to ask for, given the current global market situation, but I have confidence that you will help us if it is within your power.

- much to ask for: 너무 많은 요구
- given the current global market situation: 세계 시장 상황 고려 시
- if it is within your power: 귀하의 힘으로 된다면

300~500 와트 LED 등을 오퍼 바랍니다.

Please give us your offer for LED lightings with 300 ~ 500 Watt.

부서 소개 및 역할 설명

기계부의 주 비즈니스는 최첨단 기계를 그것들이 필요로 하는 회사들에게 공급하는 것임.

The main business of Machinery Department is to introduce high-tech machines to the makers in Korea in various industries who need them.

당사 고객들 중 하나는 한국에서 유일한 오버 몰딩 개스킷제조업체이다.

Among our many customers is a company who is the only overmolding gasket maker in Korea.

다음과 같은 신규 설비 도입을 검토 중임.

This company is studying purchasing the below items for new facilities.

귀사의 기계가 상기 사항을 충족시킨다면 상세 기술 자료, 가격 및 납기를 통보 바람.

If your machines can satisfy the above requirement, please send us detailed information on your machines - technical details, price and delivery.

기술개발부의 주요 기능은 외국 회사들의 첨단 기술을 한국 회사들에게 소개하는 것과 한국의 첨단 기술을 외국 회사들에게 소개하는 것이다.

The main function of Technology Development Department is to introduce foreign companies' high-tech to Korean companies, and to introduce Korean companies' high-tech to foreign companies.

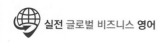

 ## 각종 품목 공급 가능성 타진

경쟁력 있게 공급할 수 있는 품목이 뭔지 알고 싶습니다.

We would like to know the items with which you can supply us competitively.

갑작스러운 지진으로 생필품이 많이 필요합니다. 금주 중으로 항공 운송 가능한 품목들의 수량을 상세히 통보바랍니다.

Because of sudden earthquake, we need lots of sundries. Please detail the quantity of all the items that you can airfreight within this week.

- detail: 상세히 하다, 상세 　　　　 detailed: 상세한

  구체적인 관심 품목을 상세히 해주세요. ☞ 표현 방법은 여러 가지

  Please detail your specific items of interest.

  Please specify your items of interest in details.

  Please specify your detailed items of interest.

Chapter 05

거래선 접대

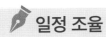 **일정 조율**

귀사가 이미 10년 넘게 우리의 사업 파트너라는데 아주 큰 자부심을 느낍니다.

We take an enormous amount of pride in the fact that your preeminent firm has been our business partner more than ten years already.

금번 가족과 같이 한국 방문하는 것을 대환영합니다.

We will roll out the read carpet for you and your family.

이틀 이내 잠정 일정 작성, 협의드리겠습니다.

We will get back to you with tentative itinerary for them within two days.

• enormous: 거대한, 막대한, 매우 큰
• roll out the read carpet for ~: ~를 대환영하다, 쌍수로 환영하다

한국 방문 일자가 얼마 안 남았군요.

Your visit to Korea is around the corner.

첨부와 같이 잠정 일정을 만들었습니다.

I have made a tentative itinerary for you as the attachment.

보시고 변경/삭제/추가하시고 싶은 내용이 있으면 말씀하여 주십시오.

Please check it, and comment whether there is anything that you want to change/delete/add.

☞ 사업상 한국 방문이지만 한국 체류 기간이 며칠 되고, 며칠 동안 신경써서 환대하여야 될 VIP 거래처라면 한눈에 알 수 있도록 며칠간의 일정을 만들어 사전에 보내 조율(tune up)하는 것이 사업에 주효하다. 특히, 가족을 데리고 방한하는 큰(잠재) 거래처라면 더욱 그러하다. 일정은 간략히 다음 양식으로 만들면 무난하다.

Date	Time	Details	Attendants	Remarks
May 4, Wed	09:00	Pick-up at Hotel Lotte		Downtown
	10:00-12:00	Looking around production line		Pyenongtaek
	~	~	~	~
	17:00- 19:00	Dinner hosted by Mr. SH Kim at Korea House with performance of traditional dance	President SH Kim EVP TH Kim	traditional cuisine

일정 잘 받았습니다. 만약 가능하다면 한국에 하루 더 체류하십시오.

I have well received your schedule. If possible, I would like you to stay in Korea one more day.

그 사유는 당신이 한국 출발하는 날 밤에 큰 레이저쇼가 있기 때문입니다. 그 쇼는 볼만합니다.

The reason is that there is a gigantic laser show in the night of your departure day. The show is very enjoyable.

🖋 식당

어떤 음식을 원하시는지요? 전통 한국 식당에서 전통 춤을 보면서 전통 한국 음식을 드시는 것이 어떤지요?

What kind of food do you like? I would like to recommend that you try traditional Korean food, enjoying traditional Korean dance.

Korea House 라는 아주 유명한 한국 음식 식당이 있으며, 외국인들이 좋아합니다.

There is one very famous Korean restaurant called as Korea House, which is loved by foreigners.

지난번 벤쿠버에서 먹은 크림과 버터 소스로 요리한 바닷가재는 진짜 맛있었습니다. 그 바닷가재를 생각할 때마다 군침이 돕니다.

The lobster with cream and butter source which you treated me in Vancouver last month was really delicious. My mouth is watering whenever I think about the lobster.

서울 체류 시 반드시 드셔야 될 것이 있습니다. 그것은 불고기라고 하며, 소고기와 채소 및 타 재료를 섞어 만든 전통 요리입니다. 어떤지요?

There is a must which you have to try in Seoul. It's Bulgogi, traditional cooking of beef barbecue with vegetables and some other ingredients. How about trying Bulgogi?

- must: 절대 필요한, 필수의, 필독의, 절대 필요한 것, 필수품, 필독서
  a must book 필독서
  must subjects 필수 과목
  The magazine is a must for RF engineers.
  그 잡지는 RF(radio frequency) 연구원들의 필독서이다.

혹시 보스가 알레르기 반응을 보이는 음식이 있는지요?

I wonder whether there is any food to which your boss shows an allergic reaction.

술 집

잠재 고객을 호사스러운 술집에서 접대하는 것 또한 사업 성공에 중요하다. 왜냐하면 역사는 밤에 쉽게 만들어지기 때문이다.

Entertaining potential customers at luxurious drinking bar is also important to business success, as history can be made more easily in the night.

🎙️ **패턴 연습**

역사는 밤에 이루어진다: history is made in the night

After all, people say that history is usually made in the night: Tonight, we should simply sit back and enjoy Korean night culture and life.
결국, 역사는 주로 밤에 이루어진다고 한 바, 오늘 밤은 한국의 밤 문화와 생활을 즐기기 바람.

그는 오더를 간절히 바랐기 때문에 연구소/구매 부서의 핵심 인물들을 나이트클럽에서 자주 접대했다.

As he was eager to get the order from the company, he frequently entertainedW the key members at R&D and Purchasing both at night club.

🎙️ **패턴 연습**

~간절히 하고 싶어 하는, ~하고 싶어 열망하는: eager/anxious to 동사 원형

I am eager to improve my ability to write and speak English.
나는 영어로 말하고 쓰는 능력을 향상시키기를 원함.

His reluctance was only apparent. He was eager to be transferred to Cairo branch, as it was the only way to get promotion to manager.
그가 싫어하는 것은 겉치레에 불과했다. 카이로 지사로 발령 나는 것만이 과장으로 승진할 수 있기에 사실은 카이로 지사 발령을 간절히 바랐다.

귀하의 보스께서는 저녁 식사 후 뭘 원하시는지요? 호텔로 돌아가 쉬실 것인지 아니면 가라오케나 나이트클럽을 가실 것인지요?

What should I arrange for your boss after dinner? Does he want to return to hotel for a rest or want to visit drinking place such as karaoke and night club?

그는 협력 업체로부터 너무 많은 향응을 접대 받아 과장으로 강등 당했다.

He was demoted to manager because he was too much entertained by vendors.

🖋 관 광

금요일 오후 일정과 관련, 유적지를 방문하고 싶은지 아니면 첨단 기술 단지를 방문하고 싶은지요?

As for your Friday afternoon schedule, which sightseeing of historic places or high-tech complex would you like?

상담 후 호텔에서 쉬기를 원하는지 아니면 관광을 원하는지 알고 싶습니다. 관광을 원하면 두 곳을 추천해 드립니다.

I wonder whether you want to take a rest at the hotel or do some sightseeing after meeting. If you want to do sightseeing, I would like to recommend two places in Seoul.

하나는 경복궁이고 다른 하나는 인사동이다. 경복궁은 이씨 왕조 시대의 왕이 살던 궁전이고 인사동은 화방과 선물 가게가 즐비한 구역입니다.

One is Gyeongbok Palace and the other Insa-dong. Gyeongbok Palace is the house of the kings at Li dynasty. Insa-dong is a district where lots of art galleries and souvenir shops are located.

만약 방문하고 싶은 특별한 장소가 있으면 사전에 말씀하여 주십시오. 귀하의 방문을 준비 하겠습니다.

If there are any particular places which you are interested in looking around, please tell me about them in advance. We will arrange your visit there.

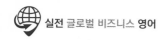

🖊 골 프

내주 한국 방문 시 당사 골프장에서 토요일 10시 골프 라운딩 어떠신지요? 핸디가 5인 것으로 얘기 들었습니다. 저는 핸디가 10입니다.

How about playing golf at our country club at 10 AM of next Saturday when you visit Korea next week? I hear that your handicap is only five.
My handicap is ten.

• handicap: 핸디(= 평균 타수 - 72)

좋으시다면 토요일 7시에 호텔에서 픽업,
아침은 골프장 클럽 하우스에서 같이 하는 것으로 하겠습니다.

If yes, we will pick you up at your hotel at 7 AM, and will have breakfast at the club house of the country club.

골프 라운딩 초청 수락을 감사드림. 아래 언급된 2명의 인사도 초청함. 상세 내용은 아래와 같음. 티오프는 5월 21일 수요일 오전 10시, 라운딩 장소는 비발디 파크 CC 임. 참석자는 대사님, ~. 골프장 클럽 하우스에서 8시에 같이 조식하기를 바람.

Please allow me to thank you for kindly accepting my invitation to play golf, despite your busy schedule. I have taken the liberty of inviting two other guests mentioned below to join us. Details are as below.

1. Tee-off: AM 9:00, Wednesday, May 21, 2023
2. Place: Vivaldi Park CC(phone: 033-435-8311)
3. Attendance: ~

I look forward to having breakfast with you at the club house of Vivaldi Park CC at AM 8:00, May 21.

선 물

우리는 우정의 표시로 귀하에게 5G 카메라와 OLED TV를 선물로 드립니다.

We would like to present you with two souvenirs, an 5G camera and an OLED TV, as a symbol of our friendship.

• present A with a gift; give a gift to A: A에게 선물하다
  as a symbol/token of friendship: 우정의 표시로/징표로

선물이 마음에 드시고 이 선물이 만들어진 나라에 귀하의 친구들이 있다는 것을 기억해 주시기를 희망함.

We hope that you will enjoy these gifts and will remember that you have friends in the country in which they are made.

접대의 중요성

사업에 있어 접대는 필요하다. 특히 아시아 국가들에서는 더욱 그러하다.

Entertainment is required in business, especially in Asian countries.

핵심 인물의 가족을 돌보는 것 또한 사업에 중요하다.

Taking care of key man's family is also important to business.

고객 접대는 사업에 꼭 필요하다.

Entertaining customers is indispensable to business.

🎙️ 패턴 연습

불가결의, 없어서는 안 될, 절대 필요한
indispensable; requisite; essential; very necessary

Increasing production lines is indispensable for the orders from the company, which is one of the largest cellular phone companies in the world.
세계 최대 핸드폰 업체의 하나인 그 회사로부터 주문을 받기 위해서는 생산 라인 증설이 절대적으로 필요하다.

Oxygen is essential to life.
산소는 생명에 불가결한 것이다.

Timely, accurate information is essential to business success.
사업에 성공하기 위해서는 정확한 정보가 적기에 꼭 필요하다.

The largest business is to buy and sell a company, not products. In this process, M&A is a requisite.
가장 큰 사업은 제품이 아니라 회사를 사고파는 것이다. 이 과정에서 M&A는 필수이다.

신규 사업 추진 시, 핵심 인물을 나이트클럽에서 접대할 기회를 가지는 것은 절반은 성공한 것이다.

To get the opportunity of entertaining the key person at night club is half the battle when you pursue a new business.

🎙️ 패턴 연습

절반의 성공/승리를 가져오다, 매우 중요하다: half the battle

In sales, showing business sincerity and ardour to the potential customers is half the battle.
판매 추진 시, 사업에 대한 진실함과 열정을 잠재 고객에게 보여 준다면 절반은 성공한 것이다.

경비 절감이 항상 좋은 것은 아니다. 왜냐하면 고객 접대를 할 수 없기 때문이다.
Curtailment of expenditure is not always good for business, as it prevents the salespersons from entertaining customers.

🎙️ 패턴 연습

삭감, 절감, 감축: curtailment 동 curtail

인력 감축하다 curtail manpower ↔ 인력 보충하다 reinforce manpower

- curtailment of expenditure/personnel: 경비 절감/인원 감축
  downsizing: 조직 축소
- company-wide organization change: 전사적 조직 개편
  company-wide personnel change: 전사적 인사 이동
  company-wide picnic: 전사적 야유회
  company-wide cost-down: 전사적 경비절감
- 조직을 합리화하다: streamline organization
  ☞ streamline: 유선형으로 하다, 능률적으로 하다, 합리화/간소화하다
    유선형이 되어야 바람의 저항을 덜 받아 잘 나갈 수 있다.

In this regard, we established New Business Development Section in May, 2023 and reinforced manpower in that Section.

이것과 관련해서 2023년 5월에 신사업 개발과를 신설, 인력을 보강했음.

To streamline our organization, we need to fire 10% of our personnel.

조직 합리화를 위해 직원의 10%를 해고하여야 한다.

Manager Kim asked us to read the agenda carefully in advance before attending the meeting. The agenda was how to streamline company operation.

김 과장은 우리에게 회의 참석 전 미리 안건을 읽어보라고 했다. 안건은 회사 운영 합리화였다.

Chapter 06 기술 이전 거래

 기술 이전 대상 품목 정보 요청

당사가 한국에 소개하고 싶은 기술 중 가장 관심이 있는 3가지 품목에 관한 세부 질문 사항 첨부드림. 동 3가지 품목에 대한 추가 정보를 송부하여 주시면 감사하겠음.

I have enclosed detailed questions concerning the three items whose technology we are most interested in introducing into Korea; we would appreciate it if you could initially send us some additional information.

기술 이전으로 충분한 수확이 있을 것으로 확신함.

I am sure that you can reap off a lot from your technology transfer.

• technology transfer: 기술 이전

 패턴 연습

수확하다, 거둬들이다: reap off

I understand that you would be in a position to solve our problems, and believe that your company and ours can reap off a lot from Korean touch screen market if they work closely together.

제가 알기로는 귀사에서 본 문제를 해결할 수 있으며, 양사가 긴밀하게 협력할 수 있다면 한국 터치스크린 시장에서 큰 결실을 맺을 것이라고 판단함

I believe that your investment in the new project will be fruitful. But please note that it takes years for you to reap off from foreign investment and so do check your cash flow for the coming years.

신규 프로젝트의 투자는 결실을 볼 것으로 믿는다. 하지만 해외 투자의 결실은 몇 년이 소요되는 바, 향후 몇 년간의 현금 흐름을 확인해보세요.

• cash flow: 현금 흐름

☞ 기업 운영에 가장 중요한 요소의 하나이다. 매출이 아무리 많아도 외상 매출금을 회수하지 못한다면 현금이 고갈되어 기업은 도산할 수밖에 없다. 회사 재정 상태를 보는 재무 제표 중 손익 계산서, 대차 대조표와 더불어 현금 흐름표가 중요하다.

귀사 제품/기술의 한국 시장을 개척하고 싶은 바, 귀사의 깊은 협조를 기대함. 마케팅 자료를 곧 송부하여 주시기 바랍니다. 한국 시장을 놓쳐서는 안 됩니다.

We would like to request your full cooperation and support in our wish to actively open up this domestic market and import/sell your product/technology in Korea. I hope that you will provide us with marketing informative materials soon. Korea is a market that you can't miss.

🎙 패턴 연습

신시장을 개척하다: seek/open up/find/explore a new market

Before the next Joint Meeting, I would like to have an opportunity to see you again in Seoul to further cultivate our personal friendship and to explore new markets for mutual benefit.

합동 회의 전에 서울에서 다시 뵙고, 개인적인 친분을 돈독히 하며 양사 간에 신시장을 개척하는 기회를 갖기 바람.

To find a new market in overseas countries requires lots of time, money and patience.

해외 시장 개척은 시간, 돈, 인내가 많이 필요하다.

귀사가 선진 기술을 많이 보유하고 있으며, 귀사의 기술을 활용하고자 하는 업체를 물색하고 있다고 이야기 들음.

We are pleased to learn that your preeminent firm has many advanced technologies in various fields and is looking for the companies who want to utilize your technology.

자세한 제품 정보와 기술 이전 시 귀사에서 원하는 기본적인 사업 조건을 받기를 원함.

We would like to receive detailed product information and basic business requirements for your technology transfer.

당사 고객들은 license 혹은 OEM 생산에 관심이 많음.

Our customers are interested in licensed or OEM manufacturing.

- requirement: 필요, 요구   if circumstances require: 필요하다면
  it requires that ~: ~할 필요가 있다

🎤 패턴 연습

~을 찾다, ~을 기다리다/기대하다: look for

All the companies always look for the way to come down cost. The Purchasing Manager will not look at your proposal, if it does not show the effective way for the cost-down.

모든 회사들이 원가 절감 방안을 항상 찾고 있다. 구매 과장은 원가 절감에 대한 효율적인 방안을 제시하지 않으면 제안서를 거들떠보려고도 하지 않을 것이다.

- look back: 뒤돌아 보다, 회고하다, 주춤거리다, 주저하다
  Please never look back, when you proceed a new project.
  신규 프로젝트를 추진할 때는 주저하지 마라.
- look big: 젠체하다
  look blue: 우울해 보이다, 비관적이다
  look down on: 경멸하다, 낮추어보다 ↔ look up to: 존경하다

우리가 관심을 갖고 노력할 수 있는 유망 품목들을 발견했다고 말하게 되어 기쁩니다. 하지만 나머지 품목들은 고도의 기술을 요하기 때문에 우리가 충분히 취급할 수 있다고 생각되는 것들만 선택하였습니다.

We are happy to say that we found the promising items to which we can devote our full attention and efforts. However, due to the fact that the remaining items require highly advanced technology, we have made a selection of only those which we think we are fully qualified to handle.

✒️ 합작 투자보다는 기술 이전 선호

당사 사장님 앞으로 보내신 첨단 기술 합작 투자 사업 제안에 감사드림.

We were very pleased to receive your kind proposal addressed to our president, offering a high-tech joint venture.

• be addressed to A: A 앞으로 보내다
  The letter was addressed to Mr. Han.

하지만 당사는 합작 투자보다는 기술 이전을 선호합니다. 기술 이전 가능한지요? 당사는 기술 지향적인 회사입니다.

We, however, prefer technology transfer to joint venture. I wonder whether you are in a position to enter into the technology transfer agreement. We are a technology-oriented company.

• enter into the agreement: 계약에 들어가다, 계약하다
  enter the university: 대학에 들어가다

 합작 투자(Joint Venture: J/V)

합작 투자는 결국은 지분을 나눠 갖는 것을 의미하기 때문에 경영권에 간섭을 받을 수도 있다. 예를 들면, 한국의 경우, 지분 5%이상만 소유하여도 장부 열람권을 갖는 바, 합작 투자는 귀찮은 일이 많이 발생될 수도 있다. 따라서 일반적으로 독립 경영이 보장되는 방법(예: 로열티에 의한 기술 이전)을 선호한다.

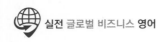
 패턴 연습

~지향적인: ~oriented :

future-oriented: 미래 지향적인   technology-oriented: 기술 지향적인
export-oriented: 수출 지향적인

There has been no better time for us to approach the company with an innovative item, as its new president is technology-oriented.
그 회사의 신임 사장이 기술 지향적인 바, 지금이 혁신적인 품목으로 그 회사에 접근하기에는 최적기이다.

• there has been no better time for us to 동사 원형: ~하기는 지금이 최적기
  (no better time 다음에 than now가 생략된 것으로 보면 됨.)
  There has been no better time for us to invest in the solar energy business.
  지금이 태양광 사업에 투자할 최적기이다.   ☞ 다른 방법으로 표현하면
  Now is the right/optimal/best time to invest in the solar energy business.

Don't abandon technology development in any case. Only the technology-oriented company can survive eventually.
어떠한 경우에도 기술 개발을 포기해서는 안 된다. 결국에는 기술 지향적인 기업만이 생존할 수 있다.

패턴 연습

~에 의거/기인하다, ~을 바탕으로 하다: be based upon ~

The rapid growth of the company is based upon the president's technology-oriented investment.
사장의 기술 지향적인 투자를 바탕으로 회사가 급속히 성장했다.

His view of the future market is based on the business experience of 20 years.
향후 시장에 대한 견해는 20년의 사업 경험에 의거해 있다.

기술 이전 가능 회사 발굴

귀사에서 독자적인 오버 몰딩 기술을 보유하고 있다고 들었습니다.

We hear that your preeminent company has a unique technology in overmolding gasket.

당사는 그 기술을 도입, 오버몰딩 개스킷을 생산하여 HS 핸드폰 회사에 납품하려고 합니다. 당사는 그 회사에는 수년간 전자파 차폐재 몇 종류를 납품하고 있습니다.

We want to introduce your technology in order to make overmolding gasket for HS Cellular Phone Co., Ltd, with which we have been supplying a few shielding materials for years.

☞ 현재 핸드폰 회사의 벤더인 바, 기술 이전만 해주면 사업이 성공할 것이라는 것을 부드럽게 각인시켜 주는 것임. 기술 이전을 해주는 회사 입장에서는 그 기술을 갖고 지속적으로 돈을 벌 수 있어야 되는 바, 기술 이전을 받기 원하는 회사의 영업력을 중시하지 않을 수 없다.

당사의 기술 사업부는 기술을 제공하려는 외국 회사와 그 기술을 원하는 한국 회사 간의 기술 거래를 용이하게 하는 중개자 역할을 함.

In our technology business department, we act as a mediator to facilitate technology trade between foreign companies, who offer certain technology know-how, and Korean companies, who wish to receive these skills.

• act as: ~노릇을 하다(as 뒤의 직책에 관사를 붙이지 않는 것이 일반적임)
  act as chairman/guide: 의장/가이드 일을 보다

최근에 당 부서는 기술 이전과 라이선스 생산 사업 구축에 중점을 두고 있음.

Recently, we have placed much emphasis on setting up the transfer of know-how and license manufacturing under technical agreement.

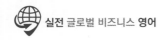

당사는 당사의 여러 가지 제공 서비스의 대가로 거래 금액에 대한 커미션을 받음. 커미션은 로열티나 원재료 교역으로 처리함.

We require a commission share on the dealing amount, such as royalties and/or trading materials for our various services.

내수 및 수출용 연간 자동차 생산 수량이 상당히 증가하였음.

Annual automobile production in Korea has increased significantly for both foreign and domestic markets.

당사는 필터에 특히 관심이 많으며, air, oil, 연료 필터를 만드는 설비/장비를 라이선싱하고 싶음.

We are very much interested in filters and are seeking to license facilities/equipment to make air, oil, and fuel filters.

- licensing agreement: 라이선스 계약
  license는 지적 재산권의 이용 허락으로 보면 된다.
  licensor: license 보유자, license를 빌려 주는 자
  licensee: licensing 계약을 맺고 license를 사용하는 자

🎤 패턴 연습

~역할을 하다: act as ~

Our Germany branch office will act as mediator between your company and ours. We hope that you will keep in close touch with our branch.
당사 독일 지사는 귀사와 당사 간의 중재자 역할을 할 것임. 당사 지사와 긴밀한 연락을 취하기 바람.

He will act as simultaneous interpreter at our technical presentation.
그는 우리의 기술 프레젠테이션에서 동시 통역사 역할을 할 것이다.

- in the(very) act of: ~의 현행 중에, ~을 하는 현장에서
  He was caught in the very act of stealing.   절도 현장에서 붙잡혔다.
  This medicine acts well.   이 약은 잘 듣는다.
  act against: ~에 반하다, ~에 불리한 일/짓 을 하다
  act a part: 한 역할을 하다;(의도적으로 나쁜) 연극을 하다
  act up to: ~에 따라 행동하다, 실천하다, 지키다

기술 이전 제안서 요청

당사의 생산 계획에 근거한 귀사의 공식적인 기술 이전 제안서를 원함. 귀사의 공식적인 제안서에는 다음 사항이 포함되어야 함.

We would like to get your formal proposal for technology transfer, based on our manufacturing plan. Your formal proposal should include the matters below.

- formal: 공식의, 격식의 ⬌ informal: 비공식의, 격식없이
  a formal contract: 정식 계약
  a formal call/visit: 공식/의례적 방문
  n informal visit/party: 비공식 방문/파티

- Your formal proposal should include/show the matters below.
  수동태로 표현하면
  ☞ The below matters should be included/shown in your formal proposal.

- include: 포함하다, 포함시키다, 넣다, 셈에 넣다
  all charges included: 일체 비용 포함
  The sales manager included the small company among competitors, as it had an innovative product.
  영업 과장은 그 작은 회사가 혁신적인 제품을 갖고 있다는 이유로 경쟁 상대에 포함시켰다.

지난번 귀사 사무실에서 논의한 바와 같이, 귀사와 네나산업 간의 자동차 필터 생산 기술 협력 계획서를 송부 하게 되어 매우 기쁨.

We are very pleased to send you the enclosed plans for your technical collaboration to manufacture automobile filters with Nena Industries Corporation as was previously discussed at your office.

- technical collaboration/cooperation:
  기술 협력
  collaborative: 협력적인, 합작의, 공동 제작의
  a collaborative research: 공동 연구

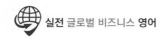 Licensing Fee 및 Running Royalty 협의

귀사 브랜드 사용에 대한 라이선스 피와 경상 기술료를 제시하여 주십시오.
We would like to be informed about licensing fee and running royalty for our using your brand.

라이선스 피와 경상 기술료에 대한 제안을 검토한 결과, 잠정 결론은 귀사의 제시 안은 너무 높다는 것임. 현재의 시장 상황에 대해 설명드리고 싶습니다.
We have studied your proposal for licensing fee and running royalty carefully, and tentatively reached the conclusion that your fee and royalty are too high. We would like to explain the recent market trends in Korea.

다음 주에 유사한 자동차 부품 기술 이전 계약에 대한 라이선스 수수료와 러닝 로열티에 관해 요약 통보 드리겠음.
In the next week, we will send you a summary of licensing fees and running royalties for similar automobile parts technical assistance agreements.

계약금과 러닝 로열티의 평균이 귀하가 제시한 것보다 낮음.
The average size of initial payment and ongoing royalty is lower than what you have proposed.

 Running Royalty(연동제 방식 로열티, 경상기술료)

로열티 지급 방식은 고정제 방식(Fixed royalty)과 연동제 방식(Running royalty)이 있음. 고정제 방식은 기술 이전의 대가로 일정 금액을 일시에 지불하거나 정기급으로 지급하는 것임. 연동제 방식은 판매량이나 기술을 사용하는 데 비례하여 로열티를 지급하는 방식. 일반적으로 기술 이전 시 upfront fee(선불) + running royalty로 계약하는 것이 관례이나, 거래는 쌍방이 합의해야 되는 바, 계약 조건은 상황에 따라 항상 변동될 수 있다.

- license production 라이선스 생산
  해외에서 개발된 제품을 라이선스 fee를 지불하고 생산하는 방식. 설계와 제조 노우하우를 제공받아 생산

- licensing fee 라이선스 수수료
  라이선스 정산시 라이선스 제공자에게 지급하는 수수료

패턴 연습

잠정적으로 ~할 예정이다: tentatively 동사; be tentatively scheduled to 동사원형

The purchasing manager tentatively decided to adopt the company as the 2nd vendor.

구매 과장은 그 업체를 두 번째 벤더(협력 업체)로 채택하기로 했다.

General Manager Kim is tentatively scheduled to make a visit to USA next month.

김 부장은 잠정적으로 내달 미국을 방문할 예정이다.

His tentative itinerary is to visit Seattle, New York, Chicago, and Los Angeles.

그의 잠정 일정은 시애틀, 뉴욕, 시카고와 로스앤젤레스를 방문하는 것이다.

기술 자문역 한국 체류 요청

귀사의 대 당사 기술 지원을 위해 귀사의 기술 과장이 6개월 동안 한국에 체류하기를 원함.

We are very pleased to invite technical manager of your fine company to stay in Korea for six months to provide us with technical support.

그의 기술 지원은 당사의 유통 대리점의 판매 활동이나 귀사 시스템을 사용하는 최종 소비자에게 도움을 줌으로 매우 중요함.

This support will be crucial for our distributor sales activity and for the assistance of end users of your system.

• be crucial for ~ : ~에 중요하다, ~에 필수적이다
  On-time delivery is crucial for next order.
  차기 주문 여부는 적기 선적에 달려 있다.

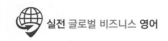

그가 자기의 식비와 거주 경비를 책임질 것이고 귀사가 그의 한국 체류 6개월 동안의 월급을 책임질 것으로 우리는 이해하고 있음.

We understand that he will be responsible for his food and lodging expenses, and that your company will be responsible for his salary during his six-month stay.

☞ 경비 부담 원칙: 외국으로 기계 판매나 기술 이전 시 판매업체/기술 이전 업체의 기술자 파견이 빈번한 바, 이 기술자의 체류 비용과 급여에 대한 명확한 논의가 사전에 이루어져야 추후 논쟁의 소지가 없다.

🎤 패턴 연습

~에 대해 책임지다: be responsible for ~: take/assume the responsibility for/of ~

The vendor should take the responsibility for quality and timely shipment.
협력 업체는 품질과 적기 선적에 대해 책임져야 한다.

The pilot of the plane is responsible for the passengers' safety.
비행기 조종사는 여객의 안전에 책임이 있다.

The weather is responsible for the delay.
연기된 것은 날씨 때문이다.

✒️ 기술 트렌드 및 정보 저널 요청

당사는 한국의 제조업체에게 신기술, 신제품, 비즈니스 개발에 관한 최신 정보를 제공하는 간행물이나 보고서를 정기적으로 배포하고 싶음.

We would like to regularly distribute a journal or report which can give Korean manufacturers up-to-date information on new technology, products, and business developments.

• up-to-date information: 최신 정보

up-to-date 최신의, 첨단을 걷는 ↔ out-of-date/old-fashioned: 시대에 떨어진

He is always dressed in an up-to-date style.   그는 항상 최신의 옷을 입고 다닌다.

귀 연구소가 기술 자료, 진행 중인 연구 그리고 새로운 이론에 대한 요약물을 제공해주기를 희망함.

We hope that you can provide us with abstracts of technical reports, ongoing research, and new theories.

또한 귀 연구소의 연구 분야에 대한 시장 정보도 매우 중요함.

Market information on your research areas would also be invaluable.

• make an abstract of:(논문·책)을 요약하다

Manger Kim made a two pages abstract of 100 pages market analysis report in order to make a presentation to the business partner in France.
김 과장은 프랑스에 있는 거래처에게 프레젠테이션하기 위해 100쪽 시장 분석 리포트를 2쪽으로 요약했다.

프랜차이즈 사업 희망

당사 KFS Food는 한국에 fast food chain 구축에 관심 있으며 귀사와 공동 사업 가능성을 논의하기를 희망함.

We are interested in establishing a fast food chain in Korea and would like to discuss the possibility of working together.

시장 조사 중 귀사가 미국 최고의 fast food franchise 회사라는 것을 알게 되었음.

In the process of studying market opportunities, we have learned that your preeminent firm is the best in fast food franchise business in USA.

프랜차이즈(franchise)

상호, 특허 상표, 기술 등을 보유한 업체가 개인 및 타 업체와 계약을 통해 상표의 사용권, 제품의 판매권, 기술, 원료 등을 제공하고 일정 대가를 받는 거래이다. 기술/상표를 보유, 프랜차이즈를 제공하는 업체를 프랜차이저(franchisor: 본사), 기술/상표를 사용하는 자를 프랜차이지(franchisee, 가맹점)라 한다. 프랜차이즈 가맹점의 경우, 개인 사업 오너는 오너이나 상당한 간섭을 받는 오너인 바, 100% 자영업이라 하기에는 무리가 있다.

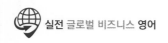

Chapter 07 지적 재산권

 사용 허가 요청

귀사가 이 조립 방법에 대한 특허를 보유하고 있는 것을 방금 알았습니다. 당사의 5G 핸드폰을 조립하기 위해 그 방법을 사용하고 싶습니다. 허락하여 주시면 감사하겠습니다.

We have just learned that your company has a patent on this assembly method. We want to use the method to assembly our 5G cellular phone. We would appreciate it if could allow us to use the method.

전자파 차폐용으로 오버몰딩 개스킷 채택을 고려하고 있습니다. 귀사의 특허를 사용, 오버몰딩 개스킷을 공급할 수 있는 업체를 통보주시면 감사하겠습니다.

We are under consideration of adopting overmolding gasket for EMI shielding purpose. I would appreciate it if you could inform us of the company who can supply overmolding gasket with your patent.

- EMI: electro magnetic interference
- shielding : 차폐

☞ 주파수가 높은 통신 제품은 전자파 차폐가 필수다. 차폐 방법에는 shield can, dispensing gasket, overmolding gasket, finger strip, MFG(metal finger gasket), EMI paint 등 여러 가지 부품을 사용할 수 있으며, 각각의 방식은 장단점이 있다.

✒ 침해 및 대응

귀사의 신제품이 당사 특허(번호 SH1010)를 침해하고 있다는 사실에 주의를 환기시켜 드립니다. 즉시 제품 판매를 중지하시기 바랍니다. 그렇지 않으면 소송을 제기하겠습니다.

We want to draw your keen attention to the fact that your new product infringes upon our patent(No. SH1010). We request you to stop selling the product right away. Otherwise, we will make a law suit.

☞ 이 내용은 소송보다는 특허권 사용료를 청구하고 싶은 것 같다. 왜냐하면 판매를 즉시 중단하라고 했지, 구체적인 일자를 명기한 것은 아니기 때문이다.

귀사의 특허에 대해 몰라서 죄송합니다. 당사 제품에 귀사의 특허 사용을 허락하여 준다면 대가를 지불하겠습니다. 당사의 제안이 어떠신지요?

We are very sorry that we didn't know about your patent. We will pay for our using your patent, if you allow us to adopt your patent on our product. What about your position on our proposed idea?

귀사의 신 상표는 우리의 20년 된 상표와 매우 유사합니다. 소비자들에게 자칫 혼돈을 야기할 수도 있습니다. 즉시 상표 사용을 중단하여 주시기 바랍니다.

Your new trademark looks very similar to our 20-years-old one. It may possibly cause some confusion to the customers. We do hope that you will stop using the trademark right away.

☞ 1차 경고로 보이며 소송할 경우 100% 승소한다는 보장은 없어 보인다.

당사는 자체 특허를 보유하고 있습니다. 우리가 귀사의 특허를 침해하고 있다는 객관적인 증거를 보내주시기 바랍니다.

We have our own patent on the method. Please send us the evidence which objectively shows that we are infringing upon your patent.

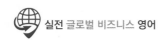

BIZ Point 지적 재산권 vs 미국의 10배 배상 주의

지적 재산권에(intellectual property right)는 특허권(patent), 상표권(trademark right), 저작권(copyright) 등이 있다. 지적 재산권을 침해하면 큰 낭패를 볼 수 있다. 특히 미국의 경우 10배 주의가 적용되는 바, 이는 타인의 특허를 침해할 경우, 타인이 입은 손해의 최소 10배를 배상하여야 한다는 것이다. 미국에서 특허 침해로 천문학적 금액의 보상금이 운운되는 것은 이 10배 주의에 기인한다. 한국의 경우 실질적인 손해만 배상하면 되는 것으로 되어 있다.

BIZ Point 지적 소유권(Intellectual Property Right)

❶ 개념

인간의 정신적 산물인 외형적 실체가 없는 재산권으로서, 과학적 발명, 기술 비밀, 창작물 등 인간의 모든 지적 창작물에 대한 배타적인 독점권을 의미한다.

❷ 분류

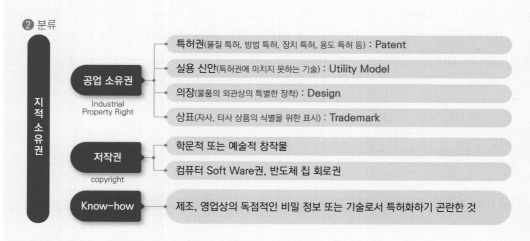

지적 소유권

- 공업 소유권 (Industrial Property Right)
  - 특허권(물질 특허, 방법 특허, 장치 특허, 용도 특허 등) : Patent
  - 실용 신안(특허권에 미치지 못하는 기술) : Utility Model
  - 의장(물품의 외관상의 특별한 장착) : Design
  - 상표(자사, 타사 상품의 식별을 위한 표시) : Trademark
- 저작권 (copyright)
  - 학문적 또는 예술적 창작물
  - 컴퓨터 Soft Ware권, 반도체 칩 회로권
- Know-how
  - 제조, 영업상의 독점적인 비밀 정보 또는 기술로서 특허화하기 곤란한 것

주) Intellectual Property Right는 지적 소유권, 지적 재산권으로 번역한다.

Chapter 08

합작 투자

 합작 공장 설립 제안 검토

내주 금요일 귀하 방문 시, 핸드폰 공장 합작 투자 건을 협의하고 싶습니다.

I want to discuss the possibility of a joint venture project for cellular phone factory with you when I visit you next Friday.

회의에서 합작 투자 사업 계획을 프레젠테이션 시 질문 공세를 받았다.

He was bombarded with questions, when he made a presentation on joint venture at the meeting.

- bombard 포격/폭격하다, 몰아세우다,(질문, 탄원 등을) 퍼붓다

내 개인적으로 그가 제안한 합작 공장 설립 건은 시기상조인 거 같으나 우리 팀에서 타당성 검토 중임.

His proposal for setting up a joint venture factory seems premature in my personal opinion. But anyhow my team has been conducting the feasibility study.

- in one's opinion: 의견으로는
  in one's humble opinion: 소견으로는

🎙 패턴 연습

시기상조: premature

It may be premature to expect a big order from the new customer. But chance seems very good.
신규 고객으로부터 대형 오더를 기대하는 것은 시기상조일지도 모르나 가능성이 아주 높아 보인다.

Introducing your technology seems premature, as our standard of living does not require that kind of product yet.
우리의 생활 수준이 아직 그런 제품이 필요하지 않기 때문에 귀사의 기술을 도입하는 것은 시기상조로 보인다.

당 그룹 각 사의 독자적인 타당성 검토가 가능하도록 귀사의 품목별 제안서를 요청함.
We ask for your item-by-item proposal and the related data of each item so that each individual sister company in our group can research its own feasibility study.
• item-by-item proposal: 품목별 제안

나는 그의 합작 투자 계획에 100% 지지한다.
I am behind his plan for joint venture 100%.
His joint venture plan has my full support.
• behind 뒤에, 사후에, 지지하여

그 합작 투자는 당사 기업 성장의 도약판이 될 것으로 확신한다.
I am sure that the joint venture will act as a springboard in our company growth.

🎙 패턴 연습

뜀판/도약판, 새로운 출발점,(발전을)촉진시키는 것: springboard, leaping board

This cash infusion thru stock increase can act as a springboard in making your company financially sound.
금본 증자를 통한 현금 투입이 귀사의 재무 상태를 건전하게 만드는 시발점이 될 수 있다.

I sincerely hope that this two-day meeting will act as an effective springboard in lowering the barriers to the free flow of goods, services, and capital among our countries.

이틀 간의 회의가 국가 간의 재화, 서비스, 자본의 자유 이동 장벽을 낮출 수 있는 새로운 출발점이 되기를 앙망함.

귀사의 그 회사와의 합작 투자는 파트너들이 계획대로 투자하지 않아 교착 상태라고 얘기 듣고 있음.

I hear that your project with the company came to a deadlock, as the partners did not invest money as scheduled.

• deadlock: 정돈(停頓), 막힘, 막다른 골   통 막다른 골에 이르게 하다
  come to/at a deadlock; be brought to a deadlock: 벽에 부딪치다, 교착 상태에 빠지다

프로젝트에 대한 입장을 재확인 해주세요.

I would like you to reaffirm your position on the project. I would like to ask for your reaffirmation of your position on the project.

합작 투자 관련 이사회 회의 때 판매 과장의 시장 상황 설명과 마케팅 전략은 정곡을 찔렀다.

The sales manager's explanation about the market situation and marketing strategy struck home at the meeting of board of directors related to the joint venture.

• strike home 급소를 찌르다, 정곡을 찌르다

이번 목요일까지는 상세한 제안을 드리지 못할 것 같습니다.

We will not be able to get back to you with our detailed proposal by this Thursday.

주요 기술적인 사안에 대한 검토가 이번 토요일 아침까지 완료될 예정입니다.

Evaluation of key technical issues are expected to be finished by the morning of this Saturday.

이것이 끝나고 약 10시간 정도 후에 공식적인 제안서가 나올 것입니다.

After this evaluation, we need about ten hours to make a formal proposal.

따라서, 빨라야 이번 토요일 저녁은 되어야 제안서 드릴 수 있습니다.
Hence, we can only send our proposal in the night of this Saturday at the earliest.

 ## 공동 사업 희망

합작 투자 건 외에, 의 생산/마케팅 분야에서 귀사와 상호 협력하여 베트남 시장 진출을 확대하기를 희망함.
In addition to the above joint venture business, I hope to expand our mutually beneficial cooperation in the fields of production and marketing of electronic products by which your company is to penetrate into Vietnam market.

사장은 직원들의 진심어린 보고서에 귀를 기울이지 않고 그 회사가 제안한 합작 사업에 자기 회사 자금을 모두 걸었다.
The president turned a deaf ear to the faithful report of his employees, but he bet all of his company money on the new business by accepting the company's proposal for joint business.

이상하게도 사장은 그 회사의 미래에 큰 확신을 갖고 있었다.
Strangely enough, he had great confidence in the future of the company.

• turn a deaf ear to ~ : ~에 귀를 기울이지 않다
• strangely enough, ~ : it's strange that ~ : 이상하게도 ~하다

 ### 패턴 연습

~의 미래에 큰 확신: great confidence in the future of ~

The reason why I invested in the stock of the company is that I had great confidence in the future of technology-oriented company.
내가 그 회사의 주식에 투자한 것은 기술 지향적인 회사의 미래에 대한 확신이 있었기 때문이다.

I had great confidence in the future of the company. That's why I selected the company as joint venture partner.

그 회사에 큰 확신이 있었다. 그래서 그 회사를 합작 투자 파트너로 선정했다.

합작 투자 타당성 선행 검토

그러므로 당분간 합작 투자 사업을 추진하는 것은 어떠한 형태로든 쌍방의 확약이 이루어지기 전에는 신중한 검토가 필요함.

Thus for the time being, establishing such a joint venture business would require a careful review prior to any form of solid commitment.

향후 합작 투자 사업 가능성을 위해 당사 실무진들이 타당성 조사를 시작하게 할 것이며, 귀하에게 진전 사항을 지속적으로 알려 드리겠음.

For the future possibility of establishing the joint venture business, I will let my working-level staff start an extensive feasibility study, and I would like to assure you that I will keep you informed on its progress.

- prior to ~: ~에 앞서, 먼저
- feasibility study: 타당성 조사
- I assure you that ~; I assure you of ~: ~를 보장하다, 보증하다

🎤 패턴 연습

실무진, 실무선: working-level personnel/staff

Hence, we cordially invite you to visit Korea sometime this year at your convenience. Also, our working-level personnel are expected to be dispatched to your factory soon to look around the facilities and the scene, and to cover up some technical matters remaining to be solved, if any.

따라서 금년 내 편리한 시간에 한국을 방문하여 주시기 바람. 그리고 곧 우리 실무진을 파견하여 공장 시설/현장 견학 및 기술적인 사항을 해결토록 하겠음.

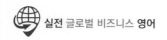

They personally met with working-level people of the company last month to deliberate over the same issue.

그들은 동일 사안에 대해 숙고하기 위해 그 회사의 실무진들을 개인적으로 만났다.

Our working-level members want to give the green light to the project right away, but the top management's position is somewhat different because it requires a huge investment.

실무진에서는 그 프로젝트를 즉시 진행하고 싶지만 경영진의 입장은 약간 상이하다. 왜냐하면 워낙 큰돈이 투자되기 때문이다.

• give the green light to ~: ~를 진행하다

합작 투자를 재고하는 것이 바람직하다.

It is desired that our company should reconsider the investment in the joint venture.

🎤 패턴 연습

바람직하다: It is desired that ~; it is desirable that ~

It is desired that my trip be postponed, as next Monday is my wife's birthday.

다음 월요일이 아내의 생일인 바, 출장이 연기되는 것이 바람직하다.

• leave much/something/nothing to be desired
유감스러운 점이 많다/조금 있다/더할 나위 없다
The board of directors was happy as the investment plan leaves nothing to be desired.
투자 계획이 더할 나위 없이 좋아 이사회는 행복했다.

대략적인 개요를 주시면 미팅 준비에 큰 도움이 되겠습니다.

Your giving a rough outline would be of much help to our preparing for the meeting.

Your giving a rough outline would be very helpful to our preparation for the meeting.

🎙 패턴 연습

큰 도움 되다: a big help to ∼; of much help to ∼; very helpful to ∼:

The young manager's smart market analysis is a big help to his company.

The young manager's smart market analysis is of much help to his company.

The young manager's smart market analysis is very helpful to his company.

젊은 과장의 영리한 시장 분석은 회사에 도움이 되었다.

만약 귀사의 제안대로 합작 투자를 추진한다면 합작 투자 회사는 창립 3년 후에 겨우 손익 분기점에 도달할 수 있을 것으로 추정한다.

We presume that, if we proceed the joint venture as per your proposal, the joint venture company could reach the brake-even point only after three years since establishment.

따라서 다시 사업성 검토할 때까지 투자 결정을 미루었으면 합니다.

We, therefore, propose to you that you should postpone decision on the investment in the joint venture until you re-evaluate the business.

• break-even point: 손익 분기점, 채산점

🎙 패턴 연습

연기하다: postpone, defer, put off, procrastinate, adjourn

The meeting was adjourned until next Tuesday.

회의는 다음 주 화요일까지 연기되었다.

His visit to Korea was adjourned without day.

그의 한국 방문은 무기 연기되었다.

지분 투자 가능

원하신다면 일정 지분 취득이 가능합니다. 지분 취득에 대한 상세한 내용 통보해주세요.

We can acquire some % of equity, if you want that kind of business cooperation. Please tell us about the details of equity acquisition.

귀사의 구체적인 제안 없이 지분 취득 결정을 하기는 어렵다.

It would be difficult for us to decide on equity acquisition without your concrete proposal.

패턴 연습

~없이는 ~하기 어렵다: hard/difficult to ~ without ~

However, I was compelled first to ask the company to review your proposal and project status information from the technical aspect since it is very hard for us to organize a commercial proposal at this stage without any prior technical review in detail.

하지만 사전 기술 검토 없이는 사업 제안이 어려워 그 회사에 귀사의 제안과 프로젝트의 기술적인 검토를 의뢰할 수밖에 없었음.

It would be very difficult to keep pursuing unprofitable business for years without the strong, financial back-up of mother company.

모회사의 강력한 재정 지원 없이 수익이 나지 않는 사업을 수년간 지속적으로 추진한다는 것은 어렵다.

Currently our American business is not so large as you think. Thus, unfortunately, it is difficult for us to make any contract with her at this time.

현재 당사의 미국 사업은 귀하가 생각하는 것만큼 크지 않음. 따라서 지금으로서는 그녀와 어떤 계약을 하기 힘듦.

이번에 귀사 주식을 취득할 수 있다면 귀사와 당사 간의 사업 관계 발전에 전환점이 될 것이다.

If we can acquire your company stock this time, it will be a turning point in the development of business relationship between your company and ours.

🎙 패턴 연습

전환점: turning point

Our development of a new, innovative phone will be a turning point in getting the position of close second in cellular phone market.
혁신적인 새로운 전화기 개발은 1등을 확실히 따라잡을 수 있는 전환점이 될 것이다.

• close second: 1등과 격차가 거의 없는 2등. 1등과 격차가 크면 distant second.

I and the members of the Korea Committee are delighted to host this occasion, the first annual meeting in Seoul. I am sure this meeting will be a turning point in the development of Committee.
나와 한국 지부의 모든 회원들은 서울에서 금번 1차 연차 회의를 주최하게 되어 기쁨. 이 모임이 위원회 발전사의 전환점이 될 것임.

귀사에 깊은 감명을 받았으며, 귀사가 LED project의 기술 협력 가능성을 검토할 경우, 당사를 우선 고려해 줄 것을 바람.
I was much impressed by your company, and I hope that when you examine technical collaboration possibilities in your LED project, you will consider us first.

지난번에 언급 드렸듯이 고객의 요구에 대한 당사의 전문성과 대응력은 타의 추종을 불허함.
As I mentioned to you before, our expertise and responsiveness to our customers' needs are unmatched.

귀사가 LED 프로젝트에 지분 참여를 필요로 한다면 우리로서는 그러한 방식으로도 참여 가능한 바, 지분 참여를 진지하게 생각할 것임.
If you require equity participants in the LED project, we will give it serious thought because that form of participation is quite feasible as far as we are concerned.

• as far as we are concerned: 우리로서는, 우리에 관한 한

 패턴 연습

필적하기 어려운, 대항할 수 없는: unmatched, unmatchable, matchless, unparralled, unequaled, peerless

The company is unmatched, regarding thin T solar glass.

두께가 얇은 태양광 유리에 관한 한, 그 회사가 최고이다.

In tooling lead time, Korean companies are unmatched in the world.

금형 제작 기일에서 한국 업체들을 따라올 업체는 세계 어디에도 없다.

No one can match him in strength.

힘으론 아무도 그를 당할 수 없다.

His tie doesn't match his shirt.

넥타이가 셔츠와 안 어울린다.

- meet more than one's match: 강적을 만나다
- meet/find one's match: 호적수를 만나다, 난국/난문제에 부닥치다
- 유유상종: Let beggars match with beggars. Like draws like.
      Birds of a feather flock together.

타당성 검토 자료 요청

타당성 검토를 할 수 있도록 다음 자료 제공 바람.
A. 공급 가격
B. 장비 리스트
C. 기술 계약에 대한 기본 생각

We would like to receive any available data that you may have so as to conduct a feasibility study. Please include information on:
A. Your supplying price

B. A fully detailed equipment list
C. Your basic ideas concerning a joint venture agreement

• conduct a feasibility study: 타당성을 검토하다, 실행 가능성을 검토하다

김 부장은 타당성 검토가 빨리 진행되도록 다른 부서로 프로젝트를 이관하라고 명령 받았다.
General Manager Kim was ordered to deliver over the project to other Department so that feasibility study could be conducted quickly.

• deliver over 양도하다

당신이 투자 여부를 결정할 수 있는 사람으로 생각한 것은 내 실수다.
I mistakenly regarded you as the guy who could decide on the investment.
I made a mistake of regarding that you were the guy who could decide on the investment.
It was my mistake to regard you as the guy who could decide on the investment.

• mistakenly 잘못하여, 오해하여   형 mistaken

그 계획은 좀 더 실행 가능한 것으로 수정되었다.
The plan has been modified to be more practicable.

✒ 합작 투자에 대한 입장 표명

자본금 증자에 대해 승낙하실 것으로 믿고 그 프로젝트를 활발히 진행하겠습니다. 그렇게 될 것으로 예견했습니다.
We will proceed the project actively in anticipation of your consent on capital increase. I anticipated as much.

• in anticipation of ~ : ~을 기대하여, ~을 예기하고

우리의 경영 능력, 기술력, 마케팅력으로 귀사의 적격 제조업체 발굴에 도움드릴 수 있음.
Because of our managerial, technical and marketing abilities, we can assist your company in finding competent, reliable third-party manufacturers.

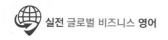

당장 생각나는 분야는 스파크 플러그와 마찰 재료임. 원하시면 관련 업체들과 구체적인 상담 진행 가능.

The fields that immediately pass through our minds are spark plugs and friction materials. We have third-party currently available for detailed discussions.

• cross/come into/come to/pass through/enter one's mind(어떤 생각이) 마음에 떠오르다:

같이 일해 결실을 볼 수 있는 분야는 항공 및 군사용 전자 제품이다.

We believe that we can work together fruitfully in avionics and military electronics.

귀사가 어떤 상세 사항이 더 필요한지와 상술(上述: 위에서 말한)드린 당사의 주선 사항에 대한 귀사의 견해를 알고 싶음.

In these product groups, I would like more detailed information on your needs and your view of the types of our arrangements mentioned above.

중국에서의 합작 투자는 좀 더 생각해보겠음.

Regarding joint investment in China, we will need to deliberate more.
We will need to deliberate joint investment in China more.

• deliberate: 계획적인, 생각이 깊은, 신중한, 잘 생각하다, 숙고하다
  take deliberate action/decision:
  신중하게 행동/결정하다
  deliberate on what to do:
  무엇을 할 것인가를 잘 생각하다
  deliberate how to secure new customers overseas:
  해외 거래선 확보 방법에 대해 숙고하다

신규 프로젝트 추진 시 말 많은 사람들이 너무 많다.

Our company has too many back-seat drivers when we proceed a new project.

• back-seat driver: 참견/간섭 잘하는 사람

태양광 모듈 투자를 중단하기로 결정했다.

The company has decided to cease investing in PV module.

☞ 태양광 모듈: PV module, photovaltaic module, solar module

그 회사는 2023년부터 태양광 패널 시장에서 치킨 게임이 치열하게 진행 중이며 2~3년 이내 도산하는 태양광 관련 기업들이 많을 것으로 예상한다.

Its view of the market is that chicken game has been severely going on in the PV module market since 2023, and many companies involved in solar energy industry are expected to collapse down in a few years.

- chicken game: 상대방이 죽을 때까지 출혈 경쟁을 지속하는 상황
- chicken and egg problem: 닭이 먼저냐 달걀이 먼저냐는 문제

☞ 원인과 결과가 확실치 않은 경우에 사용. 닭이 없으면 달걀이 있을 수 없고, 달걀이 없으면 닭이 있을 수 없으니 뭐가 뭔지.

우리의 합작 투자 사업이 성공할 확률이 반반이다.

Chance is even that our joint venture can be a great success.

Chance is fifty-fifty that our joint venture can be a great success.

- even chance 반반의 가능성
  Let's share the profit and expense fifty-fifty.
  수익/경비 모두 반반씩 합시다.

그의 투자 입장에 관한 당신의 설명이 충분치 않다.

Your clarification of his position on the investment is not good enough.

그는 신규 프로젝트 투자 건에 대하여 분명한 태도를 표명하지 않았다.

He refused to commit himself on the investment in a new project.

사업 파트너가 제시한 프로젝트에 투자하여야 된다고 결정했다.

The president concluded that his company should invest in the project proposed by its business partner.

사장의 급작스러운 투자 결정은 이사회에서 논쟁의 소지가 있다.

The president's sudden decision on the investment is controversial at board of directors.

- controversial 논쟁의/논쟁을 즐기는/논의 여지가 있는
  명 controversy 유 contention/debate/dispute
  His promotion to general manger is beyond controversy/dispute.
  그의 부장 승진은 논쟁의 여지가 없다.

우리의 기대와는 달리, 사장의 우유부단으로 프로젝트가 지지부진하였다.

Contrary to our expectation, the project crawled because of our president's indecision.

- crawl 네발로 기다, 포복하다, 서행하다, 굽실거리다
  His son still can't walk but crawls.
  아직 걷지 못하고 기어다닌다.
  The Executive Vice-president always crawls to the president.
  부사장은 항상 사장에게 굽실거린다.

 패턴 연습

심도 있는 조사를 하다: hold/conduct a profound/in-depth survey

After my return to Korea, we held an in-depth survey on the market situation and the suitability of our project, with reference to your documents and technical descriptions.

한국 귀국 후 귀사에서 제공하여 주신 자료에 의거, 시장 상황과 프로젝트의 적합성에 대해 심도 있게 조사하였습니다.

The results of this profound survey found that our customers were somewhat hesitant to import this plant, due to the fact that this highly sophisticated technology is not yet familiar in the Korean market; however, we expect the market to become fully active within one or two years.

한국 시장은 아직은 그 공장을 도입하기에는 성숙되지 않아 당사의 고객들이 공장 도입을 주저하는 것으로 판명되었으나 1, 2년 이내에 충분히 시장이 성숙될 것으로 기대함.

🎙 패턴 연습

두말할 필요 없다, 말할 나위 없다:

Needless to say ~; it's needless to say that ~; it goes without saying that ~; it is a matter of course that ~; it is natural that ~; naturally ~; not to mention that ~: ~은 말할 필요도 없다

Needless to say, he will get promotion to the head of R&D next year.

그가 내년에 연구 소장으로 승진할 것은 말할 필요도 없다.

It goes without saying that there is no place like home.

집보다 좋은 곳이 없다는 것은 말할 필요도 없다.

It is a matter of course that the company keeps the position of market leader.

그 회사가 시장 선도자의 위치를 고수하는 것은 당연한 일이다.

🎙 패턴 연습

~를 ~의 빛나는 실례로 만들다: make ~ a shining example of ~

We are confident that this joint venture between our two companies will be a shining example of the business cooperation between companies.

우리는 우리 양사 간의 이 합작 투자가 기업 간 사업 협력의 빛나는 실례가 될 것으로 확신하다.

The economic cooperation between China and Korea is a shining example in Asian countries.

중국과 한국의 경제 협력은 아시아 국가들 사이에 경제 협력의 빛나는 본보기이다.

We can also make our two countries' cooperation a shining example of economic cooperation by expanding our overseas markets to Third World countries.

또한 우리 양국 간 협력을 제3세계 시장으로 확대함으로써 경제 협력의 빛나는 귀감으로 만들 수 있음.

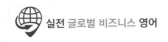 **합작 투자를 위한 기술팀 파견**

사장은 기술자를 많이 보내는 것에 반대했다.

The president declared himself against sending many technical engineers.

The president objected to sending many technical engineers.

귀사의 공장 설립 건 협의 및 심도 있는 타당성 검토를 위한 기술 팀을 2023년 3월에 파견하겠다는 계획을 듣고 기뻤음.

We were very pleased to hear of your plans to dispatch a team of technical experts to Korea in March, 2023 in order to discuss establishment of plant and to conduct in-depth survey.

한국 방문 시 기술적인 정보를 상세히 기술한 비디오 프레젠테이션을 준비해오면 감사하겠음.

We would appreciate it if you could also send your video presentation file detailing all the technical information when they visit Korea.

- in-depth: 면밀한, 주도한, 상세한, 완전한; 심층의, 철저한(연구 따위)
  in-depth report: 심도 있게 취재한 기사/보고서
  The president always wants an in-depth market analysis report.
  사장은 항상 심도 있는 시장 분석 보고서를 원한다.

기술팀을 파견함으로써 순서를 밟아 프로젝트를 진행시킬 것이다.

I will proceed the project in due course, by sending technical team.

따라서 귀사에서 좀 더 시간을 달라는 우리의 제안을 수락한다면 위에서 제시해 드린 일정보다 더 빨리 진행할 수 있을 것이다.

Therefore, if you could kindly accept our sincere proposal to allow more time for us, we would be greatly encouraged to settle this business at a sooner date than scheduled above.

🎙 패턴 연습

순서를 밟아서, 때가 되면: in due course; in due time; in the course of time/in time;

We will acquire the company in due course.

우리는 순서를 밟아 그 회사를 인수할 것이다.

Your developed product will sell like a pancake in due time.

개발품이 때가 되면 불티나게 팔릴 것이다.

• sell like a pancake; sell like a hot cake: 불티나게 팔리다

 Due Diligence(기업 실사, 현황 조사/검증)

일반적으로, 기업 인수/합병 및 협력 업체 선정 시 불필요한 위험을 제거하기 위해 상대방이 말하는 상황에 대한 일련의 조사와 분석을 한다. 기업 인수 합병 과정에서 사용되면 기업 실사(기술/생산/영업/채권/채무 등등 회사의 전반적인 사항)를 의미하며, 재고만 조사한다면 재고 자산 실사 정도로 번역할 수 있으나 그냥 '듀 딜리전스'라고 해도 무방하다.

사장은 김 부장에게 가격 결정권을 주었다.

The president empowered general manager Kim to decide pricing.

사장은 김 부장에게 사업 파트너와 미팅 시 그 프로젝트 진행 여부에 대한 결정을 할 수 있는 권한을 주었다.

The president authorized general manager Kim to decide on the project at the meeting with business partner.

• empower/authorize A to: 동사원형 A가 ~할 권력/권한을 주다

새로운 마케팅 계획을 시행하는 데 얼마가 드는지 계산해 보았는지?

Did you figure out how much it costs to implement the new marketing plan?

그 프로젝트를 효율적으로 진행시키기 위해서는 관련 부서들과 긴밀히 협조하여야 한다.

We should work in harmony with the relevant Departments in order to proceed the project efficiently.

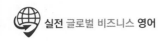

그러한 프로젝트는 반드시 그가 있어야 한다.

We can't forgo him if we have to pursue that kind of project.

- forgo: ~없이 때우다(do without), 그만두다(give up)
- in harmony with ~: ~와 조화/협조하여   📣 harmoniously with

본 계약 합의 후, 당사의 기술자들 훈련을 위해 귀사 수석 기술자의 한국 방문이 필요함.

To help train our technical staff, your chief engineer is requested to visit Korea after main contract is formalized.

프로젝트 승인을 위해 이사진들에게 어제 미팅을 요약해 보고하세요. 내일 대표 이사를 포함한 이사진들 앞의 프레젠테이션에 대비해 자료를 주의 깊게 점검해야 한다.

You are requested to report a gist of meeting of yesterday to board members for the approval of project. You have got to go over the materials very carefully for tomorrow's presentation to the board directors including CEO.

- gist; point: 요점, 요지, 근본
- go over ~을 점검/검토하다

합작 투자 사업서 서명

아주 귀중한 사업 파트너들과 합작 투자 계약서를 서명하기 위해 이 자리에 있게 되어 매우 기쁘고 영광스러움. 본 프로젝트는 탁월한 3개 회사가 힘을 합친 프로젝트임.

I am very pleased and honored to be here to sign the joint venture agreement with our invaluable business partners. This is a project with three excellent companies as partners.

🎤 패턴 연습

이 자리에 있게 되어 영광스러움: be honored to be here(with you)

I am very honored and pleased to be here in order to introduce our overmolding technology to your preeminent R&D.

귀 연구소에 당사의 오버 몰딩 기술을 소개하기 위한 기회를 갖게 되어 영광스럽고 기쁩니다.

☞ 기술 영업 시 유용한 표현이다.

I am very honored to be here with you and to have the opportunity to extend, on behalf of Korean partners, our greeting to the beloved host of this party, SHT Plastics Corporation in Malaysia.

지금 이 자리에 있고 한국 파트너들을 대표해서 이 파티를 주최한 말레이시아 SHT 플라스틱 회사에 인사드릴 기회를 갖게 되어 큰 영광임.

☞ 합작 투자 서명 후 만찬 시 한 말씀할 경우나 건배 제의 시 유용한 말이다. 한국 측 파트너가 2개 이상의 회사인 상황임.

본 합작 투자는 매우 자랑스러우며 성공적인 운영으로 말레이시아의 산업화에 기여할 수 있도록 최선을 다하겠음.

Needless to say, we are very proud of this joint-venture, and we will do our very best to contribute to the industrialization of Malaysia through its successful operation.

우리 국민들은 이 합작 투자 서명을 진심으로 축하한다.

Our country people celebrate signing this joint venture from the bottom of heart.

🎤 패턴 연습

마음속으로부터: from/to the bottom of one's heart

We celebrated the success of joint venture from the bottom of heart.

우리는 합작 투자의 성공을 마음속으로부터 축하했다.

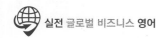

He celebrated her son's passing the exam from the bottom of heart.

그는 그녀의 아들이 시험에 합격한 것으로 마음속으로부터 축하했다.

The company is at the bottom in solar glass industry.

그 회사는 태양광 유리 산업에서 꼴찌다.

- bottom price: 최저 가격

  to the bottom: 밑바닥까지 철저하게
- bet one's bottom dollar on: 절대 확신/보증 한다

  I can bet my bottom dollar that our company will get the order.

  회사가 수주할 것으로 확신한다.

  I can bet my bottom dollar on his promotion.

  그가 승진할 것으로 확신한다.

Chapter 09

에이전트 거래

정식 에이전트 계약 제안

당사가 귀사의 독점 대리점 역할을 함으로써 시장 압력에도 불구하고 귀사의 이익이 보호되고 증진된다는 것에 확신을 가지시기 바람.

Acting as your exclusive agent, we can assure that your interests are protected and advanced in the face of marketplace pressures.

- in the face of ~; in spite of : ~에도 불구하고
- marketplace: 시장, 장터

만약 여의치 않다면 1년 단위의 시험 계약 기간을 가진 후 최종 결정을 할 수도 있음.

If this is not possible, we happily would consider a one-year trial period to reach the final decision.

- cement/strengthen our friendship: 우리의 우정을 돈독히 하다
- cement/strengthen relationship between our two companies: 우리 양사 간 관계를 돈독히 하다

독점 대리점이 된다면 당사의 노력과 귀사에 대한 확약을 빨리 할 수 있을 것으로 판단됨.
과거 경험으로 보면 당사의 이익과 당사 거래처의 이익은 거래 당사자들의 거래 이익을 조정 시 극대화되었음.

We think that being your exclusive representative will increase the speed at which we can dedicate our full efforts and commitment to you. In the past our profits and our partners' profits in many business fields have been maximized by coordination of upstream and downstream business interests.

- exclusive/sole agent/distributor: 독점 대리점/판매점

당사가 한국 식품 사업에서 선도자 위치에 있어, 당사가 귀사의 독점 대리점이 된다면 양사 간 이해관계가 일치할 것으로 확신함.

Because of our leadership position in the food-stuffs business in Korea, we believe that both of our interests would be best served if we can be the exclusive representative in Korea.

당사는 귀사 제품을 2022년부터 당사 고객들에게 offer sale하고 있음.

Your company and ours have been doing business from 2022. We have been issuing our offer sheets on your behalf for sales of your products to our customers in Korea.

귀사는 그 대가로 커미션을 우리에게 송금하였음.

In return, you have remitted commission to us.

현재까지 대리점 계약 없이 거래하여 왔으나, 이제는 양사 간 에이전트 계약이 필요한 것으로 사료되어 계약서 첨부 드리니 검토 후 서명하여 한 부 돌려주시면 감사하겠음.

So far, we have done business without any formal agreement. At this point, we thought it would be appropriate to have an agency agreement. We have enclosed our ideas. Please refer to this, sign it if acceptable, and return one signed agreement to us.

- in return; in compensation: 대신에, 답례로
- appropriate: 적합한, 적절한, 특유의, 고유한
  appropriate relationship 적절한 관계 ⟷ inappropriate relationship
  be appropriate for: ~에 어울리다, ~에 적합하다

내주에 에이전트 계약의 기본 조건의 윤곽을 잡아 통보 드리겠음. 에이전트 계약은 양사에 크게 상호 호혜적일 것임.

Next week, we will send a preliminary delineation of the basic terms of agency which we believe would yield large, mutual benefits for your preeminent firm and ours.

- delineation of the basic terms: 기본 조건의 윤곽
- news/travel/ad agency: 통신사/여행사/광고(대행)사

마케팅 계획 제시 및 에이전트 희망

당사의 예비 마케팅 계획서와 사업 일정표를 송부 드리니 귀사 의견을 말씀하여 주기 바람.

We have enclosed our preliminary marketing plan and timetable. We would like to hear your reactions to our plan at your earliest possible convenience.

• preliminary marketing plan: 예비 마케팅 계획서

🎤 패턴 연습

가능한 한 빨리: at one's earliest possible convenience;
as soon as possible

We would appreciate it if you could comment on our proposed idea at your earliest possible convenience.

최대한 빨리 당사가 제시 드린 안에 대해 말씀하여 주시면 감사하겠습니다.

Finally, at your earliest possible convenience, we need your proposed idea of joint venture in Mexico

마지막으로, 가능한 한 빨리 멕시코에서의 합작 투자에 대한 생각을 제시해 주세요.

KFS 전자는 협력 업체 관리 및 독점 협력 업체 운영 시 발생될 수 있는 위험의 회피 차원에서 어떤 품목이든 복수 협력 업체 체제로 운영하고 있으며 각 업체에 주문 수량을 배분하고 있음.

KFS Electronics in Korea runs a few vendors for each item, and it splits the order to them in order to control them and to evade from the risk of single vendor.

당사를 귀사의 한국 독점 대리점으로 하여 주시면 귀사를 KFS 전자의 협력 업체로 등록시켜 귀사가 KFS 협력 업체 중 가장 많은 주문을 받도록 할 수 있다는 것을 확언드림.

If you allow us to exclusively represent your preeminent firm in Korea, we assure you that you will get the lion's share of KFS's order after we make KFS adopt you as a vendor.

☞ 왜 에이전트가 필요한지를 충분히 설명하고 있다.

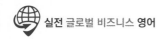

우리의 프로젝트 제안을 지금까지 신중히 고려하고 계신 데 대해 감사드림.

I appreciate your having given us serious consideration of our project proposals so far.

우리가 어떤 제안을 드리든지 간에 그 누구보다도 잘 해낼 것으로 기억해주시기 바람.

Please remember that whatever proposal we give to you, we will execute it better than anyone else.

가까운 장래에 귀사를 위해 좀 더 많은 일을 할 수 있기 바람.

I hope we can work for you further in the near future.

귀사의 사업 제안은 당사의 최고 경영진의 관심을 끌 만큼 훌륭하다.

Your business proposition is good enough to draw the attention of our top management.

귀사와 같이 일하는 것에 대해 긍정적으로 고려 중이다.

We are under positive consideration of working with you.

큰 회사들과의 사업 기회를 얻기 위해 고객에 대한 대응 속도가 빠르다는 것을 활용하려고 한다.

In order to seize the chance of doing business with big companies, we are going to capitalize on our quicker responsiveness to customers.

🎙 패턴 연습

~을 활용하다, 기회로 삼다: capitalize on ~: make the most of ; utilize

The company succeeded in increasing its M/S by capitalizing on the fact that its competitor is financially staggering,

그 회사는 경쟁업체가 재정적으로 휘청거린다는 사실을 기회로 삼아 시장 점유율을 높이는 데 성공했다.

Please make the most of this chicken game. Only the financially strong companies like yours can survive. The winner takes it all.

이 치킨 게임을 최대한 활용하라. 귀사와 같이 재무 상태가 좋은 회사들만이 살아남을 것이다. 승자가 독식한다.

The company capitalized on the financial crisis of the rival company, and expanded the market share by coming down the price.

경쟁 회사의 재정 상태가 안 좋은 것에 편승. 가격을 인하함으로써 시장 점유율을 늘렸다.

예를 들면, 귀사의 경쟁사는 최근 서울에 연락 사무소를 개설했음.

For example, your competitor established a liaison office in Seoul recently.

시장 진출이 빠르면 빠를수록 좋다. 한국에서 귀사 제품을 독점 판매할 수 있도록 해주시기를 앙망합니다.

The sooner on the market, the better for you. We honestly hope that your situation allows us to market your products exclusively in Korea.

시장 진출이 늦지 않기 바랍니다.

Please don't be a latecomer on the market.

🎤 패턴 연습

예를 들면: for example, for instance, by way of illustration
지각자, 지참자, 신참자, 최근 나타난 자/물건: latecomer

For example, the solar glass company is a latecomer on the Korea market, and so it will take a lengthy time to secure customers. The latecomer can't receive a good price from the potential customers

예를 들면. 그 태양광 유리 회사는 한국 시장 진출이 늦었다. 고객 확보에 장기간 소요될 것임. 시장 진출이 늦으면 잠재 고객들로부터 좋은 가격을 받을 수 없다.

The attached marketing plan will serve as a guide to the Korea market.
We hope that you will be able to get the right judgement and decision.

첨부 마케팅 계획서가 한국 시장 상황을 보여 줄 것이다. 올바른 판단과 결정을 기대합니다.

패턴 연습

∼로 역할을 하다, 도움이 되다: serve as

The successful results of the product in these apartments would serve as a model case, promoting the use of your product in other housing units throughout the country.

그 제품의 이러한 아파트들에서 성공적인 결과는 전국적으로 다른 형태의 주택에서의 판매를 촉진시키는 데 도움이 될 것이다.

An accurate survey based on this information will serve as a great help in setting up concrete plans for the sales of your product.

이러한 정보에 의거, 정확한 시장 조사가 이루어지면 구체적인 판매 계획 수립에 큰 도움이 될 것임.

I hope that our joint meeting serves as an opportunity to foster an even stronger relationship of business cooperation between our two companies, and would also like to say as well that I will exert my undivided efforts to realize such relation.

합동 회의가 양사 간 사업 협력 관계를 더욱 돈독히 할 수 있기를 바라며, 그렇게 되기 위해 부단한 노력을 할 것임.

고객의 정의

'Customer' means any party maintaining a principal place of business within Korea and their subsidiaries out of Korea.

'고객'이라 함은 한국 내에서 본점과 그 회사의 해외 자회사를 의미한다.

• 완전 소유 자회사는 wholly owned subsidiary이라고 한다.

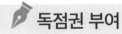 **고객을 본점과 해외 지사로 정의하는 사유**

현대는 global business 시대이다. 한 회사의 본점과 해외 지사는 각각 독립 채산제일 수 있으며, 각자 현지에 최적인 방법으로 생산 영업 구매 활동을 할 수도 있다.

즉, 예를 들어 Japanda 회사가 Indefatigable 사의 한국 본점과 특정 제품을 개발하여 공급할 때, Indefatigable 사의 미국 지사는 Japalda 회사와 거래하지 않고 다른 회사에 의뢰하여 같은 제품을 만들 수도 있는 바, 그러한 가능성을 차단함으로써 비즈니스 성사 시 본점뿐만 아니라 해외 지사에도 공급하는 것을 보장받기 위해 고객이 어디를 의미하는지 확실히 명기하는 것이다.

또한, Indefatigable 사의 한국 본점에서 개발하였으나 생산은 인도 지사에서 할 수도 있으며, 이 경우, 실제 생산하는 인도 지사에서 다른 업체에 발주할 수도 있는 바, 그러한 때를 대비하여 미리 자사의 이익을 보호하자는 것이다.

부품이나 제품을 발주하는 회사는 되도록 로컬 거래를 선호한다. 즉, 한국에 있는 업체가 발주하면 한국에 있는 업체가 1순위이며 미국에 있는 업체가 발주하면 미국에 있는 업체가 1순위가 되는 것이다. 특별한 이유가 없다면 수입 거래보다는 항상 로컬 거래를 우선시한다. 왜냐하면 의사소통이 편하고 수입 거래에 따른 환율 사안이 배제되며, red tape가 필요하지 않기 때문이다.

이러한 사유로 인해 고객을 확실히 정의하지 않으면 비즈니스가 성사는 되었으나, 그 과실은 다른 업체에 넘어갈 수도 있는 바, 글로벌 기업과 사업 추진 시 고객의 정의는 중요하다.

독점권 부여

2023년 8월로 계획된 공장과 부대 시설을 완공하자마자 귀사에게 미국 독점권을 줄 것임.

Upon the completion of the factory and facilities planned for August of 2023, we would like to confer upon your prestigious company an exclusive authorization to represent us in the U.S.

본 권한은 우리의 이익을 대변할 책임이 있으며, 우리를 대신하여 전체 부대시설의 판매 조건 협상과 모든 판매 거래 실행에 책임이 있음.

This authorization will hold you responsible for the representation of our interests, the negotiation of sales terms and conditions of the entire facilities, and the execution of any and all sales transactions on our behalf.

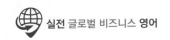
- upon the completion of ~: upon completing ~; as soon as we complete ~: ~하자마자
- hold A for ~: A에게 ~의 책임을 지우다
  responsibly: 책임지고, 확실히
  make oneself responsible for ~: ~의 책임을 맡다
- sales terms and conditions: 판매 조건

🎙 패턴 연습

B에게 A를 주다: confer A on B
B와 A에 대해 협의하다: confer about A with B

The company conferred the recipe of nano silver particle on its vendor.
그 회사는 은 나노 입자의 제조 방법을 협력 업체에 제공했다.

- recipe: 처방, 처방전, 조리법, 비법, 제조 방법
- Give me the recipe for this soup.
  이 수프 만드는 법을 가르쳐 주시오

The company conferred about the way to elevate production efficiency with its vendors.
그 회사는 협력 업체들과 생산 효율 증대 방안에 대해 협의했다.

- The company conferred with its vendors about the way to elevate production efficiency.
  ☞ conferred about 다음의 내용이 길어 about 이하 내용을 뒤로 돌리니 문장을 읽는 것이 더 용이하다.
  글은 항상 읽는 사람 입장에서 쓰는 것이 비즈니스에 도움이 된다.

🎙 패턴 연습

A가 ~할 권한을 주다, 위임하다: authorize/empower A to 동사 원형

The president authorized the general manager to decide the price.
사장은 부장에게 가격 결정권을 주었다.

The company empowered its factory in China to decide the wage to the factory workers.
회사는 중국 공장에 공장 직공의 임금 결정권을 주었다.

It is authorized by usage.

그건 관례로 인정되어 있다.

동시에 당사는 시장 조사를 성공적으로 마쳤으며 지속적인 조사를 통해 도매상들을 선정, 합리적인 판매망을 구축하였음을 확언드림.

At the same time, we would like to assure you that we have endeavored to complete successful market surveys and the establishment of reasonable sales networks, together with a selection of wholesalers through continued surveys.

🎙 패턴 연습

A를 B로 선택하다, 선정하다, 뽑다: select A as B

Much to my luck, I was selected from/out of/among many applicants to attend the Solar Energy Seminar scheduled for next week in China.

여러 신청자 중에서 내가 운 좋게도 내주 중국에서 개최 예정인 태양광 에너지 세미나에 참석하게 되었다.

Please do your utmost to make your Chinese supplier happy at his selection of you as his exclusive agent.

중국 거래처가 당신을 독점 대리점으로 선택한 것에 만족할 수 있도록 전력을 다해라.

We are honored to have been selected by your Embassy to contribute to the social work of the First Lady of your country.

귀 대사관에 의해 당사가 귀국 영부인의 사회 활동에 기부자로 선정된 것에 대해 영광으로 생각함.

This choice was made due to the following two main factors.

다음 2가지 주요 사안 때문에 그렇게 선정됨.

• **make choice of**: 선정하다, 고르다

✒ 판권 희망

귀사 제품의 독점 판매를 허락하여 주시기를 간절히 바랍니다. 당사가 귀사의 독점 대리점 자격으로 신속히 사업을 성사시킨 후, 당신은 당신이 결정한 일에 대해 만족할 것입니다.

It's our sincere desire that you will allow us to sell your product on an exclusive basis. You will be glad what you decided to do, after we quickly generate business as your agent.

☞ 한마디로 당사를 독점 대리점으로 해주면 금방 장사 만들어 돈 벌게 해주겠다는 것임.

결론적으로 한국 시장에서 귀사와 같이 귀사 제품의 판매 촉진을 간절히 원하며 본 사업이 실현되도록 귀사의 깊은 협조 바람.

In conclusion, we would like to restate our ardent wish to work together with your company for the sales promotion of your product in the Korean market, and accordingly request your wholehearted cooperation and support in realizing this business.

양사 간의 미래 사업을 촉진하기 위해 우리가 최선을 다할 것임을 강조드리며, 귀사의 깊은 협조로 양사 간의 관계가 상호 호혜적으로 발전될 것을 확신합니다.

We would like to emphasize that we will exert our utmost efforts to promote this future business between our two parties; we are confident that your full and unmitigated cooperation will help make our business relationship a mutually beneficial one.

• unmitigated/wholehearted cooperation: 전심(專心)의 협력, 성심성의의 협력

상기 사항들과 제안을 충분히 검토한 후, 한국 시장에서의 사업에 대한 정책을 말씀해주시기 바람.

After a complete evaluation of our above-mentioned matters and proposals, you are kindly requested to clarify and declare your policy for your business in Korea.

패턴 연습

~한 일에 대해 만족할 것이다: You will be glad what you did.

Please don't worry about your decision. Eventually, you will be glad what you did.
의사 결정에 대해 걱정하지 마라. 결국에는 의사 결정에 만족할 것이다.

The president of the company will be glad at years' investment in new technologies, as the present market tells that technology-oriented companies only are expected to survive.
회사 사장은 수년간 기술 투자에 만족할 것이다. 왜냐하면 현재의 시장이 기술 지향적인 회사들만이 살아남을 것이기 때문이다.

영업 창구 이원화 문제점 및 대안 제시

외국에서 시장 개척을 신속히 효율적으로 하고 싶을 경우, 연락 창구는 다원화보다는 일원화되는 것이 항상 더 좋습니다.
The single business communication channel is always better than multiple channels when you want to generate business efficiently and swiftly in a foreign country.

이러한 사유로 독점 대리점이 되고 싶습니다.
This is why we want the position of exclusive agent first.

국내 판매 대리점과 시장 점유율을 크게 높이려는 우리의 노력과는 상관없이 귀사가 당사나 국내 판매 대리점과 사전 논의 없이 또 다른 한국 총판을 선정하기로 결정한 것은 실망스럽고 사업 윤리에도 어긋남.

Irrespective of our sincere efforts to increase our considerable market share with our local distributors, the fact that your company has decided to set up another agent without any prior discussion with us or our local distributors is really disappointing and very far from basic business ethics.

귀사와 당사 간의 장기 거래 관계를 고려 시, 귀사의 일방적인 행동은 원칙적으로 용납되기 어려운 것임.

Considering the long business relationship that we have shared, your unilateral actions cannot be condoned in principle.

결론적으로 요약하건데 양사 간의 거래는 귀사에서 예전과 같이 당사를 독점 대리점으로 인정하여 비즈니스를 유지하기 바람.

In conclusion, we would like to summarize our thoughts by stating that we would like to request you to maintain the same business with us by keeping us as the exclusive channel as before.

• in conclusion; to conclude; finally: 결론적으로

🎙 패턴 연습

우리의 기대와는 달리: far from/contrary to/against our expectations
• according to expectation: 예상대로
  beyond expectation: 예상 이상으로

Contrary to our expectations, he failed to pass the entrance examination to the university.
우리의 기대와는 달리 그가 대학 시험에 떨어졌다.

Contrary to our expectations, our company did not give any bonus.
예상과는 달리 회사는 보너스를 지급치 않았다.

We firmly believed that, even though you set up a liaison office in Seoul, your business with us would continue to go on as before. However, far from our expectations, he has informed us that he will try to secure another stockist for the inventory business.

지사를 개설해도 귀사와 당사의 거래는 예전과 같이 지속될 것으로 믿었음. 하지만 우리 기대와 달리 사무소장으로부터 재고 사업과 관련 당사 이외 또 다른 판매점을 발굴하겠다는 통지를 받음.

• meet one's expectations 기대에 부응하다

The new vendor met the company's expectation by timely shipment of quality products.

신규 협력 업체는 양질의 제품을 적기 선적함으로써 그 회사의 기대에 부응했다.

🎙 패턴 연습

계속해서 ~하다, ~을 지속하다: continue to 동사 원형

We sincerely hope that the friendly ties between our two companies will continue to contribute to our mutual and wholehearted cooperation in realizing this trade promotion.

상호 우호적인 관계로 상호 간에 전폭적인 협력이 지속적으로 이루어져 양사의 교역 증진이 실현되기를 진심으로 희망함.

🎙 패턴 연습

~와 관계/상관없이   irrespective of; regardless of; without regard to

Irrespective of the weather tomorrow, I have to go to Jeju island. Regardless of the dangers, I want to climb the mountain.

내일 날씨 여부와 상관없이 제주도로 가야 한다. 위험한 줄 알지만 그래도 그 산에 오르고 싶다.

🎙 패턴 연습

혼란을 일으키다: causes confusion   혼란이 일어나다: confusion occurs
혼란에 대해 사과하다: apology for the confusion

Moreover, in the event of two stockists, inconsistent selling price will cause serious confusion in our end user's purchase of your special glass; therefore, you are strongly requested to maintain and enlarge the market share in Korea through discussions solely with us.
재고 판매상을 2개 업체로 할 경우, 가격이 일관성이 없으면 최종 소비자에게 혼란을 초래할 것인 바, 오로지 당사와만 가격 협의/결정을 하여 특수 유리 시장 점유율 유지/확대를 도모할 것을 요청드립니다.

The confusion in the last several days occurred through miscommunication between my staff at the International Finance Department of our company and the finance team of the Chairman's Office of our group.
최근 며칠간의 혼선은 당사 국제 금융부와 회장실 금융 팀 사이의 의사소통 잘못으로 야기되었다.

Please accept my sincere apology for the confusion in the last several days caused by us, regarding the US$50 million commercial paper offering of our company.
당사의 5천만 불 CP 발행과 관련, 최근 며칠간의 혼선에 대해 사과드림.

I will do everything in my power to insure that our mistake this time is rectified sometime in the near future.
금번의 실수가 미래 언젠가 고쳐지도록 모든 힘을 다하겠음.

Please allow me to offer my apologies for the confusion again, and I appreciate your understanding. When you visit Seoul next time, I would very much like you to visit my office so that we can discuss evolving market conditions, our firm's future needs, and the best venues of cooperation between your preeminent firm and ours.
다시 한 번 사과드리며, 서울 방문 시 제 사무실에 들러 시장 상황, 당사의 필요 사항, 사업 협력 분야에 대해 논의했으면 합니다.

계약 해지 반론 및 재고 요청

귀사와 당사 간 판매 대리점 계약 취소와 관련된 귀사 세일즈 매니저의 통보를 받고 당황함.

It was with great surprise that we received your sales manager's message of August 22 concerning the cancellation of the representative agreement between your prestigious firm and ours.

2023년 1월 계약 체결 이후 당사는 한국 시장에서 귀사 제품을 판매하기 위해서 지속적인 노력을 경주했으나 품질 문제 및 가격적인 장애가 있었음.

We would like to inform you that we have encountered quality problems and price issue in our constant efforts to sell your goods in the domestic market since our contract of a representative agreement in January, 2023.

☞ 판매 저조 사유가 당사의 영업력만이 문제가 된 것이 아니라는 것이다.

일본 엔화의 평가절상으로 귀사의 가격이 점차 경쟁력이 있게 되었으며 7월 이후 품질 문제가 거의 발생되지 않습니다.

Recently the Japanese Yen has been appreciating over US$, and so your price gets competitive gradually. And since July, your side seldom causes quality problems.

☞ 그간 일본 엔화가 약세였으나 최근 강세로 돌아서고 있어 일본 업체의 수출 경쟁력은 약화되는 것이다. 반면, 귀사의 제품은 경쟁력이 좋아졌다는 것이다.

이제야 당사가 귀사의 제품을 판매하기 좋은 상황입니다.

And it is only now that we are in a favorable position to sell your products.

상기 모든 사항들을 고려하시어 판매 대리점 계약 취소 건을 재고하여 주시기 바람.

With all these factors in mind, we sincerely hope that you will reconsider any thoughts you may have had concerning the cancellation of the agreement between your company and ours.

 환율 변동에 따른 경쟁력

국제 간의 거래에 있어 제품 자체의 경쟁력과는 별도로 환율에 따른 경쟁력도 무시할 수 없는 요소이다. 이 이유를 간단히 살펴보자.

환율 기준치: US$1=₩1,100

☞ 원화 약세: 예를 들면 US$1 = ₩1,200

☞ 원화 강세: 예를 들면 US$1 = ₩1,000

한국의 수출업자가 US$1 수출하고 받는 원화 금액은 원화 약세/강세에 따라 상이하다. 원화가 약세가 되면 환율적인 측면에서는 경쟁력이 좋아지는 것이고, 원화가 강세이면 환율적인 측면에서는 경쟁력이 나빠지는 것이다.

상기를 보면 원화가 약세일 경우 US$1 수출하면 ₩1,200을 받지만, 원화가 강세일 경우 US$1 수출하면 ₩1,000을 받는다. US$1= ₩1,100 을 기준으로 보면 원화가 약세일 경우, 수출업자는 가격 인하가 가능한 바, 환율 변동에 따른 수출 가격 경쟁력이 생기는 것이다.

- 강세/평가절상: strengthen/appreciate, appreciation
- 약세/평가절하: weaken/depreciate, depreciation

패턴 연습

이제야 겨우 ~하다/ ~할 기회가 생기다: it is only now that I have the chance to 동사 원형; it is only now that I 동사

It is only now that the company makes money from its OLED business. The reason is that its yield rate was too low up to last month.

그 회사는 이제야 겨우 OLED 사업에서 돈을 벌고 있다. 그 이유는 지난달까지는 생산 수율이 매우 낮았기 때문이다.

I have just returned from my trip to the United Stats, and it is only now that I have the chance to express my sincere gratitude to you for giving me the opportunity to be a part of the Council and to deliver a presentation on Korean economy and business climate.

방금 귀국하여. 위원회의 일원이 될 기회를 주고 한국 경제 및 사업 환경에 대한 연설을 할 기회를 제공해주신 것에 대해 이제서야 감사를 표함.

발주 지연 사유 및 판매 계획 설명

우선 무엇보다도 당사의 발주가 지연되어 죄송합니다. 지연 사유와 판매 계획을 아래와 같이 설명드립니다.

First of all, we are sorry that our placing orders are being delayed. We would like to explain to you about the reason for delay and our sales plan as below.

회신이 예상보다 늦어졌습니다.

This reply may come a little later than you expected.

마케팅 역량과 영업 활동에 대한 지속적인 지원과 신뢰에도 불구하고 이제까지 발주를 하지 못한 점 사과드림.

We would like to apologize to you for not having been able to confirm any orders up to now, despite your continuous backing and faith in our marketing capability and sales activities in the Korean market.

그러나 동시에 당사는 시장 조사를 성공적으로 마쳤으며 도매상들을 선정, 합리적인 판매망을 구축하였음을 확언드림.

But, at the same time, we would like to assure you that we have endeavored to complete successful market surveys and the establishment of reasonable sales networks, together with a selection of wholesalers.

- than you expected: 예상보다 더 ☞ than you said: 말한 것보다 더,
  than you forecast: 예측한 것보다 더 등등 여러 방법으로 활용 가능

🎙 패턴 연습

～하려고 노력하다, 애쓰다, ～을 시도하다: endeavor to 동사 원형

He endeavored to secure the order from a new customer.

신규 거래처로부터 오더를 받으려고 노력했다

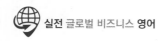

The production manager endeavored to reduce the assembly time of OLED TV by 10 seconds.

생산 과장은 OLED TV의 조립 시간을 10초 단축하려고 노력했다.

- endeavor after happiness: 행복을 얻으려고 노력하다
  do/make   one's best endeavors; make/use   every endeavor: 갖은 노력을 다하다

2020년 2월 10일 대리점 계약 체결 이후 당사는 한국 시장에서 귀사 제품을 판매하기 위해서 지속적인 노력을 경주했으나 다음과 같은 여러 가지 어려움이 있었음.

We would like to inform you of the following various difficulties that we have encountered in our constant efforts to sell your goods in the domestic market since the agent agreement of February 10, 2020.

그 후 상술한 문제들이 시장에 악영향을 끼쳤음.

These aforementioned trouble areas subsequently caused a bad effect on our domestic market.

☞ 이는 결국 그러한 문제들로 인해 제품의 이미지가 훼손되었고, 판매 저조로 이어졌다는 것임. 다르게 표현하면
  These aforementioned issues subsequently imprinted a bad image on your product in Korea.

🎙 패턴 연습

그 후, 뒤에, 계속해서(to) ~다음에(뒤에): subsequent to, subsequently

There has been remarkable progress between working-level members, subsequent to our meeting of last month.

지난달 우리 회의가 끝난 뒤 실무진 사이에 많은 일들이 진행되고 있다.

Subsequent to our meeting in Seoul last November, I am writing to you in regard to the date of the BOD Meeting of joint venture company to be held in your country this year.

지난 11월 서울에서의 회의에 이어 올해 귀국에서 개최 예정인 합작 투자 회사 이사회 회의 일정과 관련된 사안임.

- BOD: board of directors(이사회)

I wanted to summarize for you recent developments in Korea. Recently, we have faced increasing competition with other suppliers, particularly from your competitor, who aggressively cut prices and disrupted the market. Moreover, one domestic maker is going to establish a factory in the vicinity of Seoul.

한국 시장의 최근 상황을 요약해 드리면, 최근 다른 공급업체들로부터 경쟁이 치열해지고 있음. 특히 귀사의 경쟁업체가 공격적으로 가격 인하하며 시장을 교란하고 있음. 게다가 한 국내 제조업체가 생산 공장을 설립 예정임.

In order to cope with this worsening market situation, we promise more dynamic sales activities to increase the usage of your product in modern design here.

이러한 시장 상황 대처를 위해 현대적인 디자인 분야에서 귀사 제품 사용을 늘리기 위해 활발한 영업 활동을 할 것을 약속드립니다.

- **disrupt the market:** 시장을 붕괴시키다/혼란에 빠뜨리다

  disruption: 분열, 와해

  environment disruption: 환경 파괴

- **face:** 직면하다, 직시하다

  The company is faced with the issue of supplying price cut.

  회사는 납품가 인하라는 사안에 직면해 있다.

- **worsening market situation:** 악화되고 있는 시장 상황

  ↔ **improving/bettering market situation:** 호전되고 있는 시장 상황

- **dynamic sales activities:** 역동적인/활발한 영업 활동

고객들이 전국에 흩어져 있고, 각 고객들의 구매 금액이 적기 때문에 코팅 재료 장사는 쉽지 않다.

It's not easy to pursue the business of coating materials, as the customers of coating material are dispersed/scattered nation-wide and each customer's buying amount is small.

🎙 패턴 연습

대처하다: cope with; handle; deal with; manage

The company should cope with the coming economic recession.
회사는 다가오는 경제 불황에 대처해야 한다.

The company should grope for the way to cope with the coming economic recession.
회사는 다가오는 경제 불황에 대처할 방법을 모색해야 한다.

The company does well to cut down the price in order to cope with rapidly changing market situation.
급격히 변동되는 시장 상황에 대처하기 위해 가격 인하를 하는 것이 좋다.
• do well to 동사원형; had better 동사원형: ~하는 것이 좋다/현명하다

The semiconductor market is not active. The company took active measures to cope with increasingly worsening market situation.
반도체 시장이 활발하지 않다. 그 회사는 날로 악화되고 있는 시장 상황에 대처하기 위해 적극적인 방책을 펼쳤다.

🎙 패턴 연습

찾다, 모색하다: seek, grope for
I must seek your understanding that ~: ~에 대한 양해를 구하다

In seeking potential products for import, we heard of your company's cockroach control system, and have developed a deep interest in your product.
수입 가능 품목 물색 중 귀사의 바퀴벌레 제어 장치에 대해 알게 되어 큰 관심을 갖게 됨.

Yet, I must seek your understanding that our company lacks the related industry experience and resources, and that we are not in a position at the moment to seek an entry into the aircraft leasing business.
그럼에도 불구하고 귀하의 양해를 구함. 당사는 항공기 관련 산업 분야에 경험과 재원이 부족하여 현재로서는 항공기 리스업을 검토할 입장이 아님.

시장 상황 설명 및 판매 증대 약속

아시다시피 올해 여름 한국 시장 상황이 좋지 않았습니다.

As you may know, the market situation in Korea this summer was not very good.

밀가루 제조업체들의 소맥피 과다 생산으로 시장이 공급 과잉되어 재고 처리가 어려웠고 손실을 입었음.

Flour manufacturers created excess wheat pellets which glutted the market. This presented us with some difficulties and losses in disposing our stocks.

또한 한국 신규 업체 시장 진입으로 경쟁이 더욱 치열하게 되었음.

Moreover, other Korean trading companies entered into the business, making it more competitive.

- excess: 과다, 과잉, 잉여, 초과, 초과분, 여분, 과도, 월권, 지나침
  excess of fat: 지방 과다
  an excess of imports(over exports): 수입 초과
  in/to excess: 과도하게, 지나치게:
  drink to excess: 폭음하다
  His excesses shortened his life.

- Products glut the market.
  glut: 과다/(상품의)공급 과잉/재고 과다, 공급 과다가 되게 하다
  a glut in the market: 시장의 재고 과잉

폭음 폭식이 그의 목숨을 단축시켰다.
시장에 상품을 과잉 공급하다.

올 여름 손실을 입었고 경쟁이 치열해지고 있지만 여전히 이 사업은 전망이 밝고, 상호간 사업 관계와 협력을 증진시킬 수 있으리라 생각함.

Even with the greater competition and our losses this summer, we think there is promise in this business and also that there is the potential to improve our business relationship and to increase our cooperation with each other.

귀사의 적극적인 도움으로 당사는 판매 증대를 위해 최선을 다할 것임.

With your hands-on help, we will do our very utmost efforts to increase business volume tremendously.

- hands-on: 실제로 참가하는, 일선에서 뛰는, 참견 하는, 아주 깊은
  hands-on help, cooperation: 양손을 얹어 놓 은 도움/협력이니 적극적으로 개입하는 깊은 도움/ 협력(deep help/cooperation)을 의미함

🎙 패턴 연습

요약하다: summarize, epitomize
요약: summary, epitome
요약하면: in summary, to summarize

In conclusion, we would like to summarize our thoughts by stating that we would like to request you to maintain the same business with us as before in the following ways:

결론적으로 요약하건대 양사 간의 거래는 다음과 같은 방법으로 유지되기 바람.

In summary, we will ship the remaining quantity by the end of next week. So, please don't worry about the delivery.

요약하면, 잔여 수량은 내주 말까지 선적할 것이니 납기 걱정하지 마세요.

귀사의 확장을 축하드립니다. 귀사의 제품군 확충으로 당사는 판매 노력을 배가하여야 될 동기가 생겼다.

We would like to congratulate you on your company's expansion. The added breadth of your product line provides us with further incentive to redouble our sales efforts.

☞ 팔 제품이 많아졌으니 판매 노력도 더 하겠다는 것이다.

패턴 연습

노력을 배가하다: redouble one's efforts

So we thought it would be a good idea to give everybody an opportunity to relax for a while. That's why we've devised this evening of entertainment. Moreover, we thought the refreshments would provide needed sustenance for our renewed and redoubled efforts tomorrow.

우리 모두 잠깐 휴식할 기회를 갖는 것이 좋다고 생각. 오늘 밤은 향연을 갖기로 함. 가벼운 다과를 함으로써 내일 새로운 기분으로 배가의 노력을 가능하게 할 것으로 생각됨.

신사협정 촉구

당사의 잠재 고객이 지난주 다른 업체로부터 네오다임 자석 1백만 개에 대한 귀사의 오퍼를 받았다고 합니다.

We deeply regret to hear from our potential customer that it received your offer for 1 million PCS of Nd magnet thru other source last week.

• Nd magnet: 네오디움(neodymium) 자석으로 전자/통신 제품에는 대부분 들어간다.

귀사와 당사 간의 계약서에 의하면 귀사 네오다임 자석은 한국에서 당사만이 판매 가능합니다.

As per the agreement between your company and ours, no company can sell your Nd manget in Korea except us.

회사 내부에서 누가 잘못하여 오퍼를 주었는지 조사하시어 이런 일이 재발되지 않도록 하여 주시면 감사하겠습니다.

I would appreciate it if you could check internally who gave the offer by mistake and let that kind of thing not happen again.

☞ by mistake(실수로, 잘못하여): mistakenly, erroneously, in error, misguidely, fallaciously, wrongly, inaccurately, incorrectly

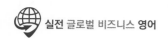

이번 일이 계약을 부정하는 일이 아니기를 바랍니다.

I hope that this happening does not mean dishonoring our contract.

☞ 독점 계약이 되어 있어도 공급업체의 담당자가 변경되거나 기타 등등의 사유로 그 독점 계약이 우연히 무시될 경우도 있다. 의도적인 것이 아니라면 독점 계획 사실만 상기시켜 주어도 원만히 해결될 것이다.

당사가 귀사의 한국 시장 독점 대리점이라는 사실을 환기시켜 드립니다. 지금부터 귀사의 새로운 담당자가 귀하와 제가 체결한 신사협정을 존중하여 주시기 바랍니다.

We would like to draw your attention to the fact that we are the sole agent of your company, representing Korea market. I believe that from now on your new guy will honor the gentleman's agreement between you and me.

☞ 계약은 회사의 책임자급이 하고, 실제 무역 업무는 담당자들이 하는 경우가 대부분이다. 물론 회사가 작을 경우, 책임자급이 수출입을 전담하기도 한다. 담당자가 실무자이고 새로 온 담당자라면 업무 이관이 원만치 않을 경우 독점 계약 자체를 모르는 경우가 있을 수 있어 상기시켜 주는 것이 좋다.

Chapter 10 커미션

커미션율 협의 확정

매 거래 시 고정된 비율의 수수료를 청구하고 싶습니다.

We would like to charge a fixed rate for each transaction as our commission.

☞ 물품은 매도자가 매수자에게 직접 선적해주고 물품 대금은 매수자가 매도자에게 직접 송금한다. 매수자가 물품 대금 수취 후 일정 %를 중개상(주로 agent)에게 지불한다. 이를 커미션(중개 수수료)이라고 한다. 물론 중간에서 communication channel 역할 및 업무 관련 follow-up을 중개상이 한다.

최근 당 부서는 기술 이전과 라이선스 생산 사업 구축에 중점을 두고 있음.

Recently, we have placed much emphasis on setting up the transfer of know-how and license manufacturing under technical agreement.

당사는 당사의 여러 가지 제공 서비스의 대가로 거래 금액에 대한 커미션을 받음. 커미션은 로열티나 원재료 교역으로 처리함.

We require a commission share on the dealing amount, such as royalties and/or trading materials for our various services.

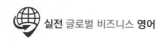

✒️ 커미션 지급 요청

고객으로부터 물품 대금 수취 후 10일 이내 커미션을 송금하기로 되어 있습니다. 다음 선적분에 대한 커미션을 송금하여 주시면 감사하겠습니다.

You are requested to remit our commission within 10 days after your receipt of payment from the customer. We would appreciate it if you could remit our commission of the below shipments.

☞ 커미션은 매도자로부터 받는 것이 일반적이다. 매수자가 매도자에게 대금을 지불하면 매도자에게 커미션을 요청한다. 커미션 지급 요청 시 다음과 같이 신청하면 된다.

Invoice No.	Invoice Amount	Commission Rate	Commission
SH230214	US$50,000	7%	US$3,500
SH230218	US$10,000	Ditto	US$700
	Total		US$4,200

2022/11/10일자 메시지 잘 받았으며, 커미션 지급 요청 잘 알겠습니다. 하지만 2가지 사유로 지급을 할 수 없습니다.

I have received your message of November 10, 2022 and have well noted your request for the commission. However, I have two reasons for being unable to comply with your request.

🎙️ 패턴 연습

～를 따르다, 준수하다: comply with; conform to; fall into line with

When you make an overseas business trip, you are required to comply with company regulations on the expense.
해외 출장 시 사용 경비는 회사 경비 규정을 준수하여야 한다.

If you have no other alternative, you will have to fall into line with marketing regulations.
다른 대안이 없다면 마케팅 규정을 따라야 한다.

당사는 귀사 제품을 그 회사에 offer sale하고 있음. 그 답례로 귀사에서 커미션을 송금하고 있음. 첨부는 당사의 고객이 귀사에 대금 결제한 선적분이다.

We have been issuing our offer sheets on your behalf for sales of your products to the company. In return, you have remitted commission to us. The attachment shows your shipments for which our customers paid to you already.

 패턴 연습

대답/대신/답례로: in return; in compensation

We want to give you a small gift in return for the hospitality which you showered upon us last month when we visited your country.
지난달 귀국 방문 시 우리에게 베풀어주신 환대에 답례하고자 작은 선물을 준비하였습니다.

📝 미지급 커미션 송금 요청

다음 선적분들의 커미션 지급 일자가 10일이나 지났습니다. 조속 조처/송금하여 주시면 감사하겠음.

Please allow me to remind you that the commission of the below shipments was overdue by 10 days. I would appreciate your prompt action/remittance.

☞ 선적분은 항상 invoice No로 명기하면 된다. Invoice No와 Date를 같이 적어주면 더 확실하다.

커미션 지급일이 6월 10일이나 아직까지 지불되지 않고 있음. 조속히 송금하여 주시면 도움이 되겠습니다.

Payment of commission is due on June 10, but the commission is still unremitted. We would appreciate your immediate remittance.
Up to now we did not receive the commission whose due date is June 10. Your prompt payment would be appreciated.

미지급 커미션에 대해 말씀드리고자 함.

We would like to draw your attention to the matter of commission unremitted to us yet.

당사는 2022년 8월 전 개설된 L/C 건과 관련하여 귀사로부터 2023년도 3월에 commission을 수령한 이후, 2022년 8월부터 2023년 8월까지 개설된 L/C 건과 관련하여 아직까지 커미션을 수령하지 못했기에, 관련 debit note(청구서)를 발송함.

Your last remittance was done in March 2023; this represented our commissions for L/Cs opened before August 2022. For the L/Cs from August 2022 to August 2023, we attach our Debit Note.

즉시 송금하여 주시면 감사하겠습니다.

Your immediate remittance would be highly appreciated.

- **draw/catch/hold one's attention**: 주의를 끌다, 관심을 유발하다
- **debit note**: 청구서

🎙 패턴 연습

주의를 끌다, 관심을 유발하다
draw/catch/hold one's attention to A; bring A to one's attention

It is with deep regret that we must bring to your attention the surprisingly unethical a nd egregious conduct of a company in your country.
귀국 소재 한 회사의 놀라울 정도의 비윤리적이고 터무니없는 행동에 대해 말씀드리게 되어 유감임.

☞ 원래 문장 구조는
It is with deep regret that we must bring the surprisingly unethical and egregious conduct of a company in your country to your attention.이나
목적어가 너무 길어 to your attention을 목적어 앞으로 당긴 것임.

커미션 건 해결 노력

나는 귀하의 커미션 건을 최대한 빨리 해결하기 위해 노력하고 있다.

I am now trying to solve the matter of your commission ASAP.

- ASAP: as soon as possible, at the soonest possible
  The sooner, the better. 빠를수록 좋다

  ☞ The sooner shipment/payment, the better for us. 선적/지급이 빠르면 빠를수록 좋다.
  No sooner said than done. 말하자마자 행동/실행하다.

  It's easier said than done. 말하기는 쉬우나 행하기는 어렵다.

- solve, solution
  He solved the quality issue. 그는 품질 문제를 해결하였다.
  The situation is approaching solution. 그 사태는 해결되려고 한다.

커미션 송금이 지연되어 죄송합니다.

I am sorry that our remittance of your commission is being delayed.

자금부와 같이 왜 송금이 지연되었는지 추적 중입니다. 곧 연락드리겠습니다.

I am tracing with Finance Department why the commission was not remitted yet. I will get back to you very soon.

지급에 대해서 걱정하지 마세요. 늦어도 이번 주 금요일까지는 송금 드리겠습니다.

Please don't worry about our payment. We will remit the commission by this Friday at the latest.

커미션 지급 불가 통보

그 회사가 주장하는 클레임을 해결할 때까지 귀사의 커미션은 지급 불가함을 통보드리게 되어 유감입니다.

We regret to inform you that we can't remit your commission until you settle the company's insisted claim for our goods.

잘 알다시피 그 회사 생산 라인의 문제는 우리 유리 문제가 아닌 다른 어떤 복합 요인들에 의한 것입니다.

As you well know, the problem with its production line is not caused by our solar glass but by other combined factors.

왜 우리 유리를 불량을 유발하는 요소 중의 하나로 간주하는지 이해할 수 없습니다.

I see no reason why the company regards our solar glass as one of the factors causing defectiveness.

☞ 커미션은 매도자가 정상적으로 받은 금액에 대해서만 청구하는 것이 논리적이고 공정하다. 매수자의 억지로 매도자에게 클레임이 청구되는데 여기에다 커미션을 달라고 할 수는 없는 것이다. 그리고, 이런 상황을 해결하라고 중개인을 두는 것이기 때문에 중개인이 매도자를 대변해서 매수인과 해결하여야 되는 사안이다.

결론적으로 품질 문제와 귀하의 커미션은 그 회사가 US$3,000을 송금한 다음에 더 논의할 수 있음.

In conclusion, further discussion about the quality problem and your commission can be made only after the company's remitting US$3,000.

• in conclusion; to conclude; finally: 결론적으로, 최후로

지금 해드릴 수 있는 것은 귀하의 커미션 US$5,000 중 US$3,000은 당사에서 일시 보관하고 US$2,000을 송금드릴 수 있음.

The only thing I can do at this moment is to remit only the balance of US$2,000 to your account, holding US$3,000 on our side on the condition that you will settle the quality problem completely.

그 회사와 US$3,000 해결 즉시 US$3,000를 송금하겠음.

US$3,000 will surely be remitted to your account immediately after the settlement.

 숫자 앞뒤 통화/단위 사용법

숫자 앞에 어떤 통화/단위가 올 때는 단위 뒤에 빈칸 없이 숫자를 붙여 쓰고, 숫자 뒤에 단위가 올 때는 숫자 뒤에 한 칸 띄우는 것이 일반적이다. 단, 숫자 다음에 %가 올 때는 숫자에 바로 붙여 쓴다.
ⓔ US$200, 200 M/T, 70%

Chapter 11

입 찰

입찰 적격 업체 서류 제출

사전 심사를 위해 회사 연혁과 제품 카탈로그를 제출합니다.

We are pleased to submit our company profile and product catalog for your PQ.

Cable/wire 공급을 위한 적격 업체 심사 서류를 제출하게 되어 기쁩니다.

We are pleased to submit our qualification data for the purpose of being included in your vendor list for cable and wire.

- qualification data: 자격 입증 자료
  vendor qualification: 공급/납품/협력/하청 업체로서의 자격이 있는지
  　　　　　　　　　　　가격/품질/환경 등등의 제반 사항을 검증하는 것

  He is qualified for teaching music.　　　　　　He is qualified to teach music.
  He is qualified as a music teacher.　　　　　　음악 교사의 자격이 있다.
  He is qualified for the job.　　　　　　　　　그 일에 적격이다.
  a qualifying examination: 자격 검정 시험
  qualify oneself for/to do: ~의/할 자격을 갖추다

첨부한 e-카탈로그와 특히 석유화학 및 화학 분야에서의 방대한 실적에 대한 PQ 자료를 참조하세요.

Please refer to the enclosed e-catalog and prequalification statement for their vast experience, especially in the petrochemical and chemical process field for many customers in the relevant industries.

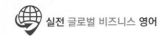 실전 글로벌 비즈니스 영어

 Prequalification(입찰 참가 자격 사전 심사제)

일정 자격 요건을 정해 놓지 않으면 아무나 입찰에 참가할 수도 있어 자료 심사에 시간 낭비가 심하다. 따라서 일정 조건 이상의 업체만 참가할 수 있도록 사전 심사제를 실시한다. 일반적으로 PQ라고 부른다.

 패턴 연습

~할 목적으로, ~하기 위해

for the purpose of ~ing; with the intention of ~ing; with a view to ~ing; in order to 동사 원형; so as to 동사 원형; so that ~:

The manager of the Development Section of the company is planning a business trip to USA in early October for the purpose of studying the opportunity of a technical assistance tie-up with your company.

그 회사의 개발 과장이 귀사와의 기술적인 협력 가능성을 검토하기 위해 10월 초 미국 출장 예정임.
• tie-up: 제휴, 협력

He went to Qingdao with a view to conducting factory audit.

그는 공장 실사를 위해 칭따오로 갔다.

 공급업체 신청 서류 제출

이번 기회에 귀국 국방성에 첨부된 무기 품목들의 정식 공급업체 등록을 위한 신청 서류를 제출함.

We take this opportunity to officially submit our application for registration with your Army Headquarters as approved suppliers for the military items whose list is duly enclosed.

참고로 2022년까지는 현지 무역 회사를 통해 입찰 참가 예정임을 통보드립니다.

For your reference, we would like to inform you that until 2022, we will participate in the tender through a trading company there.

- take/seize the opportunity: 기회를 잡다
- official 공식적인 ↔ unofficial 비공식적인
  an official announcement: 공식 발표　　　　　　　　　　　an official position: 공직
  government official; civil servant: 공무원

패턴 연습

참가/참석하다: participate in; take part in; partake in

We are going to take part in the solar energy show in Daegu City in May.
5월에 대구에서 개최되는 태양광 전시회에 참가할 예정입니다.

We deeply regret that we were unable to participate in the meeting on April 21, 2023, which was requested by your phone-message, due to the following reasons.
귀하가 전화로 요청한 2023/4/21일 자 회의에 참석하지 못해 대단히 유감임. 그 사유는 다음과 같음.

낙찰 적격 업체로서의 당위성 설명

우선 무엇보다도 우리 회사가 왜 낙찰 적격 업체인지를 잘 보여주는 중요한 정보를 제시해 드립니다.
First of all, we want to provide you with the important information which well shows the reason why our company is the right one to be awarded your tender.

- 적격: right, qualified　　　　　　　　　　적격자: right person, qualified person
  적격 업체: right company, qualified company

패턴 연습

~에 대한 충분한 설명이 되기를: fully explain/show ~
~에 대한 충분한 회신이 되기를: fully answer ~, fully reply to ~

I hope this message will fully explain why our company is the right one.
본 서신으로 왜 당사가 적격 업체인지에 대해 충분하게 설명되었기를 바랍니다.

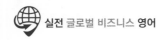

I hope this message will fully answer your questions.
본 서신이 귀사의 질문 사항에 대한 충분한 회신이 되었기를 바람.

I believe that the attached countermeasures fully explain what caused defectiveness and what we will do to solve defectiveness from now on.
첨부 대책은 불량 원인이 무엇이고 불량 해결 방안이 무엇인지를 잘 보여줄 것으로 믿습니다.

 ## 입찰 서류 제출 후 질의응답

구명 뗏목 입찰에 대한 당사 제안에 관심을 보여주셔서 감사합니다. 5월 10일 자 이메일에서 질문하신 내용에 대한 답변을 드립니다.
Thank you for your kind attention to our proposal for your life raft tender(No: 201088). We would like to answer the questions in your message of May 10.

당사 제안과 관련된 귀사 질문에 대해 첨부한 것과 같이 충분하게 답변을 드립니다.
We submit the attachment which we believe fully replies to your questions on our proposal.

 ## 입찰 서류 제출

재고 상품 공급 입찰에 응찰함.
Regarding your tender for the supply of stock items(Reference No: 200/10/KWK/MMS), we are very pleased to submit our offer as the attachment.

당사 및 제조회사 카탈로그를 첨부함. 낙찰을 희망함.
For your reference, we have attached the catalogs of our company and the manufacturer. We hope to win the tender.

- we are very pleased to submit our offer as the attachment.
  we have the pleasure of submitting the attached offer.
  첨부와 같이 제출합니다.
- stock items: 재고 상품

🎤 패턴 연습

낙찰되다: win the tender; make a successful bid(for); be awarded to;
        be knocked down to; be auctioned off:

The building was knocked down to the company.
The building was awarded to the company.
The company won the tender for the building.
The company made a successful bid for the building.
그 빌딩은 그 회사에 낙찰되었다.

✒️ 가격 경쟁력으로 입찰 대비

우리가 그 회사의 입찰을 낙찰 받을 수 있도록 경쟁력 있는 가격을 제시해 주시기 바랍니다.
I honestly hope that you will be able to offer competitive price so that we
can secure the tender of the company.

그 회사의 가격 정책에 전략적으로 접근해 봅시다. 그러면 그 회사에 제시하여야 되는 적정
가격을 인출할 수 있다.

Let's approach the company's pricing policy
strategically. And then we can draw out
the right price that we have to offer to the
company.

☞ 예를 들어, US$10의 가격으로도 오더를 수주할 수 있는 것을
  US$9로 가격을 제시한다면 바보 같은 짓이다. 정확한 시장
  정보와 고객사의 내부 정보가 납품업체의 수익성을 좌우한다.

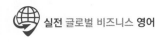

패턴 연습

제안을 검토하다: study/review/evaluate proposal
제안을 제시하다: submit/offer proposal

We are now carefully and seriously studying your proposal to give you the lowest possible price.
가장 낮은 가격을 제시하라는 귀하의 제안을 면밀히 검토 중임.

We eagerly want to serve you and make inroads into the Middle East market, and we are fervently working to offer our best proposal which represents the maximum reduction in overhead expense and labor cost.
귀사에 서서비스를 제공하면서 중동 시장에 진출하고 싶음. 현재 간접비와 인건비를 최대한 줄여 최상의 제안을 제시하고자 노력하고 있음.

낙찰 받을 것이니 안심하세요. 가격과 품질에 경쟁력이 충분히 있습니다. 당사는 뛰어난 품질과 경쟁력 있는 가격으로 외국의 고객들로부터 좋은 명성을 얻고 있습니다.

Please rest assured of winning the tender. We are fully competitive in price and quality. We enjoy a very good reputation from our foreign customers for our superior quality and competitive prices.

- reputation: 평판, 세평, 명성, 신망, 호평
  live up to one's reputation: 명성에 부끄러움이 없는 생활을 하다
  have/enjoy a reputation for/of: ~라는 소문이다, ~로 유명하다
  of great reputation: 평판이 높은
  of no reputation: 무명의

그 회사의 가격이 당사 가격보다 낮지만 품질이 우리 제품보다 열등하며, 특히 내구성이 좋지 않습니다. 따라서, 당사 제품은 가격 가치 이상으로 안심하셔도 됩니다.

The company's price is lower than ours, but its quality is inferior to ours; especially the durability of its products is not so good. And so I would like you to rest assured that our products are more than worth the price.

☞ 품질을 떠난 절대 가격은 경쟁력이 없는 바, 품질의 우위성을 잘 설명하고 설득해야 판매 가능하다. 만에 하나, 구매자의 예산 한도 문제로 저질 저가 제품만을 구매할 수 있다면 방법이 없다. 따라서 이러한 경우에 대비하여 다양한 제품군을 구비하여야 진정한 경쟁력을 확보하는 것이다.

급히 현금이 필요해서 어음을 10% 할인했다.

The company discounted bills at ten percents, as it urgently needed cash.

☞ 어음을 10% 할인했다. 이게 무슨 말일까요? 어음에는 만기일이 있다. 어음 금액이 1억이고 만기일이 2023/12/31일 경우, 이 날짜가 되면 어음 금액 1억을 어음 발행인이 지불하여야 한다. 어음 만기일 전에 어음 금액보다 10% 적은 금액을 받고 어음을 넘기는 것이다. 그럼 이 어음을 매입한 사람은 어음 만기일에 어음에 기재된 금액을 어음 발행인으로부터 받는 것이다. 어음이 부도가 나지 않는다면 괜찮은 돈 장사이다.

입찰 가격 인하 불가함. 당사의 가격은 귀하의 모든 요구 사양을 만족시킬 수 있는 최저가임.

Please understand that we cannot discount our price any more; our price offer represents the lowest possible price while satisfying all of your specifications.

🎤 패턴 연습

가격 인하: price discount/reduction/cut/decrease
가격 인상: price hike/increase

We cannot discount our price any more. We can't come down our price any more. Our offered price is bottom one.
더 이상의 가격 인하는 불가합니다.

You must discount what she tells you. She frequently bluffs.
그녀의 말은 에누리해서 듣지 않으면 안 된다. 그녀의 말을 곧이곧대로 믿어서는 안 된다.
그녀는 자주 허풍을 떤다.

We, therefore, request that you will be generous enough to reconsider this projected price hike, analyzing the serious aftermath of your freight hike that will have on all the parties concerned.

따라서 이번 예정된 운임 인상이 관계 당사자들에 미칠 심각한 후유증을 고려하여 운임 인상을 재고하여 주시면 감사하겠음.

Chapter 12 협력 업체 선정

협력 업체 후보로 초대

내년 생산 능력 증설과 관련, 협력 업체 1개사 선정 프로그램에 참여하기를 바랍니다. 협력 업체 선정은 객관적인 공장 실사 결과에 의거하여 결정됩니다.

We would like to invite you to join in our program of adding one more vendor, regarding our production capacity increase of next year. The vendor will be selected based upon the objective result of factory audit.

관심 있으시면 2023년 9월 30일까지 다음 서류 제출바랍니다. 서류 심사로 3개사를 선정, 동 3개 업체 공장 실사 후 한 업체만 선정할 계획입니다.

If you are interested in working with us, please submit the documents below to us by September 30, 2023. We will select three candidates, based upon the submitted documents only. And, after factory audit, we will select only one company as our vendor.

패턴 연습

후보자/지원자/지망자: candidate
- a candidate for the president: 대통령 후보　　　candidacy: 입후보
  run candidate at ~: ~에 입후보하다

He was selected from/out of/among many candidates.
그는 많은 후보자 중에서 뽑혔다.

Which candidate will be on the bandwagon remains to be seen.
어느 후보자가 우세할지는 두고 봐야 안다.
• **on the bandwagon:**(선거 따위에서) 인기가 있어서, 우세해서

귀사에서 당사를 협력 업체의 후보로 포함시켜 주셔서 기쁩니다. 당사 방문은 언제든지 환영합니다.
We are pleased to hear that your esteemed company included us among the three candidates for a new vendor. Your visit to our factory is most welcome any time.

🎤 패턴 연습

언제든지 환영합니다: more than welcome any time

Your joining the party is more than welcome any time.
파티 조인해주시면 쌍수로 환영합니다.

Your suggestion for any way of cost-down is more than welcome any time.
원가 절감 방안 제시는 언제든지 환영합니다.

Your proposal for the way of elevating yield rate is more than welcome any time.
생산 수율 제고 방안 제시는 언제든지 환영합니다.

믿을 만한 소식통에 의하면 그 회사는 내년 중국에 큰 반도체 공장을 지을 예정이라고 한다.
The authoritative/reliable source says that the company is going to establish a big semiconductor company in China next year.
• **authoritative:** 권위 있는/정식의/신뢰할 만한/위압적인

협력 업체의 도움을 잘 받으려면 당근과 채찍이 필요하다.
To well control vendors requires carrot and stick policy.
• **carrot and stick** 당근과 채찍, 회유와 협박
　☞ 복수 vendor(협력 업체)일 경우, 실제로 대기업에서 vendor들에게 order split을 매년 조정하는 경우도 있다. 매년 일정 portion 이상의 order를 확보하는 것은 vendor의 능력에 달려 있다.

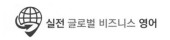
그 회사는 귀사에 전적으로 의존하는 것은 위험이 크다고 판단, 다른 공급 업체를 찾으려 하고 있음.

The company is going to locate another supplier, as the company thinks that it would be too risky to wholly depend upon your company only.

회사 내역 파악

(☞ 회사 내역에 명기되는 주요 사항은 **Chapter 1**의 2. 회사 소개 내용 참조; **page 9**)

회사 프로필이 필요합니다. 첨부된 스냅 샷 양식을 메우세요.

Your company profile is required. Just fill up the snapshot attached.

• snapshot: 속사(速寫)/스냅 사진, 기업의 주요 현황을 한눈에 보여주는 것도 snapshot이라고 한다.

주식 투자 시 재무제표를 100% 믿지는 마라. 재무적으로 휘청거리는 회사들은 주식 시장에서 퇴출당하지 않으려고 장부를 조작할 가능성이 있다.

When you invest in the stocks of any company, please don't trust the financial statement 100%. Some companies, which are financially staggering, are likely to cook accounts so that they can't be kicked out of the stock market.

• 장부를 조작하다: cook/falsify/manipulate accounts

가격, 납기 파악

견적을 위한 기술적인 사양은 다음과 같습니다.

The relevant technical specifications for your quotation are as follows.

월 3.2mm 두께 10만 SM 선적 기준으로 내년 분기별 가격 제출 바람.

Please quote your best price for each quarter of next year, based upon 100,000 SM/3.2T mm/month.

정상적인 경우의 납기, 당사가 긴급한 요청을 할 경우의 납기를 제출바랍니다.

Normal delivery and urgent delivery both are required.

☞ 이는 대상 업체의 대응력(responsiveness)를 파악하기 위한 것이다. 이 경우, urgent delivery에 대한 답변은 실생산 소요 기일만 제시하는 것이 현명하다. 일단은 협력 업체가 되고 봐야 하는 것이다.

🎙️ 패턴 연습

급한, 화급한, 절박한: pressing/urgent/imminent/impending
긴급히, 집요하게: pressingly/urgently/imminently

Your shipment of 100,000 PCS of the chip is really imminent. If they don't reach us by May 10, all of our lines will stop.

칩 10만 개 선적이 진짜 화급함. 5월 10일까지 당사 도착하지 않으면 당사의 모든 생산 라인은 생산 중단될 것입니다.

We need to have your quotation, catalogs, technical reference material, and sales records very pressingly because we are required to submit our quotation by September 13.

당사는 9월 13일까지 견적을 제시해야 하기 때문에 귀사의 견적, 카탈로그, 기술 참고 자료, 판매 실적 등 관련 정보가 긴급히 필요함.

당사의 가격 설정은 매우 유연하다. 당사는 경쟁력과 상호 이익을 보장받기 위해 공급업체 가격에 합리적인 이윤만 더함.

In terms of pricing, we are very flexible. We add a reasonable margin to our suppliers' prices in order to insure competitiveness and mutual profitability.

귀사가 3불에 10만 SM의 태양광 유리를 공급하겠다는 제안은 내부적으로 검토 중임. 구매부에서 곧 연락 갈 것임.

Your proposal that you supply 100,000 SM of solar glass at US$3/SM is being discussed internally. The Purchasing Department will contact you soon.

🎙 패턴 연습

~해달라는 제안: suggestion/proposal that ~

Your suggestion that we should come down the supplying price by 20% goes too much for us.

공급가를 20% 낮추라는 귀사의 제안은 우리에게 너무한 것임.

Your suggestion that we increase our production lines is being fully studied, and I expect to find the right time soon to add more lines.

생산 라인을 증설하라는 귀하의 제안은 충분히 검토되고 있으며, 생산 라인을 증설할 적절한 시기를 잘 찾을 수 있을 것으로 기대함.

🖋 공장 실사

공장 실사를 위해 다음 달 중국으로 가고자 합니다. 언제가 편한지요.

Next month we want to fly to China in order to conduct a factory audit. When would be convenient to you?

• factory audit: 공장 실사   company audit: 회사 실사

생산 라인, 연구소, 품질 관리 사무실을 둘러보고 싶습니다. 당사의 귀사 공장 방문은 우리 모두에게 값어치 있는 기회가 될 것입니다.

We want to look around your production line, R&D, and QC office. Our visit to your factory is a worthwhile opportunity for both of us.

• look around production line: 생산 라인을 둘러 보다,

☞ 품질 관리 사무실을 둘러보는 주된 목적은 QC 장비 현황과 사용 실태를 파악하겠다는 것이다.

Factory Audit(공장 실사)

잠재 고객(potential customer)이 공장 실사를 나오면 협력 업체(vendor) 후보 업체는 모든 현장을 보여주고 나서, 각 관련 부서장들이 자기 부서 담당 일에 대해 브리핑한다.

생산부는 생산 공정 및 생산에 대해, 연구소는 연구 개발 및 특허, 품질 관리부는 불량률, 불량 내역, 불량 이력 관리 등에 대해서 브리핑한다.

영업 부서는 회사 전체적인 소개를 하고 회의를 주관한다.

 패턴 연습

값어치 있는 기회: a worthwhile opportunity
~할 가치 있다: It is worthwhile to 동사 원형; It is worthy of ~ing:

It is worthwhile to look around its production line before you start business with any company.
어떤 회사든 실거래 개시 전 공장 라인을 둘러보는 것은 가치 있는 일임.

It is worthy of looking around the production line of vendor candidate.
후보 협력 업체의 생산 라인을 둘러보는 것은 가치 있는 일이다.

• conduct a factory audit: 공장 실사/감사하다
(대기업은 거래 개시 전에 거래 대상 업체를 방문하여 생산/QC/환경 등등 제반 사항을 조사하고, vendor 등록에 대한 결정을 내림)

It is a worthwhile opportunity to discuss business cooperation with you at your office last Friday.
지난 금요일 귀사 사무실에서 사업 협력에 대해 논의한 것은 가치 있는 일이다.

팀의 공장 실사 중 그 회사를 신규 협력 업체로 승인하는 데 대해 반대 의견을 제시하는 사람은 없었다.

While the purchasing manager's team conducted factory audit, no one raised an objection against adopting the company as a new vendor.

🎙 패턴 연습

이의를 제기하다, 반대하다: make/raise an objection to/against

The sales manager made an objection to the potential customer's factory audit, as the company's financial status was worsening.

판매 과장은 그 잠재 고객의 공장 실사를 반대했다. 왜냐하면 그 회사의 재무 상태가 악화되고 있었기 때문이다.

☞ 재무 상태가 좋지 않으니 협력 업체 후보 대상도 되지 않는다는 얘기다.

The production manager raised a strong objection to showing overmolding gasket line to the potential customers.

생산 과장은 잠재 고객들에게 오버몰딩 개스킷 라인을 보여주는 것을 강력히 반대했다.

The sudden price hike of the company invited lots of objections.

그 회사의 갑작스러운 가격 인상은 많은 반대를 일으켰다.

 생산 라인 견학

타인이 생산 라인을 봐서 감을 잡을 수 있는 기술이라면 아무에게나 생산 라인을 보여주는 것은 좋지 않다. 왜냐하면 경쟁업체가 생길 수 있기 때문이다. 단, 진짜 고객이 될 가능성이 있는 잠재 고객에게는 생산 라인을 공개하여야 한다. 이 경우, 잠재 고객의 임직원 여부는 사전 확인하고 생산 라인을 보여주는 것이 바람직하다. 왜냐하면 잠재 고객과 친한 업체에서 잠재 고객인 양하고 생산 라인을 둘러 볼 수도 있기 때문이다.

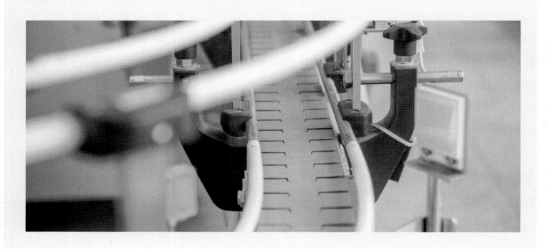

📝 생산 공정

생산 공정을 보여주는 상세 생산 공정도는 반드시 제출되어야 함.

Detailed flowchart showing each production process should be submitted.

🎤 패턴 연습

공정도: flowchart

assembly flowchart: 조립 공정도

QC flowchart: 품질 관리 공정도

He assisted her in her making QC flowchart.

그는 그녀가 품질 관리 공정도를 만드는 것을 도와주었다.

You are required to prepare the flowchart in English for our audit team's auditing your factory. No one of our team speaks Chinese.

당사 실사 팀의 귀사 공장 실사에 대비, 영어 공정도를 준비하세요. 우리 팀원 중 중국어를 하는 사람이 아무도 없습니다.

당사는 협력 업체 선정 시 공장 실사를 항상 심도 있게 한다.

Our company always conducts an in-depth factory audit when it selects a new vendor.

- in-depth: 면밀한, 주도한, 상세한, 완전한; 심층의, 철저한(연구 따위)

  in-depth report: 심도 있게 취재한 기사

당사의 귀사 공장 생산 라인 견학은 귀사 생산 라인의 최적화 여부를 파악하는 데 도움이 될 수도 있다.

Our tour of your factory's production line could be of help to your checking whether your production line is optimized or not.

🎙 패턴 연습

최선의 방법, 최적의 방법: optimal way

The production manager should find out the optimal way for the factory workers to cut down assembly time.
생산 과장은 공장 작업자들이 조립 시간을 단축할 수 있는 최적의 방법을 찾아야 한다.

- optimum: 최적의(optimal), 최적 조건　　　　　　　　　　optimum levels: 적정 수준
  optimum working conditions: 최적의 근무 조건

나의 과장과 나는 다음 달 초 중국 방문 예정임. 차제에 귀사 공장 방문 희망함. 생산 라인을 포함한 공장 견학 가능한지요?

My manager and I are planning to visit China early next month. Taking this opportunity, I would like to visit your factory. Is factory tour including production line possible?

- factory tour: 공장 견학
  ☞ 공장의 생산 라인을 보고 싶으면 사전에 문의한다. 회사마다 상이하지만 생산 라인을 보여 주지 않는 업체도 상당하다. 그 라인을 누가 봐서 그 업체의 독자적인 생산 knowhow가 누출된다면 생산 라인을 잘 보여 주지 않을 것이다.

시장 조사 중 귀사의 제조 공정이 미국에서 가장 효율적이라는 것을 알게 되었다.

In the process of studying market opportunities, we have learned that your manufacturing process is the most effective in USA.

- in the process of ~; during: ~하는 과정에서. ~의 진행 중에
  in process of construction of a new factory: 신규 공장 건축 중에
- process of manufacture; manufacturing process: 제조 공정

그보다 더 생산적인 조립 방법을 생각해낸 사람은 아무도 없었다. 그 아이디어 덕분으로 그는 아무 어려움 없이 생산 목표를 달성했다. 승진이 예상된다.

No one could think of a more productive assembly process way than his idea. Thanks to his idea, he has attained his production target with no difficulty. And so he is expected to get promotion.

🎙 패턴 연습

~보다 더 좋은 것/곳을 생각할 수 없다: cannot think of more ~ than ~

I cannot think of a more effective way to come down the defective ratio than this.
불량률을 낮추는 방법은 이 방법이 가장 효과적으로 생각된다.

I cannot think of a more pleasant place to be than here among my friends whom I respect and treasure.
제가 존경하고 아끼는 친구들과 같이 있는 이 자리보다 즐거운 곳은 없을 것임.

그의 생산 공정에 대한 탁월한 아이디어는 그 회사 성장의 기반을 조성하는 데 도움이 되었다.
His brilliant idea of the optimal production process surely served to lay the initial groundwork for the company to grow up.

🎙 패턴 연습

토대, 기초 공사: groundwork
기초 공사를 하다, 토대를 깔다: lay the(initial) groundwork
도움이 되다, 쓸모 있다: serve to 동사 원형

The QC manager's looking around the line of Solar Glass Co., Ltd., served to come down the defective ratio of PV module.
QC 과장의 태양광 유리 공장 라인 견학은 태양광 모듈의 불량률을 낮추는 데 일조함.

I feel that the conference served to lay the initial groundwork for future cooperation of mutual interest. In particular, I enjoyed having the opportunity to meet you and to dine together.
그 회의는 상호 관심 분야에서의 향후 협력을 위한 초석을 다지는 데 일조했다고 생각함. 특히, 귀하를 만나고 식사를 같이할 기회가 있어 좋았음.

• in particular, particularly, especially, specially, peculiarly: 특히, 특별히

🎙 패턴 연습

적격의, 당연한: right

He is the right man for the position of production manager.
그는 생산 과장 자리에 적격이다.

Our company policy is the right man in the right place.
당사의 정책은 적재적소의 인재 배치이다.

We will start mass production tomorrow. All will be right.
내일 양산 시작할 것이다. 만사 잘 될것이다.

It's right of him to do that.
그가 그렇게 하는 것은 당연하다.

Am I on the right direction?
이 방향이 맞습니까?

say the right thing:
적절한 말을 하다

품질 관리 공정

품질 관리 프레젠테이션은 별도로 따로 하셔야 됩니다. 프레젠테이션에는 품질 관리부 소개, 검사 장비, 각 검사 시험 방법, 그리고 불량 이력 관리에 대한 내용이 있어야 합니다.

QC presentation is separately required. The presentation should show QC members, inspection equipment, details of each test method, and history of defectiveness.

• QC(quality control): 품질 관리
• QA(quality assurance): 품질 보증

품질 관리의 중요성은 아무리 강조해도 지나치지 않다.

The importance of quality control can't be too much emphasized.

🎙 **패턴 연습**

아무리 강조해도 지나치지 않다: can't emphasize ~ too much
                                can't overemphasize

We can't emphasize the role of entertainment too much in business.

사업상 접대의 중요성은 아무리 강조해도 지나치지 않다.

The importance of health can't be too much emphasized.

건강의 중요성은 아무리 강조해도 지나치지 않다.

- (하는 것)을 강조하다: stress/emphasize ~ing; stress/emphasize that ~;
                     lay/place/put(a) stress/emphasis on ~

The president of the company stressed achieving 100 ppm in QC next year.

사장은 내년도 품질 관리는 100 ppm을 달성해야 한다고 강조했다.

- ppm: part(s) per million: 100만분의 1

Therefore, we would like to stress that the cancellation of our agreement at this critical time would be extremely inappropriate in view of the business potential in Korea.

따라서, 이 중대한 시기에 대리점 계약을 취소하는 것은 한국에서의 사업 잠재 가능성을 고려 시 매우 부적절한 것임을 강조드림.

🎙 **패턴 연습**

~하는 것은 거의 불가능: it is near/next to impossible to 동사 원형

- 거의: near to, next to, almost

It is near to impossible to overemphasize the importance of quality and delivery in trading.

무역에서 품질과 납기의 중요성을 아무리 강조하여도 지나치지 않다.

- an impossible situation: 그냥 둘 수 없는 상황, 방치할 수 없는 상황

전 사원은 품질 관리의 중요성을 인식하여야 한다.

All the employees should realize the importance of QC.

패턴 연습

~의 중요성을 인지하다: realize the importance of ~

Only after we receive a serious claim from the customer, the factory workers realized the importance of quality control.
고객으로부터 심각한 클레임을 받고 나서야 공장 직공들이 품질 관리의 중요성을 인지하게 되었다.

The salesman could realize the importance of quality control after he lost business with the company.
그 회사와의 거래를 잃고 나서 품질 관리의 중요성을 인식할 수 있었다.

Having read through the contents of the Pacific Economic Symposium, I have realized again the importance of the economic boom in the Pacific Rim through the next century.
그 내용을 다 읽고 다음 세기의 환태평양 지역의 경제 호황의 중요성을 다시 한 번 인식하게 되었음.

새로운 QC 과장은 품질 문제를 야기시키는 고질적인 문제를 근절시켰다.

The new QC manager eradicated the chronical matters causing quality problem.

• 근절하다, 뿌리 뽑다: eradicate, root out, uproot

그들은 외국 상품과 경쟁할 때는 품질이 모든 것을 의미한다는 사실을 명심해야 한다.

They have to keep in mind the fact that quality means everything when competing with foreign goods.

• keep in mind: 명심하다, 기억하다

그 회사는 불량률이 왜 그렇게 높은지를 찾기 위해 애쓰고 있다.

The company is striving to find out what causes the defective ratio so high.

패턴 연습

~하려고 노력하다: strive to 동사 원형, strive for 명사

The company is striving for higher production efficiency.

그 회사는 생산 효율을 높이려고 애쓰고 있다.

We are constantly striving to make further inroads into more numerous countries. We are now looking for business partners in your area.

현재도 여러 나라에 수출 길을 모색하고 있음. 귀국에서 사업 파트너를 물색하고 있음.

The company has always recognized the importance of a private business, and has constantly striven for the expansion of trade volume between two countries.

회사는 민간 사업의 중요성을 늘 인지하고 양국의 교역량을 증대하고자 지속적으로 노력하였음.

당사의 품질 관리는 안심하십시오. 당사 모든 제품의 노화 시험은 엄격하며, 전 세계 고객들에게 잘 알려져 있습니다.

Please rest assured of our quality control. The aging test of all of our products is very strict, which is well known to many customers world-wide.

BIZ Point   Aging Test(노화 시험, 가혹 시험)

제품을 혹독한 조건 속에서 오랫동안 사용할 경우, 제품에 불량이 발생되는지, 불량의 정도가 어떠한지를 보는 것이다. 이는 제품 자체의 내구성을 측정하여 시장 불량을 최소화하기 위함이다.

예를 들어, 태양광 모듈의 경우, 제품 출시 후 20년을 보장한다. 20년 사용 후 어떤 일이 있을지 어떻게 알 수 있을까? 외부의 혹독한 환경을 설정하여 테스트함으로써 simulation 할 수밖에 없다.

그리고 각 aging 단계별로 제품의 내구성을 측정하는 경우도 있는 바, 이를 accelerated aging test(가속 노화 시험)이라고 한다.

🎙 패턴 연습

노화/가혹 시험: aging test
aging society/building: 노령화 사회/노후 빌딩
age: 나이/연령/연대/수명/시대   통 나이 들다, 노화하다

The aging test of PV module is to check how the PV module would be twenty years after installation outside. The warranty of PV module is 20 years.
태양광 패널의 노화 테스트는 태양광 패널이 외부 설치 20년 후에 어떻게 되는지를 보는 것이다. 태양광 패널의 제품 보증 기간은 20년이다.

The aging test of keypad of laptop is to try 100,000 strokes on the surface of keypad by a very small iron ball.
노트북 컴퓨터 키패드의 가혹 테스트는 키패드 표면을 아주 작은 철공으로 10만 번 두드린다.

- a man of my age: 내 나이 또래의 남자
  the green energy age: 그린 에너지 시대
  be/act one's age: 나이에 걸맞게 행동하다
- for an age; for ages: 오랫동안
  It's ages since I saw you.   본 지 정말 오래간만이군요.
- for one's age: 나이에 비해서
  She looks young/old for her age by 5 years. She is my age.
           나이에 비해 5년 늙어/젊어 보인다. 그녀는 나와 동갑이다.
  They are the same age.   그들은 한동갑이다.

🎙 패턴 연습

초석, 토대, 기초: cornerstone, fundament, groundwork, basis, foundation, base, bedrock, rudiment

Strict quality control is the cornerstone of a growth company.
엄격한 품질 관리는 성장 기업의 초석이다.

The factory workers' carefulness is the cornerstone of quality control.
공장 직공의 주의 깊음은 품질 관리의 토대이다.

It is my sincerest hope that, in the years to come, our two companies will continue to be the cornerstone in further strengthening the economic cooperation between our countries, mutual understanding, and prosperity.

장래에는 우리 양사가 양국 간 경제 협력, 상호 이해와 번영을 강화하는 초석의 역할을 지속하기를 앙망함.

Science is the cornerstone of modern civilization.

과학은 근대 문명의 토대임.

불량률, 이력 관리

여름에 태양광 유리 불량률이 어떻게 되는지요?

What's the defective ratio of your solar glass in summer?

☞ 품목마다 상이하지만 더울 때, 추울 때 생산 불량률이 약간 올라가는 품목들도 있다.

최근 6개월간의 불량 사안별 이력 관리서를 보여주세요.

Please show us the history report of each defective issue for the recent six months.

☞ 불량의 원인은 여러 가지가 있다. 치명적인 불량도 있고 경미한 불량도 있다. 각 불량 항목, 후속 조처, 결과 등이 기록된 이력 관리서를 반드시 봐야 한다.

BIZ Point 이력 관리서(history report)

이력 관리란 말 그대로 개인 인적 사항을 보여주는 이력서와 같이, 품질/제품/금형 등등의 탄생/수정/불량 발생/대처 등등의 일련의 역사를 관리한다는 것이다. 예를 들면, 언제 어떠한 불량이 발생하여 어떻게 조처하였고, 그 이후 어떤 상황이 전개되었는지를 보여준다. 축산물 이력 관리와 유사한 것으로 생각하면 된다. 이러한 이력 관리서를 보면 회사의 실력이 있는지 회사의 품질 관리는 어떤지, 향후 비전은 있는지를 알 수 있다.

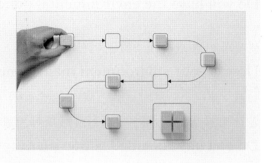

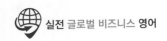
🎤 패턴 연습

대변하다, 말하다: represent
- represent: 대표/주장/표시/상징/단언/묘사/상상/기술/의미/상당하다

The company's customers represent that the quality of the company product is excellent.

그 회사의 고객들이 그 회사 제품의 품질이 탁월하다는 것을 대변한다.

He represented that the company was in urgent need of cash.

그는 그 회사가 현금이 절실하다고 말했다.

This very low defective ratio represents the company's excellent QC.

이 낮은 불량률은 그 회사의 탁월한 품질 관리를 대변하고 있다

- represent oneself as/to be: 자기는 ~라 주장하다/말하다
- represent(very) much/little/nothing to ~: ~에게 크게 의미가 있다/거의 무의미하다/전연 무의미하다

✒️ 환경 관리

최고 경영자가 승인한 환경 방침이 있는가?
Do you have the environmental policy approved by CEO?

귀사의 환경 관리 시스템은 어떤지요?
How is your environment management system(EMS)?

환경 방침 달성을 위한 세부 실행 계획이 수립되어 있는가?
Do you have detailed action plans to meet your environmental policy ?

협력회사에 대하여 정기적으로 친환경 평가를
계획하고 실시하는가?

Do you plan and carry out evaluation
of the environmental management for
suppliers regularly?

- environmentally-friendly factory: 친환경 공장
  environment disruption 환경 파괴

당사 QC 과장이 귀사 공장에 대한 부적합 보고서를 작성한 바, 환경 조건을 개선시킬 개선
계획은 갖고 있는지?

Our QC manager made a non-conformance report on you factory. Do you
have any corrective action plan to enhance your environmental condition?

- non-conformance report: 부적합 보고서
- corrective action plan: 개선 계획서

 패턴 연습

에워싸다, 둘러싸다, 포위하다: surround; encircle; environ

- be surrounded with/by: ~에 둘러싸이다.
  surrounding(s): 주위 환경/상황, 주위의 사물/사람 측근자들
  social surrounding(s) 사회 환경
  business surrounding(s): 사업 환경

Manager Kim tried to acclimate himself to the business surroundings in
China quickly after he was transferred to Shanghai office.

김 과장은 상해 지사 전보 후 중국의 비즈니스 환경에 빨리 익숙해지도록 노력했다.

- business/economic/social/home   environment
   사업/   경제적 / 사회적/ 가정   환경

After EU decided to cut down the subsidy to the end-users of EV, the business
environment of EV-related companies became gloomy.

EU에서 전기차 구매자에게 주던 보조금을 삭감한 후, 전기차 관련 회사들의 사업 환경이 악화되었다.

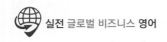
유해 물질 관리

유해 물질 관리 시스템은 어떠한가?

How is your hazardous substances management system(HSMS)?

유해 물질 관리 기준에 ODCs(오존층 파괴 물질), Halogen(Br, Cl) 및 REACH SVHC 등의 추가 유해 물질이 포함되었는가?

Does the criteria of your hazardous substance management include the additional hazardous like as ODCs, Halogen related substances and REACH SVHC etc.?

수입 검사 시 유해 물질 검사 항목이 반영되어 있는지?

Are the hazardous substances inspection items reflected at incoming inspection?

고객사의 유해 물질 관리 기준을 만족하는 업체를 선정하고 있는지?

Do you select the qualified suppliers to meet the requirements of hazardous substance management of client?

RoHS 6대 유해 물질에 대한 관리 기준은 어떠한지?

How is your management system for six hazardous substances of RoHS?

 RoHS(Restriction of Hazardous Substances)

2006년 7월 1일부터 EU에서 시행된 전기 전자 제품에 유해 물질 6개의 사용을 제한하는 유해 물질 사용 제한 지침으로 대상 유해 물질 6개는 납, 카드뮴, 수은, 6가 크롬, 난연제(PBBs, PBDEs)이다. 6대 유해 물질 규제 농도는 카드뮴(Cd) 100 ppm, 납(Pb) 1,000 ppm, 수은(Hg) 1,000 ppm, 6가크롬(C6+) 1,000 ppm, PBB 1,000 ppm, PBDE 1,000 ppm이다.

REACH 법규에 대해 고객사 요구 사항에 대응하고 있는가?

Do you meet the requirements of clients about REACH regulation?

 REACH

REACH는 Registration, Evaluation, Authorization, and Restriction of Chemicals의 약자로 EU 내 연간 1톤 이상 제조 수입되는 모든 물질에 대해 제조 수입량과 위해성에 따라 등록, 평가, 허가 및 제한을 받도록 하는 화학 물질 관리 규정.

✒ 연구소 및 기술

연구소 연구원은 몇 명인지요? 박사 학위 소지자, 석사 학위 소지자 및 학사 학위 소지자는 각 몇 명?

How many R&D engineers do you have - Ph.D, MA, and BS each?

하드웨어 연구원은 몇 명입니까?

How many hardware engineers do you have?

 통신 제품 연구소 연구원 구성

핸드폰 같은 통신 제품을 만들려면 software engineer, hardware engineer, mechanical engineer, designer가 필요하다.

- software engineer: 제품의 S/W 담당
- hardware engineer: 제품의 PCB 설계, 전자 통신 부품 담당
- mechanical engineer(기구 연구원): 제품의 기구적인 사항(금형/사출 등) 담당, 제품의 기구 부품 담당
- designer: 전체적인 외관 모양 담당

이 각 분야의 연구원들의 힘이 합쳐져야 멋진 제품이 탄생한다. 큰 회사는 디자인 연구소가 별도로 운영된다.

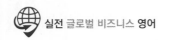
매출액 중의 몇 %가 연구 기술 투자인지요?

What's the portion of R&D investment over your sales amount?

회사 자체의 기술이 있는지요?

Do you have your own technology?

그 회사의 연구소는 우여 곡절을 거쳐 혁신적인 신제품을 개발했다.

The R&D of the company finally developed a new, innovative product after many twists and turns.

🎤 패턴 연습

우여곡절 후에: **after many twists and turns; after much meandering; many twists and turns; complications; vicissitudes; ups and downs**

The new sales manager has succeeded in securing US$10 Mil order from the company after many twists and turns.
새로 온 판매 과장은 우여곡절 끝에 천만 불 오더를 수주하는 데 성공했다.

The QC manager finally found out the exact cause for the defectiveness after many twists and turns.
품질 관리 과장은 우여곡절 끝에 불량 원인을 찾아냈다.

별표 표시된 모델들은 개발 중인 바, 곧 제품화될 것이다.

Models with an asterisk are under development, and are coming shortly.

제품 개발 절차

어떤 제품이든 개발에서 시장 출시의 과정을 간략히 보면 product idea → design sketch → rendering sample → working mock-up sample → tooling → field test → PP(pilot production) → MP(mass production)의 단계를 거친다.

각 단계에서 품평회를 개최, trouble-shooting을 반복, engineering change하면서 제품을 개발한다.

물론 이 과정에서 개발하다 drop되는 제품이 많다.

- rendering sample(non-working sample) 작동되지 않는 기구적인 견본
- working sample: 작동 견본
- prototype: 견본(작동 유무 상관없이)

패턴 연습

～하는 중이다: under + 명사

　　　　　개발 /　　　생산 /　　검토 /　　　고려 /　　　논의　중이다
under development/production/review/consideration/discussion

Your proposal is under review by my boss.
귀하의 제안은 나의 상관이 검토 중이다.

The issue of investment in a new project is under discussion at board of directors.
신규 프로젝트 투자 건은 이사회에서 논의 중이다.

He is under serious consideration of firing her.
그녀를 해고할까 심각히 고려 중이다.

연구소의 모든 직원들이 그의 작동 견본 제작 성공에 고무되어 혁신적인 신제품 개발을 위해 더욱 노력했다.

His success in making a working mock-up sample animated all the members of R&D to more efforts toward the development of new, innovative products.

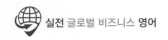

새로운 연구소장은 여태까지 축적된 데이터는 차치하고 자기 경험에 의거한 데이터를 수집하기 위해 실험을 지속적으로 반복했다.

Aside from the data accumulated so far, the new chief of R&D kept conducting experimental tests in order to collect new data from his own experiences.

- apart/aside from: ~은 별문제로 하고, ~은 그렇다 하고

다른 기술자들의 아이디어를 도용하지 마라.

Don't appropriate/copy/steal other engineers' ideas.

우리의 신기술에 투자하기로 한 회사가 갑자기 투자를 철회했다.

The company who promised to invest in our new technology backed out suddenly.

- back out: 후퇴/취소하다, (계약/약속을) 파기하다, 손을 떼다
  back out of deal/transaction: 거래에서 손을 떼다

회사는 경험이 많은 기술자들을 보강함으로써 연구 개발 활동을 강화했다.

The company beefed up R&D activities by adding experienced engineers in various fields.

내부 개발 진행 상황은 신문에 공표한 것과는 다르다. 아직까지 구체적으로 진행된 것이 없다.

The internal development progress at R&D does not correspond to what the company announced in the newspaper. Still there has been no particular progress.

- correspond: 같다, 상당/대응/해당하다　　　명 correspondence
  correspond to 상당/부합/상응하다
  correspond with 통신/교신하다
  His words and actions do not correspond.　　　　　　언행이 일치하지 않는다.
  I am dying to correspond with her.　　　　　　서신 왕래를 간절히 바란다.

여기까지 오는 데 많은 시간과 자금이 소요되었다. 가격은 저가이면서 고품질인 당사의 제품을 귀사에서 판매 시 귀사는 경쟁 우위를 갖게 될 것임. 개발 비용을 공동 부담합시다.

It cost us much time and money until we reach this stage. Our low cost and high quality allow you to secure competitive advantage. Let's share the development cost.

그 회사는 머지않아 혁신적인 5G 핸드폰 개발을 발표할 것이다.

It will not be long before the company announces the development of innovative 5G phone.

• it will not be long before ~: 머지않아, 곧

개발 진행 사항이 무척 궁금합니다. 가르쳐 주세요.

I am so curious about the progress of development. Please scratch my itch.

• itch: 가려움, 옴, 욕망 **동** 가렵다, ~하고 싶어 하다

그 회사의 우리 기술에 대한 투자 여부는 아직 미결이다. 당사 기술 개발의 주요 진행 사항을 그 회사에 브리핑해라.

The company's decision on the investment in our technology is up in the air. Please brief the company on the key progress with our technology development.

• up in the air: 미결정으로, 막연하여, 매우 화가 나

🎤 패턴 연습

~을 A에게 요약 설명하다: brief A on ~

Please brief your executive director on the critical issues which occurred during his overseas trip. Never beat around the bush, but get to the point.

이사에게 출장 시 발생한 주요 사안들에 대해서만 간략히 브리핑해라. 절대 변죽 울리지 말고 요점만 얘기해라.

- beat around the bush: 변죽 울리다, 얼버무리다(prevaricate, palter, equivocate)
- to be brief: 간단히 말하면
  brief and to the point: 간략하고 요령 있는(succinct)
- get to the point; get down to the nitty-gritty: 핵심을 찌르다, 요점을 얘기하다, 사실을 직시하다

I know that both presidents of our two companies will be briefed on the contents of the meeting immediately. I hope their decisions will reflect the basic consensus reached during our deliberations.

양사의 사장은 즉시 본 회의의 내용에 대해 브리핑 받을 것임. 우리의 토의 기간에 합의에 이른 내용이 그들의 의사 결정에 반영되기를 희망함.

새로운 연구소장이 마음에 들지 않지만, 첨단 기술의 동향을 파악하기 위해서는 그가 필요하다.

The new head of R&D is not my cup of tea. But we need him in order to keep abreast of the cutting-edge technology trend.

- cutting-edge: 최첨단의(most advanced), 가장 현대적인

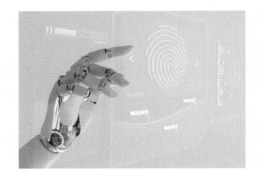

🎤 패턴 연습

마음에 드는 것: one's cup of tea, to one's liking

The design manager's design of a new 5G phone is not my cup of tea.

디자인 과장의 새로운 5G 핸드폰 디자인이 마음에 들지 않는다.

The new manager is not my cup of tea.

새로운 매니저는 내 타입이 아니다.

The vendor is not our liking. But it is the only company in Korea who can supply overmolding parts for shielding purpose.

그 협력 업체가 마음에 드는 것은 아니다. 하지만 그 회사가 한국에서 전자파 차폐용 오버몰딩 부품을 공급할 수 있는 유일한 업체이다.

🎤 패턴 연습

~에 잘 쫓아가다, 뒤떨어지지 않다: keep/be abreast of ~

You cannot survive in fashion business unless you keep abreast of trends.
트랜드를 읽지 못하면 패션 사업에서 살아남을 수가 없다.

Moreover, our series will give you the opportunity to be abreast of the developments of your colleagues in the United States.
게다가 귀사는 우리의 연재물을 통해 미국 동종 업계의 개발 상황을 놓치지 않고 알 수 있을 것임.

이 혁신적인 제품의 개발을 공표하게 되어 아주 자랑스럽습니다.
We are very proud to announce the development of this innovative product.

🎤 패턴 연습

~하게 되어 자랑스럽다: be proud to 동사 원형; be proud of ~ing;
take a pride in ~ing

We take a pride in working at the company which treats all the employees as the family.
모든 직원들을 가족처럼 대해주는 회사에 다니는 것이 자랑스럽다.

We are proud of giving 1,200% bonus to all the employees.
모든 직원들에게 1,200% 보너스를 지급하고 있는 것이 자랑스럽다.

연구소 연구원이 많다고 회사가 반드시 돈을 버는 것은 아니다. 회사가 돈을 벌려면 경쟁력 있는 가격으로 적기에 시장성 있는 적정 제품을 개발하여야 한다.
It does not follow that the company with many R&D engineers makes money. In order for the company to make money, it has to develop the right product with marketability at the competitive price at the right time.

🎙 패턴 연습

반드시 ~하는 것은 아니다: it does not follow that ~
not necessarily, not always

Even if general manager is gentle to everybody at company, it does not follow that he is kind to his wife.

부장이 회사의 모든 사람에게 친절하다고 부인에게도 친절한 것은 아니다.

Even if R&D members receive 500% bonus, it does not follow that you will get the bonus.

연구소 직원들이 500% 보너스 받는다고 당신이 보너스를 받는다는 것은 아니다.

It follows that the quality issue was not caused by the supplier, if your saying is true.

당신 말이 진짜라면 품질 문제는 공급업체가 야기한 것이 아니라는 것이 된다.

✒ 특 허

특허를 대충 몇 개 보유하고 있나요? 많으면 많을수록 협력 업체 선정 시 유리합니다.

How many patents do you have approximately? The more, the better for vendor selection.

• approximately; around; in the ball-park figure; roughly: 대략, 대강, 얼추

만약 특허가 있다면 상세 내역 기입하세요.

Details of your patents should be written down, if you have any.

귀사의 태양광 유리 제조 기술이 자체 기술이 아니라면 귀사에서 생산하는 태양광 유리를 당사에서 사용할 경우, 특허 침해 문제는 없는지요?

If the technology of your presently making solar glass is not your own one, I wonder whether our using your solar glass infringes any patent or not.

- infringe the patent: 특허 침해하다
  The company charged that the competitor had infringed its patent.
  경쟁 회사가 특허를 침해했다고 고발했다.

✒ 거래선

10대 고객 리스트와 각 고객별 매출 비중이 필요합니다.

We need the list of your top ten customers and each customer's portion of your total sales.

☞ 협력 업체 선정 시 중요한 사안이다. 세계적인 회사들이 이 부품업체의 부품을 사용한다면 이 회사를 협력 업체로 고려하는 회사들은 일단은 안심이 될 것이다. 한국의 S전자, L전자에 납품하는 업체라면 일단은 그 실력이 검증된 것이다. 한 마디로 business reference site가 확실한 것이 되는 것이다.

우리 고객의 상당수가 망하고 있다. 생각해보니 우리에게 주어진 것은 공장 문을 닫거나 큰 손실을 감수하면서 태양광 유리 생산을 지속하느냐에 있다.

Most of our customers have been collapsing down. Come to think of it, the only solution ahead of us is to close our solar glass factory or to keep producing solar glass with much loss.

🎤 패턴 연습

다시 생각해보니, 정말, 실로: come to think of it

Come to think of it, I should have visited my father; yesterday was his birthday.
생각해보니 아버지를 방문했어야 했다. 어제가 아버지 생신이네.

Come to think of it, I forgot that there was some engineering change. I have to inform our vendor of this change immediately.

생각해보니 사양 변경이 있는 것을 잊어 먹었다. 협력 업체에 이 사항을 즉시 통보하여야 한다.

 부품 승인원(Request for Part Approval)

모든 협력 업체는 부품 승인원을 완제품 연구소에 제출, 그 부품에 대한 양산 승인을 받아야 해당 부품을 양산하여 완제품 업체에 공급 가능하다. 이 양산 승인이 떨어져야 구매 부서의 발주가 가능하다. 사양 변경이 계속 일어나고 제품 출시일은 잡혀 있고 하다 보면 양산 승인 일정과 양산 일정이 맞지 않을 수도 있다. 이런 경우는 탄력적으로 대처할 수밖에 없다. 제품 출시 일정이 화급하면 사후 승인 조건으로 양산하는 경우도 있다.

그 회사와의 거래는 걱정하지 마라. 거래 매너와 적기 결제는 내가 보증한다.

Please rest assured of doing business with the company. I will answer for the business manner and timely payment of the company.

• answer for ~: ~의 책임을 지다, 보증하다, 대신 대답하다

현재 시장 점유율이 겨우 10%이나 이번 혁신적인 신제품으로 일 년 이내에 시장점유율이 50%까지 올라갈 것으로 믿어 의심치 않는다.

At the moment our market share(M/S) is only 10%. It is our strong belief that our new, innovative product can elevate our M/S up to 50% within one year.

• at the moment/at present/presently/for now/currently: 지금, 현재는

회사가 잘될 때일수록 거래처에 건방지지 않도록 노력하고, 항상 최악의 경우를 생각해야 된다.

You should not be arrogant to your customers when your company is going well. And always think about the worst.

우리 고객사들을 보면 당사는 귀하가 당사와의 거래에 안심하여도 될 시종일관한 회사라는 것을 알 수 있다.

Our customers show that we are a coherent company with which you can rest assured of doing business.

• coherent: 시종일관한, 말을 바꾸지 않는(consistent)

He is a coherent businessman. You may believe what he says to you.

그는 시종일관한 사업가이다. 그가 말하는 것은 믿을 수 있다.

신규 거래처/협력 업체 선정 시, 회사 정책대로 행동해라.

When you select a new customer/vendor, do act up to your company policy.

☞ 회사 제품이 경쟁력이 있으면 buyer도 선택할 수 있다.

🎤 패턴 연습

~에 따라 행동하다: act up to ~

 ~에 반(反)하다, ~에 불리한 일/짓을 하다: act against ~

The company always acted up to the company policy of 'Customer first!'

그 회사는 '고객 우선' 이라는 회사 정책을 항상 실천했다.

He acted against company policy and formed an in-house political circle.

그는 회사 규정을 어기고 사내 정치 모임을 결성했다.

✒ 종합 평점

잠재 공급업체의 각 항목 평가 결과는 A, B, C로 점수가 매겨 질것이다. 잠재 업체 등록 필요 사항을 통과하기 위해서는 어느 항목에도 C가 없어야 되며 모든 항목들의 평균이 B 미만이 되어서는 안 된다.

The result of evaluation of the potential supplier by item will be shown as A(> 90 points), B(90~60), and C(< 60 points). To pass the requirements for vendor qualification requires no C in any item and also the average of all the items should not be lower than B.

• vendor qualification: 공급/납품/협력/하청 업체로서의 자격이 있는지 가격/
                        품질/환경 등등의 제반 사항을 검증하는 것

   ☞ 대기업은 협력 업체 선정 시 대상 업체의 회사 전반에 대한 실사를 하며 공정성을 기하기 위해 기업체 평가
      항목을 만들어 그 항목들에 점수를 메긴 후 과락이 있을 경우 탈락, 또한 전체 평균 점수 미달일 경우도
      탈락시켜 적격 협력 업체를 선정한다.

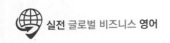

금일 현재 터치스크린 업체가 7개 있다. 그들은 각각의 장점이 있다. 협력 업체 선정 시 각 후보 회사의 장단점을 분석하여야 한다.

There are seven touch screen makers as of today. They have their respective merits. When you select any vendor, you are required to analyze the merit and demerit of each candidate.

• merit system: 실적 위주의 승진 제도

🎤 패턴 연습

~할 자격이 있다, 자격을 갖추다: qualified for ~ing/명사;
qualified to 동사 원형

He is qualified for teaching music.
He is qualified to teach music.
He is qualified for the position of music teacher.
He is qualified as a music teacher.
음악 교사의 자격이 있다.

What is the qualification of the senior chemist or the head of R&D?
수석 화학자 또는 연구소장의 자격 조건은?

✒️ 협력 업체 확정 여부 통보

내부 논의 후 귀사를 당사의 협력 업체로 선정함을 통보드리게 되어 매우 기쁩니다. 내주에 기본 구매 계약을 체결하기를 원합니다.

We are very pleased to inform you that, after internal discussion, your prestigious company was selected as our vendor. We want to enter into the master purchasing agreement next week.

귀사를 협력 업체로 선정하지 못하게 되어 유감임. 선정 못한 주된 이유는 가격 경쟁력이 없기 때문입니다. 귀사의 정보는 보관하겠으며 필요한 상황이 되면 연락드리겠습니다.

We deeply regret to inform you that this time your preeminent firm was not selected as our vendor. The main reason is that your price is not so competitive. We will keep your company information on our files, and will contact you when necessary.

해외 협력 업체 선정에서 구매 부장의 영향력/입김이 세다.

The general manager of Purchasing Department is very influential in selection of a foreign vendor.

🎤 패턴 연습

영향력이 있다: influential   영향력: influential power

He is very influential in our getting order from the company.
그 회사로부터 오더를 수주하는 데 그의 입김이 세다. 그의 영향력이 크다.

He is influential in splitting orders to each vendor.
그는 각 협력 업체에게 오더 수량 배정에 영향력이 있다.

잠재 고객에게는 이미 그 부품 관련 납품업체가 2 군데 있는 바, 가능한 최대한 낮은 가격을 제시하는 것이 필요하다.

You are required to approach the potential customer at the lowest price possible, as it has already two vendors for your part.

• at the lowest price possible 가능한 최고 낮은 가격으로

귀사와의 협력을 위해 최선을 다할 것이며 가까운 시일 내에 귀사에 협력할 수 있는 기회가 있기를 바람. 귀사 회신 기대함.

We will devote our utmost efforts to cooperate with you, and hope for a chance to serve you in the near future.

• devote our utmost efforts: 최대의 노력을 경주하다, 최선을 다하다
  devote oneself to: ~에 헌신하다, 전념하다, 몰두하다, 빠지다
  do one's(very) best: 최선을 다하다

🎙 패턴 연습

구체적인: concrete
concrete response/progress/sales plan: 구체적 회신/진척 사항/판매 계획
particular progress: 특기할 만한 진척/진전 사항

In order to tap the possibility of becoming a vendor, we have submitted our very best price to the foreign mobile phone company ten days ago, but up to now it does not give us any concrete comment on our offer. The chance can't be ruled out that the company only utilized our low price to come down the price of its present vendors.

그 외국 핸드폰 회사의 협력 업체가 될 수 있는 가능성을 타진하기 위해서 그 회사에 10일 전 최상의 가격을 제시했으나 아직까지 구체적인 말이 없음. 그 회사는 당사의 가격을 기존 협력 업체의 가격 인하 목적으로만 활용했을 가능성을 배제 못한다.

☞ 실제적으로 가능한 일이다. 잠재 고객의 내부 정보가 있어야 정확한 상황 파악이 가능하다.

After the confirmation of a favorable reaction to this sample lot, we would then like to pursue concrete sales plans.

판매 결과가 좋으면 구체적인 판매 계획을 수립하고자 함.

We strongly believe that the present time is ideal for us to sell your products, and that concrete progress in our mutual business can proceed from now on.

지금이야말로 귀사 제품을 판매할 수 있는 적기이며 이제부터는 구체적인 판매 활동이 진행될 것으로 확신함.

Chapter 13 협 상

① 가 격

 ### 가격 인하 요청

10% 가격 인하 요청드립니다. 시장 경쟁이 진짜 치열합니다. 가격 인하 없이는 견디기 힘듭니다.

Please allow us to ask for your price cut by 10%. The market competition is really severe here. We will lose a large portion of our M/S if there is no price cut.

☞ 외국의 물품을 공급 받아 시장에서 재판매하거나 기업체에 납품하는 경우, 외국의 공급업체에 공급가 인하 요청.

대량 구매 가격 적용하시는지요? 적용한다면 수량별 가격 제시바랍니다.

Do you apply quantity price? If so, please give me price/quantity again.

 Quantity Price: 대량 구매 가격

Quantity price는 큰 수량을 오더하면 가격이 인하되는 것을 의미한다. 예를 들면, 1,000개 주문 시 개당 US$10
이나 10,000개 주문하면 US$7이라면 US$7이 quantity price이다.

대량 구매 시 하는 가격 인하를 quantity discount라고 한다. 따라서, Is there any quantity discount?라고 하
여도 대량 구매 가격이 적용되는지를 문의하는 것이다.

가격을 5%만 인하하여 주시면 감사하겠습니다. 도와주시면 당사의 시장 점유율이 좀 더 올라갈 것이고 귀사에 보다 많은 수량을 주문할 수 있을 것입니다. 이 수량 증가가 귀사의 가격 인하를 어느 정도는 보상해 줄 것임.

We would very much appreciate it if you could come down your price by 5%. We are sure that, with your hands-on help and cooperation, we will be able to get more market share, thereby you shall receive more order quantity, which may compensate for your price cut somewhat.

☞ 가격 인하를 하면 판매 수량을 늘릴 수 있기 때문에 개당 판매 이익은 줄더라도 전체 판매량이 증가되니 가격 인하가 결국은 더 보상이 될 것이라는 내용.

우리는 선택 가능한 제품의 범위를 중국과 인도 제품으로 좁혔다. 귀사의 가격은 아직도 당사의 목표치와는 거리가 멀다. 가격을 더 낮추어야 한다.

We narrowed down our options to Chinese and Indian products. Your price is still far from our target. You have yet to narrow down the price.

• narrow down:(범위 등을) 좁히다,(가격 등을) 내리다.

☞ 공급업자를 선정하기 위한 가격 타진으로, 여러 국가의 제품을 후보군으로 검토하다, 이제는 두 나라 제품으로 압축이 되었다는 것임.

🎙 패턴 연습

도래, 출현: advent, coming, onset, appearance

The company's development of the new material means the advent of a new age.

그 회사의 신물질 개발은 새로운 시대의 도래를 의미한다.

The advent of new suppliers expects our customer's request for price cut soon.

신규 공급업체의 등장으로 고객의 가격 인하 요청이 예상된다.

☞ 신규 진출업체는 항상 가격이 싸다는 것을 내세울 가능성이 크다. 신규 업체들의 등장은 대부분 가격 인하로 이어진다.

가격 인하 수락 불가

원자재 시장 상황으로 귀사의 가격 인하를 수락할 수 없어 유감스럽습니다.

We regret that we can't accept your request for price cut because of the market situation of raw materials.

☞ 이 상황은 오히려 가격 인상 요청을 하여야 되는 상황이다. 원자재 가격 상승은 객관적으로 입증이 되는 사항이다.

인건비 상승으로 더 이상 가격 인하 수용 불가합니다. 그 가격으로는 귀사에서 요구하는 사양을 만족시킬 수 없습니다.

The increasing labor cost prevents us from accepting your price cut. We can't satisfy your specification if you insist on that kind of price cut.

☞ 직원들 급여 상승으로 인한 간접비 상승으로 가격 인상 요청을 하여야 되는 상황이나 이는 회사 자체의 문제인 바, 인상 요청은 어렵다. 단지 위의 문장과 같이 고객의 가격 인하 요청에 대한 핑계로는 괜찮아 보인다.

개당 2불 가격 인하 요청은 신규 협력 업체로 등록시킬 생각이 없는 것이나 같다.

Asking for the price cut of US$2/piece amounts to refusal of a new vendor.

☞ 가격 인하 폭이 터무니없을 경우, 사용하는 것이 적절하다.

귀하의 10% 가격 인하 요청을 들어주지 못하는 점 다시 한 번 사과 말씀드림.

We convey our apologies once again for not being able to comply with your request for 10% price cut.

패턴 연습

귀하의 요청에 응할 수 없음을:

for not being able to comply with your request;
for being unable to comply with your request;
for not being capable of complying with your request;
for being uncapable of complying with your request

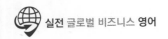
We are very sorry for being unable to comply with your request for earlier shipment by 10 days.

10일 더 일찍 선적시키라는 요청을 충족하지 못해 죄송합니다.

🎙 패턴 연습

합이 ~이 되다, ~해당/상당하다, 결국 ~되다, 총계 ~이 되다,
(구어) 결국 ~의 뜻이 되다, ~이나 마찬가지다: amount to; add up to

The loss incurred by typhoon amounts to US$1 Mil.

태풍으로 인한 손실은 백만 불에 달한다.

However, you failed to take over these 600 sets of OLED TV stock, and consequently this situation caused by you inflicted a great loss on us, amounting to much more than US$5,000.

하지만, 귀사에서 OLED TV 재고 600대를 인수하지 않아 당사는 US$5,000보다 훨씬 더 큰 손실을 입음.

The company's suggested price adds up to asking for our giving up the production of solar glass.

그 회사에서 제시한 가격은 우리보고 태양광 유리 생산을 포기하라는 것과 같다.

These conditions amount to refusal.

이 조건이라면 거절하는 것과 매한가지다.

🎙 패턴 연습

적응하다, 익숙해지다, 순응하다 : adapt oneself to

The company adapted itself to the oversupply market by coming down the price of cathode material.

그 회사는 공급 과잉 시장에 순응, 양극재 가격을 인하했다.

All the employees adapted themselves to the rapidly changing market by voluntarily coming down their salary.

모든 직원들이 급변하는 시장에 적응하기 위해 급여를 자발적으로 삭감했다.

가격 인하 통보

2023/6/1일부터 모든 협력 업체의 공급 가격을 3% 인하 요청드리오니 협조하여 주시기 바랍니다.

All the vendors are required to accept our suggested supplying price cut by 3%, effective June 1, 2023.

☞ 고객이 공급업체에 가격 인하 요청. 고객 중심의 시장 상황임.

최근 3개월간의 유가 하락으로 당사의 ABS 가격을 10% 인하드릴 수 있어 매우 기쁩니다. 조정 가격은 금년 말까지 유효합니다. 지속적인 발주에 감사드립니다.

We are very pleased to inform you that, thanks to price cut of oil during recent three months, we come down the price of ABS by 10%, and the new price of US$2,000/ton shall be effective until the end of this year. Thank you for your continued order.

☞ 공급업체가 고객에게 가격 인하 통보. 플라스틱 가격은 플라스틱의 원료인 원유 가격에 좌우된다. 원재료 가격 변동으로 고객의 가격 인하 요청이 올 것인 바, 자진해서 가격 인하 통보한 것임. 장기 거래처에 대한 서비스이고, 추후 원유 가격이 오른다면 자연스럽게 가격 인상이 될 수 있는 기반을 조성하는 것임. 장사는 give and take, trade-off 이다.

가격 인하를 위한 원가 절감 묘안이 문득 생산 과장의 머리에 떠올랐다. 나에게는 그런 생각이 떠오르지 않았다.

The cost-down idea of the way for price cut came across the production manager's mind. That kind of idea did not come to me.

가격 인하 수락

말씀하신 바와 같이, 시장 상황이 유리하게 변하고 있습니다. 귀사에서 제시하신 10% 가격 인하 받아들이겠습니다.

As you said, the market is turing out to our favor. We will accept your request for 10% price cut.

🎙️ 패턴 연습

유리하게, 형편 좋게: to advantage

The EV market turned out to the company's advantage.
전기차 시장이 그 회사에 유리해졌다.

One advantage that you might like to consider is the fact that our company has already obtained an official permit for the import/export of pharmaceutical products; this will undoubtedly expedite the importing procedure required by Korea Food & Drug Association and other related institutions.
당사의 강점은 공식적으로 의약품 수출입 허가를 받았으므로 한국 식약청이 필요로 하는 수입 절차를 조속 진행 가능한 것이다.

There are lots of advantages accruing to the vendors from supplying parts for the largest cellular phone company in the world.
세계에서 가장 큰 핸드폰 회사에 부품을 공급하면 공급업체에 많은 이점이 있다.
☞ 돈은 번다는 이점 이외 업체의 실력을 개관적으로 인증 받아 타 업체로부터 오더 수주의 기반이 된다.

귀중한 고객사의 원가 절감 운동에 기꺼이 동참하겠습니다. 우리는 같은 배에 타고 있습니다. 고객이 잘되어야 당사와 같은 협력 업체가 잘될 수 있습니다.

We will be happy to join our invaluable customer's cost-down program. We are in the same boat. Our customer should make money first, and then its vendor like us can make money.

☞ 납품을 받아주는 업체가 잘되어야 납품 업체가 살 수 있다. 완제품 업체가 잘되어야 부품 업체가 잘될 수 있는 것이다.

현 시장 상황 상, 경제 침체를 극복하기 위해서는 가격을 획기적으로 내리는 수밖에 없다.
The present market tells that nothing remains but to come down the price drastically in order to overcome the economic depression.

🎙 패턴 연습

장애를 극복하다: overcome obstacles
장애에 부닥치다: encounter/meet with obstacles
an obstacle to business success 사업 성공의 장애

The company encountered(with) serious obstacles as its largest customer went into bankruptcy because of patent infringement.
그 회사의 가장 큰 고객이 특허 침해 건으로 도산하자 그 회사는 큰 어려움에 직면했다.

The experienced businessman easily overcomes the jet lag.
경험 많은 비즈니스맨은 시차증을 쉽게 극복한다.

The rising protectionism and increasing trade restriction in advanced economies of the world are threatening developing countries like our two countries. As two countries are in the same stage of economic development, we should make our utmost efforts to overcome such obstacles.
선진국에서 강화되고 있는 보호 무역주의와 증가하고 있는 무역 제재는 우리 양국과 같은 개발 도상국들을 위협하고 있음. 우리 양국은 같은 경제 개발 단계에 있는 바, 그러한 장벽을 극복하기 위해 최선을 다하여 됨.

고객의 원가 절감 운동에 순응하여 가격을 3% 인하했다.
The vendor cut down its price by 3%, in accordance with the cost-down movement of its customer.

🎙 패턴 연습

~와 조화/일치하여, ~에 따라, ~을 좇아: in accord/accordance with
↔ be out of accord with; be in discord with ~와 일치하지 않다
• accord: 일치/조화, 일치/조화하다 ↔ discord 불일치, 부조화, 불일치하다

I am in full accordance/accord with your pricing strategy.
당신의 가격 전략에 전적으로 찬성합니다.

Mr. Kim's words and actions do not accord.
언행이 일치하지 않는다.

가격 인하 폭 조정 요청

귀사에서 제안하신 10% 가격 인하는 매우 어려운 바, 5% 인하로 조정하여 주시면 감사하겠습니다. 주지하시다시피 당사 제품의 주요 원료인 은(銀) 가격이 최근 10% 인상되었습니다.

It's very difficult for us to come down our price by 10%. We would appreciate it if you could allow us to come down the price by 5%. As is known to all, the price of silver, which is our main raw material, recently went up by 10%.

☞ 논리적이고 합리적인 개관적인 근거 제시가 된다면 어느 정도는 수락된다.

당사의 마진은 귀사가 생각하는 만큼 크지 않습니다. 가격을 5% 인하한다면 손해를 봅니다. 생산이 많아질수록 돈을 더 잃게 됩니다. 당사가 최소한의 이익은 확보할 수 있도록 가격 인하를 3%만 하도록 하여 주십시오.

Our profit is not big as you might think. If we cut our price by 5%, we lose money from supplying goods for you. The more production, the more money we lose. We honestly hope that you will allow us to secure the minimum margin by coming down our price by 3%.

☞ 생산하면 할수록 손해 보는 장사는 하기 어렵다. 가격 인하 폭을 조정 요청한다.

가격 인하 요청에 대한 대응

터치스크린 업체가 가격을 인하하여야 된다는 귀사의 제안은 너무합니다. 왜냐하면 터치스크린에 소요되는 은의 가격이 최근 상당히 인상되었기 때문입니다.

Your suggestion for the touch screen vendor to come down the price goes too much, as the price of silver particle, which is required for touch screen, recently went up a lot.

☞ 바로 아래의 패턴 연습에 있는 문장으로 쓸 수도 있다.

🎙 패턴 연습

A가 ~하라는 제안: your suggestion for A to 동사 원형;

your suggestion that A(should) 동사 원형

Your suggestion that the touch screen company(should) come down the price goes too much, as the price of silver particle, which is required for touch screen, recently went up a lot.

최근 터치스크린에 필요한 은입자 가격이 많이 올랐기 때문에 터치스크린 업체가 가격을 내려야 한다는 제안은 너무 지나친 것입니다.

Your suggestion for our company to work together with your marketing company is highly appreciated. However, we have a branch office in Paris which has been doing our marketing in France.

귀사의 마케팅 회사가 당사와 함께 일하자는 귀사의 제안은 감사하나, 당사는 이미 프랑스에서 마케팅 활동을 하고 있는 파리지사가 있음.

그 구매 과장은 재료비 분석 후 우리의 가격이 10불을 넘지 말아야 한다고 단언한 동시에 가격 인하 방안을 제시했다.

After analyzing materials cost, the production manager asserted that our price should not exceed FOB US$10.00/unit and at the same time proposed the way how to come down our price.

귀사와 BIZ 관계 지속 희망하나 향후 거래에 장애가 되는 문제의 확실한 해결이 필요함. 향후 주문 시 US$5,000을 차감하자는 귀사의 요청에 대한 당사의 입장을 설명하고자 함.

We would like to express our wish to continue our business relationship with your esteemed firm. However, we think it necessary to clear up some details that may hinder any future deals. We would like to explain our position concerning your request for a price deduction of US$5,000 on your upcoming order.

• clear up: (문제·의심을) 풀다, 해결하다; (병 따위를) 고치다, 낫게 하다
• price deduction; price cut: 가격 인하 ⟷ price hike: 가격 인상

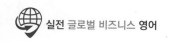

귀사에서 발주한 칩 10,000개를 인수치 않아 당사는 US$10,000보다 훨씬 더 큰 손실을 입음. 게다가 본 건은 발생된지 오래되어 관련 증빙 서류가 남아 있지 않음.

You failed to take over these 10,000 pcs of chip, which you placed an order for, and consequently this situation inflicted a great loss on us, amounting to much more than US$10,000. Moreover, this matter happened a long time ago, and therefore the relevant material concerning this case is no longer available to us.

그 회사의 납품업체가 되고 싶다면 구매 과장에게 대폭 인하한 가격을 제시해라. 그러면 다음 분기부터 터치스크린 공급을 시작하게 될 것으로 확신한다.

If you want to become the company's vendor, please offer bold price-cut to the purchasing manager, which I am sure will allow you to start supplying your touch screen from next quarter.

그 회사는 가장 큰 협력 업체의 위치를 고수하기 위해 고객의 급격한 가격 인하를 수용할 수밖에 없었다.

The company had no option but to accept the customer's drastic price cut in order to keep the position of the largest vendor.

우리 경쟁업체가 치킨 게임에서 살아남기 위해 곧 가격 인하를 단행할 것이라고 단언한다.

I assert that our competitor will come down the price shortly in order to survive the chicken game.

경쟁사의 급격한 가격 인하에 당황했다.

The company was so confused at the drastic price cut of its competitor.

그 회사는 품질에서 타사 제품보다 우위에 있다고 판단, 시장에서의 경쟁을 문제시 하지 않고 당초 가격을 고수했다.

The company defied competition on the market and stuck to its original price, as it was quite sure that its product was superior to the other companies' ones.

- defy: 무시하다/상관치 않다　　🅼 defiance　도전/저항/반항/무시
  in defiance of ~: ~을 무시하여, ~에 상관치 않고
  in defiance of the requests from customers: 고객 요청을 무시하고

그 칩에 대한 수요가 탄력적이라 우리의 가격 설정이 용이하다.
The demand for the chip is elastic, which allows our pricing easy.

- elastic 탄력적인　　🅼 elasticity 탄성

🖋 가격 인하 방안 제시

귀사 지정 부품 대신 우리가 구한 부품을 사용하도록 해주시면 어느 정도의 가격 인하는 가능합니다.
If you allow us to use our sourced part instead of your designated part, it would be possible to come down our price somewhat.

귀사 검토 및 승인용 견본 즉시 송부 가능합니다.
We can send our proposed sample right away for your evaluation and approval.

만약 반드시 귀사 지정 부품을 사용하여야 된다면 그 부품을 수입하여야 되며, 이에 따라 수입 시 적기 공급, 높은 가격, 수입 부대 비용 발생, 최소 발주 수량 등 귀찮은 문제들이 많아짐.
If we have to use your designated part, however, we will have to import, which will cause us many troubles such as timely delivery of materials, high price, and additional cost incurred in the process of importing and minimum order quantity.

☞ 이런 귀찮은 일이 많은 것을 red tape 이라고 한다.
　　red tape: 관청식, 관료적 형식주의　　　　　　　　　　cut red tape: 사무를 간소화하다

따라서 국내에서 공급 가능한 유사 물질을 찾아냈음.
So we searched for similar materials which can be purchased locally.

가능하다면 귀사 지정 부품 대신 당사에서 찾아낸 부품을 사용하고 싶음. 이 경우 가격 변동 없음.

If it is possible, we would prefer to use our sourced part rather than your designated part. Our prices will remain same.

만약 귀사 지정 부품이 사용되어야 한다면 아직 정확히 계산해보지 않았지만 추가 비용이 상당할 것임.

But if your designated part should be used, the extra charge may be substantial although we have not calculated it yet.

🎙 패턴 연습

가능하다면: if it is possible

If it is possible, we would prefer to use ABS rather than PC. Our price has no change.
가능하다면 PC보다는 ABS를 사용하고 싶습니다. 가격 변동은 없습니다.

If it is possible, we want to ship your order earlier than your requested delivery, on the condition that your payment is extended by the days of earlier shipment.
귀사의 결제는 조기 선적 일자 수만큼 연장하는 것으로 하고, 조기 선적하고 싶습니다.

☞ 생산은 완료했으나 선적 요청 일자는 아직 많이 남아 있을 경우 공장에 화물을 보관해야 하나, 공장의 space가 충분치 않을 경우 발생된다. 대금 결제는 보통 B/L date 몇 일 이내가 많은 바, 공장 사정으로 조기 선적한 바, 조기 선적일 만큼 대금 결제를 미루는 것이 합리적이다.

귀사의 size는 귀사만을 위한 주문 제작입니다.
Your required size of solar glass is custom-made for your company only.

귀사 size를 만들기 위해 당사의 생산 라인을 조정하여야 되며, 시간 손실이 작지 않습니다.
Our time loss to adjust production line to make your size is not small at all.

현재 귀사는 매월 5만 SM을 주문하고 있습니다.
Presently you place an order for 50,000 SM monthly.

만약 3개월치, 즉 15만 SM을 한 번에 생산하도록 해주시면 당사 가격을 어느 정도 인하 가능합니다.

If you can place an order for three months at a time, to wit, if you allow us to make 150,000 SM at a time, we can come down our price somewhat.

☞ 3개월치를 한 번에 오더하면 가격 인하 가능

BIZ Point 생산 라인 조정(adjustment of production line)

실제로 제조업체에서 발생되는 일이다. 누구에게나 팔 수 있는 size가 아니고, 특정 고객용으로 주문 제작이 되는 것이라면 생산 라인을 조정하여야 제작 가능한 제품도 있다. 이 경우, 생산 라인 조정 시간이 상당히 소요된다면 시간 손실에 따른 기회비용(opportunity cost)를 무시할 수 없다. 1개월마다 생산 라인 조정하는 것을 3개월에 한 번 조정, 일괄생산 하는 것으로 끝낼 수 있다면 가격 인하 가능한 것이다.

물론 이 경우 고객의 입장이 3개월치를 한 번에 주문할 수 있어야 가능하고, 대금 결제, 재고 부담, 당장 필요 없는 물품을 어디에 보관할지 등의 문제가 현안으로 떠오를 것이다. 장기적인 거래 관계라면 물품은 공급업체에 일정 기간 보관하고 선적 후 CY에 일정 기간 보관하는 방법들이 있을 수 있다.

거래는 항상 상대방의 사정을 정확히 파악해야 서로에게 좋은 방안이 모색된다. 거래는 trade-off 인 바, 상대방에게 좋은 일이 될 수 있는 사안이 있으면 그것을 제시하고 자기가 필요한 것을 취하면 된다.

· trade-off:(타협을 위한) 교환/거래,(바람직하게 하기 위한 서로의) 균형

 ## 가격 인상 통보

최근 메탈 실리콘 가격 인상으로 2023/3/1일부터 당사 폴리실리콘 가격은 kg당 US$32로 인상됨을 통보드립니다. 하지만 3월 말일까지 발주하시는 물량은 현재 가격인 US$30/kg로 공급해 드리겠습니다.

We would like to inform you that, because of the recent price hike of metal silicon, our price of polysilicon will go up to US$32/kg as from March 1, 2023. We will accept any orders, for which you firmly place an order by the end of March, at the present price of US$32/kg.

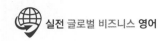

 Polysilicon: 폴리실리콘

폴리 크리스털린 실리콘(poly crystalline silicon)이라고도 함. 작은 실리콘 결정체들로 이루어진 물질로, 일반 실리콘 결정과 아모퍼스(비정질) 실리콘의 중간 정도에 해당하는 물질이다. 순도가 99.9999% 이상일 경우에는 반도체용으로 반도체 웨이퍼를 만드는 데 사용하며, 99.99%일 경우에는 태양전지용으로 솔라 셀(solar cell) 기판을 만드는 재료로서 사용된다. 반도체 웨이퍼 scrap은 solar cell 기판용으로 사용 가능하다. 폴리실리콘의 원료는 메탈 실리콘이다.

- Solar cell 공정
  metal silicon → polysilicon → ingot → wafer → solar cell

이번 수요일에 3%의 가격 인상이 전면적으로 단행될 것이다.

There will be an across-the-board price increase of 3% as from this Wednesday.

- across-the-board: 전면적인, 전체에 걸친, 연승식으로
  an across-the-board pay raise: 일괄 임금 인상

구매 과장이 우리의 가격 인상을 허락해줄지 의문이다.

We wonder whether our price hike can be approved by your purchasing manager or not.

☞ 원자재 가격이 폭등했다던가 하는 객관적인 상황이 명백할 경우, 협력 업체가 가격 인상을 통보할 수도 있다. 물론, 사전에 원자재 가격 인상에 따른 어려움을 몇 번 호소하고 견디다 못해 이리 했을 가능성이 크다. 납품업체가 경쟁 상대가 없는 부품을 공급한다면 가격 인상을 그냥 통보할 수도 있겠지만 대부분의 경우, one of vendors for one part인 경우가 대부분인 바, 고객의 눈치를 살피는 것이 우선일 것이다.

🎙 패턴 연습

∼한지 궁금하다, ∼한지 의아하다: wonder whether ∼

We wonder whether you might be interested in the pipe stock we have in Beijing.
북경에 갖고 있는 파이프 재고에 관심 있는지요.

We wonder whether your preeminent firm has any business presence here in Korea.
귀사가 한국에 진출입해 있는지 궁금합니다.

- business presence는 지사나 대리점이 있는지를 문의하는 것이다.

2023년 4월 15일부터 2023년 11월 15일까지 4차례 해상 운임 인상 예정임.

Plans have been made for four freight charge increases, spanning the period between April 15, 2023 and November 15, 2023.

 패턴 연습

A와 B사이의 기간에 걸쳐서: spanning the period between A and B

The price hike of raw materials is to be made two times, spanning the period between May 10, 2023 to October 10, 2023.
2023년 5월 10일부터 10월 10일까지 2차례 원료 가격 인상 예정이다.

The wage hike is to be made three times from January to October.
1월부터 10월까지 세 차례에 걸쳐 임금 인상이 있을 예정이다.

 ## 가격 인상의 불가피성 설명

귀사에서 디자인 변경한 완구의 가격을 인상할 수밖에 없는 사유를 설명드립니다.

Let us explain to you why we have no option but to increase our price of your design-changed toy.

우선, 케이스 재질을 ABS에서 PC로 변경했고, 두 번째로 모서리 처리가 날카로워 둥글게 처리하는 것으로 변경하였습니다.

First, you changed the plastic resin for the case from ABS to PC. Second, your corner treatment was changed to R because of sharp edge.

• R: rounded의 약자로 제품 도면에 보면 보통 R로 표시한다. 모서리를 둥글게 처리한다는 것임. 모서리가 둥근 것은 각진 모서리보다 가공비가 높다.

즉, 이 두 가지 사유로 인해 원재료비와 모서리 가공비가 인상되었습니다.

To wit, the material cost and corner treatment charge went up because of these two changes.

 사양 변경에 따른 가격 인상

위의 상황은 고객이 제품 개발 과정에서 engineering change한 것인 바, 가격 인상 요청이 당연하다. 공급업체의 경우 사양 변경에 따른 가격 인상 요소가 있으면 그때그때 즉시 고객에게 가격 인상된다고 통보하여 고객이 사양 변경 여부를 결정하도록 하여야 한다. 고객이 사양 변경했다고 아무 말도 없이 진행하다 제품 개발이 완료된 후 가격 문제가 사안이 된다면 난처한 일이 아닐 수가 없다. 어떤 제품도 제품 디자인에서 완제품이 출시될 때까지 사양 변경이 없는 것은 없다.

🎙 **패턴 연습**

바꾸어 말하면, 즉: to wit; in other words; namely; that is to say

Until our customer approves your counter sample made by your own raw materials, we will supply our raw materials to you as we discussed. In other words, for the time being, you have to use our raw materials.

당사 고객이 귀사의 원재료로 만든 견본을 승인할 때까지, 우리가 협의한 바와 같이 우리의 원재료를 공급할 것임. 바꾸어 말하면 견본 승인 시까지 당사에서 공급하는 원재료를 사용하여야 됨.

최근 3개월의 리튬 가격 인상으로 판단하건대, 양극재 업체가 곧 가격 인상을 단행할 것이라는 데 대해서는 의심의 여지가 없다

There is no question about the upcoming price hike of cathode material companies, as the price of lithium went up tremendously for the past three months.

 패턴 연습

~할 가능성은 없다, 의심할 여지가 없다

there is no question/doubt; it cannot be questioned that ~;
no doubt; without doubt; certainly; out of question; beyond question;
no question; without question

• out of the question; impossible: 불가능한

It can't be questioned that the company will take the largest M/S in the cellular phone market after its acquisition of one of top three largest cellular phone companies in the world.

그 회사가 세계 3대 핸드폰 업체 중 한 회사를 인수함으로써 핸드폰 시장에서 가장 높은 시장 점유율을 갖게 될 것은 의심의 여지가 없다.

There is no question that our device is more powerful than any of the other devices on the market.

우리 장치가 시장에 나와 있는 어떤 장치보다 더 강력한 장치라는 것에 의심할 여지가 없다.

My new acquaintance with you will undoubtedly be helpful to me in developing possibilities for new business areas.

귀하를 알게 되어 새로운 사업 분야의 기회 개발에 도움이 될 것이라는 것은 의심의 여지가 없음.

There are no doubt many possibilities for our two great companies to work together. I hope you can help us by pinpointing your needs further and by thinking of other venues of cooperation.

양사 간 공동 협력 분야가 많다는 것은 의심의 여지가 없음. 당신이 필요한 사항들을 좀 더 말씀해주고 다른 협력 분야를 생각해냄으로써 당사를 도와주시기 바랍니다.

🎤 패턴 연습

시장 점유율: market share(M/S)   시장을 점유하고 있다: take M/S

The company takes 95% M/S in Korean market. Its competitor has only 5%, and so it is distant second .

그 회사의 한국 시장 점유율은 70%이다. 경쟁업체의 시장 점유율은 겨우 5%로 1등과 큰 격차가 있는 2등이다.

☞ 막상 막하(neck and neck)의 2등은 close second 라고 한다.

• take the lion's share: 최대의 몫을(가장 좋은 부분을) 갖다
  Which vendor takes the lion's share totally depends upon the price, as each vendor's quality does not show any difference.
  각 협력 업체 간 품질 차이가 없기 때문에 어느 협력 업체가 가장 많은 오더를 수주하느냐는 전적으로 가격에 달려있다. 만약 품질/가격이 동등하다면 고객과의 인간관계에 의해 좌우될 것이다.

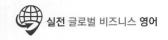

가격 인상 요청

당사의 불가피한 상황에 대한 귀사의 양해를 구합니다.

We want to ask for your considerate understanding of our inevitable situation.

아마 잘 아시다시피 최근 실드 캔의 원료인 스테인리스 가격이 지속적으로 인상되고 있습니다.

As you might well know, the price of stainless steel, raw materials of shield can, has been tremendously going up recently.

따라서 당사의 실드 캔 가격을 스테인리스 가격 인상분만큼만 인상하도록 허락하여 주시면 대단히 감사하겠습니다.

We, therefore, would very much appreciate it if you could allow us to raise our price of shield can by the price hike of stainless steel.

- shield can: 전자파 차폐 방법의 한 가지로 스테인리스나 양백 등으로 전자 부품 위에 덮어씌우도록 만든 메탈 커버를 말한다.

당사가 처음 제출한 가격은 귀사에서 제시하신 월 10만 톤 기준으로 가격 산정하였습니다.

Our original quotation was based upon your purchasing quantity of 100,000 tons/month.

하지만 최근 3개월간 귀사의 실질적인 월 구매 수량은 1만 톤에 불과하였습니다.

But your actual monthly purchasing quantity has been only 10,000 tons for the recent three months.

당초 말씀하신 대로 10만 톤을 구매해주시기 바랍니다. 아니면 구매 가격을 인상하여 주십시오.

We hope that you will increase your purchasing quantity to 100,000 tons/month as you originally said. Otherwise, we hope that you increase your purchasing price.

☞ 실제 발생되는 상황이다. 몇 개월 기다려보고 구매 수량이 말한 것과 큰 차이가 있으면 가격 인상이나 수량 증가를 촉구하는 것이 바람직하다. 물론 공급업체가 경쟁력이 있을 경우다.

바이어는 공급업체의 가격 인상 요청에 대해 확답을 주지 않았다.

The buyer did not give a definite answer to its supplier's request for price increase.

가격 인상 요청드린 지 2주나 지났지만, 왜 침묵으로 일관하는지 의아합니다.

Already two weeks has elapsed since we asked for your price hike. We wonder why you keep silent at our request.

원료 가격이 급등하고 있어 귀사 오더를 단가 US$10으로 계속 공급하는 것은 거의 불가능합니다. 도와주시면 감사하겠습니다.

It's next to impossible for us to keep supplying your order at the unit price of US$10, because of skyrocketing price of raw materials. Your considerate help would be appreciated.

📝 가격 인상 수락 불가

지금은 가격 인상할 때가 아님을 통보드리게 되어 유감입니다.

We regret to inform you that now is not an occasion for price hike.

🎙 패턴 연습

기회, 때: occasion

It was a really great occasion for me to see you during my stay in your country.
귀국 체류 시 귀하를 만난 것은 정말 좋은 일이었음.

마지막으로 말씀드리지만 귀사의 가격 인상 요청은 절대 받아들일 수 없습니다. 우리의 사양 변경이 없는 한, 귀사가 당초 당사에 오퍼하신 가격은 준수하셔야 됩니다.

Last but not the least, your request for price hike is totally unacceptable. You should keep your original quotation to us, as far as there is not our change of original specification.

🎙 패턴 연습

마지막에 나열하는 사항이지만 앞에 사항 못지않게 중요하다

last but not the least

Last but not the least, sudden price hike shocks our customers. And so you are required to inform us of the price hike schedule a few months in advance.

마지막으로 얘기하지만, 갑작스러운 가격 인상은 우리의 고객들을 놀라게 함. 따라서 몇 개월 전에 가격 인상 일정을 사전 통보하는 것이 바람직함.

Last but not the least, the delivery is also important.

마지막으로 얘기하지만 납기도 마찬가지로 중요하다.

당사는 점차 치열해지고 있는 전 세계적인 가격 경쟁으로 인해 협력 업체들의 가격 인상 요청을 수용할 수 있는 입장이 아닙니다.

We are not in a position to accept our vendors' request for the price hike because of increasingly severe competition in price over the world.

오히려 협력 업체들이 현재의 공급 가격을 유지함으로써 당사를 도와주어야 당사가 살아남을 것이고, 그래야 협력 업체들도 살 수 있는 바, 가격 인상 요청을 재고하여 주시면 감사하겠습니다.

Rather, we hope that all of our vendors will help us by keeping the present supplying price to us, only which allows us and our vendors to survive after this severely competing market. We hope that you will reconsider your request for price hike.

🎤 패턴 연습

~할 입장이다: in a position to 동사 원형

I, however, regret to advise you that we are not in a position to give/make a positive answer to your suggestion.

귀하의 제안에 대해 긍정적인 회신을 드릴 입장이 아님을 통보드리게 되어 유감임.

If you are in a position to supply your pulp, please do not hesitate to contact us, as we can place regular orders for 10,000~15,000 M/T of pulp in the near future.

펄프 공급 가능하면 언제든지 연락 바람. 가까운 장래에 정기적으로 1만 내지 1만 5천 톤 발주 가능함.

Now the company is in a position to employ more factory workers thanks to an avalanche of orders from the customers overseas.

그 회사는 해외 고객들로부터 주문이 쇄도하고 있어 공장 직공을 훨씬 더 고용할 수 있는 입장에 있다.

Although your business propositions sound extremely enterprising and promising, we regret to inform you that we are not in a position to make any loan, with or without security, due to the fact that our company policy does not allow for the handling of personal loans.

귀사의 제안이 진취적이고 사업성이 있어 보이나 당사의 회사 정책상 개인적인 대부 취급을 허용하지 않기 때문에 담보 유무와 관계없이 대부해 드릴 수 있는 입장에 있지 않음을 통보드림.

- with or without security: 담보가 있으나 없으나, 담보 유무에 상관없이
  give/go/stand security for: ~의 보증인이 되다

🎤 패턴 연습

점증하는, 점점 증가하는
increasing, increasingly ↔ decreasing, decreasingly

Moreover, there are many other garment-manufacturing factories in Korea which are getting increasingly automated.

점점 더 자동화하는 의류 제조 공장들이 많이 있다.

Furthermore, we have been strengthening our status as a general trading company by playing an increasingly active role in plant construction, international financing, and joint ventures.

게다가 당사는 플랜트 건설, 국제 금융, 합작 투자 분야에서 점점 더 활발한 역할을 함으로써 종합 무역 상사로서의 역할을 강화 하고 있다.

- play a role: 역할을 하다 　　　　　　　　　　　play an active role: 활발한 역할을 하다
  play an increasingly active role: 활발한 역할을 하고 있으며, 활발한 정도가 점점 더 강해지고 있다는 의미: 점점 더 활발한 역할을 하게 되다
  increasingly severe competition: 점점 더 치열해지는 경쟁

We expect the increasingly severe price competition among solar glass companies because of lower demand for the glass from PV module companies.

태양광 패널 업체의 유리 수요가 줄어 태양광 유리업체 간의 가격 경쟁이 더욱 치열해질 것으로 예상된다.

귀사의 가격 인상 요청을 받아들이지 못하는 것을 사려 깊게 이해하여 주시면 감사 하겠습니다. 우리가 우리 고객으로부터 주문을 못 받으면 귀사도 주문을 못 받는 것을 고려 하시어 이 어려운 난국을 같이 헤쳐 나가기 바랍니다.

Your considerate understanding of our inability to accept your request for price hike would be appreciated. You are kindly requested to notice that, if we can't receive orders from our customer, you will not get any order from us. We honestly hope that you will be able to join us in pulling thru these difficulties.

✒ 가격 인상 수락

최근 원료 가격 인상을 고려, 귀사의 가격 인상 요청을 받아들입니다.

Considering the recent price hike of raw materials, we will accept your request for price increase.

하지만, 당사의 대(對) 고객 가격은 인상될 수 없어 당사의 이익은 더 작게 됩니다.

But please note that our price to our customer can't go up, and so our profit gets smaller.

추후 기회가 된다면 당사의 입장을 고려하여 주시기 바랍니다.

I hope that, if possible, you will consider our position in the future.

☞ 공급업체로부터 무언가 사서 그걸 갖고 다시 무언가를 만들어 판매하고 있는 회사가 어쩔 수 없이 가격 인상을 받아들였을 경우다. 이러한 상황은 아마 공급업체의 품질이 뛰어나거나 고객이 이 회사의 부품을 사용하라고 지정하였거나 하는 경우이다.

납기를 60일에서 30일로 단축시켜 준다는 조건하에 가격 인상 수락합니다.

We will accept your price hike, on the condition that your delivery is shortened to 30 days from 60 days.

☞ 물품을 구매하는 입장에서는 납기가 짧으면 짧을수록 좋다. 공급하는 업체에서는 납기가 길면 길수록 좋다. 공장을 가동하는 입장에서 6개월치, 12개월치 오더가 사전에 확정되어 공장을 가동한다면 얼마나 좋을 것인가.

가격 인상 수락하며, 이것으로 귀사 경영진의 당사에 대한 태도가 변경되기를 바랍니다.

We accept your price hike, and hope that this will transform your management's attitude to our company.

☞ 실무자끼리는 친한 관계이나 아마 거래 상대방 회사의 경영진에서 부정적으로 보고 있는 모양임.

🎙 패턴 연습

A를 B로 변형하다, 개조시키다: transform A into B

The salary hike transformed the workers' attitude.
급여 인상이 직공들의 태도를 일변시켰다.

Heat is transformed into energy.
열은 에너지로 바뀐다.

The dress transformed her.
드레스를 입은 그녀는 다른 사람처럼 보였다.

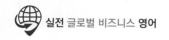

📝 가격 인상 폭 조정 요청

정히 인상이 불가피하다면 인상 폭을 최소화시켜 주시기 바람.

We honestly hope that your situation allows you to increase price not so much, if price hike is really inevitable.

🎤 패턴 연습

불가피한: inevitable/unavoidable/certain/destined/fated/inescapable
        predetermined/uncontrollable/beyond one's control
inevitable result/conclusion: 당연한 결과/결론, 필연적인 결과/결론

It was inevitable that the company cut down the price in order to keep the position of vendor.
협력 업체의 지위를 지키기 위해 가격 인하는 불가피한 일이었다.

The inevitable end of human life is death.
인생에 반드시 찾아오는 최후는 죽음이다.

Gaining weight is inevitable when you eat much but don't exercise.
그렇게 많이 먹고 운동하지 않으면 살찌는 것은 당연하다.

생산 수율이 좋지 않아 현재 가격으로는 도저히 채산성이 없다면 가격 인상 요청분의 절반은 받아들이겠습니다.

If the present price really makes you lose money because of low yield rate, we will accept 50% of your requested price hike.

대신 금주안에 생산 수율 향상 방법을 찾아내세요.

Instead, please do find out the way to elevate the yield rate within this week.

생산 수율 향상을 위해 사양 변경이 필요하다면 당사 연구소와 협의하세요.

If there is any engineering change required for higher yield rate, please discuss it with our R&D.

☞ 생산 수율이 좋지 않으면 불량이 많아지는 것이고, 이는 가격 경쟁력이 없어지는 것이다. 생산 수율은 제조업체의 생명이다. 연구소는 제품 개발 시 생산 수율이 좋도록 개발을 하여야지, 성능만 좋고 수율이 좋지 않은 제품을 개발한다면 그 제품은 생명이 없는 제품이다.

☞ 특히, 이차 전지는 생산 수율에 따라 회사의 영업 이익 up/down이 아주 심한 바, 생산 수율은 기업 생존의 사안이다.

품 질

 가격 인상 없이 동일 품질 유지 방안 제시

따라서, 상업용 등급과 산업용 등급을 합치는 것을 원합니다. 이런 혼합 합판을 만들면 표면 품질을 유지하면서 가격을 낮출 수 있음.

Hence, we require a marriage, so to speak, of your commercial- and industrial-grade boards. This hybrid board has lower cost while retaining the necessary surface quality.

• hybrid란 두 가지 이상의 기능을 합친 부품/제품을 칭할 때 유용하게 사용된다. 예를 들면 hybrid IC, hybrid car.

최근 원자재 시장의 변동으로 당사 제품의 가격에 영향을 미칠 것입니다. 품질과 가격 모두 같이 중요한 바, 가격 인상 없이 동일 품질을 만들 방법이 있다면 상세한 내용을 얘기해주세요.

Recent change of raw materials market will affect the price of our product. The quality and price are equally critical. If there is any way to keep the same quality without price hike, please tell me about the details.

패턴 연습

똑같이 중요하다: equally critical

Quality control between your company and ours is equally critical.
양사 간의 품질 관리는 양사에 똑같이 중요하다.

Technology transfer business is equally critical to each company concerned.
기술 이전 사업은 각사에 똑같이 중요하다.

Quality, price, and delivery are equally critical.
품질, 가격, 납기는 똑같이 중요하다.

☞ 이 세 가지가 경쟁력이 있다고 오더 수주 확실한가? 그렇지 않다. 오더는 주는 사람 마음이다. 이런 경쟁력을 갖춘 업체는 단지 오더를 받을 자격이 갖추어져 있을 뿐이다.

불량 판정 기준 확정

귀사의 품질 검사와 관련, 불량품 판정 기준을 수립하여야 됩니다.

Regarding your IQC, we need to fix which is acceptable and which is unacceptable.

• IQC: incoming quality control: 들어오는 부품/제품 품질 검사
 OQC: outgoing quality control: 나가는 부품/제품 품질 검사

우리에게 보다 더 중요한 일은 귀사가 당사에 발주 전에 귀사와 당사 간에 품질 판정 기준을 설정하는 것입니다.

What's more important to us is that, before you start placing orders with us, you and we have to set up a criteria/standard showing which is OK quality and which is defective.

☞ 장기 거래 관계이라면 불량품에 대한 판정 기준이 반드시 있어야 한다. 예를 들면, 제품에 아주 미세한, 육안으로 확인하기 어려운 scratch가 있다. 이것을 불량으로 볼 것인가, 양품으로 볼 것인가? 이런 경우 scratch 판정 기준이 있으면 argue 할 필요가 없을 것이다. 불량품 판정 기준 설정은 매도자 매수자 모두에게 바람직한 사안이다.

🎙 패턴 연습

우리에게(아주) 중요한 것은 ～이다, 보다 더 중요한 일은
What is(most) important to us is ～; What is more important is ～

What is most important to us is starting a mutually beneficial business relationship with you and expanding our ties with your group companies.
우리에게 무엇보다도 중요한 것은 귀하와 거래를 시작하는 것이며 귀 그룹사들과의 유대 관계를 확대하는 것입니다.

What is most important to the company is to survive after this chicken game of solar glass anyhow. The winner takes it all.
회사에 아주 중요한 일은 어떻게 하든지 이 태양광 유리 치킨 게임에서 살아남는 것임. 살아남는 자가 독식한다.

What is more important at the moment is how to come down the defective ratio, not to increase production capacity.
현재 보다 더 중요한 일은 생산력 증가가 아니고 불량률을 어떻게 하면 낮출 수 있느냐는 것이다.

귀사와 당사 간의 있을지도 모를 논쟁을 피하기 위해서는 이물질 검사 기준을 사전에 확정하여야 한다.
In order to avoid possible argument between you and us, we have to fix the way to examine the foreign material in advance.
• foreign material: 이물질

🎙 패턴 연습

이물질 검사/조사하다: examine the foreign material

First, we will have a reliable inspection organization which you designate examine the foreign material in question. We will closely monitor the results.
첫째, 귀사가 지정하는 유수 검사 기관이 문제의 이물질을 검사하도록 하고 그 결과를 주시할 것임.

• in question: 문제의, 당해(當該)의
  the person in question: 당사자, 본인

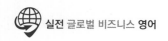

You are definitely required to make our conductive paste as per our recipe. Please do inspect all the ingredients before you input them into the mixer, as even a tiny quantity of foreign material comes down the conductivity of the paste tremendously.

우리의 도전성 페이스트는 반드시 우리의 제조법대로 만들어야 한다. 믹서에 원료 투입 전에 모든 원료를 검사해라. 왜냐하면 이물질이 조금만 들어가도 도전성이 크게 저하되기 때문이다.

제품의 기능 설명

사용자 설명서만으로는 노인들이 스마트폰 사용법을 익히기 쉽지 않다. 누군가가 노인들에게 스마트폰을 최대한 활용할 수 있는 방법을 가르쳐 주어야 한다.

User's manual is not good enough for the old persons to learn how to utilize smart phone. They need some one who can show to them how to make the most of smart phone.

• user's manual; instruction manual: 사용 설명서

잠재 고객의 관심을 끌기 위해서는 새로운 혁신적인 TV의 고급 기능을 시연하는 것이 필요하다.

To draw the keen interest of the potential customers, you are required to demonstrate the advanced functions of your new, innovative TV.

• demonstrate: 시연하다, 증명하다
 demonstration: 시연, 증명, 데모
 This demonstrates our business sincerity and integrity.
 이것이 우리의 사업에 대한 성실함과 정직함을 증명한다.

박람회에서 시연할 기계 한 대 필요함.

We need one set of machine to demonstrate at the exhibition.

✒ 제품의 품질 설명

당사의 새로운 OLED TV는 아직 시장에 없는 매우 스마트한 기능들을 갖고 있습니다. 그 기능들은 다음과 같습니다.

Our new OLED TV offers very smart functions that are not on the market yet. They are as below.

당사의 모든 LED 등은 정부 유관 기관에서 인증하는 신기술 및 신제품 인증을 득한 바, 품질에 대해 안심하셔도 됩니다.

We would like to emphasize that all of our LED lightings obtained NET and NEP which are authorized by government-related authorities. And so you may rest assured of the quality of our LED lightings.

• NET(new excellent technology): 지식경제부의 신기술 인증
• NEP(new excellent product): 지식경제부의 신제품 인증

NEP 덕분으로 당사의 매출이 매달 크게 증가하고 있다.

Thanks to NEP, our sales revenue has been going up tremendously every month.

🎤 패턴 연습

~의 덕분에 ~하다, 때문에: thanks to ~

The company finally succeeded in securing orders for 5G cellular phone from the service providers in USA, thanks to its high technology and strict quality control.

그 회사는 높은 기술력과 엄격한 품질 관리 덕택으로 미국 통신 사업자로부터 5G(long-term evolution) 핸드폰 주문을 확보했다.

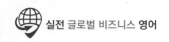

Our company enjoys an outstanding reputation worldwide thanks to its high quality, reliability, and good credit standing.

당사는 취급 제품의 높은 품질, 거래의 신뢰성, 높은 신용 덕분에 세계적으로 탁월한 명성을 향유하고 있음

- outstanding: 걸출한, 탁월한, 미결제의, 미해결의, 기 발행된

  an outstanding political figure: 탁월한 정계 인사

  outstanding debts: 미불 부채

  outstanding shares: 기(旣) 발행 주식

제품의 고객 설명

핸드폰 케이스용으로 당사의 폴리카보네이트를 사용하고 있는 핸드폰 업체가 대부분이다 . 그 사유는 품질이 좋고 가격 경쟁력이 있기 때문입니다.

Most of handset companies in the world have been using our PC for their handset housing, thanks to quality and price.

당사 태양광 유리 고객은 TPK Solar, SH Solar 등과 같은 세계 유수 회사들입니다. 이 고객들이 당사 태양광 유리의 경쟁력을 충분히 대변한다고 믿습니다.

The customers of our solar glass are world-prestigious companies such as TPK Solar, SH Solar, and so on. I believe that our customers fully represent the competitiveness of our solar glass.

 고객이 제품 경쟁력 대변

제품에 대한 설명은 그 제품의 고객이 누구인지를 보여주면 가장 확실하다. S전자에 핸드폰 부품을 공급한다면 일단은 세계 어느 업체에도 핸드폰 부품을 납품할 역량을 갖추고 있는 업체로 간주되는 것이다. 물론, S전자의 협력 업체라고 S전자보다 못한 업체의 협력 업체가 된다는 보장은 전혀 없다. 오히려 역효과가 생길 수도 있다. 왜냐하면 오더를 주는 업체의 입장에서는 자기 오더를 가장 중시할 협력 업체를 원한다. S전자의 협력 업체라면 S전자의 오더가 우선일 것인 바, 자기 회사의 오더를 중시할 가능성이 적기 때문이다.

크롬 타깃 고객들은 전국적으로 퍼져 있으며 각 사의 연 구매 수량이 절대 크지 않다. 그래서 크롬 타깃 사업을 창출하기 위해서는 시간이 돈이 많이 든다.

The customers of Cr target is widespread/scattered nationwide, while each potential customer's annual purchasing quantity is not big at all. And so to generate Cr target business costs much in time and money.

• target: 진공 증착(sputtering)을 하기 위한 금속/화학물의 결합체.
　　　　진공 증착기(sputter)로 target을 원자 분해시키면 금속 가루가 도금 대상 물체에 날아가 부착된다.

☞ 잠재 고객은 전국에 산재되어 있고, 한 업체당 사용 물량이 적다면 영업 초기 단계에 시간/기름값 투자가 만만치 않은 바, 된다는 보장도 없는 비즈니스를 추구하는 것이 쉽지 않다. 오더가 되어도 개별 업체당 관리비가 많이 드는 바, 이런 비즈니스는 좋지 않다.

제품의 품질 보증 및 A/S

그 회사의 생산 과장은 조립 라인의 직공을 엄격히 훈련하면 양질의 품질이 보장되는 것으로 생각했다.

The production manager of the company thought a strict training of the workers at the assembly line would guarantee quality products.

귀사에서 말씀하신 사안에 대한 상세 테스트의 결과가 나오지 않아 알루미늄 전선의 첫 선적분 품질을 보증할 수 없었음.

We were unable to guarantee quality of the aluminum cables of the first shipment as the result of detailed testing of your informed issue did not come out yet.

🎙 패턴 연습

보증하다, 보증인이 되다, 확실히 하다, 보장/확언/장담하다: guarantee
보증, 담보(물), 보증서, 개런티(최저 보증 출연료): guarantee

The president of the company guarantees that the contract shall be carried out on time.
그 회사의 사장은 계약이 적기에 이행될 것을 보증한다.

I guarantee(that) your customer will accept our price and will fly to us for factory audit.
그 고객이 우리 가격을 수락하여 공장에 실사를 올 것으로 장담하다.

☞ 타 업체에 비해 뭔가 큰 경쟁력을 갖고 있는 상황이다.

• issue a guarantee letter(letter of guarantee): 보증서 발급하다
  a guarantee on an OLED TV: OLED TV 보증서
• under the guarantee of: ~의 보증 아래, ~의 보증을 하여
• Wealth is no guarantee of happiness. 부가 행복의 보증은 아니다.

5G 핸드폰의 보증 기간은 구입 후 1년입니다.

Our warranty of 5G cellular phone is one year after purchasing date.

• warranty: 보증(서)
  under warranty: 보증 기간 내에 있다

이 기간 동안은 무상 수리해드립니다.

We guarantee free repairs within this period.

하지만, 만약 소비자의 사용 잘못으로 발생되는 고장은 수리 기사의 인건비가 청구됩니다.

But, if the phone is damaged by consumer's abuse or misuse, we charge our repairman's labor cost to fix the phone.

무상 수리는 영수증을 제시하여야 되며 무상 수리 청구 일자가 영수증 일자로부터 1년 이내에 있어야 한다.

The free repair service is available only if you present your receipt and also the date of your asking for repair should be within one year from the date of receipt.

구매 후 1년 이내 영수증 제시 시 무상 수리 가능함.

The repair service is free when you present receipt within one year after your purchase.

수리 요청 접수 후 24시간 이내 당사의 기술자를 귀하/귀사 소재지로 파견드립니다.

Our qualified engineer will be dispatched to your place within 24 hours after your asking for repair.

기계 보증 수리 기간이 일 년이지만, 귀사의 사용 잘못으로 부품에 문제가 생기면 부품 교체 시 부품 비용을 청구하게 됩니다.

Even if the warranty of the machine is one year after your purchase, we will have to charge the parts if they were damaged by your misuse and should be replaced by new ones.

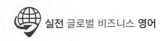
③ 납 기

 상시 발주 수량

정상적인 경우 납기는 어떻게 되는지요?

What's your(normal) delivery?

우선 50만 톤 석탄에 대해 PO 발급 후 30일 이내 납품하는 것으로 프레임 계약 체결하고 싶습니다.

We want to enter into the frame contract of 500K MT of coal first with the delivery of 30 days after our Purchasing Order.

• K = 1,000. 일부 업체의 경우 백만을 KK라고 표시하기도 한다.

BIZ Point Frame Contract

연간 수량, 가격은 어떻게 결정한다 등등 기본적인 사항을 계약하는 것으로 기본 계약(master purchasing agreement, basic agreement)으로 보면 된다. 주로 장기적인 거래 관계에 있는 업체들이 체결한다. 특히, 리튬, 니켈, 동광석 등 원자재 광산의 경우, frame contract에 의한 공급, 구매를 한다.

프레임 계약이 체결되면 일반적으로 매 분기별로 가격을 확정하고 거래하는 것이 일반적이다.

마감 시한을 못 맞추면 벌금을 내야함.

If you miss the deadline, you'll have to pay a fine/penalty.

• miss the deadline 마감을 넘기다

갑작스러운 발주 시

만약 우리가 급하게 선적을 요구하면? 갑작스럽게 화급한 선적을 요구하면 얼마나 빨리 선적 가능한지요?

What if we ask for your urgent shipment? How soon can you ship our order when we are in an urgent need of your goods suddenly?

20피트 컨테이너 3대분까지는 주문 후 5일 이내 공급하겠습니다.

We will supply your sudden order within five days, up to three 20″ containers.

☞ 일반적으로 여기서 공급이라는 것은 선적이 아니라 공장에 물품을 준비 완료하는 것을 말한다. 선적은 선박 회사의 사정에 따라 좌우되는 바, 제조업체에서 갑작스러운 오더에 대해 선적 일자를 확언하기는 어렵다. 따라서,

We will finish making your order by May 10.

We will make your oder ready for pick-up at our factory by May 10.

We will prepare your order by May 10.

등으로 표현하는 것이 clear하며, 오해의 소지가 없어 책임질 상황이 발생하지 않는다.

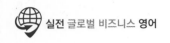

④ 결제 조건

거래 조건 협의 확정

이제 결제 조건을 협의하였으면 합니다. 우선, 회사 정책상 화물을 받기 전에는 대금 결제 불가합니다. 당사의 결제 조건은 화물 수취 후 60일 이내 전신환 송금입니다.

Now we want to discuss terms of payment. First of all, our company policy says that we can't pay before we receive goods. Our terms of payment are 100% T/T remittance within 60 days after receipt of goods.

당사는 물품 대금을 받기 전에 선적 불가합니다. 서로 조금씩 양보하여 중간에서 만나는 것이 어떤지요? 발주 즉시 50% 전신환 송금, B/L 일자 30일 이내 50% 송금 결제를 제안드립니다.

We are sorry that we can't supply your order before we receive payment. Judging from your company policy, how about meeting halfway?
I propose "50% T/T remittance upon placing an order and 50% within 30 days after B/L date."

☞ 거래 초기 단계라 서로 신뢰가 없을 경우 fair한 결제 조건이다.

상호 이익 창출을 위해, 당사 현지 지사장에게 귀하 방문을 지시하였음. 서로 만나 얼굴을 보고 하는 상담이 사업 성공의 지름길이라 생각한다.

In addition, Mr. DH Kim, head of our branch has been instructed to call on you to further discuss terms and conditions for mutual benefits. I think that face-to-face meeting would be the short-cut to business success.

• short-cut: 지름길

🎙 패턴 연습

그 위에, 게다가: in addition; additionally
~에 더하여, ~위에 또: in addition to; besides:

In addition, we would like to expand our business by increasing our market coverage in Asia and the Middle East and by capitalizing on American sourcing of parts and materials from Korea.

추가적으로는 아시아와 중동 시장 진출 확대와 미국의 한국산 부품/소재 구매를 활용함으로써 당사의 BIZ를 확대하는 데 있음.

🎙 패턴 연습

면담을 하다, 얼굴을 맞대고 상담하다: have a face-to-face meeting

We suggest that you will have a face-to-face meeting with the head of our branch office and reach the conclusion on the terms and conditions in greater detail.

당사의 현지 지사장과 함께 얼굴을 맞대고 거래 조건에 대해 상세히 합의하기 바람.

The salesman should not wait for the calls from the potential customers but should actively try to have face-to-face meetings with them as many as possible.

영업 사원은 잠재 고객의 전화를 기다릴 것이 아니라 가능한 많은 고객들과 직접 만나 상담할 수 있도록 적극적인 노력을 기울여야 한다.

✒ Open Account(O/A)

당사는 협력 업체들과 오픈 어카운트 거래를 하고 있으며 결제 조건은 선하 증권 일자 기준으로 60일 이내 100% 전신환 송금이다.

We have been doing an open account transaction with vendors. Our terms of payment are 100% T/T remittance within 60 days from B/L date.

Open Account(O/A) Transaction: 청산 계정 거래

무역 거래에서 상품은 계속 선적하고 물품 대금은 일정 기간에 한 번씩 누적된 것을 결제하는 방식이다.

한 마디로 구좌가 열려 있다는 것이니 credit ceiling이 없는 것을 의미한다. 만약, 매주 선적되는 물품이고 결제 조건이 B/L date후 60일이라면 2개월간의 선적 물량이 외상으로 되어, 이 금액이 기본적으로 깔리는 credit이 되는 것이다. 믿을 수 없는 업체가 아니면 거래하기 힘든 조건이다.

원칙적으로 귀사의 오픈 어카운트 거래 방식을 수락합니다.

We, in principle, accept your open account transaction.

하지만, 당사의 자금 여력상, 선적분이 5천만 불이 넘어가면 물품 대금 결제 없이 감당하기 어렵습니다. 따라서, 당사의 선적분이 5천만 불이 초과되면 초과분은 즉시 대금 결제하여 주시기 바랍니다.

But, as our financial status is not good enough for taking care of more than US$50 mil without receipt of payment, we propose to you that, if our shipment exceeds US$50 mil, you pay the exceeding amount right away.

☞ 고객의 결제 조건을 따르는 것을 원칙으로 하되, 공급업체의 자금 사정으로 credit ceiling(외상 한도)을 5천만 불로 제시한 것이다. 회사의 자금이 충분치 않으면 오더를 준다고 해도 받을 수 있는 금액에 한계가 있다. 위의 거래는 기본적으로 5천만 불이라는 금액이 60일 동안 상시 외상 매출금(account receivable)으로 깔려 있는 바, 여기에 따른 금융 비용(financing cost)이나 기회비용(opportunity cost)을 고려하여야 한다.

⑤ 협상 시 유용한 표현

당사에 대한 확약을 주시면 당사의 모든 역량을 동원, 타의 추종을 불허하고 신뢰할 수 있는 서비스를 대응력 있게 제공해드리겠습니다.

Once we receive your commitment to our company, we will marshall our corporate energy and resources to provide responsive, dependable, and unsurpassed service for your preeminent firm.

☞ marshal, marshall: 정렬시키다, 집합시키다, 열거하다 🙂 mobilize, muster, rally, organize

당사를 독점 대리점으로 선택하신 결정에 행복하도록 해드리겠습니다.

We will make you happy at your decision to select us as your exclusive agent.

당사를 사업 파트너로 선택하신 것에 후회하지 않도록 해드리겠습니다.

You shall not repent your decision to select us as your business partner.

당사의 마케팅 능력과 잠재 고객들과의 인간관계에 안심하십시오.

Please rest assured of our marketing ability and personal relationship with potential customers.

생각은 세계적으로 하고, 행동은 현지인처럼 하세요.

Think globally, but act locally.

로마는 하루아침에 이루어지지 않았다. 로마에 가면 로마법을 따라라.

Rome was not built in a day. Do in Rome as the Romans do.

한국에서 사업 성공하려면 낮은 가격에 괜찮은 품질이 필요하지, 높은 가격의 높은 품질은 별로 도움이 되지 않는다.

The key to business success in Korea is 'OK quality, low price'. 'Excellent quality, high price' does not help at all in Korea.

바이어가 아니라 사업 파트너를 찾고 있습니다. 매도자가 아니라 사업 파트너를 찾고 있습니다.

We are looking for business partner, not buyer. We are looking for business partner, not seller.

속도는 사업 성공의 주요 요소 중의 하나이다.

Speed is one of key factors to business success.

한국인들은 성급하며 다혈질이다. 대응력과 신속한 행동이 한국에서의 사업을 결정짓는다.

Koreans are hasty and hot-tempered; responsiveness and prompt action decide business in Korea.

원가가 급등하여 고객들은 가격 경쟁력이 있는 뭔가를 찾기 시작했다. 당사가 그 가려움증을 긁어 줄 수 있는 적격 업체이다.

The escalating costs have made customers look for something more competitive in price. We are the right company who can scratch their itches.

6 협상 마무리

이틀간의 상담을 오늘 끝내야 한다. 나머지 주요 애로점에 대한 적절한 해결책을 찾도록 합시다.

We have to wrap up our business discussions of two days today. Let's do find out the right solution to the remaining major sticking points in the negotiations.

- sticking point: 애로점/난제
- wrap up: 끝내다, 완성하다, 따뜻하게 옷을 입다
- wrap up in ~: ~에 몰두하는, ~에 푹 빠져 있는
  R&D has been wrapped up in developing a new, innovative separator for months.
  연구소는 새롭고 혁신적인 분리막 개발에 수개월간 몰두하고 있다.

혁신적인 신제품 개발 후 매출이 급속히 신장했다.

The sales of the company went up by leaps and bounds after it developed a new, innovative product.

- by leaps and bounds: 일사천리로, 일취월장하여, 순조롭게

장기적인 사업 파트너를 원하면 협상에서 항상 타협하려고 노력해라.
If you want to secure a long-term business partner, always try to strike a balance in negotiations.

• strike a balance: 타협하다, 중용을 취하다

우리 모두에게 가장 좋은 것은 조속히 계약서를 체결하는 것이다.
The best way for both of us is to reach the agreement immediately.

아래의 몇 가지 주요 사안을 제외하고는 귀사 제안의 모든 내용과 취지에 동의함.
With the exception of a few critical issues below, we are in full agreement with the content and spirit of your proposal.

🎤 패턴 연습

몇 가지 주요 사안을 제외하고는: with the exception of a few critical issues

As you already well know, we successfully reached points of agreement on almost all of the related details, with the exception of a few critical issues.
이미 잘 아시는 바와 같이, 몇 가지 주요 사안을 제외하곤 거의 모든 관련 상세 사항들에 대한 합의를 하였음.

These unsettled issues are subject to the approval our president; we therefore request your generous understanding of our position. These are as follows:
이 몇 가지 미확정 사안들은 사장님 전결 사안인 바, 사정 이해해주시기 바람. 그 내용은 다음과 같음.

🎤 패턴 연습

(우리에게) ~하는 가장 좋은 방법은 ~ : The best way(for us) to 동사원형

The best way for us to proceed at this point will be for your company to delineate your detailed interests to my company.
현시점에서 사업 추진의 가장 좋은 방법은 귀사가 당사에 구체적인 관심 사항을 자세히 설명하는 것임.

• delineate: ~의 윤곽을/약도를 그리다, 묘사/기술하다
  delineation: 묘사, 윤곽, 도형, 설계, 도해
  delineate each party's role: 각 당사자/관계자의 역할 정립

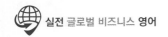

지난번에 언급 드렸듯이 품질 관리는 타의 추종을 불허함.

As I mentioned to you before, our quality control is unmatched.

당사 고객 명단에서 이 사실을 쉽게 판단하실 것으로 생각합니다.

You can easily judge this from the list of our customers.

☞ 세계적인 회사를 고객으로 갖고 있는 업체가 신규 거래선 확보 추진 시 사용할 수 있는 설득력 있는 표현이다.

🎙️ 패턴 연습

타의 추종을 불허하는, 필적되지 않는: unmatched, unequalled, unparalleled, unrivalled, unsurpassed, peerless, supreme, consummate, paramount, incomparable, beyond compare, second to none

• unmatched; unmatchable: 필적하기 어려운, 대항할 수 없는
  meet/find one's match: 호적수를 만나다, 난국/난문제에 부닥치다

JT Telecommunication Co., is the best service provider unmatched by any other service provider, as far as 5G speed goes.

5G 속도에 관한 한, JT 텔레콤에 필적할 수 있는 통신 사업자는 없다.

The company is unmatchable in the sales quantity of cellular phone.

핸드폰 판매량은 그 회사가 최고이다.

He had a talent unmatched by any other musician of this century.

그는 금세기 어떤 다른 음악가도 필적할 수 없는 재능을 지니고 있었다.

Chapter 14 계약

계약 조건 협의

– 계약 기간, 영업 영역, 독점권, 영업 품목, 준거법, 자동 갱신, 해지

마침내 상호 합의에 도달하였음. 남은 일은 계약서를 체결하는 것이다.
We have reached mutual consent finally. The remaining thing is to enter into the contract.

계약은 쌍방을 구속한다.
The contract is binding each party.

A와 B 사이에 2023년 5월 25일 체결된 이 계약서 ～
This agreement, made on the 25th day of May, 2023 by and between A and B, ～:
This agreement, dated May 25, 2023 between A and B ～;
This agreement, entered into effective as of May 25, 2023 by and between A and B ～;
This agreement, entered into on May 25, 2023 by and between A and B ～;

아래의 2가지 사항을 제외하고, 제시한 계약서의 모든 내용에 동의함.
With the two exceptions noted below, I am in full agreement with your proposed contract.
• I am in full agreement with ～; I fully agree with ～ : ～에 모두 동의

247 •

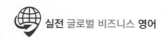

첫 번째 패러그래프의 내용을 다음과 같이 변경하고, 두 번째 패러그래프의 6항은 삭제하기를 바람.

Substituting for the first paragraph, I would like the following, and I would like to remove point number 6 in the 2nd paragraph.

- substituting for the first paragraph: 첫 패러그래프의 내용을 대신
  substitute A for B: B 대신에 A를 사용하다
  We substitute margarine for butter. We use margarine as a substitute for butter.
  버터 대신 마가린을 쓰다
  There's no substitute for manger Kim.   김 과장을 대신할 사람은 없다.

5조 6항은 당사의 독점 대리점 역할에 근본적으로 상충되는 것임.

Point number 6 in Clause 5 is in fundamental contradiction to our role as exclusive agent.

- in fundamental contradiction to ~; fundamentally contradictory to ~:
  근본적으로 상충되는, 근본적으로 위배되는

귀사의 9항 경쟁 금지 조항 동의 및 준수가 가장 중요한 마케팅 요소임.

Your agreement with and adherence to point number 9, the non-competition clause, represents the most critical marketing parameter.

 Non-compete(동종 품목/업종 경쟁 금지, 동종 업종 취업 금지)

계약에서 자주 사용하는 말로써, 경쟁 관계에 있는 품목을 팔거나 회사에 경쟁되는 일은 못한다는 것이다. 예를 들어 외국 회사에 독점권을 부여하였는데, 그 독점권을 받은 회사가 독점권 공여 업체와 경쟁 관계에 있는 물품을 같이 판매한다면 이는 독점권 공급 업체에 손실을 끼치게 되는 것 인 바, 이런 상황 방지를 위한 것임.

또한, 고용 계약서에도 자주 사용되는 표현인데, 고용인이 회사를 그만둘 경우, 몇 년간은 그 회사에서 배운 지식을 갖고 그 회사에 이익에 위배되는 사업은 하지 못 한다는 의미로 사용된다. 즉, 동종 업종에서 경쟁하지 않는다는 것임. 일반적으로 임원급 이상의 인사나 연구원들에게만 적용되며, 각 나라마다 경쟁 금지 기간이 상이함.

계약서 안에 몇 가지 조건을 추가하고 싶습니다.

We would like to add a few more conditions in your contract draft.

계약서가 상호 합리적이고 공정하게하기 위해 몇 가지 조항을 변경하고 싶습니다.

We would like to change a few clauses in order to make the contract mutually fair and reasonable.

7조가 논리적으로 맞지 않기 때문에 몇 가지 사항 변경 드립니다.

We would like to make a few changes in clause 7, as the clause does not make any sense logically.

한국 고객들과의 직거래는 한국 내수 시장에서의 효율적인 마케팅 전략인 시종일관한 정신을 훼손하는 것임.

Your direct dealings with Korean customers will impair a coherent spirit which is effective Korean domestic marketing strategy.

상기 2가지 조정 내용을 고려하여 주시면 감사. 저희가 제안드린 사항은 논리적이며 우리 양사의 이해관계에도 부합되는 것으로 확신함.

I appreciate your consideration of our two modifications. I am sure you will find them to be logical and consistent with our mutual interests.

🎤 패턴 연습

시종일관한: consistent, coherent, unchanging, changeless, invariable, unfailing

일관성, 언행일치, 모순이 없음: consistency, consistence

• consistent는 비즈니스에서 상대방의 신뢰 구축에 아주 중요하다.
  특히, 가격이나 품질 불량이 발생할 때는 consistent한 논리/말/행동이 매우 중요하다.

The consistent quality decides the long-term business with customers.

품질이 시종일관해야 고객들과 장기적인 거래를 할 수 있다.

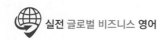

Our explanation about the defectiveness to the customers must be consistent, which is the way to make them rest assured of doing business with us.

고객들에 대한 우리의 품질 불량에 대한 설명은 시종일관해야 한다. 그래야 고객들이 거래에 안심할 수 있다.

His words are consistent with his action.

그는 언행이 일치한다.

- a men of few/many words: 말이 적은/많은 사람
- a man of his word: 약속을 지키는 사람
- at a/one word: 일언지하에
- be as good as one's word: 약속을 이행하다, 언행이 일치하다

계약은 계약 만료 3개월 전까지 쌍방이 아무런 말이 없으면 2023년 6월 1일을 시작으로 일 년 단위로 자동 갱신된다.

The contract automatically renews as one-year term beginning June 1, 2023, unless otherwise notified by three months before the end of the contract.

- renew: 새롭게 하다, 되찾다, 갱신하다
  renew/refresh   one's old friendship with ~: ~와의 우정을 새롭게 하다
  renew contract: 계약을 갱신하다
  renewal of contract: 계약 갱신

본 계약은 2023년 6월 1일부터 3년간 유효하며 계약 만료일 90일 이전까지 계약 해지 서면 통보가 없으면 3년 단위로 자동 갱신된다.

This agreement shall be effective for a period of 3 years commencing from June 1, 2023 and shall be renewed automatically thereafter for further periods of 3 years, unless either party gives a notice of termination in written to the other party by ninety days prior to the expiry date of the agreement.

- written notice 서면 통지
- written approval/authorization/consent/confirmation/response
  서면   승인 /   허락 /   동의 /   확인 /   회신

지난 금요일 주신 귀사 제품의 도면을 양사 간 체결된 계약서에 명기된 목적 이외에는 사용하지 않을 것임을 보증함.

We guarantee that we will not use the drawing of your product, which was given to us last Friday, for the purposes other than those stated in the contract made between you and us.

계약의 성립, 유효성, 구조 및 이행은 인도 법에 따른다.

The formation, validity, construction and performance of this Agreement are governed by the laws of India.

☞ 한마디로 준거법은 인도 법이라는 것임.

본 계약의 준거법은 인도 법이다.

The governing law of this Agreement shall be the laws of India.

• governing law: 준거법(계약의 근간이 되는 법)

☞ 각 국의 법은 약간씩 상이한 바, 같은 문장의 내용이라도 각 국가의 유권 해석이 다를 수 있다. 따라서 반드시 계약서의 준거법이 어느 국가인지를 명기하여야 한다.

그 계약은 무효 판정을 받았다.

The contract was declared null and void.

• null and void: 무효의
  a null and void vote: 무효 투표

계약 변경이나 해지는 계약 만기 3개월 전에 이루어져야 한다.

Notice of revision or termination of the agreement should be made at least three months before the end of the agreement.

귀사와 당사 간의 태양광 유리 계약에 대한 6월 15일 자 해지 통지를 수취하였습니다.

We have just received your June 15 message notifying us of the termination of the agreement on solar glass between your company and ours.

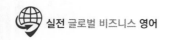

그 회사는 계약을 존중한다. 일단 계약서 서명하면 그 회사와의 거래는 안심해라.

The company honors its contract. Please rest assured of doing business with that company, once it signs the contract.

계약서 검토 및 동의 요청

귀사 계약서 안(案) 검토 결과를 다음 쪽에 상세히 기술하였습니다. 당사의 제안을 수락하여 주실 수 있기를 바랍니다.

The result of our reviewing your contract draft is detailed in the next page. We hope that your situation allows you to accept our counterproposal.

3가지 사항 이외 모든 내용에 동의드립니다. 그 사항들을 다음과 같이 변경하였으면 합니다. 그 변경 내용이 합리적인 바, 수락하여 주시기 바랍니다.

We agree to your contract draft except three points. Our proposed changes are detailed as below. I hope that you will accept them, as they are reasonable.

계약서 합의/서명

본 합의 사항을 입증하기 위해 양사의 대표가 계약서 2부에 서명하며 각자가 한 부씩 보관한다.

In witness whereof, duly authorized representatives of the parties sign the Agreement in duplicate and each party retains one signed original.

그의 생각이 나의 생각과 일치한다. 쌍방이 마침내 의견이 일치하여 계약서에 서명했다.

His idea coincided with mine. The two parties finally coincided in opinions, and signed the contract.

• coincide: 일치하다,(의견/취미/행동이) 맞다　　명 coincidence

좋아 알았다, 계약하자, 결정짓자,(거래 등에서)일이 성사된 것으로 치다.

Let's call it a deal. That's a deal.

☞ 가격 협상, 계약 조건 협의 등에서 최종적으로 동의하면서 잘 사용하는 말.

 수정 계약서 송부 및 서명 요청

귀하가 2023/5/10일 동의한 바와 같이 대리점 계약서의 2가지 조항 수정하였습니다.

As you have assented in your message of May 10, 2023, we have modified two clauses in the Distributor Agreement between your preeminent company and ours.

대리점 계약서 원본 2부 송부하오니 서명 후 한 부는 당사로 송부바람.

We are enclosing two copies of the agreement. Please sign both copies and return one to us.

보스가 서명한 계약서를 보내니 서명하여 이번 주 내로 반송바랍니다.

I send the contract signed by my boss. Please sign the contract, and send it back to me by pdf file within this week.

 패턴 연습

동의하다: agree, ascent

I can not agree to their regarding the amount as a compensation for uncertain damages without any explicit explanation.

그 금액을 명확한 설명도 없이 불확실한 손해에 대한 보상으로 간주하는 것에 동의 불가함.

• regard A as B: A를 B로 간주하다

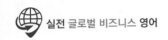

We agreed to your offer to supply your model SHK2 at US$2/PCS.

귀사 모델 SHK2를 개당 2불에 공급하겠다는 귀사의 offer에 동의합니다.

• PCS: pieces

We agreed with the company to the change of clause 2 in the contract.

당사는 계약서 2조를 변경하기로 그 회사와 합의했다.

• assent/agree to ~; give one's assent to ~: ~에 동의하다
  by common assent: 전원 이의 없이

with one assent: 만장일치로

계약 성사 도움 감사

귀하의 도움이 없었더라면 그 회사와 계약 불가하였습니다. 뭐라 감사드려야 될지 모르겠습니다.

I don't know how to thank you enough for your hands-on help without which we could not enter into the contract with the company.

귀하의 영향력 덕분에 계약 체결하였습니다.

Thanks to your influential power, we could make a contract with the company.

내달 한국에서 귀하와 귀하의 가족을 대환영할 수 있는 기회가 있기를 바랍니다.

I hope that I will be able to roll out the red carpet for you and your family in Korea next month.

구매 의향서(LOI: letter of intent)

SHHS 무역 회사는 2023년 중순부터 매월 1~2만 톤의 그라파이트를 장기 구매 희망함.

This expresses the interest and intention of SHHS Trading Corporation in Seoul, Korea in order to purchase ten to twenty thousand metric tons of graphite monthly on a long-term basis, beginning from the middle of 2023.

• graphite: 그라파이트(흑연) ☞ 스마트폰의 방열 재료로 많이 사용된다.

귀사의 현재 생산량과 우리의 구매 의향 충족/수용 가능성에 대한 정보를 받기 원합니다.

We want to receive the latest information on current capacity and the ability of your companies to accommodate our purchase intentions.

 LOI(Letter of Intent)

구매 의향서는 단지 이런 조건으로 이런 상품을 얼마나 사고 싶다는 의향을 통보하는 것이지, 어떤 확정된 order나 계약을 의미하는 것이 아니다. 구매 의향서는 법적인 구속력이 없다. 따라서 회사에서 구매 진의와는 상관없이 시장 상황 조사 차원에서 남발할 가능성도 배제하지 못하는 바, 상황에 따라 구매 의향서에 대한 진의를 파악하는 것이 필요하다.

 패턴 연습

~의 수용력이 있다, ~할 능력이 있다, ~할 수 있다: accommodate ~

The new hotel, which our company built recently, is well accommodated.
우리 회사가 최근에 지은 새 호텔은 시설이 좋다.

Five persons will fly to Paris from Hong Kong next Mon. We need hotel accommodation for six persons including me. I will fly there directly from Seoul.
내주 월요일 홍콩에서 5명이 파리로 갈 것임. 나를 포함한 6명의 숙박 시설이 필요함. 나는 서울에서 파리로 바로 갈 것임.

 양해각서(MOU: memorandum of understanding)

가격, 영업 영역, 계약 기간 및 기타 중요 사항들의 주요 사안 대부분에 대해 합의함.

We agreed on the most critical issues of price, sales territory, period of contract and other important issues.

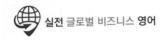

그 프로젝트를 조속히 성사시키기 위해 MOU를 작성하기로 함.

And we agreed to make an MOU in order to be able to immediately consummate the projects.

- an MOU ☞ 부정관사는 철자가 아니라 발음이 a, e, i, o, u일 경우 사용한다,

  an L/C(a letter of credit), an hour, an MP

MOU 첨부 드린 바, 면밀히 검토 후 최대한 빨리 의견 주시기 바람.

We enclose the Memorandum. Please thoughtfully and carefully check this Memorandum and give your opinions on the contents of the Memorandum at your earliest possible convenience.

상호 간의 이익을 위해 가능한 빨리 MOU 서명할 수 있기 바람.

I hope to complete the signature of this Memorandum as soon as possible for our mutual profits and benefits.

 BIZ Point   **MOU**(Memorandum of understanding)

구매 의향서와 마찬가지로 법적인 구속력이 없다. 하지만 양사 간의 협의가 있고 긍정적인 방향으로 전개될 경우 체결되는 바, 계약으로 성사될 가능성이 클 수도 있고, 계약되지 않고 무산될 수도 있다. 따라서, 양해 각서를 체결하였다고 계약이 체결된 것으로 오해해서는 안 된다.

📝 매도 확약서(Offer)

2023/11/20일 자 조회와 관련, 다음과 같이 오퍼 드립니다.

Regarding your inquiry of November 20, 2023, we are pleased to offer the below.

1. Item: Solar Glass
2. Size: 3.2T * 1000 *1000 mm

3. Specification: Low iron patterned, tempered

4. Unit price: FOB China US$7/SM

5. Quantity: 50,000 PCS

6. Amount: US$350,000

7. Shipment: within 3 weeks after receipt of the advance money

8. Terms of payment: 50% T/T in advance and 50% T/T within 7 days after B/L date

9. Validity: Until January 10, 2024

귀사의 발주 기대합니다.

I look forward to your order in the near future.

 Offer

공급자가 발행하는 것으로 어떤 품목을 얼마의 가격으로 어떤 결제 조건으로 언제 공급할 수 있다는 확약서이다. Offer에는 유효 기일이 명기되는 바, 이 유효 기일이 지나면 offer 내용은 유효하지 않다. Offer는 발행자의 법적 책임이 있다.

귀사 요청으로 귀사가 관심을 가진 품목에 대한 구체적 정보를 담고 있는 매도 확약서(offer sheet)를 동봉함.

As you requested, we enclose our offer sheet providing detailed information about your items of interest.

회신을 받자마자 태양광 유리 10만 SM에 대한 최상의 가격을 제출하겠습니다.

Upon receiving your reply, we will submit our very best offer for 100,000 SM of solar glass.

🎙 패턴 연습

요청에 의거, 요청대로 as per your request; as you request

As per your request in your message of yesterday, we send our e-catalogue and general specifications of our available aluminum products as the attachments.

귀사의 어제 메시지 요청대로 공급 가능한 알루미늄 제품의 e-카탈로그와 일반 사양을 첨부와 같이 송부합니다.

🎙 패턴 연습

~하자마자, ~하는 즉시: upon 구(명사, ~ing); as soon as 절

Upon receipt of your reply, we will send you our preliminary marketing plans for your 3-D laser printers in Korea.

귀사 회신 받자마자 한국 시장에서의 3-D 프린터 예비 마케팅 계획서 송부 예정 드릴 예정임.

As soon as it receives any new inquiry from potential customers, the company replied to them.

회사는 잠재 고객들에게 어떤 문의 사항을 받든 즉시 회신했다.

It's really fortunate that, upon increasing the production capacity, the company received a big order from a new customer.

생산 능력을 늘리자마자 새로운 고객으로부터 큰 주문을 받은 것은 참으로 운 좋은 일이다.

✒ 매수 확약서(Bid)

2023/3/20일 자 귀사의 오퍼와 관련, 아래와 같이 당사의 비드를 드립니다.

Regarding your offer of March 20, 2023, we are pleased to issue our firm bid as below.

1. Item: Solar Glass
2. Size: 3.2T * 1,000* 1,000 mm
3. Specification: Low iron patterned, tempered
4. Unit price: FOB China US$6/SM
5. Quantity: 50,000 PCS
6. Amount: US$300,000
7. Shipment: By May 15, 2023
8. Terms of payment: 100% T/T within 7 days after B/L date
9. Validity: Until April 10, 2023

당사의 비드를 즉시 수락하여 주시기 바랍니다.
I look forward to your acceptance of our bid by return.

 Bid

Bid는 매수자가 발행하는 것으로 어떤 품목을 얼마의 가격으로 어떤 결제 조건으로 언제까지 공급받는 조건으로 구매하겠다는 확약서이다. Bid에는 유효 기일이 명기되는 바, 이 유효 기일이 지나면 Bid의 내용은 유효하지 않다.

공급 업체의 가격을 좀 더 인하시키고 싶거나(☞ 공급업체에 발주서를 주지 않으면서 가격 네고를 하는 것과 이 가격이면 구매하겠다는 의지를 확실히 표명한 다음 네고하는 것은 공급업체의 입장에서는 큰 차이가 있다. 왜냐하면, 일단 Bid를 수취하면 Bid 가격 밑으로는 가격이 더 이상 내려가지 않을 것이고, 주문 확보 여부는 전적으로 공급업체의 결정이기 때문이다) 시장 상황이 seller's market일 경우 물품을 확실히 확보하기 위해, 공급업체의 가격 인하를 위해 발행한다.

Bid는 bid 발행자의 법적 책임이 있다. 즉, 공급자가 Bid의 유효 기일 내 공급 확약을 하면 bid 내용대로 구매하여야 한다.

 구매 승인서(PO: Purchase Order)

다음과 같이 발주드립니다.
We are pleased to place an order as below.

• PO에 기재되는 내용은 기본적으로 Offer/Bid와 같다고 보면 된다.

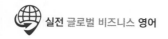

상기 오더를 수락하여 주시면 감사하겠습니다.

Your return confirmation of the above order would be appreciated.

 Purchase Order

PO는 매도자와 매수자 간에 모든 사항이 합의되어 매수자가 발행하는 것으로 매도자의 생산/선적의 근거가 된다. 무역 거래에 있어 PO를 반드시 발행하여야 되는 것은 아니다. 그냥 Offer/Bid에 accept(offer/bid 내용 수락) 한다는 내용을 명기하여 그것을 근거로 생산/선적/통관/수취의 절차를 밟을 수도 있다.

 유리(Glass)

• 유리의 주원료
유리의 주원료는 모래이며, 모래의 주산지는 sand mine(모래 광산), 강 및 해안이다.

• 유리의 제조 vs Glass Furnace
glass furnace에 모래와 화학 물질을 넣어 녹여서 유리 원판을 제조한다. 포항제철에서 용광로에 철판을 뽑아내는 것과 같은 원리이다.

한국에 glass furnace를 보유하고 있는 유리 원판 업체는 KCC와 한국유리 정도이나 실제적인 생산은 별로 하지 않는 것으로 알려져 있다. 즉, 한국의 유리업체는 대부분 원판을 구매하여 후가공 후 판매하는 업체이다.

• Solar Glass(태양광 유리)
Solar Glass는 태양광 유리로 PV glass(photovoltaic glass)라고도 한다. 빌딩, 주택 등에 사용되는 일반 유리와는 제조 공법이 약간 상이하다. 태양광 유리든 일반 유리든 glass furnace에 모래와 화학 물질을 혼합하여 제조하나 태양광 유리와 일반 유리는 제조에 투입되는 화학 물질이 상이하여 한 glass furnace에서 두 가지 유리를 생산할 수는 없다. 두 종류 유리를 생산하려면 한 종류 유리 생산 후 furnace 가동을 중단, furnace를 깨끗이 하여야 다른 유리 생산이 가능한 바, furnace 가동 중단에 따른 손실이 막대하여 glass furnace 하나로 한 종류의 유리만 생산한다.
⊙ 태양광 패널은 solar panel, PV panel이라 칭한다.

• low iron glass(저철분 유리)
철분 성분이 적다는 것으로, 유리에 철분이 적게 함유될수록 태양열의 유리 통과가 쉽고 핸드폰 전파 통과가 잘된다.

• patterned glass : 격자가 있는 유리(cf. float glass)

• temper : 강화하다(strengthen, toughen)
일반적으로 유리, 철강 제품의 강화는 높은 열로써 한다. 강화의 원리는 단순하다. 순간적으로 어떤 물질에 높은 온도를 가함으로써 그 물질의 표면과 내부의 분자 구조가 상이하게 되어 강화되는 것이다. 강화 유리는 영어로 tempered/strengthened/toughened glass, 비강화 유리는 untempered glass이라고 한다. 유리 원판 자체가 불량이거나 강화가 잘못되었거나 하면 유리가 폭발하기도 하는 바, 구매에 신중하여야 한다.

보증서(letter of guarantee, guarantee letter)

보증서에 잘 사용되는 문구는 다음과 같다.

we guarantee that we will ~: ~을 할 것을 보증/보장하다
we guarantee that we will not ~: ~을 하지 않을 것을 보증/보장하다

if ~, we will take full responsibility for ~;
if ~, we will be fully responsible for ~: 만약 ~하다면 전적으로 책임지겠다.

in the event of; in case of ~: ~의 경우에

사양 변경과 관련, 문제 발생이 없을 것임을 보증합니다. 만약 문제가 발생된다면 우리가 다 책임지겠습니다.
We guarantee that no problem will occur, regarding engineering change.
If any problem comes up, we will take full responsibility.

상대적으로 낮은 생산성의 경우, 자동화 라인을 구축함으로써 생산성을 향상시킬 수 있다는 것을 보증드립니다.
In the event of relatively lower productivity, I guarantee that we can elevate productivity by installing automatic line.

📝 대리점 계약 (Representative Agreement)

한국에서의 태양광 유리 판매와 관련, SHSH상사는 HSHS상사를 대리점으로 지정하며, HSHS는 대리점이 되는 것을 수락한 바, 양사는 다음과 같이 합의한다.

SHSH Corporation(hereinafter referred to be SHSH) desires to appoint HSHS Corporation(hereinafter referred to be HSHS) as its sales representative in regard to the sales of solar glass in Korea, and that HSHS wishes to be appointed as such, therefore, the parties hereto agree as follows:

※ 윗 문장 다음에 상세 계약 조건(영업 지역, 가격, 판매 목표, 판매 조건, 쌍방의 의무, 계약 기간, 계약 해지/ 연장, 준거법, 상사 중재 등등)을 명기하면 된다.

귀사와 당사 간 판매 대리점 계약 취소와 관련된 8월 22일 자 귀사 세일즈 매니저의 메시지를 받고 크게 놀랐음.

It was with great surprise that we received your sales manager's message of August 22 concerning the cancellation of the representative agreement between your prestigious firm and ours.

패턴 연습

~을 받고 당황하다/놀라다
It was with great/much surprise that we received ~;
It was very surprising that we received ~;
With great/much surprise we received ~
• surprise; astound; astonish; flabbergast

With much surprise we have just learned that there was a big fire at your factory yesterday night.
어제밤 귀사 공장에 큰 화재가 있었다는 소식을 방금 알고 나서 크게 놀랐습니다.

🖊 계약 해지 불구 타 분야 협력 희망

귀하가 말씀한 바와 같이 계약이 해지되어도 우리 양사가 수년간 공유한 관계와 우정이 훼손되어서는 안 됨.

As you have mentioned in your message, I hope that the termination of the agreement will not affect the close business relationship and personal friendship that your company and ours have shared over the years.

사실 이번 기회를 계기로 우리 양사가 신규 사업 분야를 개척하여 상호 관심이 있는 기회를 더 많이 발굴하기를 기대함.

In fact, I hope this chance will enable both of our companies to explore new areas of business and to discover more opportunities of mutual interest.

🎙 패턴 연습

영향을 주다, 악영향을 미치다, 침범하다, 감명을 주다
～인 체하다, ～을 가장하다, ～인 양 꾸미다: affect

This will affect business.
이것은 장사에 영향이 있다.

The cancer has affected his stomach.
그는 위암에 걸렸다.

She was affected at the news.
그 소식을 듣고 감동되었다.

He affected to be tired/weary.
그는 피곤한 체했다.

🎙 패턴 연습

A에게 ~할 수 있게 하다: enable A to 동사 원형
A가 ~를 못하게 하다: disable A from ~ing

The price cut of all the vendors enabled the company to receive orders from two service providers in USA.
모든 협력 업체들이 납품가를 인하해준 덕분에 그 회사는 미국의 통신사업자 2곳으로부터 주문을 받았다.

The drastic price hike of all the vendors disabled the company from securing the orders from customers.
모든 협력 업체들의 급격한 납품가 인상으로 그 회사는 고객들로부터 주문을 받지 못했다.

✒ 연락 창구 일원화 요청

상호와 역할에 대한 혼선을 정리해드리고자 함.
I want to clear up the apparent confusion concerning our name and function.

더 이상의 혼선이 없도록 향후 연락은 모두 당사로 하여 주시기 바람.
We hope that you could address all future correspondence to us in order to avoid further confusion.

단일 창구를 통해 연락되어야 거래가 효율적이고 부드럽게 진행됨.
For efficient and smooth business, the channel of communication should be single.

해외 시장 개척 시 단일 창구 일원화는 장단점이 공존하는 바, 경우에 따라 일원화 여부를 적의 결정하여야 한다.
To keep a single channel of communication when you exploit overseas markets has merit and demerit. And so you are required to decide on the single channel of communication, depending upon each case.

🎙 패턴 연습

사안을 확실히 해결/정리하다, 풀다, 해결하다, 고치다, 낫게 하다, 날씨가 개다, 정돈하다: clear up

We think it necessary to clear up some details that may hinder any future deals.

향후 거래에 장애가 될 수도 있는 사안들의 확실한 정리가 필요하다고 생각한다.

You should clear up your customer's misunderstanding of quality issue.

고객의 품질 사안에 대한 오해를 풀어주어야 한다.

✒ 신사협정 촉구

지난번 상담 내용을 회상해 보니, 그 어느 때보다도 귀사가 당사의 타 대리점과 경쟁함으로 인해 당사의 명성이 훼손되어서는 안 된다는 생각이 강하게 왔음.

Reflecting upon our discussion, I feel more strongly than ever before that our company name should not be tarnished by your competition with our other agent.

• **than ever before:** 그 어느 때보다도
• **tarnish:** (명예 등을)더럽히다, 손상시키다, 변색시키다, 흐려지다

귀사의 영업 활동을 남쪽 지역에만 국한한다면 모두가 더 나을 것임.

If you confine your activities to the southern area, everyone will be much better off.

두 사람이 같은 목적을 위해 지나치게 경쟁하면 그 목적의 가치 자체가 오히려 줄어들 수도 있음.

When two persons compete too heavily for the same object, they often make the object smaller and less valuable.

다른 대리점의 판매 활동은 서부 지역에 국한된 바, 귀하의 협조(서부 지역에 영업 활동을 하지 않음)가 꼭 필요함.

With our other agent being confined to the western area, your cooperation is essential.

이렇게 함으로써 우리 3사(당사, 귀사, 다른 대리점) 모두가 이익을 극대화할 수 있을 것임.

Thru this way, all three of us will be able to maximize our benefits.

- confine(limit) A to ~: A를 ~에 한정(국한)하다
  confine a meeting to twenty minutes: 회의를 20분으로 제한하다
  confine the number of visitors to 100 persons per day: 일(日) 방문자 수를 100명으로 제한하다
  confine oneself to: ~에 틀어박히다, ~에 국한하다

당사의 의견을 존중하시면, 신사협정의 결과로 우리 모두 지금보다 나아질 것으로 확신함.

Please consider our company's views with the utmost respect. I am sure that all of us will be better off as a result of gentleman's agreement.

- 신사협정: gentleman's agreement

부당한 행위에 대한 항의

귀국 TKTK사의 놀라울 정도의 비윤리적이고 터무니없는 행동에 대해 말씀드리게 되어 유감임.

It is with deep regret that we must bring to your attention the surprisingly unethical and egregious conduct of TKTK Corporation in your country.

- unethical and egregious conduct: 비윤리적이고 터무니없는 행동
- bring to one's attention: 관심을 불러일으키다

그 회사의 영업에 대한 판단과 행동이 회사의 기술력과 명성에 동떨어진 것은 불행스러운 일임.

Unfortunately, however, the company's business judgement and behavior have not been up to par with its technical excellence and reputation.

- be up to par: 표준에 달하여, 값하는, 건강이 좋은
  His behavior is not up to par with his face.
  행동 따로 얼굴 따로. 행동이 생긴 것과 딴판이다. 얼굴 값 못하다.
  nominal/face par; par value: 액면 가격
  above par: 액면(가격) 이상으로, 표준 이상으로, 건강하여
  below par: 액면 이하로, 표준 이하로, 건강이 좋지 않아

우리는 혼란스럽고 믿을 수 없어 정중하게 그 회사에 해명 요청과 향후 어떻게 할 것인지를 문의했으나 그 회사는 아무런 해명 없이 계약 해지 통보를 하였음.

As we were confused and disbelieving, we sent a polite, professional letter to the company, asking for its explanation and future course of action. Instead, however, we just received a termination letter of agency without any comment.

그 회사의 거래 행태는 귀국과 아국의 경제 관계 및 우정에 도움이 되지 않는다는 것을 감히 말씀드립니다.

I can safely say that the company's method of business does very little to advance the economic relationship and friendship between your country and ours.

🎤 패턴 연습

~라고 말해도 틀림없다/상관없다: it is safe to say that ~; can safely say that ~;
it is no exaggeration to say that ~:

Now you can safely say that Korean soccer team won the game.
이제는 한국 팀이 우승이라고 말해도 된다.

It's safe to say that the stock market will keep bullish for some time.
당분간 주식 시장이 활황일 것으로 보인다.

It is no exaggeration to say that he will become the president of this company eventually, as he is the owner's son.

결국 그가 이 회사 사장이 될 것이라는 것은 과장이 아니다. 왜냐하면 회사 소유주의 아들이기 때문이다.

이 고통스럽고 불행한 사태에 귀하의 도움과 외교적인 개입을 기대함.

We look to your assistance and diplomatic intervention in this painful and unfortunate situation.

당사가 그 회사의 제품을 판매하기 위해 한 초기 작업과 투자로부터 보상을 받을 수 있도록 그 회사를 귀하의 힘으로 설득하여 주시면 감사하겠음.

We would appreciate your full powers of persuasion on our behalf to allow us to reap off from our initial work and investments to sell the company's product.

• diplomatic intervention: 외교적 개입/조정/중재

왜곡된 상황에 대한 도움 요청

DDD해운회사 사장으로부터 입수한 정보는 왜곡되어 있다는 것을 말씀드리게 되어 유감임. 귀하의 올바른 이해와 판단을 위해 모든 상세 내용을 해명하고자 함.

We regret to say that the information you got through Mr. JS Park, President of DDD Shipping Corporation, is distorted. We would like to clarify all details for your correct understanding and judgement.

• 왜곡된 상황, 잘못된 정보: distorted, misinformed, not accurate,

그 회사는 당사의 바이어와 문제는 L/C로 해결되었다고 주장하나, 이것 또한 정보가 잘못된 것임.

The company also insists that the problems with our buyer have been settled on a letter of credit(L/C) basis. This again is its misinformation.

선박의 공간 확보는 그 회사의 책임인 동시에 하는 역할임.

The space booking for a vessel is their own obligation and doing.

선박 대리점이 화물이 어느 선박에 선적될 것인지를 화주에게 통보하는 것은 상식적인 일임.

Common sense dictates that the shipping agent informs the owner of the cargo into which vessel the cargo will be loaded.

• load A into ~ : ~에 A를 싣다
  load the freight into the train: 기차에 짐을 싣다
  load the boys into the car: 차에 소년들을 태우다
  common sense dictates/says that ~:

• 상식적으로 ~하다고 쓰라고 한다, ~하는 것이 상식이다
  dictate: 구술하다, 받아쓰게 하다, 명령하다, 지시하다
  He dictated a letter of thanks to the secretary as soon as he returns from London.
  그는 런던에서 귀국하자마자 비서에게 감사의 편지를 받아쓰게 했다.

선박 대리점이 하는 일은 화주로부터 화물과 그 화물의 정보를 수집하는 일임.

Its requirement is to collect the cargo and its information from the consignors.

당사는 당사의 화물을 어느 선박에도 예약한 적이 없음.

We had not booked our consignment on any vessel.

Consignment/Consignor/Consignee: 화물/화주/수하인

일반적으로 화주는 화물을 해운 회사나 forwarding company(forwarder)에게 선적을 의뢰하며, 해운 회사/forwarder가 어느 선박에 그 화물을 선적할 것인지를 결정한다. 또한, 선박이 예약되면 그 예약 내용을 사전에 화주에게 통보하는 것이 관례이다. 물론, 화주가 직접 선박을 지정하는 경우도 있다. 이는 용선(傭船: charter) 거래를 하는 품목(곡물, 동 정광, 석탄 등)들의 수출입의 경우가 그렇다.

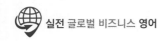

그 회사는 선박이 한국 항구에 온 이유가 당사의 화물을 선적하기 위한 특별한 목적을 갖고 왔다고 말하고 있음.

The company says that the vessel came to the Korean port for the special purpose of picking up our cargo.

- for the   special/particular   purpose of ~ing: ~할 특별한/특정한 목적으로

하지만, 본 선박은 동남아 항구에 다니는 정기선이지 부정기 화물선이 아님.

This vessel, however, is a regular line vessel to Far-East ports, not a tramper.

- regular line vessel,(regular) liner: 정기선   tramper: 부정기선

당사의 화물은 2022년에 동일한 선박으로 귀국에 여러 번 선적된 바 있음.

Our shipment to your country had been effected several times in 2022 by the same vessel.

Chapter 15

물품 대금 결제

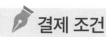 결제 조건

일반적인 결제 조건이 뭔지요?

What are your normal terms of payment?

T/T 거래보다는 L/C 거래 선호함.

We prefer an L/C transaction to T/T remittance.

• T/T: telegraphic transfer(전신환)

D/P, D/A 같은 다른 결제 조건은 어떤지요?

What about other terms of payment such as D/P and D/A?

 D/P vs D/A

D/P(Documents against Payment: 지급도 조건)는 어음 대금 지급(payment)을 하면 선적 서류를 준다는 뜻이다. 즉, 이 D/P조건은 화환 어음을 받은 수입지의 은행이 어음의 지급인인 수입자에게 어음을 제시한 후, 수입자가 어음 대금을 지급하면 화물 인수에 필요한 선적 서류를 인도하는 방법이다. 이에 대해 어음 대금을 지급하지 않고 어음을 인수(acceptance)하는 것만으로 선적 서류를 인도하는 방법을 D/A(Documents against Acceptance; 인수도 조건)라고 한다.

우리의 결제 조건은 계약 즉시 선불 30% 전신환 송금, 선적 3전일까지 중도금 30%, B/L 일자 30일 이내 잔금 30%임.

Our terms of payment are 30% T/T remittance in advance upon contract, 30% by 3 days before on-board, and 40% within 30 days after B/L date.

☞ 누진불(progressive payment), 분할 지불(instalment payment): 선박, 기계 및 설비류 등의 수출입에 주로 이용되는 대금 결제 방법이다.

우리의 결제 조건은 B/L 일자 7일 이내 100% 전신환 송금이다.

Our terms of payment are 100% T/T within 7 days after B/L date.

• advance payment: 선급금
  intermediate payment: 중도금
  balance payment: 잔금

  initial payment: 첫 지급(계약금)
  down payment: 할부금 첫 지불금

국제 무역에는 그런 대금 결제 위험이 수반된다.

Such payment risks are contingent to the international trade.

• contingent: 우연의, 부수적인   명 contingency 우연/우발/부수적인 사태

당사의 결제 조건은 외상 불가라는 회사의 정책에 의거한다.

Our terms of payment are based upon our company policy of no credit.

🎤 패턴 연습

~에 기반을 둔: based/grounded/founded on ~

These price terms are based on CFR Incheon, Korea.
이 가격 조건들은 인천 도착도 가격이다.

• CFR(cost and freight): 목적지 항구 도착도 가격

One planeload contains a minimum of 330 pigs at one time based on a weight of 60 kg per pig.
돼지 한 마리 무게 60kg 기준으로 한 번에 최소 330마리의 돼지를 항공기에 실을 수 있다.

Furthermore, there has been no better time for us to strengthen cooperation based on mutual benefit. Let me elaborate.

그리고 지금이 상호 이익의 기반하에 협력을 강화할 수 있는 최적기임. 자세한 설명드리고자 함.

전신환

귀사가 당사의 협력 업체가 되기 위해서는 당사의 결제 조건 'B/L 일자 후 60일 이내 100% 전신환 송금'을 수락하여야 합니다.

In order for your company to become our vendor, you are required to accept our terms of payment, which are 100% T/T remittance within 60 days after B/L date.

이 결제 조건은 모든 협력 업체에게 동일한 회사 방침입니다.

The terms of payment apply to all the vendors, which is our company policy.

기계 문의와 관련, 당사의 결제 조건은 선불금 수취 후 60일 이내 납기 조건으로 다음과 같은 전신환 조건이다. 발주와 동시에 30% 선불, B/L 일자 전 5일 이내 40% 송금, B/L 일자 후 60일 이내 30% 송금입니다.

Regarding your inquiry of our machine, our proposed terms of payment is as below by T/T remittance with the delivery of 60 days after receipt of the advance money.

- 30% advance money upon placing an order
- 40% by 5 days before B/L date
- 30% within 60 days after B/L date

☞ 범용성이 있는 기계가 아닌 경우, 주문 제작되는 것이 일반적이며, 이로 인해 기계 거래는 일반적으로 선불/중도금/잔금의 형태로 대금 결제된다.

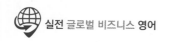

한국 펄프 시장의 대부분 결제 조건은 stale B/L 방식으로 에이전트가 오퍼하는 방식임.

Regarding the payment terms of the Korean pulp market, most pulp agents offer stale B/L conditions.

- regarding; concerning; in regard to; as regards
- in advance 미리, 앞당겨, 사전에, 선두에 서서, 선불로, 선금으로
  The company paid 30% to the supplier in advance.
  공급업자에게 30%를 선불했다.

 Stale B/L(Bill of Lading)

글자 그대로 해석하면 '서류 제시 기간이 경과한 선하 증권' 정도로 해석한다. 선하 증권은 유가 증권으로 쉽게 말하면 돈의 가치가 있는 것인데 이 선하 증권이 21일을 경과하면 비록 선하 증권이 유가 증권이라 하더라도 은행이 이러한 선적 서류를 가지고 매입을 의뢰한 seller에게 지급을 거절할 수 있다는 것이다.

수출업체는 수출 대금을 조속히 현금화하기 위해서 은행에 선적 서류 등을 가지고 은행에 매입을 의뢰하게 되는데 이를 nego라고 한다. Nego는 negotiation의 줄임말로 은행이 환어음과 함께 선적 서류를 '매입'한다는 뜻이다. 서류 제시 기간인 21일이 지난 B/L은 한물간 B/L이기 때문에 신용장 통일 규칙에 의거 은행이 매입을 거절할 수 있다.

그러면 수출업체는 nego은행을 통해서는 수출 대금을 받을 수 없게 되어 나중에 buyer가 대금을 송금하여야만 대금을 받을 수 있는, 즉 은행이 담보를 하지 못하는 위험한 거래가 될 수밖에 없다. 이를 통상적으로 추심(collection)이라 하는데 계약서 방식의 거래인 D/A, D/P 거래로 은행의 지급 보증이 없는 당사자 간의 거래에서 사용된다. buyer는 이러한 선적 서류 인수 및 대금 지급을 거절할 수 있다. 이것을 통상 buyer가 unpaid 쳤다는 표현을 쓴다. 이것은 시장 상황이 좋지 않아 buyer가 가격 인하를 하기 위해 이용되기도 하는데 이를 market claim이라고 한다. 악질적인 buyer를 만났을 경우 심각한 상황을 초래할 수도 있다.

그래서 수출업체는 L/C상에 "Stale B/L is acceptable"이란 문구를 넣어 은행이 한물간 선적 서류를 매입할 수 있도록 안정 장치를 마련한다. 그러면 왜 수출업체는 한물간 B/L을 가지고 있는 것일까요? 빨리 nego해서 수출 대금을 받으면 좋을 것인데. 가장 큰 이유는 간단히 말해 수입업체가 수출업체의 제품을 확인한 연후에 L/C를 open하겠다는 것이다.

그러면 어떤 경우에 이러한 상황이 발생할 수 있을까? 본지 사간의 거래, 밀어내기 수출 내지는 시장 상황에 발 빠르게 대처하기 위해서 미리 선적을 하는 경우도 있을 것이다. BWT(Bonded Warehouse Transaction: 보세 창고 인도 수출)이라는 것도 있다. 수입업체가 한번에 L/C를 open할 여력은 안 되고 시장상황도 있곤 하니 우선 수입지 창고에 넣어놓고 필요한 양만큼 L/C를 열든지 payment를 하든지 하여 제품을 가져가는 방식이다. 물론 수출업체는 risk를 감수해야 하지만 시장을 잘 예측하면 발 빠르게 대응해서 돈을 벌 기회도 있을 것이다.

주) P348의 선화 증권 참고.

수취 은행 통보

우리가 송금해야 할 귀사의 은행 구좌 상세 내역 통보주세요. 구좌 이름, 구좌 번호, 은행 이름, 스위프트 코드(은행 인식 코드)가 필요함.

Please inform us of the details of your bank account for our remittance. Details required are account name, account number, bank name, and swift code.

 Swift Code(은행 인식 코드)

은행 인식 코드(Bank Identifier Code)로 은행의 우편 번호를 말한다. 자동화 처리를 목적으로 금융 기관을 코드화하여 SWIFT라는 표준화 기구에서 금융 기관 앞에 부여한 고유 번호이다. 즉 해외 송금을 위해서는 외국의 지급 은행명을 알아야 하는데 그 지급 은행을 코드화 시킨 것이 BIC이다. 우편 번호라고 생각하면 된다. 편지 보낼 때 우편번호를 적으면 빨리 전달되듯이 송금할 때는 swift code를 적으면 빠르다.

송금 통보

금일 US$15,000을 귀사 구좌로 송금하였음을 통보드립니다. 전신환 참조 번호는 20231203SH임. 당사 은행에 따르면 내일 귀사 구좌에 입금될 것이라고 함. 수취 확인해 주세요.

I am pleased to inform you that we have remitted US$15,000 to your bank account today. Our T/T reference No., is 20231203SH. Our bank says that our remittance will reach your account tomorrow. Please confirm your receipt as soon as our remittance reaches your account. Thank you.

 Telegraphic Transfer(T/T): **전신환**

• T/T buying(전신환 매입률)   • T/T selling(전신환 매도율)

매입/매도는 은행 입장에서 사고/파는 것을 의미하는 바, 고객 입장과는 반대되는 개념이다. 즉, 은행에서 TT buying rate는 은행이 사는 rate, 즉 환전 고객이 파는 rate이다.
매입률과 매도율의 차이를 스프레드(spread)라고 한다. 매입률 US$1=₩1,000, 매도율 US$1=₩1,050 이라고 하면 spread가 50인 것이다.

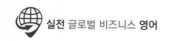

내일까지 은행에 어음 금액에 해당하는 현금을 예치하지 않으면 어음이 부도난다. 금일 중으로 10만 불 송금해주세요.

The draft becomes dishonored if you don't deposit cash for the draft at the bank within today. Please remit US$100,000 within today.

☞ 이 상황은 회사의 현금이 여유가 없어 결제 대금을 내일까지 지불하지 않으면 문제가 발생된다는 것을 통보한 것임.

• '어음/수표가 부도나다.' 라는 말은 구어체에서는 The bill/check returned. 라는 표현을 많이 사용한다.
　부도 어음 a dishonored bill/draft　　　　　　　약속 어음 a promissory note

 ## 결제 통화 변경 가능 문의

일본 엔화 대신 미국 달러로 결제해도 되는지요?

Could you allow us to pay for your shipment by US$, instead of Japanese Yen?

결제 통화를 유로에서 미국 달러로 변경해도 되는지요?

Is it possible for us to change the payment currency from Euro to US$?

☞ 수입업자의 입장에서는 환율에 따라 지불하여야 되는 원화 금액이 상이하다. 따라서 어느 특정 국가와의 원화 환율이 급격히 큰 변화가 있을 경우, 거래처와 지급 통화의 변경을 협의할 만하다. 수출업자의 입장에서는 수출 대금을 자국 통화로 결국 변경할 것인 바, 수입업자가 어떤 통화로 결제하든 큰 차이가 없을 것이다.

 ## L/C 거래, 환어음 및 네고

신규 거래처와의 거래는 L/C 거래를 선호합니다. 수개월간 거래 후 상호 간의 신뢰가 쌓이면 L/C 거래를 T/T 거래로 변경하고 싶습니다.

We prefer to open an L/C when we start business with the new business partner. Once both of us can trust each other after doing business for several months, then we want to change our L/C transaction to T/T remittance.

수출업자는 네고를 위해 환어음과 선적 서류(송장, 포장 명세서, 선하 증권)를 은행에 제출했다.

The exporter submitted bill of exchange and related shipping documents(invoice, packing list, and bill of lading) to bank for negotiation.

• bill of exchange: 환어음

귀사와 당사가 L/C 조건이 제대로 되어 있는지 상호 검토할 수 있도록 개설 은행에 L/C 신청서 제출 전에 신청서 사본을 보내주세요.

Please send a copy of your L/C application to us before you submit it to your opening bank so that both you and we can cross-check whether the terms and conditions of L/C are correct.

☞ L/C 거래에서 이 사항은 아주 중요하다. L/C 거래는 서류 거래인 바, 일단 L/C가 개설된 후 수정하려면 쓸데없이 번거롭고 비용 발생이 된다. 따라서 L/C 개설 신청서를 사전에 서로 cross-check하여 L/C를 수정하는 일이 없는 것이 매도자/매수자 모두에게 편리하다.

🎤 패턴 연습

L/C를 개설하다; open/issue an L/C, open/issue a letter of credit

• open/issue an L/C in favor of ~: ~를 수익자로 하여 L/C 개설하다

opening/issuing bank: 개설 은행　　settlement(reimbursement) bank: 결제 은행
confirming bank: 확인 은행　　　　advising bank: 통지 은행

Our buyer opened an L/C covering our cargo, but could not present the shipping documents under the L/C due to your country's custom and import license regulations.

당사의 바이어는 당사 화물에 대해 L/C를 개설했으나 귀국의 통관/수입 허가 규정으로 인해 L/C하에 선적 서류를 제출하지 못함.

We need your offer sheet to open an L/C in favor of your company.

귀사를 수혜자로 L/C 개설하기 위해 귀사의 오퍼 필요함.

우리는 개설 은행에 귀사를 수익자로 하는 취소 불능 L/C를 개설하도록 지시하였다.

We instructed our opening bank to open an irrevocable letter of credit in your favor.

🎙️ 패턴 연습

～하라고 지시하다: instruct A to 동사 원형

give A instructions to 동사원형:

～라는 명령을 받고 있다: be under instructions that ～:

Railway Authorities had previously instructed us not to contact any sub-organization such as Southern Railway or Western Railway, except in the case of an official message for approval from Railway Authorities.

철도청은 일전에 당사 지사에 철도청의 허락 없이 Southern Railway나 Western Railway 같은 철도청 유관 기관을 접촉하지 말라고 지시한 바 있음.

At that time, our branch was under instructions from the Authorities not to contact the end user, Western Railway; presently, this situation remains unchanged.

그때 이미 철도청이 당사 지사에 실수요자인 Western Railway를 접촉하지 말라고 지시 중이었으며 지금도 변동이 없음.

- instruction: 훈련, 교수, 교육, (pl.)지시/지령/훈령/사용법 설명서

  follow instructions: 지시를 따르다

  Please show me the instructions for ～: ～의 설명서를 보여주세요

✒️ 조건부 결제 통보

만약 선적된 물품에 품질 문제가 있다면 물품 대금 결제가 불가하다.

If there is any quality problem with your shipment, we can't pay for the goods.

우리 품질 검사에서 귀사의 품질이 양품으로 판정된 후, 지난 번 선적 물량에 대해 결제할 것이다.

We will remit our money for your previous shipment only after your quality proves OK at our QC test.

화물이 3월 20일까지 도착된다면 물품 대금이 결제될 것이다.

The payment will be executed, subject to arrival of the cargo not later than March 20.

☞ 납기를 어기면 대금 결제 안 하겠다는 것임.

이제부터 당사의 결제는 귀사의 품질과 납기에 달려 있다.

Our payment is subject to your quality and delivery from now on.

 패턴 연습

~을 조건으로, ~에 달려 있다: subject to ~

Subject to successful negotiations and delineation of a final contract, we will proceed enhanced trade between your company and ours.

성공적인 협상과 최종 계약 조건에 따라 우리의 양사 간 무역 거래는 한 차원 높아진 형태로 진행될 것임.

Our business success here in Korea is subject to your quality and delivery.

여기 한국에서의 사업 성공은 귀사의 품질과 납기에 달려 있다.

BIZ Tip   subject to ~ : ~에 달려 있다, ~에 의해 결정 된다

무역 서신에서 자주 사용되며, 계약서에도 자주 사용된다. 일반적으로 앞 문장이 있고, 뒤에 subject to~라고 나오는데, subject to 이하의 내용에 따라 앞의 문장의 내용이 결정되는 것인 바, subject to 이하의 내용에 신경을 써야 한다. 예를 들어,

Our company is pleased to place an order with your prestigious company for 200 tons of PC for mobile phone housing, subject to the order quantity of service provider.

당사는 귀사에 핸드폰 케이스용 PC 200톤을 발주해서 기쁨. 이 발주는 통신 업체의 핸드폰 발주 수량에 의해 최종 결정된다, 즉, 법적으로 얘기하면 통신 업체의 발주가 없다면 200톤의 발주는 자동 취소되는 것으로 된다. 즉, 조건부 발주인 것이다. 하지만, 납품 업자의 입장에서는 이 조건부의 PO를 받는 것과 못 받는 것은 큰 차이가 있는 바, 이런 PO라도 받아두는 것이 훨씬 좋다.

• not later than ~; by ~ : ~까지(~가 포함)
• no later than ~; sooner than ~: ~보다 일찍(~가 포함 안 됨)

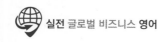
🖊 지불 일자 연장 요청 및 회신

귀사의 사정이 당사의 귀사 인보이스 SH0416에 대한 대금 결제를 일주일 지연하는 것을 허락해줄 수 있는지 알고 싶습니다.

I wish to know whether your situation allows us to delay our payment for your invoice(No: SH0416) by one week.

현재 현금 흐름에 약간의 문제가 있습니다.

We have some cash flow problem here at the moment.

우리의 요청을 받아들일 수 있는지 없는지 통보해주십시오. 도와주셔서 감사합니다.

Please let me know whether or not you can accept our request. Thank you for your help.

당사의 불가피한 사정을 이해하여 주시기를 촉구 드립니다.

This asks for your generous understanding of our inevitable situation.

인보이스(SH0616)의 대금 결제를 20일 늦추어 주십시오.

Please allow us to remit the money for the invoice(No: SH0616) by 20 days later than due date.

대신, 인보이스(No: SH0619)는 지불일보다 20일 일찍 송금해 드리겠습니다.

Instead, we will remit the money for the invoice(No: SH0619) by 20 days sooner than due date.

☞ 실제로 이런 일은 발생된다. 한 번 늦게 준다고 다음번 줄 것을 앞당겨 주겠다고 하니 이 정도로 공급업체를 생각해주는 거래처가 있다면 행복한 것이다.

현재 현금 흐름 문제가 있다고 얘기 듣게 되어 유감입니다. 예, 5월 10일까지는 귀사의 송금을 기다리겠습니다.

I am sorry to hear that your company has some cash problem at the moment. Yes, we will wait for your remittance until May 10.

대금 결제가 제 날짜에 이루어질 수 없다니 유감입니다.

I regret that your payment can't be made on due date.

하지만 제 날짜에 꼭 송금하여 주실 것을 요청드립니다.

I, however, insist on you payment as per due date.

만약 이것이 이루어지지 않으면 계속 30일 외상을 주는 것은 어려울 것 같습니다.

If you don't remit money on time, it would be difficult for us to keep giving you 30 days credit.

회사 규정이 지급 기일을 지키지 않는 고객들에게는 신용 거래를 허락하지 않습니다.

Our company regulation does not allow credit transaction to the customers who don't keep due date.

제가 만약 그 규정을 무시한다면 제가 회사에서 어떻게 될지 모릅니다.

I don't know what my future will be at the company if I ignore the regulation.

과다 송금 해결

귀사의 인보이스 금액이 잘못 되어 당사가 어제 송금한 US$12,700이 잘못된 것을 발견했습니다.

Today I have found that our yesterday remittance of US$12,700 was wrong, as your invoicing amount was wrong.

귀사에서 당사 오더를 선적 시 당초의 인보이스가 잘못되었습니다.

When you shipped our order, your original invoice amount was wrong.

귀하와 제가 인보이스 금액이 US$12,400이 되어야 된다는 것에 동의하고, 귀하가 저에게 수정 인보이스(No: SH1212)를 보내준 적이 있습니다.

You and I agreed that the invoice amount should be US$12,400, and you sent the revised invoice(No: SH1212) later for our remittance.

당사 자금부에서 실수로 귀사의 당초 인보이스에 의거 US$12,700을 송금하였습니다.

But our Finance Department remitted US$12,700 by mistake, based upon your original invoice.

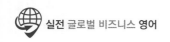
차액 US$300은 다음 송금에서 상계하고자 합니다.

We want to offset the balance(US$300) by our next remittance.

• offset: 상계/상쇄하다, 차감 계산을 하다

☞ 장기적인 거래에서는 실제로 발생되는 일인 바, 가격/수량 등등의 변경이 있을 때마다 결제 금액을 상대방과 사전 확인하여야 한다.

Invoice 금액 vs 관세 과다 납부

청구된 인보이스가 실제 물품 대금보다 금액 차이가 큰 경우, 통관 시 관세 과다 납부 문제가 발생되며, 일단 관세가 과다 납부되면 관세청으로부터 상환받기 어렵다. 즉, 관세가 8%이고 물품 대금이 US$10,000 이나 인보이싱이 US$20,000으로 되어, 이 인보이스로 통관되었다면 인보이스 차액 US$10,000에 대한 8%인 US$800을 더 납부하게 되는 것이다. 관세청의 관세 산정은 CIF 가격으로 추산한 다음 관세 납부한다. 즉, 인보이스 금액이 FOB로 되어 있으면 관세청에서 일단 CIF 가격으로 변환 후 과세하는 것인 바, 상기 가격이 FOB 가격이라면 실제로 부담하여야 되는 과다 관세는 US$800이 넘는 것이다.

이러한 일이 발생되면 추후 공급업자와 정산의 문제가 발생되는 바, 쓸데없이 귀찮은 일만 생기는 것이다. 따라서 선적 전에 인보이스를 받아, 인보이스가 제대로 작성되었는지 사전 확인하는 것이 주요하다. 담당자가 변경되거나 가격이 변경되거나 클레임에 따른 인보이스 금액 조정(☞ 장기적인 거래 관계에서 품질 문제에 대한 보상은 주로 차기 오더 선적 시 인보이스 금액 조정으로 정산할 수 있다.) 이 있거나 했을 경우, 인보이스 금액이 잘못 기재되는 경우가 있는 바, 유의하여야 한다.

✒ 지불 독촉

US$520,000(당사 인보이스 1212SHA) 지급 기일이 7일 지났습니다.

Please allow me to draw your attention to the fact that the payment of US$520,000(our invoice 1212SHA) is overdue by 7 days.

• overdue: 연체된, 연착한, 지급 기한이 지난

The plane from New York is already several hours overdue.

뉴욕에서 오는 비행기는 이미 몇 시간 연착 되어 있다.

언제 송금하실 계획인지 통보주시면 감사하겠습니다.

I would appreciate it if you could inform me when you are planning to remit the money.

🖊 지불 재독촉

제가 회사 내부적으로 곤란한 사정에 처해 있어 어쩔 수 없이 다시 연락드립니다. 송금 일자가 이미 30일이나 지났습니다.

My awkward position at the company inevitably makes me remind you that the payment of US$520,000(invoice No. 1212SHA) is overdue already by 30 days.

금주 중으로 송금시켜 주시면 감사하겠습니다. 바로 연락 주시기 바랍니다.

I would very much appreciate it if could remit the money within this week. I look forward to hearing from you by return.

🖊 미지급에 대한 최후 통첩

내주 말까지 대금 결제하지 않으면 법적인 절차를 밟겠습니다.

We will take legal procedures, if you don't pay for our goods by the end of next week.

지급 기일이 60일이나 지난 US$520,000 지불에 대한 마지막 독촉장입니다.

This is our final reminder to ask for your payment of US$520,000(our invoice 1212SHA) which is overdue by 60 days already.

- reminder: 독촉장

금주 중으로 송금이 안 되면 당사 법제부의 개입을 의뢰할 수밖에 없음을 통보드립니다.

If you don't remit the amount within this week, I have no option but to invite our Legal Department to get involved in this issue.

법에 호소하기 전에 마지막으로 말씀드립니다.

This is our final notice before we resort to the law.

- final notice; ultimatum: 최후의 통첩

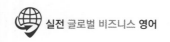

금주 중으로 지불하지 않을 경우, 당사 변호사가 법적인 조처에 들어갈 것이며 원금과 이자를 같이 청구할 것임을 통보드립니다.

Unless you pay US$520,000 within this week, our lawyer will take necessary legal procedures and will charge you principal plus interest for unpaid period.

- six persons plus Tom: 6명 + Tom, 총 7명
  six persons including Tom: Tom 포함 총 6명

지불 독촉에 대한 회신

무엇보다도 지불이 지연되어 너무 죄송합니다.
First of all, we are so sorry that our payment is being delayed.

내주 중 틀림없이 송금 드리겠습니다. 감사합니다.
We will surely remit the money next week. Thank you for your patience.

당사의 지불 지연으로 큰 불편이 없기를 바랍니다.
I hope that our delayed payment does not cause you too much inconvenience.

내일까지 언제 송금할 것인지를 통보드리겠습니다.
I will inform you by tomorrow when we will remit our money.

최후 통첩에 대한 회신

지불 지연 건 정말 죄송합니다.
I am terribly sorry that our delayed payment causes you much inconvenience.

자금부에 송금이 언제 가능한지 문의한 결과, 현금 흐름이 좋지 않아 내주 중으로는 송금이 불가하고, 그 다음 주에는 확실히 송금할 수 있다고 합니다.

I have checked our Finance Department when the money is to be remitted to you. Unfortunately, however, the unsmooth cash flow of our company does not allow the remittance of next week. The Department says that it can surely remit the money the following week.

따라서 한 주만 더 기다려 주시면 대단히 감사하겠습니다.

I, therefore, would very much appreciate it if you could wait another week.

🎙 패턴 연습

불행히도, ~한 것은 불행한 일이다: unfortunately; it's unfortunate that ~; to our misfortune ↔ 다행이다, 한 것은 다행한 일이다: fortunately, to our fortune, it's fortunate that

Unfortunately, the steel products which you are interested in purchasing are not in our supply capabilities.
귀사가 관심 있는 철강 제품은 당사의 공급 능력 밖에 있음

Unfortunately the company could not ship the goods on time because of unexpected labor dispute.
예기치 못한 노사 분규로 적기에 선적치 못했다.

It's unfortunate that the company could not ship the goods on time because of unexpected typhoon.
예상치 못한 태풍으로 적기에 선적치 못했다.

To its misfortune, the company could not ship the goods on time because of unexpected heavy rain.
예상치 못한 폭우로 적기에 선적치 못했다.

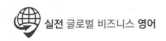

신용장(L/C, letter of credit) 거래 Flow

신용장 거래의 메카니즘을 살펴보면 다음과 같다.

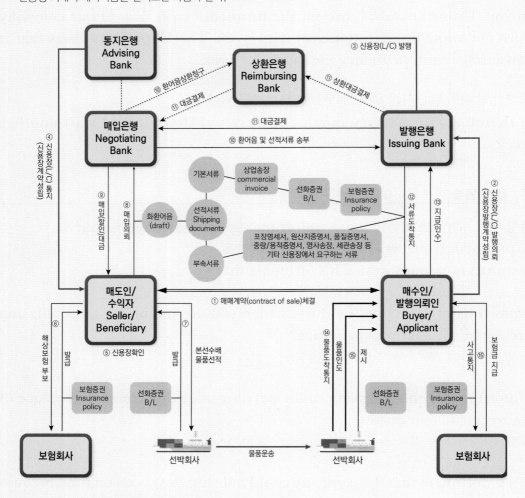

출처: 무역실무, 전순환 저, 한올출판사 (2012년 개정판)

① 수출업자와 수입업자는 대금결제방법으로서 신용장에 의하여 대금지급이 이루어지도록 물품매매계약을 체결한다.

② 수입업자는 자신의 거래은행(발행은행)으로 하여금 수출업자를 신용장의 수익자로 하여 신용장을 발행해 줄 것을 의뢰한다.

③ 발행은행은 신용장을 발행하여 통지은행에 송부한다. 즉, 발행을 의뢰받은 수입업자의 거래은행(발행은행)은 수입업자(발행의뢰인)의 지시에 따라 수익자 앞으로 신용장을 발행한다.

④ 통지은행은 서명감(signature books) 또는 테스트키(test codes)를 사용하여 신용장의 외관상의 진정성(certification)을 확인한 후에 수출업자(수익자)에게 통지한다.

⑤ 신용장을 수취한 수출업자는 신용장이 매매계약조건과 일치하는지, 신용장에 명시된 서류를 제시할 수 있는지, 신용장조건이 이행될 수 있는지의 여부를 확인한다.

⑥ 수출업자는 물품을 선적하고 신용장에서 요구된 모든 서류(상업송장, 운송서류(예: 선화증권), 보험서류(예: 보험증권) 등)를 수집하여야 한다. 우선, 수출업자는 보험회사에 보험을 부보하고 보험증권을 발급받는다.

⑦ 수출업자는 운송인(선박회사)에 선적의뢰후 물품을 인도하고 선화증권을 발급받는다.

⑧ 수출업자는 신용장에서 제시하도록 요구된 모든 선적서류를 화환어음에 첨부하여 통상적으로 통지은행에 제시하고 화환어음의 매입을 의뢰한다.

⑨ 통지은행은 수출업자에 의하여 제시된 서류가 신용장조건과 일치하는지의 여부를 심사한 후 신용장조건과 일치하는 경우에는 수출업자의 화환어음을 매입하고 수출업자에게 매입대금을 지급한다.

⑩ 매입은행은 매입한 환어음과 선적서류를 신용장의 지시에 따라 통상적으로 발행은행에 송부하여 대금지급을 요청한다. 경우에 따라서는 상환은행(reimbursing bank)에게 화환어음의 상환을 청구하고, 서류는 발행은행에 송부하도록 하는 지시가 있는 경우에는 이에 따른다.

⑪ 발행은행은 제시된 서류가 신용장조건과 일치하는지의 여부를 심사하고, 일치하는 경우에는 대금을 지급한다.

⑫ 발행은행은 매입은행으로부터 도착된 환어음과 선적서류를 수입업자에게 통지한다.

⑬ 수입업자는 발행은행으로부터 제시된 환어음이 일람출급환어음(sight bill)인 경우에는 발행은행에 그 환어음의 대금을 지급하고, 기한부환어음(usance bill)인 경우에는 그 환어음을 인수한 후에, 발행은행으로부터 선적서류를 인도받는다. 만일 일람출급환어음의 경우에 수입업자가 발행은행에 대금을 지급하지 않고 선적서류를 먼저 인도받고자 한다면, 수입업자는 수입화물대도(trust receipt; T/R)를 발행은행에 제공하고 선적서류를 인도받을 수 있다.

⑭ 운송인(선박회사)는 물품이 도착한 경우 수입업자에게 물품도착사실을 통지한다.

⑮ 수입업자는 운송인에게 선화증권을 제시하고 물품을 수령한다. 만일 물품은 이미 도착하였으나 선적서류가 도착하지 않아 선화증권을 제시할 수 없는 경우에는, 수입업자는 발행은행으로부터 수입화물선취보증서(letter of guarantee; L/G)를 발급받아 운송인에게 제시하고 물품을 수령할 수 있다. 수입업자는 물품을 수령하는 경우에는 그 물품이 계약과 일치하는지의 여부를 검사하고 물품이 매매계약과 불일치한 경우에는 수출업자에게 클레임을 제기한다.

한편, 물품이 운송중에 멸실 또는 손상된 경우에는 수입업자는 보험회사에 보험사고의 통지와 함께 보험증권을 제시하고 보험회사로부터 보험금을 지급받는다.

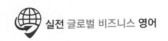

Chapter 16 발 주

구매 의향 통보

당사의 현 공급원의 품질이 불안정하여 공급선 변경하고자 합니다.
We would like to change our supplying source, as its quality is not stable.

만약 시종일관한 품질의 태양광 유리를 공급할 수 있다면 귀사와 같이 동반자가 되고 싶습니다.
If you can supply consistent quality solar glass, we would like to work with your preeminent firm.

귀사의 생산 능력은 어떠한지요?
How about the situation of your production capacity?

현재 당사는 태양광 패널 생산 라인 한 개를 운영 중이며, 태양광 유리 협력 업체는 한 곳입니다.
We run one production line of PV module with one solar glass vendor.

내년에 생산 라인 한 개를 더 증설하고자 하며, 이에 협력 업체도 한 곳 더 추가할 예정입니다.
Next year, we plan to add one more production line. Regarding this, we would like to add one more vendor.

당사와의 거래에 관심이 있는지요?
We wonder whether you are interested in supplying your solar glass for us.

• PV module(photovoltaic module);solar panel: 태양광 모듈/패널

내주까지 발주 여부를 결정할 것이다.

By next week, our company will decide on placing orders.

협력 업체는 생산 능력 증설 후 그 회사로부터 오더를 수주하지 못했다. 그래서 협력 업체의 사장은 아주 초조해졌다.

The company did not release any order to the vendor yet after the vendor increased production capacity, and so its president got much irritated.

☞ 고객이 오더를 더 준다고 하여 생산 능력을 늘렸으나(생산 라인을 증설하였으나) 오더가 더 나오지 않고 있다. 협력 업체로서는 피 말리는 상황.

 패턴 연습

~의 여부를 결정하다: decide on ~ing
~하기로 결정하다: decide to 동사 원형

The company has decided to place orders with the foreign supplier.

외국 업체에 발주키로 결정함.

Never reverse the decision later, once you decide to invest in that project.

프로젝트에 투자하기로 결정하면 결정을 번복하지 마라.

• reverse: 거꾸로 하다, 뒤집다, 뒤엎다. 번복하다, 취소하다, 파기하다.
  Their positions are now reversed. 그들의 입장이 이제는 바뀌었다.

승인용 견본 요청

양산 승인용 견본 10개를 내주 화요일까지 송부하세요.

Please send us ten PCS of sample for our MP approval by next Tuesday.

• MP(mass production): 양산
  PP(pilot production): 파일럿 생산, 시험 생산

귀사 소재로 견본 2개 제작해서 송부바람. 견본 용도는 당사 고객과 당사의 품질 검토임.

Please make two sets of counter samples using your own materials as per our order, and send them to us for our customer's and our own quality checks.

지정된 색상이 최선이나 그 색상이 없을 경우 다른 색상도 무방함.

The color match designated is best for our reference, but if it is not available, using another color is no problem at this moment.

오퍼 요청

고철 공급 가능하면 이번 달에 선적 가능한 수량에 대한 정식 오퍼를 주시기 바랍니다.

If you can supply steel scrap, please send us your firm offer for any quantity that you can ship within this month.

태양광 유리 30만 SM 오퍼 요청드립니다. 아시아 시장 상황상 너무 큰 요구를 드리는 것일지도 모르지만, 당사에 일부 물량 할당하여 주시기 바랍니다.

If at all possible, our company would like your offer for 300,000 SM of solar glass. This may be much to ask for, given the current Asian market situation, but I hope that your situation allows you to allocate some quantity to us.

• much to ask for: 너무 많은/큰 요구

비드 발행

만약 그 태양광 유리 회사와 거래를 희망한다면 즉시 비드를 발행하라.

If you really have any intention to do business with the solar glass company, please issue a firm bid for any quantity immediately.

이번이 벌써 세 번째 가격 인하 요청입니다. 가격이 얼마든 비드를 주시면 감사하겠습니다.

This is your 3rd request for price cut. We would appreciate your bid whatever price it shows.

☞ 오더는 주지도 않으면서 계속 가격 달라고 한다. 이는 오더 줄 생각은 없고 가격을 받아 현재의 vendor 가격을 인하하거나 정당화하려는 내부 근거 자료로 활용할 가능성을 배제 못한다. 물론, 시장 동향 파악 차 오더는 못 주지만 가격 요청할 수도 있다.

매도자의 시장이라면 확정 매수 확약서를 공급업자에게 제시하는 것이 공급업자의 매도 확약서를 반복해서 요청하는 것 보다 효율적이다.

Under this seller's market, your giving firm bid is much more effective than asking for the offer from the suppliers again and again.

이것이 가장 유리한 조건으로 필요 물품을 확보하는 지름길이다.

This is the short-cut to immediately secure goods at the favorable terms and conditions.

 BIZ Tip Bid 발행의 필요성

시장이 매수자 시장이라면 공급이 수요보다 많은 상황이다. 이럴 경우 매수자가 가격만 맞춰지면 어느만큼 매수하겠다고 확약을 하는 것과 확약 없이 가격만 계속 문의하는 것은 매도자의 입장에서는 큰 차이가 있다. 즉, 공급업체의 입장에서는 일단 비드를 받으면 공급하고 안 하고는 전적으로 공급업체에 달려 있는 것이나, 비드를 못 받은 상황은 가격을 낮춘다고 주문을 받는 것을 보장 받는 것이 아니기 때문이다. 따라서 진짜 그 업체로부터 구매할 의사가 있다면 아주 낮은 가격의 비드를 던져 보는 것이 주효하다.

🎤 **패턴 연습**

~하지 않을 수 없다: can't help ~ing; can't help but 동사 원형

The market is collapsing down. We can't help coming down our price drastically.

시장이 붕괴되기 시작했다. 급격히 가격 인하를 하지 않을 수 없다.

The company has no cash to pay salary by. It can't help but borrow money from bank to pay salary on payday.

회사에 월급 줄 현금이 없다. 월급날 월급을 주기 위해서는 은행 차입이 불가피하다.

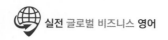
✒️ 제품 발주

내달 납기, 부산 도착도 가격으로 톤당 삼천 불에 100톤의 고철을 발주드립니다.

We would like to place an order for 100 MT of steel scrap with the delivery of next month at the price of US$3,000/MT CIF Busan, Korea,

아래와 같이 태양광 유리를 발주드립니다.

We are pleased to place an order for solar glass as below.

핸드폰 사업부는 당사의 핵심 사업부이다. 연간 발주 물량이 10억 불이 넘는다.

Our cellular phone division is the flagship of our company. Its annual purchasing amount of touch screen is more than US$1 bil.

🎤 패턴 연습

핵심이다. 주축이다: be the flagship of ~

On May 20, 2023, just six months ago, Nena Trading Corporation, the flagship of Nena Trading Group, made a purchasing agreement with the company to import 300,000 SM of solar glass.

6개월 전 2023년 5월 20일 네나무역 그룹의 핵심 회사인 네나무역이 그 회사와 태양광 유리 30만 SM 구매 계약을 체결하였다.

🎤 패턴 연습

발주하다: place an order for 품목 with 공급 회사

If your products are able to meet our required specifications at a reasonable price, we would like to place an order for one 20″ container with your preeminent firm very soon.

당사가 원하는 사양에 부합되고 합리적인 가격으로 공급할 수 있다면 귀사에 20피트 컨테이너 한 대분 오더 즉시 발주하고 싶음.

The company placed an order for 100,000 PCS of gasket with us.

그 회사는 우리에게 개스킷 10만 개를 발주했다.

그런데 내년도 터치스크린 구매 계획은 어떤지요?

By the way, what's your plan for purchasing touch screens next year?

• 그런데 말이 났으니 말이지: by the way ☞ 줄여서 BTW라고 함.

그 회사가 곧 주문할 것으로 기대함.

We anticipate that the company will release the order soon.

We anticipate the company's releasing the order soon.

We anticipate the company's order soon.

시험 삼아 천 SM의 태양광 유리를 발주했다. 이 천 SM 테스트 결과가 좋으면 매달 3만 SM 유리를 발주할 예정이다.

The company placed an order for 1,000 SM of solar glass as a trial. In case that the test result of 1,000 SM proves OK, it will place orders for 30,000 SM every month.

• as a trial; by way of trial: 시험 삼아

대량 구매할 경우 3% 깎아줄 수 있다.

We can offer you 3% discount on bulk purchase.

• bulk purchase 대량 구매

신규 거래처로부터 오더 수주하려고 노력했다.

He endeavored to secure the order from a new customer.

그러나 오더 수주에 대한 우리의 희망이 실현될지 여부는 두고 봐야 안다.

However, it remains to be seen whether our hope for the order will be realized.

• it remains to be seen whether ~: ~이 어떻게 될지는 두고 봐야 할 문제이다

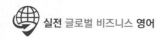

그 회사는 2달 이내 발주한다고 확약하지는 않았다.

The company did not commit itself to place an order within two months.

🎤 패턴 연습

확약하다, 맹세하다: commit oneself to + 동사 원형

Do not commit yourself.

언질을 주지 마라.

Without committing myself at the moment, I promise that I will do try to give you an order for five 20″ container next month.

현재로서는 분명히 약속/언명할 수는 없으나, 다음 달 20피트 컨테이너 5대분의 오더를 발주하기 위해 노력할 것임을 약속드립니다.

Recently, we have committed ourselves to bring in about 40 million barrels of Canadian crude oil through a middleman on a spot basis.

당사는 최근 중개인을 통해 최초로 캐나다산 원유 40백만 배럴을 현물가로 수입하기로 하였음.

✒️ 발주 지연

설비 구매를 연기하게 되어 유감임.

I regret to inform you that our order for your equipment should be postponed.

전 세계 IC 시장 상황이 암울한 바, 지금은 투자 적기가 아님.

Because of depressed conditions in the worldwide IC market, we do not feel this is an opportune moment for capital investment.

상황 호전 시 연락하겠음.

As soon as conditions improve, I will contact you.

🎙 패턴 연습

지연하다: postpone, defer, delay, put off, procrastinate, adjourn

The meeting in Jeju Island is required to be postponed because of typhoon.

제주도의 미팅은 태풍으로 연기되어야 한다.

The typhoon is expected to come to Korea tomorrow. You had better delay your departure.

내일 태풍이 온다고 하니 출발을 연기하는 쪽이 좋다.

The shipment was delayed by heavy snow.

폭설로 인해 선적이 지연되었다.

We are terribly sorry for our delayed shipment. If this delay causes your customer to lodge a claim to you, we will take the full responsibility for the claim.

선적 지연되어 정말 죄송합니다. 만약 본 건으로 클레임을 받는다면 저희가 전적으로 책임지겠습니다.

We would like to apologize to you for not having been able to confirm any orders up to now, despite your continuous backing and faith in our marketing capability and sales activities in the Korean market.

당사의 마케팅 역량과 영업 활동에 대한 귀사의 지속적인 지원과 신뢰에도 불구하고 이제까지 발주를 하지 못한 점 사과드림.

🎙 패턴 연습

사과하다: apologize for; make an apology for

We apologize for our late replies to your message.

메시지 회신 지연 죄송함.

We would like to offer/give/convey/render our deep apology for the delay in the shipment of your ordered goods.

주문하신 물품의 선적 지연에 대해 깊은 사과를 드립니다.

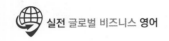

I also apologize for not having sent this claim earlier, but the exigencies of my work and my serious deliberation on this matter prevented a prompter message to you.

또한, 그간 화급한 일들이 많았고 본 클레임 건에 대한 깊은 생각으로 일찍 통보 드리지 못한 점 사과드림.

☞ I also apologize for not having sent this claim earlier, but the exigencies of my work and my serious deliberation on this matter prevented me sending a letter to you promptly.

We apologize for the inconvenience you have suffered from the claimed touch screen.

클레임 받은 터치스크린으로 인해 귀사가 겪은 불편에 대해 사과의 말씀을 드림.

🎤 패턴 연습

A가 B를 ~못 하게 하다, 저지하다, 방해하다
  prevent/prohibit/hinder/keep/deter/disable   A from ~ing B

But, this drastic freight hike hinders us from doing the business, and will force us to transfer our business to other countries competitive with the United States.

이번 급격한 운임 인상은 미국 업체와의 거래를 방해하며 다른 국가들로부터의 수입을 종용하고 있음.

She tried to deter him from smoking and drinking.

그녀는 그가 흡연과 음주를 하지 못하도록 노력했다.

기다려줘서 감사함.
Thank you for your patience.

신규 원료 공급처를 등록시키기 위해서는 아시아 지역 매니저의 승인이 필요한데, 이 승인이 지연되고 있음.
Please kindly understand our situation that we must get approval from our Asia regional manager to put a new supplier for raw material, which is being delayed.

크롬 타깃과 니켈/알루미늄 타깃을 귀사 에이전트 Mr. Kim에게 곧 발주할 수 있기를 바랍니다.

I hope that I can contact your agent Mr. Kim with orders for Cr target and Ni/Al target soon.

☞ 위의 상황은 global company의 한국 법인이 신규 공급업체를 확보하였으나 global company의 아시아 총괄의 승인이 지연되어 발주 지연되고 있다는 상황을 신규 공급업체에게 설명한 것임.

🖋 발주 촉구

재촉하는 것이 아니지만 내달 주문 관련 진행 사항 통보주시면 감사하겠습니다.

I hope that this message does not push you, but I would appreciate your updating me on the progress with the order for next month.

☞ 오더를 준다 준다 하면서 오더가 나오지 않을 때도 빈번하다. 고객에게 상황을 check하면 오더를 안 주겠다는 것은 절대 아니고 단지 차일피일 미루어지는 상황이다. 이 경우 진행 사항 문의하면서 오더 관계를 재촉하는 내용이다. 영업에서는 결론이 빨리 나는 것이 바람직하다. 시간만 질질 끌고 결론이 나지 않으면 기회비용이 점점 커진다.

결례를 무릅쓰고 본 이메일 보냅니다. 본 이메일이 귀찮은 일은 아니기 바랍니다.

Please allow me to send this message to you. I hope that this message does not bother you.

저는 한국 비즈니스를 담당하고 있는 Karen Deng 이라 합니다. 두달 전 우리의 agent SH Kim으로 부터 귀사에서 크롬 타겟과 티타늄/알루미늄 타겟을 주문할 예정이라고 들었습니다.

I am Karen Deng in charge of business with Korea. I heard from our agent SH Kim two months ago that you would place valuable orders for Cr target and Ti/Al target.

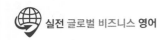
진행 사항이 있으면 당사 agent를 통해 진행 사항 통보주시면 감사하겠습니다.

I would appreciate it if you could update me on the progress there thru our agent SH Kim.

☞ 외국 업체의 한국 agent가 영업을 하고 있다. 국내 업체로부터 오더를 주겠다는 약속을 받아 한국 agent가 외국 업체에 이 사실을 통보했다. 하지만 오더가 계속 지연되자 한국 agent가 국내 잠재 고객에게 발주 여부를 계속 문의하고 push하였으나 국내 잠재 고객이 계속 keep silent 하자, 국내 agent가 외국 업체에 연락, 외국 업체가 직접 잠재 고객에게 이메일 보내, 우회적으로 push 하는 이메일이다. 한국 업체는 외국 업체의 agent에게는 회신이 빠르지 않으나 이상하게도 외국 업체에게는 회신이 빠른 바, 그 점을 이용, 잠재 고객의 속내를 문의한 것이다.

📝 주문 변경

만약 아직 생산 착수치 않았다면 주문 변경하고 싶습니다. 가능한지요?

We would like to change our order if you did not start production of our order yet. I wonder how your situation is.

지난주 발주 드린 태양광 유리 2.8T 10만 SM를 2.8T 8만 SM, 3.2T 2만 SM로 변경드립니다. 확인주시면 감사하겠습니다.

We would like to change our order of last week for 100,000 SM of 2.8T solar glass to 80,000 SM of 2.8T and 20,000 SM of 3.2T. Your kind confirmation of this change would be appreciated.

3월 선적을 요청한 바 있으나 불가피한 사정으로 선적을 1개월만 지연시켜 주시기 바랍니다.

We asked for your delivery of March. But we want you to delay your shipment by one month because of our inevitable situation.

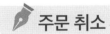 패턴 연습

자격이 있는, 재능이 있는: be qualified for ~

The company is qualified for a big order from its customer, thanks to its competitiveness in quality and price as well.

그 회사는 품질뿐만 아니라 가격에서도 경쟁력이 있어 고객으로부터 큰 주문을 수주할 자격이 있음.

The company's ardour toward the Korea market is belated. It should have come to the Korea market much earlier. The latecomer seldom generates business in Korea, as the market is already saturated with qualified suppliers.

한국 시장에 대한 그 회사의 열정은 때늦은 감이 있다. 한국 시장에 훨씬 전에 진출했어야 한다. 한국 시장은 이미 적격 업체들로 넘치고 있어 신참 업체가 비즈니스를 창출하는 경우는 희박하다.

- saturate: 넘치다, 포화되다   saturation: 포화
  oversaturate: 과포화하다   oversaturation: 과포화

🖋 주문 취소

가능하다면 지난주 발주드린 PC 만 톤 주문 취소하고자 합니다.

We would like to cancel our order of last week for 10,000 MT of PC if possible.

다음 달 초순 선적 불가하다면 주문 취소할 수밖에 없습니다. 초순 선적 가능 여부 내일까지 통보주세요.

We have no option but to cancel the order if you can't ship our order early next month. Please inform by tomorrow whether your shipment is to be effected early next month or not.

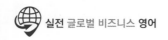

7월 10일까지 선적 불가하다면 그 회사는 발주 취소하고 귀사에 프로젝트 차질을 초래한 보상을 요구할 것임.

If you can't make a shipment of this machine by July 10, our customer will have to cancel that order, and it will consequently request you to compensate the setback in their project.

• setback: 차질, 방해, 좌절

현재 3대 더 구매 상담 중이나 이 또한 없던 일로 될 것임.

Three further inquiries are now in progress but will also have to be cancelled.

품질 문제 해결책을 금주 중으로 제시하지 않으면 당초 우리가 합의한 바와 같이 잔여 주문은 자동 취소됩니다.

Unless you give us countermeasure for quality problem within this week, our remaining order shall be automatically cancelled, as we mutually agreed.

품질 문제를 야기하면서 아무 말이 없는 회사와는 거래를 지속할 수 없습니다.

We can't keep doing business with the company who keeps silent at the quality problem that it caused.

내주 월요일부터 취소 비용 없이 주문 취소 불가합니다.

Order cancellation is not possible without cancellation charge as from next Monday.

• cancellation charge/fee/penalty: 취소할 때 청구되는 일종의 벌금

Custom Product

Custom product는 custom-built product, custom-made product라고도 하는데, 고객의 요구 사양으로 만들어진 제품이라는 의미이다.

예를 들면, 소비재 제품의 gift box는 고객의 요구 사양대로 고객의 명의로 만들어지는 바, 대표적인 custom product이다. Gift box는 고객이 인수하지 않으면 폐지로밖에 사용할 수 없는 대표적인 custom product이다.

산업재도 고객의 특정 사양에 맞추어 제작하는 제품들이 있는 바, 이는 그 고객이 인수하지 않으면 판매할 수 없을 수도 있다.

Custom product 오더 수주는 결제 조건에 주의하여야 한다. 그 고객이 갖고 가지 않으면 악성 재고, 쓰레기가 될 가능성이 농후한 바, 항상 대금 결제를 확실히 챙겨야 한다.

 PO 발행자의 주소와 배달지의 주소가 다를 경우

간혹 PO 발행자 주소와 화물 배달지의 주소가 다른 때도 있다. 화물을 courier로 운송 시 AWB에 배달지가 서울로 되어 있는 것을 한국에 화물 도착 후 대전으로 변경하려면 추가 비용이 발생한다. 만약 세계 유수 courier 대표 브랜드 중 하나인 Fedex로 화물을 수입할 경우, 어떤 처리를 하여야 추가 비용 없이 원하는 장소에서 화물 수취가 가능할까?

PO 발행 시 다음 내용을 명기하면 추가 비용 없이 원하는 장소로 배달된다.

PO 발행업체를 물품 대금 결제 업체로 표기. 즉, 'Bill to 업체'로 명기, 즉, 'Bill to 업체'의 업체가 물품 대금 결제 업체인 바, 이는 사업자 등록증과 일치하여야 하며, 이 업체 명의로 통관한다.

• 배달지 주소를 명기
• Fedex AWB에 배달지 주소가 명기되도록 함.

이 내용을 표시하면 다음과 같다,

'Bill To' in the invoice	'Delivery To' in the invoice	'Delivery Place' in Fedex AWB
Mr. SK Hong Jalpanda Corp. Room 207 Youngtongsangga, 77 Gil-377 Songi-ro, Songpa-ku Seoul, Korea(zip code : 777777) C/P : E-mail :	Mr. SK Hong Room 756, TH Plaza Bldg, 777 Dongtandae-ro, Hwaseong-si, Gyeonggi-do, Korea(zip code : 77777) C/P : E-mail :	Mr. SK Hong Room 756, TH Plaza Bldg, 777 Dongtandae-ro, Hwaseong-si, Gyeonggi-do, Korea(zip code : 77777) C/P : E-mail :

주) 특송 업체이든 일반 배달업체이든 AWB의 화주 소재지국 주소 기준으로 화물을 분류하는 바, 애초 외국에서 선적 시 배달지를 확실히 해주어야 물품이 목적국에 도착 후 배달지 변경에 따른 추가 비용이 발생하지 않으며 업무 혼선이 없다.

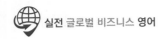

Chapter 17 발주에 대한 회신

주문 감사 및 확인

주문 감사합니다. 귀사에서 요청하신 5월 납기대로 선적할 것임을 확인해 드립니다.

Thank you for your order. We confirm that we will ship your order as per your required delivery of May.

☞ 오더 확인은 납기까지 확인하는 것이 확실하다. 만약, 납기 확인을 즉시 하지 못할 경우엔 일단 오더를 확인해주고 며칠 이내에 납기 확인한다고 통보하는 것이 좋다.

☞ Thank you for your order. We will get back to you with the delivery by tomorrow. 오더 감사드리며 내일까지 납기 통보드리겠습니다.

도움에 감사드리며 조속히 차기 주문 발주해주시면 감사하겠음.

Thank you for your assistance, and I would be indebted to you for your placing the next order at your earliest possible convenience.

패턴 연습

A에게 B의 은혜를 입다, A에게 B에 대해 감사하다:
be indebted to A for B

I am indebted to her for the order from the company. She is the only daughter of the president of the company.

그 회사로부터의 주문은 그녀의 덕택이다. 그녀는 회사 사장의 독녀이다.

3년 전 귀사에서 당사에 발주한 첫 오더에 대해 뭐라 감사의 말을 드려야 할지 모르겠습니다.

I don't know how to thank you enough for the 1st order which you placed us with three years ago.

귀사에서 수년간 당사 제품을 사주시고 있는 덕분에 요즘은 전 세계의 회사들로부터 주문이 쇄도하고 있습니다.

Thanks to your purchasing our product for years, we have been receiving an avalanche of orders from many companies over the world nowadays.

🎙 패턴 연습

주문의 쇄도: a rush of orders, an avalanche of orders

A rush of orders has the company operating at full capacity.
주문이 쇄도하여 그 회사는 완전 가동 중이다.
• have A ~ing: A에게 ~하도록 하다

The factory workers average ten hours' work a day for the recent two months because of an avalanche of orders from overseas.
해외로부터 주문이 쇄도하고 있어 최근 2달 동안 공장 직공들은 하루 평균 8시간씩 일한다.
• average: 평균, 평균의, 평균 ~하다

We will phase in a new automation system in order to catch up with the recent rush of orders.
최근 쇄도하는 주문을 따라잡기 위해 신규 자동 설비를 도입할 것이다.
• catch/keep up with ~; keep pace with ~: ~을 따라 잡다

The company has been receiving a rush of domestic orders since its production capacity increase.
생산 능력 증설 후 내수 주문이 쇄도하고 있다.

An avalanche of orders from the customers overseas allows the company to employ more factory workers now.
그 회사는 해외 고객들로부터 주문이 쇄도하고 있어 공장 직공을 훨씬 더 고용할 수 있는 입장에 있다.

🖋 유사품 구매 유도

모델 SHSH0101을 5월에 선적하라는 오더 감사합니다.

Thank you for your order for the model SHSH0101 with the shipment of May.

하지만 현재 재고가 없으며 5월 말까지는 생산 계획이 없습니다.

We, however, regret to inform you that we have no stock at the moment and we have no plan to produce the model by the end of May.

6월에 그 모델을 선적하는 것을 허락하시든지 5월에 유사 모델(SHSH0102)을 선적토록 해주시면 감사하겠습니다.

We, therefore, appreciate it if you could allow us to ship SHSH0101 in June or similar product(SHSH0102) in May.

☞ 현재 재고가 없고 납기에 맞춰 생산 불가하니 선적을 늦추든지 아니면 비슷한 제품으로 납기를 맞출 수 있도록 허락해주든지 결정해달라는 내용임. 고객의 요구 사항을 충족시킬 수 없을 때는 항상 대안을 제시하는 것이 바람직하다. 이런 공급업체를 파트너로 갖고 있는 고객은 항상 happy 하다.

🖋 대체품 구매 유도

SHSH0120에 대한 오더 감사드립니다.

Thank you for your order for SHSH0120.

하지만 그 모델은 이미 재고가 바닥이 나서 공급 불가합니다. 두 달 전에 단종하기로(= 더 이상 생산하지 않기로) 결정하였습니다.

But we are not in a position to supply SHSH0120, as it is out of stock. Our company had decided not to make the model any more two months ago.

대신 우리의 새로운 모델 SHSH0130을 채택하시기 바랍니다. SHSH0130은 SHSH1020에 비해 성능이 뛰어나고 가격은 동일합니다.

Instead I would like to suggest that you adopt our new model SHSH0130 whose function is more advanced than SHSH0120 but the price is same.

이는 당사의 기술 개발 덕택입니다.

This is thanks to our technology development.

패턴 연습

덕택으로, 덕분에: thanks to

Thanks to his help, we could finish the work earlier than we expected.

그의 도움 덕분에 생각보다 일을 일찍 끝낼 수 있었음.

Thanks to your strategic pricing, we could get the order from the company.

전략적인 가격 덕분에 그 회사로부터 order 수주 가능하였음.

MOQ 대안 제시

5월 선적으로 2.5T(T= thickness) 20,000 SM 오더 감사합니다. 하지만 귀사의 오더를 충족할 수 없어 유감입니다.

Thank you for your order for 20,000 SM of 2.5T solar glass with the shipment of May. We, however, are sorry that we can't satisfy your request.

첫째, 2.5T의 경우, 최저 발주 수량 건이 있습니다. 당사는 한 번 생산에 50,000 SM를 생산하여야 합니다. 그래서 지금 당장 귀사 오더 생산은 불가합니다.

First, there is an MOQ in case of 2.5T, which is 50,000 SM/production. And so we can't produce your order right away.

둘째, 타 고객으로부터 30,000 SM 이상의 오더를 받으면 귀사 오더와 타 고객들의 오더를 같이 즉시 생산 가능합니다. 하지만 언제 타 고객들로부터 오더를 받을지 확실치 않습니다. 이러한 상황으로 귀사에서 요구하시는 납기를 확인해 드릴 수 없습니다.

Second, if we receive 30,000 SM order from other customer, we can produce your order and other customers' orders at a time right way. But we don't know when we get the order. This does not allow us to confirm your required delivery.

따라서 3개월 이내 귀사 오더를 선적하도록 해주시면 감사하겠습니다. 당사는 분기마다 10만 SM를 생산하고 있습니다. 따라서 3개월 납기를 허락하여 주시면 공급 가능합니다.

We, therefore, would like to suggest that you allow us to ship your order for 20,000 SM within 3 months. Up to now, we have been producing 100,000 SM of 2.5T every quarter. And so we can guarantee your order with three months shipment.

아니면 귀사의 오더를 5만 SM으로 하여 당사에서 5만 SM을 생산하여 2만 SM은 5월에 선적하고 나머지 3만 SM은 8월까지 분할 선적토록 해주십시오.

Otherwise, please allow us to produce our MOQ of 50,000 SM at a time with May shipment of 20,000 SM and partial shipment of the remaining quantity of 30,000 SM until August.

- 50,000 SM/production: 한 번 생산에 50,000 SM.
  200 ton/batch: 한 번 생산에 200 톤.

☞ 페인트, 플라스틱 원료. 화학품 등에서는 batch라는 용어를 주로 사용한다.

☞ 상기 예문은 태양광 유리의 두께는 3.2T가 범용인 바, 2.5T를 발주하자 공장 입장에서 MOQ 문제와 그 해결 방안을 제시한 것이다. 주문 수량이 MOQ가 되지 않아 단독 생산 어려우니 납기를 늦추든지 수량을 늘리든지 등등의 방안을 제시한 것이다. 장사를 아는 공급업체인 것이다. 장사를 모르는 업체는 그저 공급을 못 한다고 했을 것이다. 고객의 요청 사항을 100% 충족시킬 수 없을 때는 할 수 있는 모든 방법을 제시하고 고객이 선택할 수 있도록 유도하는 것이 최선이다.

BIZ Point **MOQ** (minimum order quantity: 최저 발주 수량)

범용 제품이 아닌 경우, 라인 가동에 따른 최저 생산 수량이 있다. 이는 상시 생산하는 제품이 아닌 특수 제품을 생산할 경우, 생산 라인을 변경·준비하는 시간에 대한 기회비용과 생산 수율(yield rate)의 문제가 있다. 이러한 사유로 고객 주문이 있을 경우에만 생산되는(custom-made) 특수 제품의 경우, 일정 최저 발주 수량(MOQ: minimum order quantity)이 있다.

 ## 완전 가동으로 수주 거절

귀사의 요청으로 당사는 핸드폰용 카메라 모듈을 생산하는 여러 업체를 접촉하였습니다.

In accordance with your request, we duly contacted various Korean makers of the camera modules for mobile phone.

하지만 지금은 귀사의 주문을 받을 수 없음을 통보드리게 되어 유감임. 왜냐하면 그 업체들은 국내 주문의 쇄도로 이미 공장을 완전 가동하고 있어 신규 주문을 받을 수 없기 때문임.

We, however, are very sorry to inform you that they cannot receive your order at this time, because they are faced with a rush of domestic orders which already has them operating at full capacity.

한국 업체들이 귀사 오더를 생산할 여력이 생기면 최대한 빨리 연락드리겠습니다.

We will contact you at the earliest possible time when Korean makers can accommodate your order.

추가 생산 라인 한 개의 증설이 완료되는 5월까지는 신규 오더 수주는 불가합니다. 이미 2개월 치 생산량이 밀려 있습니다.

We are sorry that we can't receive any new order until May when we are to finish installing one more production line. We have two months backlog already.

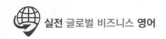

패턴 연습

backlog: 수주 잔고, 주문 잔액, 예비　　**⑧** 예비로 남겨두다, 후일
　　　　　처리 분으로 주문을 받다,(주문, 상품 등이 미처리인 채) 쌓이다
back order:(재고가 없어서) 처리 못한/뒤로 미룬 주문, 이월 주문

The company's present backlog of orders does not allow it to receive any new orders unless the delivery is more than 3 months.

그 회사는 수주 잔고가 많아 납기를 3개월 넘게 주지 않으면 신규 오더를 받지 않는다.

The company already has a back order of 100,000 SM.

이미 생산을 못해 뒤로 이월된 주문 수량이 십만 평방미터이다.

Chapter 18 생 산

생산 능력, 생산량

태양광 유리의 월 생산 능력이 어떻게 되는지요?

What's your monthly production capacity of solar glass?

☞ 공장을 완전 가동할 경우의 수량

매월 몇 톤의 음극재를 만드시는지요? 월 생산량이 얼마?

How many tons of anode materials can you make monthly?

☞ 현재 실제 생산 중인 수량

하루 몇 개의 MLCC를 만드시는지요? 일 생산 수량이 얼마?

How many PCS of MLCC do you make daily? What's your daily production quantity of MLCC?

• PCS: pieces
• MLCC(multi layer ceramic capacitor): 적층 세라믹 커패시터

하루 몇 톤의 철을 만드는지요?

How many tons of steel do you produce daily?

생산 능력 vs 생산량

생산 능력(production capacity)은 공장을 완전 가동할 경우의 생산량(production quantity)을 의미한다. 생산량은 실제 생산하는 수량을 말한다. 이 두 가지의 경우 모두, 생산품의 얼마가 양품인지 불량품인지를 보여주지 않고 있다.

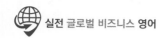

당사의 생산에 대해 안심하세요. 어제 일자로 노사 분규가 우호적으로 종결되었습니다.
Please rest assured of our production. As of yesterday, the labor dispute ended amicably.

금일부터 평상시와 같이 공장을 가동하기 시작했습니다. 하루 만 SM을 생산할 것입니다.
From today the factory has started to run normally as before. We will produce 10,000 SM every day.

시장 상황을 정확히 파악하고 즉시 생산 증설을 결정하였다.
The company accurately appraised the market situation and immediately decided to increase production capacity.

기껏해야 5월 10일경 귀사 오더의 생산을 마칠 수 있다.
At best we can finish production of your order only about May 10.
• at(the) best: 아무리 잘 봐주어도, 기껏해야, 고작

귀사를 위해 당사가 할 수 있는 일은 조속히 생산 라인을 하나 더 증설하여 생산 수량을 늘려주는 것이다.
All that we can do for your preeminent firm is to increase production quantity by adding one more production line shortly.

🎤 패턴 연습

A가 할 수 있는 것은 ~이 전부다/유일하다:
All that A can do is ~; The only thing that A can do is ~:

The only thing that I can do is to try to produce your order next Sunday, but I am not sure whether this is possible or not, as the workers don't work on Sunday.
지금 할 수 있는 유일한 일은 귀사의 오더를 다음 일요일에 생산토록 노력해보는 것이나 공장 직공들이 일요일은 일하지 않아 될지 안 될지 모르겠음.

The only thing I can do at this moment is to remit only the balance of US$2,000 to your account, holding US$3,000 on our side on the condition that you will settle the quality problem completely. US$3,000 will surely be remitted to your account immediately after the settlement. I believe that this is a fair adjustment acceptable to you.

지금 해드릴 수 있는 것은 귀하의 커미션 US$5,000중 US$3,000은 당사에서 일시 보관하고 US$2,000을 송금드릴 수 있습니다. 그 회사와 품질 문제를 확실히 해결 즉시. US$3,000을 송금해 드리겠음. 이렇게 처리하는 것이 공정한 방법이며, 귀하가 수락할 수 있을 것으로 믿음.

항상 공급 과잉에 대비하여야 한다.

The company should always prepare against the oversupply.

공급 과잉에 충분한 준비가 되어 있다고 생각했지만, 공급 과잉이 실제로 시작되었을 때 매우 당황스러웠다.

Even though the company thought that it was fully prepared for the oversupply of solar glass, it was much embarrassed when the oversupply actually came up.

왜냐하면 유리 제조업체는 생산을 늘린 반면 유리 수요가 대폭 감소했기 때문이다.

The reason was that the demand for the glass went down drastically while the glass makers increased their production.

☞ 최악의 상황이다. 수요는 줄고 공급은 늘고. 태양광 유리 시장에 이런 상황이 닥쳤다. 생산 라인 증설 업체는 한마디로 고사 상태인 것이다.

🎙 패턴 연습

현재 생산량은 ~이다.   The present production quantity is ~
현재 생산 능력은 ~이다. The present production capacity is ~

The present production quantity of 5G phone is 50,000 sets/day.
현재 5G 핸드폰 생산 수량은 50,000대/일(日) 이다.

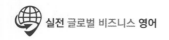

The present capacity of our company's PV module electricity generation system is 1 GW.

현재 우리 회사의 태양광 발전 시스템 생산량은 1GW 임.

The company has crude oil processing capacity of 500,000 barrels per day.

그 회사의 일(日) 원유 정제 능력은 50만 배럴이다.

 공장 가동률 vs 생산 수율

생산 능력(production capacity)에서 생산량(production quantity)의 비율이 공장 가동률(operation/running ratio)이다.

• 공장 가동률 = 생산량/생산 능력 × 100

또한 생산한다고 해서 모두 양품일 수는 없다. 제품을 만들다 보면 양품도 있고 불량품도 발생한다. 생산량에서 양품이 나오는 비율이 생산 수율(yield rate)이다.

• 생산 수율 = 양품 수량/생산 수량 × 100

Succeeding in mass production of 3-D laser printer is a historical step in changing the shopping pattern.

3-D 레이저 프린터의 양산 성공은 쇼핑 패턴의 변화를 일으키는 역사적인 한 걸음이다.

🎙 패턴 연습

역사적인 한 걸음/발걸음: a historical step

If the Committee is to be a truly representative organization, all the Pacific Rim countries should fully participate in its activities. Therefore, we, Korea Committee, want the Seoul Meeting to be a historical step in ensuring the full participation in the Committee of all members from South America and ASEAN.

위원회가 진정한 대표 기구가 되기 위해서는 모든 태평양 인근 국가들이 참여하여야 합니다. 금번 서울 회의가 남미 및 ASEAN의 모든 국가들이 참가하는 역사적 발걸음이 되기 바람.

We have been taking part in various international trade fairs all over the world, which I hope will be a historical step toward globalization.

당사는 전 세계 여러 박람회에 참가하고 있음. 이 참가가 세계화로 향한 첫 발걸음이 되기 바란다.

- various; a variety of: 가지가지의, 여러 가지의, 가지각색의, 여러 방면의
  for various reasons: 여러 가지 이유로　　　　　　a man of various talent: 다재다능한 사람
- all over the world; all the world over:　　　　　　　　　　　전 세계에서
  on top of the world:　　　　　　　　　　　　절정에, 아주 행복한, 아주 기쁜
  It's a small world.　　　　　　　　　　　　세상은 넓은 것 같아도 좁다.

만약 협력 업체를 너무 재촉하면 납기에 부정적인 영향을 줄 수도 있다.

If you push your vendor to accelerate production too much, it may negatively affect its delivery of our ordered quantity.

🎤 패턴 연습

부정적인 영향을 끼치다: negatively affect

However, my particular concern is that disputes of this nature may negatively affect the friendly atmosphere existing between our two companies.

내가 특히 염려하는 것은 이러한 성격의 논쟁이 양사 간 우호적인 관계에 부정적인 영향을 끼치지 않을까 하는 것임.

생산 과장에게 생산을 끝내야 하는 최종 일자를 상기시켜라. 납기를 준수하지 않으면 고객으로 부터 클레임을 받을 것이다.

Please remind the production manager of the production deadline. You should keep the deadline. Otherwise, we will receive a claim from our customer.

🎤 패턴 연습

A에게 B를 상기시키다, 기억나게 하다: remind A of B

Please remind QC manager to immediately find out the reason why the defectiveness came up so high suddenly. He previously maintained his ground against the reason for a huge defectiveness, but he turned out wrong.

품질 관리 과장에게 갑자기 불량이 왜 그렇게 많이 발생되는지 원인 규명을 즉시 해야 한다는 것을 상기시켜라. 높은 불량률 원인에 대한 입장을 고수했으나 틀린 것으로 밝혀졌다.

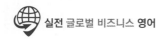
I would like to remind you of a few simple rules related to ~.

당신에게 ~와 관련된 간단한 몇 가지 규칙을 기억나게 해주고 싶다.

That reminds me.

그것으로 생각났다.

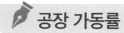 공장 가동률

현재 태양광 유리 공장의 가동률이 얼마인지요?

What's your present operation ratio of your solar glass factory?

☞ 공장 가동률(operation ratio)은 공장 설비를 얼마나 돌리고 있는지를 보여준다. 예를 들어 최대로 가동하면 하루에 100개의 제품을 만들 수 있다는 공장이 하루에 80개만 생산하고 있다면 가동률은 80%이다. 설비 투자를 해놓고 그 설비를 가동치 못하고 있는 것이다.

🎤 패턴 연습

~에 돌리다, ~의 탓으로 하다, ~의 행위/소치/업적으로 하다: attribute A to B:

The president of the company attributed more than 95% operation ratio of the factory to the able sales manager.

그 회사의 사장은 공장 가동률이 95%가 넘는 것을 그 능력 있는 영업 과장의 업적으로 치하함.

This growth in mutual trade can be attributed to the efforts of the business sectors in both our countries, and I, as a member of this business community, feel justly proud of such an economic phenomena.

상호 교역의 성장세는 양국의 민간 사업 분야에서의 노력에 기인하며, 민간 사업 단체의 일원으로 그러한 경제적 현상에 자부심을 느낌.

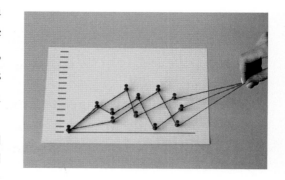

생산 수율

6/7/8월 각각의 수율이 얼마인지요?

What's your yield rate of June, July, and August respectively?

6/7월의 수율은 95%이고, 8월은 90%밖에 되지 않는다. 상대적으로 낮은 8월의 수율은 공장 직공들의 여름휴가에 기인한다.

Our yield rate of June and July is 95%, while that of August is only 90%. The relatively low yield rate of August is caused by the summer vacation of factory workers.

그 회사는 이제야 겨우 반도체 사업에서 돈을 벌고 있다. 그 이유는 지난달까지는 생산 수율이 매우 낮았기 때문이다.

It is only now that the company makes money from its semiconductor business. The reason is that its yield rate was too low up to last month.

장기 거래 관계에서 yield rate를 올리는 것은 매도자와 매수자 간의 공동 관심사이다.

Elevation of yield rate is the key issue of common interests between buyer and seller in the long-term business relationship.

패턴 연습

공동 관심사: common interests

matters of common/mutual interest/concern 공동/상호 관심 사안

Also, through this meeting, we have clearly identified common interests and good opportunities to cooperate in third world countries.

또한, 금번 회의를 통해 공동 관심사 및 3국에서 협력할 수 있는 좋은 기회를 확인함.

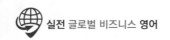

그 회사의 목표는 '무결점' 3-D OLED TV를 만드는 것이다. 이 낮은 불량률은 그 회사의 탁월한 품질 관리를 대변하고 있다.

The company's goal is to make 'no defect' 3-D OLED TV. This very low defective ratio represents the company's excellent QC.

 BIZ Point **불량률 vs 생산 수율**

수율(yield rate)이란 생산 관리 투입량 대비 양품 비율을 의미한다. 예를 들어, 100개를 생산하고 불량이 5개라면 양품이 95개인 바, 수율은 95%가 되며 불량률은 5%가 된다. 즉, 불량률이 낮다는 것은 생산 수율이 높다는 것을 의미한다. 각 업체의 품질 수준은 수율만 파악해도 어느 정도의 감이 잡힌다.
• 불량률 = 100 − 생산 수율

그 회사는 2000년 설립 이래 엄격한 품질 관리 주의로 일관했다.

The company has been steadfast to its strict quality control since its establishment in 2000.

그 회사는 불량률이 왜 그렇게 높은지를 찾기 위해 애쓰고 있다. 불량을 낮출 수 있는 실현 가능한 해결책 모색이 화급하다.

The company is striving to find out what causes the defective ratio so high. Exploring practical/feasible solutions to come down the high defective ratio is pressing.

패턴 연습

실질적인 해결책을 찾다: explore practical/feasible solutions;
seek for practical/feasible solutions

You are required to seek for the feasible solutions to come down the high defective ratio.

높은 불량률을 낮출 수 있는 실현 가능한 해결책을 찾아야 한다.

Our meeting of last week was invaluable through exploring practical solutions to expand cooperation between our two companies.

합동 회의는 양사 간 협력 증진의 실질적인 방법을 탐구한 바, 큰 가치가 있었음.

 패턴 연습

cost-down:

The president of the company accentuated/stressed/emphasized the increasingly worsening world economy to the employees, asking for their voluntary cost-down.

그 회사의 사장은 점점 더 악화되고 있는 세계 경제에 대해 직원들에게 강조하고 그들의 자발적인 원가 절감을 요구했다.

This cost-down will add to our profit. He added that he would come to Korea again soon in order to select a vendor.

이 원가 절감으로 우리의 이익이 증대될 것이다. 협력 업체 선정을 위해 곧 다시 한국에 오겠다고 부언했다.

The production manager initiated an innovative cost-down movement.

생산 과장은 혁신적인 원가 절감 운동을 일으켰다.

패턴 연습

～이하가 생각나다, 머리에 떠오르다: It occurred to me that ～

A brilliant cost-down idea occurred to me.

원가 절감의 묘안이 떠올랐다.

If anything unexpected occurs during my vacation, please call me right away.

내 휴가 중 만약 예상치 못한 일이 생긴다면 즉시 전화해라.

The two accidents coincided with each other.
The two accidents occurred at the same time.

두 사건이 동시에 발생했다.

🎙 패턴 연습

비례의, 비례하는: proportional to, proportionate to, proportionally, pro rata

The quality of any product, in general, is proportional to the carefulness of factory workers at the assembly line.

일반적으로 제품의 품질은 조립 라인에서 일하는 공장 직공의 주의 정도에 비례한다.

☞ 주의를 하면 할수록 양품이 나오고, 주의를 하지 않을수록 불량품이 나온다는 것임.

Income tax is proportional to income.

소득세는 소득에 비례한다.

The product consists of silver particle and chemicals, and so its market price is usually proportional to the price of silver at LME market.

그 제품은 은 입자와 화학 물질로 구성되어 있어 가격은 런던 금속 시장(LME: London Metal Exchange)의 은 가격에 연동된다.

The number of accidents is proportionate to the increased volume of traffic.

사고 건수는 늘어나는 교통량에 비례한다.

🎙 패턴 연습

〜으로 되어 있다, 〜으로 구성되다:

consist of; composed of; be made up of; comprise

Our Division consists of three Departments which are in charge of importing all kinds of machinery.

우리 사업부는 3개 부서로 구성되어 있으며 모든 종류의 기계 수입을 담당하고 있음.

We are pleased to advise you that our participants will consist of two members from our headquarters - myself and General Manager ST Park in charge of our International Finance Department - and members of our Hong Kong branch - Managing Director JH Kim and several other branch members.

우리 측은 본사에서 2명, 지사에서 여러 명이 회의에 참석할 예정임.

Happiness does not consist in your wealth, but in your health.
행복은 부에 있는 것이 아니라 건강에 있다.
- consist in; exist in; lie in: ~에 있다, ~에 존재하다

생산성

우리의 생산성이 상대적으로 낮다. 생산성을 올려야 한다.
Our productivity is relatively lower. We need to increase productivity.

핸드폰을 그런 식으로 조립하면 생산성이 좋을 수가 없다. 생산성을 향상시킬 수 있는 방법을 찾아라.
If you assemble the handset like that way, the productivity can't be satisfactory. Please find out the way to elevate the productivity.

☞ 모든 제품은 개발 단계부터 생산성이 좋도록 설계하려고 노력한다. 조립 순서를 조금 변경하거나 생산 공정을 조금 변경해도 생산성이 up/down될 수 있다.
- 생산성(productivity)은 투입된 자원에 비해 산출된 생산량이 어느 정도인가를 나타낸다.
   생산성 = 산출량/투입량

그는 좀 더 분석해보니 생산성을 향상시킬 수 있는 좋은 방법을 찾을 수 있었다.
With further analysis, he could find out the good way to enhance productivity.

패턴 연습

더 생각해보니 : with further thought
더 분석해보니 : with further analysis

Initially, I worried that this transference might mean that I would have less contact with you; with further thought, I realized that there was absolutely no reason for this to be so.
당초에는 내가 전보되면 귀하와의 연락이 줄어들 것으로 걱정하였으나, 좀 더 생각해보니 그렇지 않은 것을 알게 되었다.

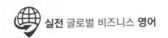

With further analysis, he could find out what's wrong with his recipe for the conductive paste.

좀 더 분석을 해보니 도전성 페이스트 제조법이 어디가 잘못되었는지를 찾아낼 수 있었다.

The formula for conductive paste is for your eyes only.

도전성 페이스트 제조법은 비밀이다.

• formula; recipe: 제조법

The company obtained good results from a new assembly method proposed by the production manager.

생산 과장이 제시한 새로운 조립 방법으로 좋은 결과를 얻었다.

공장 직공들의 부주의로 불량률이 높아졌다.
The carelessness of factory workers resu5Gd in high defective ratio.

🎤 패턴 연습

결과로서 일어나다, 생기다, 유래하다: A result from B; B result in A

The high defective ratio resu5Gd from the carelessness of factory workers.

높은 불량률은 공장 직공들의 부주의로 야기되었다.

• as a/the result of: ~의 결과로서
  the result was that ~: 결과는 ~이었다
  without result: 헛되게, 보람 없이, 공연한

The big loss resu5Gd from the sudden fire.

그 큰 손해는 갑작스러운 화재로 인한 것이다.

☞ from 다음이 원인

The sudden fire resu5Gd in big loss.

갑작스러운 화재는 큰 손실을 초래했다.

☞ in 다음이 결과

생산 효율

지난달 양산을 시작하여 아직도 생산 효율이 낮다. 하지만 다음 달부터 생산효율이 엄청 올라갈 것으로 확신한다. 따라서 납기 걱정은 하지 마세요.

The production efficiency is still low, as we started production last month. But we are confident that the production efficiency will jump up from next month. And so please don't worry about the delivery.

- 생산 효율(production efficiency)이란 생산고(生産高)와 생산에 들어간 경비와의 비율을 의미한다. 시설, 관리 방법, 기타에 따라 효율이 크게 달라짐.

만약 생산에 예기치 못한 문제가 발생한다면 당사 비용으로 항공 운송시켜 납기를 맞추겠습니다.

If something unexpected comes up with the production, we will airfreight the goods at our own cost in order to keep our delivery promise.

생산 효율이 기업 이윤을 좌우한다.

The production efficiency is central to corporate profit.

패턴 연습

~의 중심/중추/핵심이다, ~을 좌우하다: central to ~

Among many issues, the quality is central to business success.
여러 사안 중 품질이 사업 성공의 중심/핵심이다.

Not surprisingly, these issues were also central to the Annual Meeting, which ended in Seoul just two days ago, attended by over 5,000 leading government officials and business leaders from every corner of the world.
이러한 사안들이 이틀 전 서울에서 끝난 연차 회의의 핵심 사안이었다는 것은 놀랄 일이 아님. 그 회의에는 세계 각국에서 5천 명이 넘는 정부 관료와 경제인들이 참석하였음.

- Not surprisingly; it's not surprising that ~: ~는 놀랄 일이 아니다
- from every corner of the world: 전 세계 곳곳에서, 각지에서
  every nook and corner: 도처, 구석구석

 패턴 연습

~할 것으로 확신하다; we are confident that ~; we are sure that ~ ; we are certain that ~; we strongly believe that ~; we are in a strong belief that ~

We are very certain that in the near future, the need for FPCB will go up tremendously in all the industries.
조만간 모든 산업 분야에서 FPCB 수요가 대폭 증대할 것으로 확신함.
• FPCB (flexible printed circuit board) : 연성 PCB

We are sure that your president's visit to our president will cement our relationship and friendship.
귀사 사장께서 당사 사장을 방문하여 주시면 양사의 관계와 우정이 굳어질 것으로 확신한다.

We strongly believe that your Minister's visit to Korea will contribute to the everlasting friendship and prosperity between our two countries.
장관님의 방한은 양국 간의 영원한 우정과 번영에 도움이 될 것으로 굳게 확신한다.

 ## 생산 라인

생산 라인을 둘러 봐도 괜찮은지요?
Can you allow us to look around your production line?

그 회사의 생산 라인은 완전 자동이다.
The company's production line is fully automated.

생산 라인에는 가장 진보된 기계들이 설치되어 있다.
The production line is equipped with the most advanced machines.

🎙️ 패턴 연습

간단히 언급 드린 바와 같이: as we briefly mentioned; as we briefed

As we briefly mentioned in our e-mail of last week, we finished setting up one more production line.
지난주 이메일에서 말씀드린 바와 같이 생산 라인 한 개를 증설 완료하였습니다.

As we made brief mention in our e-mail of last week, we started production at a new line.
지난주 이메일에서 말씀드린 바와 같이 신규 라인에서 생산을 시작하였습니다.

The production manager briefed his president on the assembly line of the new product.
그 생산 과장은 사장에게 신제품의 조립 라인에 대해 간단히 설명하였다.

• brief and to the point: 간략하고 요령 있는(succinct: 간단명료한)
• to be brief: 간단히 말하면   in brief: 말하자면, 요컨대
• a brief welcome: 쌀쌀맞은 환영
• brief: ~에게 사정을 알리다, 요점을 추려 말하다, ~에게 간단히 지시하다

조립 공정 관점에서 보면 현재의 조립 공정은 최적으로 보이지 않음. 왜냐하면 불량을 유발할 수 있음.

From the assembly process standpoint, the present assembly way does not seem optimum. The reason is that it may cause defectiveness.

🎙️ 패턴 연습

~의 관점에서 보면, ~적인 관점에서 보면: from ~ standpoint

From the cutting-edge technology standpoint, to elevate production efficiency is not difficult.
최첨단 기술의 관점에서 보면 생산 효율을 향상시키는 것은 어렵지 않다.

• cutting-edge 최첨단의(most advanced), 가장 현대적인
  The product was developed by cutting-edge technology. 제품은 최첨단 기술로 개발되었다.

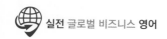
- state-of-the-art 최신의/최첨단 기술을 사용한 ↔ stereo-typed 판에 박은/진부한
  a state-of-the-art system/equipment/technology
  　　　　　　　　최첨단　　시스템/　　　장비 /　　　　기술
  stereotyped phrases/language/pattern
  　　　　　진부한 문구/상투적인 언어/틀에 박힌 형태

From an economic standpoint, it is especially important to note that the trade volume between our two nations has increased twelve-fold in the period during 2021 and 2022, and that this increase has been constantly on the rise.

경제적인 관점에서 보면 양국 간 교역량은 2021년부터 2022년까지 12배 증가했고, 이 증가세가 지금도 지속되고 있다는 점을 주목하는 것이 특히 중요하다.

생산 라인이 잘 구성되어 있고 직공들이 활기차 보인다.

The production line appears well-arranged, and the workers look active.

🎙 패턴 연습

～인 것 같다, ～인 것처럼 생각되다

It appears as if/though ～: ～인 것처럼 생각되다

It appears(to me) that ～: ～인 것 같다

- appear: 나타나다, ～로 보이다, ～로 생각되다, 출두/출연하다,(작품이) 세상에 나오다,
  (신문 따위에) 실리다, 명백하게 되다
  for reasons that do not appear: 뚜렷하지 않은 이유로
  strange as it may appear: 이상하게 생각될지 모르지만

She appears(to be) rich. It appears that she is rich.

부자인 것 같다.

It appears that the market has already started to turn around.

시장이 이미 돌아서기 시작한 것 같다.

The solar energy market appears to recover slowly from the deep bottom of the recent three years.

태양광 에너지 시장은 최근 3년간의 깊은 불황에서 서서히 회복되고 있는 것 같다.

부품 조달

귀사 제품에 필요한 부품들을 원활히 확보하기 위해서는 각 부품의 협력 업체를 2~3곳 운영하여야 한다. 특히, 요(要) 주의 부품은 더욱 그러하다.

In order for you to secure parts and components for your product smoothly, running a few vendors for each part is definitely required, especially in securing critical parts.

- critical part: 관심 대상 부품, 요(要) 주의 부품 납기가 길거나 독점 부품이라든가 부품 수급이 원활치 않은 부품을 critical part 라고 한다. 공장에서 중점 관리한다.

Bill of Materials(BOM): 부품 명세서

Part list(부품 리스트)가 제품에 소요되는 부품을 열거한 것이라면, BOM은 part list에 공급 업체, 공급 단가까지 명기된 상세 명세서이다. 어떤 업체의 어느 부품을 어떤 가격으로 사용하여 제품을 만든다는 것은 매우 주요한 정보인 바, BOM은 회사에서 대외비로 취급된다.

일본에 지진이 닥쳐 그 회사가 우리가 필요한 부품을 생산하지 못했을 때 우리 회사는 위기일발이었다. 그 부품 없이는 우리의 제품 생산이 불가하였기 때문이다.

When the earthquake hit Japan and so the supplier in Japan could not produce our required part, it was a close call to us. We could not make our product without the part.

- close call: 위기일발, 구사일생
  When the tire of my car went flat suddenly on the highway, I had a close call.
  고속도로에서 타이어가 펑크 났을 때 위기일발이었다.

생산 라인용 부품 조달의 관점에서 보면 JIT는 장단점이 있다.

In terms of securing parts for the production line, JIT system has merit and demerit.

- JIT(just in time): 적기 공급 생산
  일본 Toyota 자동차가 도입한 방법으로 완제품 업체는 부품을 소량만 보유하며, 부품 업체에서 각 부품을 적기 공급한다. 이러한 사유로 각 부품 업체는 완제품 업체 근처에 위치하여야 한다.

협력 업체는 고객이 협력 업체의 품질과 납기에 안심하도록 항상 노력하여야 한다. 이렇게 하는 것이 공급 물량을 늘리는 최선의 방책이다.

The vendor should always try to make its customer rest assured of its quality and delivery, which is the best way to increase supplying quantity.

BIZ Tip 이차 전지 (Secondary Battery)

이차 전지는 생상수율에 의해 수익성이 결정되는 대표적인 품목이다. 이차 전지 공장은 생산 수율에 따라 희비가 크게 교차한다. 국내의 생산 시설 그대로 해외 공장에 설치하여도 생산 수율 안정화에 최소 6개월 이상 소요된다고 한다.

이차 전지는 충전(charge), 방전(discharge)을 반복하여 여러 번 사용할 수 있는 배터리를 의미하며, 영어로 는 rechargeable battery, storage battery, secondary cell이라 칭하며, 한 번 쓰고 버리는 일차 전지(primary cell)에 비해 경제적인 이점과 환경적인 이점을 모두 제공한다.

2022년 초 한국 주식 시장에 기업 공개된 LG 에너지 솔루션은 세계적인 이차 전지 업체이며, 2022년 말 현재, 양극재, 분리막, CNT 등 배터리 주요 소재를 생산하는 LG화학과 수직 생산 체계를 갖춘 세계 유수의 배터리 종합 기업이다. 이차 전지는 일본 Sony에 의해 처음 개발되었으나, 현재는 한국 기업과 중국 기업이 시장의 주도권 경쟁 중이며, 일본 업체는 이미 시장 주도권을 상실한 것으로 평가된다. 주요 이차 전지 업체는 다음과 같다.

- 한국: LG 에너지 솔루션, 삼성 SDI, SK 온
- 중국: CATL, BYD
- 일본: Panasonic
- 스웨덴: 노스볼트 정도 이다.

2022년 현재, 한국 업체는 NCM(니켈 코발트 망간), NCMA(니켈 코발트 망간 알루미늄) 배터리에 주력하고 있으며, 중국 업체는 LFP(LiFePO4, 리튬 인산철) 배터리 및 NCM 배터리를 양산하고 있다. 제품 성능 면에서는 한국의 NCM 배터리가 기술 우위에 있으며, 가격 면에서는 중국의 LFP가 경쟁력이 있다. 하지만, 가격 상황은 언제든지 변동될 수도 있다. 배터리의 주요 원료인 리튬, 니켈 등의 가격 변동에 따라 배터리 가격이 결정되기 때문이다.

이차 전지의 품질은 『cycle time(충·방전횟수, 즉, 배터리 수명), 에너지 밀도, 무게 등』으로 평가되는 바, 절대적인 가격 비교로 배터리 경쟁력을 평가할 수는 없다. 배터리 성능 평가는,

- cycle time이 클수록 배터리 수명이 길어진다.
- 에너지 밀도가 높을수록 배터리 힘이 좋아지고 충전 시간이 단축되나 폭발 가능성도 커진다. 밀도는 높이고, 폭발의 위험을 낮추는 것이 품질 기술이다.
- 무게는 작을수록 경쟁력이 있다. 전기차용 배터리라면 배터리 무게는 중요한 사양 중 하나이다. 특정 장소에 비치하는 ESS(energy storage system)용 배터리는 무게 사안이 중요한 사양은 아니다. 즉, 이동되는 물체에 장착되는 배터리는 무게와 부피가 중요하나 고정된 물체에 장착되는 배터리는 무게와 부피가 크게 문제될 것은 없다.

이차 전지는 Pack 형태에 따라, 원통형, 각형, 파우치형으로 분류되며, 각 장단점이 있으며, 업체마다 주력 형태가 있다. 한국의 LG 에너지 솔루션은 2022년 9월 현재 파우치와 원통형에 주력하고 있다. 원통형 배터리의 경우, 4680이 대표적인 크기인데, 46은 지름이 46mm, 80은 길이가 80mm라는 것이다.

배터리는 cell → module → pack의 단계를 거쳐, pack이 전기차에 장착되는데, 배터리 업체라면 일반적으로 cell 업체를 의미하며, cell 업체는 module과 pack을 생산하나 cell을 module/pack 업체에 공급하기도 한다. 배터리의 핵심은 cell이다. 주요 배터리 업체들은 module 단계를 줄이고 cell → pack으로 배터리를 생산하여 전기차에 탑재하기 위해 기술을 개발 중이다.

배터리는 양극재, 음극재, 분리막, 전해질 등으로 구성되는데, 전해질이 액체라 열이 올라가면 폭발 위험이 발생한다. 전고체(all-solid-state, 全固體, 완전 고체) 배터리는 전해질이 고체로 되어 폭발 위험이 거의 없는 배터리를 의미하며, 2022년 현재 배터리 업체들은 이 기술을 개발하기 위해 경쟁이 치열하다. 왜냐하면, 전고체 배터리는 배터리 시장의 game changer가 될 것이기 때문이다. 분리막은 양극재와 음극재 사이를 막아주는 막인데, 전고체 배터리에는 분리막이 사용되지 않을 것으로 예측된다.

이차 전지의 주요 용도는 전기차(EV, electric vehicle), ESS, 로봇, 드론 등이며, 시장 규모는 2025년을 기점으로 반도체 시장 규모를 상회할 것으로 전망된다고 한다. 이는 탄소 절감 운동과 맞물려 있으며, RE100, Green Taxonomy와도 밀접한 관련이 있다.

2022년 9월 현재, 이차 전지가 전기차 가격에서 차지하는 비중은 40~50%로 전기차는 배터리 차이며, 이 비중은 배터리 원료인 리튬, 니켈, 코발트, 망간 등의 가격에 의해 좌우될 것이다. 즉, 원료 가격이 오르면 배터리 가격이 오르고, 배터리 가격이 오르면 전기차의 가격이 오른다. 원재료 가격이 제품 가격에 반영되는 시차는 약 3개월 정도 소요되나, 원재료 가격 상승은 결국은 최종 소비자가 부담하게 되는 것이다.

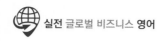

Chapter
19 통관

통관 서류

일반적으로 통관에 요구되는 서류는 인보이스, 패킹 리스트, 선하 증권, 그리고 가끔 원산지 증명서입니다.

The documents required for customs clearance, in general, are invoice, packing list, bill of lading, and sometimes certificate of origin.

- certificate of origin(C/O): 원산지 증명서
  certificate of inspection: 검사 증명서
  birth/health/death certificate: 출생/건강/사망 증명서

수출 통관

수출품의 통관은 시간이 별로 걸리지 않는다.
Customs clearance of export goods does not take long.

통관 서류는 상업 송장 및 포장 명세서이다.
The documents required for customs clearance are invoice and packing list.

수입 통관

귀사가 어제 선적한 부품은 금일 중으로 통관을 하여야 내일 OLED TV 생산을 지속할 수 있다.

We have to make customs clearance of the parts, which you shipped by air yesterday, within today in order to keep producing OLED TV tomorrow.

그 부품이 부족합니다.

We are short for the part.

• short for ~: ~이 부족하다

이러한 사유로 귀사에 항공 운송 요청한 것이다.

This is why we asked for your air shipment.

한국 관세청은 선적 후 1년이 경과한 물품이 반송될 경우 8%의 관세를 부과하나,

Korea Customs House imposes a regular import duty at the rate of 8% of CIF value on products returned more than one year after the on-board date,

선적 후 1년 이내에 반송되면 관세를 부과치 않음.

No import duty is levied on products returned within one year.

기계 발송 시 선적되지 않은 부품들이 여러 가지임. 그래서 그 부품들을 당사나 당사 고객에게 개별 선적하는 과정에서 통관 문제가 발생함.

You frequently neglected to include the various parts required for installation of the system when you ship the system, and therefore had to supply those missing parts separately either to us or to the customers, which caused problems with customs clearance here.

기계 가격에 이러한 부품들이 포함되어 있어 기계 통관 시 부품에 대한 관세는 이미 지불한 것임. 당사 고객들은 이 누락된 부품이 별도로 선적될 경우 발생되는 관세를 지급하기 원치 않으며, 당사 방침도 우리 부서가 이 관세를 지불하는 것을 허락하지 않음.

The customer refused to pay for taxes on those missing parts because they had already paid all the due taxes in the customs clearance of the system itself, and requested us to pay for the taxes, but our company policy does not allow us to pay for the duties.

귀사가 이러한 부품을 당사로 별도 선적하면 무관세로 통관할 자격이 있다는 것을 입증할 정당한 증거가 없어 당사는 통관하기 아주 어려움.

In the instance that you separately ship the parts, which should be included in the shipment of the system, to us, it is extremely difficult for us to make customs clearance because we do not have any justifiable evidence that gives us the authority to import those parts without duty.

• customs clearance: 통관
  justifiable evidence: 명백한 증거
  customs formalities; customs procedure: 통관 절차

☞ 상기 상황은 무역에서 가끔 발생된다. 기계에는 여러 부품이 들어가는데 해외 공급업자가 기계 조립 시 일부 부품을 넣지 않거나 잘못된 부품을 넣어 기계를 선적한 경우에 발생되는 상황이다. 수입업자는 기계에 대한 관세를 납부하고 기계를 통관한다. 통관 후 기계 부품이 누락되어 있거나 잘못된 부품이 조립되어 있는 것을 알게 되면, 공급업자에게 연락, 부품만 따로 선적시켜야하며, 이 부품을 통관하려면 관세를 납부하여야 된다. 즉, 공급업체의 실수로 수입업자는 쓸데없이 관세를 2번 납부하게 된다. 세관에 상황을 설명해도 세관에서는 그 상황을 받아주지 않는다. 일단 보세 창고에서 물품이 인출되면 방법이 없다. 예를 들면, 자동차 수입 통관 시, 보세 창고에서 자동차 인출 후 엔진이 없는 것을 발견했다. 엔진만 다시 들어와야 하는데 이 엔진에 대한 관세는 별도로 지불해야 한다. 자동차 수입 시 납부한 관세에는 엔진 금액도 포함되어 있는 것이나 엔진이 별도로 선적될 경우, 이중 관세 건은 해결 방법이 없다.

데모 견본 송부 시 상업 송장에 NCV 및 코엑스 태양광 전시회용 견본이라고 명기하세요. 그래야 무환 통관 가능합니다.

When you send a demonstration sample, please write down NCV and Sample for COEX Solar Energy Exhibition in the invoice so that we can make customs clearance without duty.

NCV(no commercial value): 상업적인 가치가 없는

견본 등을 외국에 보낼 때 invoice상에 가격을 표시한다 하더라도 이것은 청구하는 금액이 아니라는 점을 나타내기 위해서 표시함. 이는 무환 통관 즉 관세 납부 없이 통관하기 위한 목적이다. NCV를 invoice에 기재하여도 물품이 클 경우는 무환 통관이 쉽지 않다.

☞ 무환 통관: 무관세 통관   유환 통관: 관세를 납부하는 통관

통관은 선적 서류에 의거 이루어진다.

Customs clearance is generally made as per the shipping documents.

원칙적으로 전수 검사나 랜덤 검사는 하지 않는다.

Neither whole inspection nor random inspection is made in principle.

하지만 가끔 의심스러운 수입 화물은 랜덤 검사를 하며, 랜덤 검사 시 문제가 발생되면 전수 검사를 한다.

But sometimes random inspection is made, in case of suspicious imported goods. If something strange is found at random inspection, the whole inspection is made.

☞ 화물이 인보이스의 금액에 비해 너무 크거나 하면 검사 대상이 되기 싶다. 이러한 상황이 아니면 그냥 선적 서류대로 통관될 가능성이 크다. 어떤 국가의 관세청에서는 수입 면장의 끝자리 수(0에서 10)에서 2개의 숫자만 무작위로 번호 선정하여, 면장에 그 번호가 있는 수입화물만 검사하기도 한다.

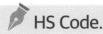

HS Code.

태양광 유리의 HS 번호를 통보주세요. 한국 관세청(https://unipass.customs.go.kr/)은 HS 번호에 의거 관세를 부과한다.

Please inform us of HS code of solar glass. Korean Customs House levies duty on the imported goods as per HS No.

 **HS Code No.**

HS는 harmonized commodity description and coding system의 약자로 국제 통일 상품 분류 체계로 해석된다.

WTO(world Trade Organization; 세계무역기구) 및 WCO(World Customs Organization: 세계 관세 기구)가 무역 통계 및 관세 분류의 목적상 수출입 상품을 숫자 코드로 분류한 것이 HS Code No. 혹은 Hs No.이다. HS Code는 10자리이며, 앞의 6자리는 국제 공통 분류이며, 뒤에 4자리는 국가 재량으로 숫자 부여한다.

HS Code라고도 하며, 각 품목에 대한 관리 및 세율 책정의 기본 자료가 됨. 기존 제품은 모두 HS No.가 정해져 있다, 하지만, 신제품의 경우 HS No가 정해져야 관세가 결정되는데. HS Code를 결정하기 위해서는 제품의 용도, 성질, 주요 성분 등에 대한 자료를 관세청에 제시해야 한다. 각국 간의 HS No.는 약간의 차이가 있는 바, 수출입 시 HS No를 사전에 서로 확인하는 것이 추후 혹시라도 모를 불미스러운 일을 예방할 수 있다.

원산지 증명서

When you ship our order, please do include certificate of origin in the shipping documents. Without C/O, we can't make customs clearance.
당사의 주문을 선적 시 선적 서류에 원산지 증명서를 포함시키세요. 원산지 증명서가 없으면 통관이 안 됩니다.

☞ 이건 서류상의 문제이고, 포장한 후 포장 박스 외부에 *Made in* 국가로 표시한다. 즉, 중국에서 제조되었으면 포장에 *Made in China*로 원산지 표시한다.

관세 납부

보세 창고에서 화물을 인출하기 위해서는 먼저 서류상의 통관을 한 후, 관세를 관세청에 납부하면 된다.

In order for us to take the goods out of bonded house, we have to make customs clearance first based upon documents and then pay relevant duty to Customs House.

그리고 나서 창고 보관료를 지불하면 창고에서 화물을 인수 받는다.

And you can take your goods out of bonded warehouse after paying warehouse charge.

관세율은 수입 통관 신청서에 기재한 HS No와 상품명에 의거 결정된다.

Duty rate is decided as per the item name and its HS code in application form for import permit.

만약 상품명과 HS No.가 눈에 띄는 차이점이 있을 경우, 세관원이 화물 검사를 하기 쉽다.

If there is noticeable discrepancy between item name and HS code, the customs officer is likely to inspect the goods.

 유치산업보호론, 관세, SKD, CKD

유치산업보호론은 「공업화가 낙후된 국가는 유치 산업(infant industry)을 보호하여 공업 발전을 이룬 후에 자유 무역으로 전환하는 것이 바람직하다」는 무역주의 이론이다.

CKD(complete knock-down)는 부품이 완전 해체된 상태를 의미하며 SKD(semi knock-down)는 부품이 일부 조립된 상태를 의미한다. 예를 들어, TV의 PCB에 부품이 조립되어 있는 PCB assembly를 수입하면 SKD이고, 조립되지 않은 상태의 부품을 수입하면 CKD이다.

TV 공장이 없는 A국이 자국 시장에 TV를 공급하는 방법은 「TV 완제품을 수입하거나, 또는 TV 부품을 수입하여 A국에서 조립하는 방법이 있으며」, 자국 산업 육성 차원에서 완제품과 부품에 대한 관세를 차등 적용하여, 즉, 완제품에 대해서는 고율의 관세를 부과함으로써 완제품 수입/유통을 지양하고, 부품에는 저율의 관세를 부과하여 외국 업체의 A국내 공장 설립 및 기술 이전을 유도한다. 완제품/SKD/CKD 수입의 경우를 비교하면 일반적으로 다음과 같다.

항 목	완제품 수입	SKD 수입	CKD 수입
관세	가장 높음	완제품보다는 낮고 CKD보다는 높음	가장 낮음
조립	조립 불요	일부 부품은 조립된 상태로 수입되는 바, A국에서 부분적으로 조립하여 TV 완제품 제조	모든 부품을 조립하여 TV 완제품 제조
고용	고용 효과 미미	반조립 공장 설립으로 고용 촉진 효과	완전 조립 공장 설립으로 고용 촉진 효과 극대화
기술 이전	없음	단순 조립 기술 이전	상당한 기술 이전

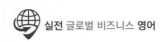

Chapter 20 보 험

보험증서

선적 서류 송부 시 보험증서도 보내세요.

Please send the insurance policy also when you send shipping documents.

보험 부보

화물이 공장 출고 전에 보험 부보 하는 것을 잊지 마라. 보험 계약자는 공급업체이며 피보험자는 화주이다.

Please don't forget to get the goods insured before they leave from your factory for sea port. The policyholder is shipper, while the insured is the consignee.

BIZ Tip 보험 용어 영어 표기

- 보험업: insurance business; underwriting
- 보험업자: an insurer; an underwriter
- 보험증서: insurance policy
- 보험 계약자: policyholder
  - ☞ 보험 계약 체결하고 보험료 지불
- 피보험자: insured; assured
  - ☞ 사고 발생 시 보험금 수령

- 보험 금액: insured amount
- 보험 이익: benefit of insurance
- 보험료: premium
- 보험률: premium rate
- 보험 가격: insurance value
- 보험 기간: the term insured

Chapter 21 선 적

 선적 전 검사 요청

3월 20일까지 검사 준비 완료하겠음. 3월 21일까지 품질 담당자 보내주시기 바람. 3월 30일까지 선적하여야 됨.

We will make the goods ready for your inspection by March 20. Please dispatch your QC guy to inspect our goods by March 21. We have to effect the shipment by May 30.

다음 제품들이 귀사의 검사를 받을 준비가 되어 있음을 알려드립니다.

We are pleased to inform you that the following goods are ready for your inspection.

검사 차 한국 방문하여 주시면 큰 기쁨이 되겠습니다. 귀하의 방문으로 선적이 촉진될 것입니다.

It would be our great pleasure if you could come to Korea for inspection. Your visit will definitely expedite the shipment.

패턴 연습

검사/검수 받을 준비되어 있다: ready for inspection/tally

We are pleased to inform you that the following goods for the contract(No. 00310SH) are ready for inspection.

계약서(00310SH) 관련 다음 물품이 검사 받을 준비가 되어 있음을 통보드리게 되어 기쁩니다.

- following: 다음의, 그 뒤에 오는
  the following day/month/year: 그 다음 날/달/해
  He made a statement to the following effect.　　　　　　　　다음과 같은 취지의 성명을 했다.
- following(단수/복수 모두 사용 가능): 다음에 말하는 것, 아래에 쓴 것
  The following is his answer.　　　　　　　　　　　　　　　그의 회신은 다음과 같다.
  The following are her words.　　　　　　　　　　　　　　그녀는 다음과 같이 말했다.
  The following has/have been promoted.　　　　　　　　승진한 사람(들)은 다음과 같음.
- following: ~에 이어, ~의 뒤에
  Following the trip to Hong Kong, he flied to Paris directly.
  홍콩 여행에 이어 파리로 직행했다.

Your ordered goods are ready for tally at the port, and so we are sure that the goods will be shipped on time.

귀사에서 주문하신 화물은 항구에서 검수 대기 중인 바, 적기 선적 될 것으로 확신함.

선박/항공 예약

부산항 도착 예정일이 5월 10일경인 선박을
예약하세요. 운임은 수하인 부담임.

Please book the vessel whose ETA Busan is around May 10. The freight shall be borne by the consignee.

 운임의 선불/후불

운임의 선불 조건(freight prepaid)은 CIF/CFR 조건 등으로 수출업체가 운임을 부담하는 경우이고, B/L 혹은
Airway B/L에 freight prepaid로 표시된다.

운임의 후불 조건(freight to collect)은 ex-factory(ex-Works), FOB 등에 해당되며 수입업체가 운임을 부담한
다. B/L 혹은 Airway B/L에 freight to collect로 표시됨.

🎤 패턴 연습

선지급하다: prepay
후불하다: defer payment
상환하다: reimburse
advance payment 선불 ↔ deferred/later payment 후불

We enclose the original invoice(No.∼) of your nominated shipping company, which shows that we prepaid the freight in executing the first shipment of your order(No. ∼).

첫 선적 관련. 귀사 지정 해운사의 상업 송장 첨부함. 귀사의 오더를 첫 선적 집행 시 우리가 운임을 지불했다는 것을 보여준다.

운임 차액 US$26,000을 2주일 내 T/T로 상환하여 주실 것을 요청드림. 당사 은행 구좌의 상세 내역은 다음과 같음. 구좌 이름, 구좌 번호, 은행 스위프트 코드 및 은행.

Please reimburse US$26,000, which represents the difference in the freight, by telegraphic transfer within two weeks. The details of our bank account are:

• name of account: KFS Corporation
• account No: 787-293877-260
• swift code: CHNK235
• banker: Chonam Bank, Bangi-dong Branch, Seoul, Korea.

당사 바이어는 US$50,000을 상환하라고 요청하였음. 당사는 해운 회사가 반드시 본 클레임을 해결하여야 된다고 단언하나 그 해운 회사는 일언반구도 없음.

The buyer has asked us to reimburse the amount of US$50,000. We assert that the claim should be settled by the shipping company without fail, but they have not given any response to our request.

• assert: 단언하다, 주장하다   명 assertion

만약 상호간에 합의한 납기를 준수치 못할 경우, 항공 운송시켜야 한다.

You are definitely required to ship our order by air if you can't satisfy mutually agreed delivery.

☞ 화급한 물품일 경우, 공급자의 과실로 선적 지연 시 해상 운송을 포기하고 항공 운송을 시켜야 하는 경우도 발생한다.

파리에서 인천으로 오는 직항편의 공간을 사전에 예약 확보해라. 11월에는 비행기 공간 예약이 쉽지 않다.

Please book enough space of direct flight from Paris to Inchon in advance, as it's not easy to secure space in November.

• ETA(estimated time of arrival): 도착 예정일
  ETD(estimated time of departure): 출발 예정일

 포장 및 컨테이너 스터핑

당사의 포장 방법은 크레이트와 팔레트 패킹입니다. 고객이 원하는 패킹도 가능합니다. 어떤 패킹을 원하는지요?

Our normal packing method is crate packing and pallet. Custom packing is also possible. Which packing method do you want?

 Packing 방법의 중요성

각 공장의 조립 방법에 따라 협력 업체의 패킹 방법이 결정된다. 패킹 방법에 따라 생산 투입의 효율성이 상이한 바, 패킹 방법은 반드시 사전에 고객의 요구 사항을 확인하여야 한다. 부서질 염려가 없는 부품/제품은 carton box packing으로 끝나나, 깨지기 쉬운 부품/제품은 wooden packing 하는 것이 일반적이다. 부서지기 쉬운 물품의 packing은 crate packing이나 pallet packing 등이 있다.

2.8T*1600*800 mm 와 3.2T*1600*850의 20피트 컨테이너 적재 수량을 통보주세요.

Please inform us of stuffing quantity/20″ container of 2.8T★1600★800 mm and 3.2T★1600★850 respectively.

Container vs Stuffing

Container는 20", 40", 40" High, 45"가 있으며, 각 선사별로 약간의 size 차이가 있을 수 있다. 물품은 내경의 75~80%를 최대한 실을(stuffing) 수 있는 것으로 간주하면 된다. 물론, 물품의 크기가 잘 맞아 container 내부의 dead space(사용 못하는 공간)가 거의 없이 더 실을 수도 있다.

제품의 부서지기 쉬운 정도, 수직으로 쌓을 수 있는 정도 등에 따라, 어떤 컨테이너를 사용할 것인가를 결정한다. 물론 오더가 작으면 20"를 사용하는 것이 자명한 일이다.

각 컨테이너는 stuffing 할 수 있는 무게 제한이 있다. 특정 국가는 도로 보호법(road protection law)에 의거, 무게 제한 이 다를 수 있는 바, 항상 선사에 사전 확인해보는 것이 좋다. 각 컨테이너의 내경(mm)은 다음과 같다.

	가로(L)	세로(W)	높이(H)	용적(CBM)	최대 적재량(kg)
20"	5,899	2,348	2,390	33.10	21,710
40"	12,034	2,348	2,390	67.50	26,590
40" H	12,034	2,348	2,695	76.10	26,330
45"	13,555	2,348	2,695	85.70	25,600

주) L: length, W: width, H: height, CBM: cubic meter

화물이 완전한 상태로 공장에 도착함. 탁월한 포장에 감사드림.

The goods reached our factory in perfect condition. Thank you for your excellent packing.

• in perfect condition: 완전한 상태로

 FCL vs LCL

FCL(full container load) cargo: 만적/만재 화물

LCL(less than container load) cargo: 소량 화물

LCL은 컨테이너에 자기 화물 말고 다른 화물이 혼적(consolidation) 되는 경우로 화급하지 않은 소량 화물 운송 시 활용한다. FCL은 간단히 말해 컨테이너를 자기 전용으로 사용하는 것을 말한다. 그럼 돈만 내면 TV 1대를 20 피트 컨테이너에 FCL로 선적할 수 있을까? 그렇지 않다. 일정 규모가 되어야 FCL 선적이 가능하다. 왜냐하면 화물이 소 량일 경우, 컨테이너에 빈 공간(dead space)이 많아 운항시 물품이 파손될 가능성이 있기 때문이다.

FCL은 CY(container yard)로, LCL은 CFS(container freight station)에 집하된다.

이렇게 마지막 순간에 포장 방법을 변경하면 당사에 큰 손실을 입힙니다. 이미 20 피트 컨테이너 10개에 화물을 실었습니다.

This last minute change with your packing method causes us a big damage, as we already stuffed your order into ten 20″ containers as per your packing way.

따라서 이번에는 기존 포장 방법대로 선적을 허락해 주시기 바랍니다.

We, therefore, hope that you will allow us to ship the order as per previous packing method this time.

☞ 실제로 발생되는 일인 바, 책임 소재, 기회비용 문제 등을 확실히 규명하는 것이 바람직하다. 거래처의 경중에 따라 조금 손해를 보고 거래처의 잘못을 받아 줄 수도 있고 안 받아 줄 수도 있다. 손해 보는 것에 비해 얻는 것이 크다면 당연히 받아 주는 것이 좋을 것이다.

🎤 패턴 연습

마지막 순간의 변경: last minute change

As your required delivery is May, any last minute change is unacceptable after April. When there comes up any change affecting the delivery, it's not our responsibility.

귀사의 요청 납기가 5월인 바, 4월 이후는 어떤 사양이든 변경 불가합니다. 납기에 영향을 주는 변경 사항이 있을 시 당사는 납기에 책임이 없습니다.

The customer's last minute engineering change always drives our R&D engineers crazy.

고객의 마지막 순간의 사양 변경은 당사 연구소의 기술자들을 미치게 한다.

✒️ 공장 출고 통보

귀사의 화물을 컨테이너에 방금 적재 완료하였으며 귀사 지정 포워딩 회사에서 내일 컨테이너를 청도 항구로 운송시킬 예정입니다.

This informs you that we have just finished stuffing your ordered goods into the container, and your(nominated) forwarding company is to take the container out of our factory to the Qingdao port tomorrow.

귀사 물품의 포장 사진과 컨테이너 적재 사진 첨부 드립니다. 사진에서 보시다시피, 선적 마크는 귀사 요청대로 되어 있습니다.

The attached pictures show packing and stuffing of your goods. As you see in the pictures, shipping mark was described on packing as per your instruction.

📝 내륙 운송

귀사와 당사의 무역 조건이 공장도 가격인 바, 내륙 운송비는 귀사 부담입니다.

As the trade terms between your company and ours is ex-factory, the inland trucking charge shall be borne by your company.

귀사의 포워딩 회사가 방금 당사 공장에서 물품 픽업해갔습니다.

This informs you that your forwarding company has just picked up your goods at our factory.

귀사의 물품은 현재 상해 항구로 운송 중이며, 상해 출발 예정일 5월 10일 부산 도착일 5월 12일입니다. 진행 사항 계속 통보해 드리겠습니다.

I would like to inform you that your goods are on the way to Shanghai Port; ETD Shanghai is May 10 and ETA Busan May 12. I will keep you updated on the progress.

화물은 청도항 CY에 도착하였으며 현재 수출 통관 중임. 오늘 틀림없이 선박에 적재될 것이며, 그 선박은 내일 오후 부산으로 출발할 것이다.

The goods reached the CY at Qingdao Port this morning. They are under export customs clearance procedure now. The goods will surely be on-board the vessel today, which is to leave for Busan tomorrow afternoon.

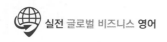

 ## 선적 통보 및 선적 서류 송부

상해 출발 예정일과 부산 도착 예정일을 통보 바랍니다.
Please inform us of ETD Shanghai and ETA Busan.

선적하자마자 선적 서류(송장, 포장 명세서, 선하 증권)를 보내주세요.
As soon as you effect the shipment, please send the shipping documents(invoice, packing list, and bill of lading).

귀사의 물품은 확실히 on-board(선박에 적재)되었습니다. 상해 출발 예정일이 5월 10일, 부산 도착일이 5월 12일입니다. 인보이스, 포장 명세서(패킹 리스트), 선하 증권, 원산지 증명, 검사 리포트 첨부드립니다.
We inform you that your ordered goods were surely on-board the vessel. ETD Shanghai is May 10, and ETA Busan is May 12. Invoice, packing list, B/L, C/O, and inspection report are as attached.

☞ 선적 서류는 이메일로 송부하면 된다.

 ### Pro forma Invoice vs Commercial Invoice

Pro forma invoice(견적 송장)은 수출업자가 당해 물품의 가격을 견적해 주는 송장을 말한다. 따라서 실제로 거래된 물품에 대한 송장이 아닌 가(假)송장. 물품 대금을 청구하지 않는 송장을 말한다. Commercial invoice(상업송장)는 실제로 거래된 물품에 대한 송장이다.

그냥 Invoice라고 서류 만들어 견적 송장/상업 소장 구분 없이 사용하여도 무방하다. 왜냐하면 Invoice에 명기되는 내용을 보면 견적 송장인지 상업 송장인지 알 수 있기 때문이다.

방금 견본 10개를 송부하였습니다. 추적 번호는 SH101021입니다. 늦어도 내주 월요일이면 도착할 것입니다. 도착되면 견본 상태 확인 후 수취 확인해 주세요.
We have just sent 10 PCS of sample order by courier. The tracking No., is SH101021. They will reach you by next Monday at the latest. Please confirm the receipt of samples in good condition as soon as they reach you.

• Tracking No.

한마디로 B/L No이다. 특송(courier: DHL, Fedex, TNT 등)의 경우, tracking No.라는 표현을 사용한다. 이 번호로 특송 회사 홈피에서 운송 진행 사항을 파악할 수 있다.

🖋 해상 운송

4월 말까지 on-board 불가하면 해상 운송시키지 마세요.

If you can't make our order on-board the vessel by the end of April, shipment of our goods by sea is not allowed.

화물이 5월 30일까지 샌프란시스코에 도착하지 않으면 고객으로부터 큰 클레임을 받게 됩니다.

If the goods does not reach San Francisco by May 30, we will receive a big claim from our customer.

귀사의 비용으로 항공 운송시켜 주시기 바랍니다.

So you are requested to ship the goods by air at your own cost.

☞ 한국에서 미국으로 해상 운송의 경우 30일 정도 소요된다. 생산은 지연되고 납기는 맞춰야 된다면 항공 운송 방법밖에 없다.

5월 6일까지 공장에 출고 대기할 것입니다.

The goods are to be ready for pick-up at our factory by May 6.

5월 둘째 주 선박 예약 하세요.

We would like you to book the vessel of the 2nd week of May.

☞ 거래 조건이 공장도 가격이면 화물이 준비되는 일자만 통보주면 되나 서비스 차원에서 선박 얘기 꺼낸 것임.

귀사 화물은 6월 10일까지 공장에 틀림없이 준비됩니다.

Our goods will be prepared at our factory by June 10 without fail.

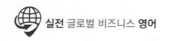

본 일자 고려, 선박 예약 바랍니다.

Please book the vessel satisfying our situation.

그 회사는 네나해운을 중국 선적 담당 포워더로 지정했다.

The company nominated Nena Shipping Co., Ltd., as its forwarding company handling its shipment to China.

☞ forwarding 회사는 outbound와 inbound를 구별하여 지정하기도 한다. 한국에서 외국으로 가면 outbound, 외국에서 한국으로 들어오면 inbound.

- outbound ship: 외항선
※ S/R(Shipping Request): 선복/선적 요청서, 운송 신청
※ S/O(Shipping Order): 선적 지시서
  화주의 선적 신청서(S/R)에 의거, 선사가 현품을 확인한 후 운송할 선박의 선적 책임자(일등항해사) 앞으로 발행되는 화물 선적 지시서

BIZ Tip — Manifest: 적하 목록/승객 명단

적하 목록은 선박/비행기에 어떤 물품이 실려 있는지를 기록한 것이다. 사람의 경우는 승객명단 이고, 화물의 경우는 적하 목록인 것이다. 적하 목록에는 있지만 화물이 실리지 않은 경우도 있다.

이런 상황이 가장 난처한 경우인데, 서류 따로 화물 따로의 상황이다. 실제 화물은 출발지에 있고 서류상으로는 도착지에 있어, 화물 추적에 시간이 꽤 소요된다. FCL의 해상 운송에서는 이런 일이 거의 없으나 소량 LCL의 해상 운송이나, 소량 물품이 항공 운송될 경우 이런 일이 발생되기도 한다. 따라서 서류상으로 물품이 실렸다고 그 화물이 100% 선적된 것은 아니고, 수입 절차를 밟을 때 발견되는 사항인 바, 수입 물품 기재 확인이 될 때까지는 안심할 수 없다.

귀사가 컨테이너 선박과 벌크 선박 중 어느 것을 선호하는지를 알고 싶습니다. 원하시는 대로 해드릴 수 있습니다.

We would like to know your preference as to the choice of bulk vessel or container vessel. We can accommodate your required method.

패턴 연습

더 좋아하여, 오히려, 가급적이면: preferably
몡 preference 선호, 애호   혱 preferable 차라리/오히려 더 나은

A likely impossibility is always preferable to an unconvincing possibility.
불가능해 보이는 것은 설득력 없는 가능성보다 항상 더 낫다.

☞ unconvincing; implausble, improbable, unbelievable, unconceivable, shaky, thin, unsubstantial

Poverty is always preferable to illness.

가난은 항상 병보다는 낫다.

I look forward to seeing you and working with you, preferably in the very near future, and at the latest, at next year's meeting in Seoul.

다시 보기를 원하며 같이 일하기를 원함. 가급적 가까운 장래가 좋겠으나 아무리 늦어도 내년 서울 회의 때는 다시 뵙기를 바람.

✒ 항공 운송

당사의 생산이 원활치 못해 불편을 끼쳐 죄송합니다.

We are very sorry that our unsmooth production causes you inconvenience.

귀사의 제안대로 당사의 비용으로 항공 운송시키겠습니다.

As you suggest, we will airfreight the goods by own cost.

하지만, 무역 조건이 FOB인 바, 당사는 '항공 운송 - 해상 운송'의 차액만을 부담하겠습니다.

We, however, suggest that we will be responsible for the difference(airfreight charge - seafreight charge), as our trade terms are FOB.

이 방법이 논리적이며 합리적인 바, 귀사에서 동의하리라 믿습니다.

I believe that you will agree to this, which I think is logical and reasonable.

☞ 당초 무역 조건이 해상 운송비는 매수자 부담인 바, 해상 운송 시 목적항(destination port) 도착 일자까지만 항공 운송시켜 도착시킬 수 있다면 매도자가 요구하는 사항은 논리적이며 합리적인 것이 된다.

화물이 5일 이내 LA에 도착되어야 합니다.

The goods should reach Los Angeles within 5 days.

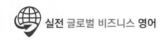
인천 LA간 직항 편을 예약하고 당사 화물이 실릴 수 있는 충분한 공간을 확보하세요.

Please book the direct flight from Incheon to Los Angeles, and make sure to secure enough space for our goods.

화물 무게는 200 kg, 부피는 30 CBM입니다.

They are 200 kg and the volume is 30 CBM.

중량 화물로 간주되는지 용적 화물로 간주되는지요?

I wonder whether our goods are weight cargo or volume one.

☞ 화급을 다투는 물품을 항공 운송시킬 경우, 가장 빠르고 확실한 방법은 **direct flight**로 **air freight** 하는 것이다. 제3국을 경유하여 다른 비행기에 환적 될 경우 상당한 **risk**가 있다. 단, 같은 비행기로 목적지까지 간다면 문제가 없다. 왜냐하면 경유지가 있더라도 일단 출발지에서 비행기에 실린 화물은 목적지 도착 후 비행기에서 내리기 때문이다.

BIZ Tip — Weight Cargo(중량 화물) vs Volume Cargo(부피/면적 화물)

어떤 물품은 무게에 비해 부피가 크고, 어떤 물품은 부피에 비해 무게가 많이 나간다. 부피에 비해 무게가 무거운 화물을 weight cargo, 무게에 비해 부피가 큰 화물을 volume cargo 라고 한다.

항공 회사에는 weight와 volume을 convert 하는 기준이 있다. 항공 회사에서 화물을 받아 목적지까지 운송해 줄 때, 이 기준하에 운임이 높은 쪽으로 charge 한다. 비행기 안에 화물을 실을 수 있는 공간은 한정되어 있고 비행기가 실을 수 있는 무게도 한정되어 있다. 중량/부피 중 항공사에 유리한 비용 청구는 당연한 일이다.

 ## 네고(Negotiation)

금일 네고은행에 네고 서류 제출, US$95,300 수취하였습니다.

Today we have submitted our nego documents to negotiating bank, and have duly received US$95,300.

L/C거래에 따른 서류 작성이 귀찮은 일이 많은 바, T/T 거래를 선호합니다.

We prefer T/T transaction, as the documents required for L/C transaction bother us much.

차기 주문하실 때는 결제 조건을 재고하실 수 있으면 합니다.

I hope that you will be able to reconsider the terms of payment when you place an order next time.

 L/G Nego

T/T 거래는 매도자 매수자와의 직거래인 바, 은행에서의 네고는 필요하지 않다. 네고는 은행을 경유한 거래에 필요하다. 즉, L/C에서 명기한 서류들을 은행에 제출하고 은행에서는 서류상의 하자가 없으면 선적된 금액을 매도자에게 지불한다. 이를 네고(negotiation; nego)라고 한다.

서류상의 하자가 있을 경우에도 은행에 보증서(L/G: letter of guarantee)를 제출하고 네고 금액을 받을 수 있다. 이를 L/G nego라고 한다. 보증서는 추후 문제가 생기면 네고한 업체가 책임을 진다는 각서이다.

은행은 매도자를 대신해 매수자에게 먼저 돈을 지급하는 것인 바, 일정 수수료를 징수하게 된다. 이를 환가료(exchange commission)라고 한다. 네고 금액이 US$10,000이라면 매도자는 US$10,000에서 환가료를 차감한 금액만큼을 은행으로부터 수취하게 된다.

한마디로 L/C 거래는 귀찮은 서류 작성도 많고 은행 수수료도 상대적으로 많으나 대금 결제의 위험이 작다는 장점이 있다.

그 회사는 네고를 위해 은행에 천만 불 일람 출급 환어음을 제시했다.

The company submitted a draft at sight of US$10 Mil to its bank for negotiation.

 backdate

L/C상에는 언제까지 선적하여야 된다는 것, 즉 shipment date(선적 일자)가 명기되어 있는데, 이 시한을 넘겼을 경우 clean nego(서류 하자 없이 은행에 매입을 의뢰하는 것)가 안 되고 하자 nego가 되어 opening bank 혹은 수입업자로부터 unpaid 사유가 발생될 수도 있음으로 수출업체는 불안하여 전전긍긍하게 된다. 이 경우 B/L상의 선적 일자를 선사에 부탁하여 날짜를 소급하여 L/C 조건에 맞는 선적 일자의 B/L 발급을 요청하게 되는데 이를 backdate한다고 한다. 선사도 backdate하여 선사에 문제가 생기지 않는다면 수출업자의 입장을 고려해서 편의를 봐 줄 수도 있는 사안이다.

기업체에서 연말에 B/L을 backdate, 즉 화물을 선박 회사에 인도하기 전에 선 B/L을 발급받아 통관 절차를 밟으면 수출 실적을 부풀릴 수도 있다. 하지만, 이러한 편법은 선박회사의 협조가 있어야 가능한 일이다.

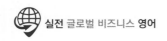

 선화 증권

선화 증권(bill of lading: B/L)은 운송인이 물품의 수취 또는 선적을 증명함과 동시에 목적지에서 이 증권과 상환으로 물품을 인도할 것을 확약하고 그 물품의 운송 조건을 기재한 물권적 유가증권이다. 즉, 선화 증권은 운송인이 송화인으로부터 위탁받은 물품을 선적 또는 선적을 위하여 그 증권에 기재된 대로 수취하였음을 증명하는 것이고, 권리증권으로서 배서ㆍ교부에 의하여 양도가 가능함은 물론 그 화물을 지정된 목적지까지 운송하여 그곳에서 화물을 선화 증권의 정당한 소지인에게 인도할 것을 약정한 유가 증권이다. 정당한 소지인이 증권상의 권리를 행사하고 그 물품의 인도를 청구하기 위해서는 증권을 제시해야 한다.

이러한 선화 증권은 ① 해상 운송 계약의 추정적 증거, ② 운송인의 화물 수령 또는 선적을 증명하는 증거, ③ 운송인이 그 증권과 상환으로 소지인에게 운송 화물을 인도해줄 것을 약정하고 있는, 즉 인도 청구권을 표창하고 있는 권리 증권으로서의 기능을 수행하고 있다.

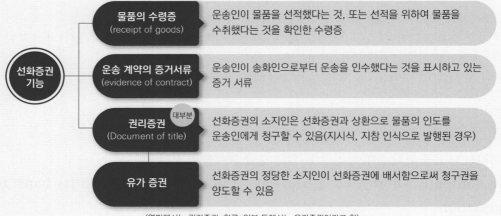

선화증권 기능		
물품의 수령증 (receipt of goods)	운송인이 물품을 선적했다는 것, 또는 선적을 위하여 물품을 수취했다는 것을 확인한 수령증
운송 계약의 증거서류 (evidence of contract)	운송인이 송화인으로부터 운송을 인수했다는 것을 표시하고 있는 증거 서류
권리증권 (Document of title) 대부분	선화증권의 소지인은 선화증권과 상환으로 물품의 인도를 운송인에게 청구할 수 있음(지시식, 지참 인식으로 발행된 경우)
유가 증권	선화증권의 정당한 소지인이 선화증권에 배서함으로써 청구권을 양도할 수 있음

(영미에서는 권리증권, 한국, 일본 등에서는 유가증권이라고 함)

주) 전순환(2019), 무역실무, 한올출판사, P507.

선적 지연 해명 및 양해 촉구

태풍으로 선적 지연될까 걱정이다.

We are afraid that our shipment may be delayed because of typhoon.

태풍으로 인한 선적 지연을 통보드리게 되어 유감입니다. 이것으로 너무 큰 불편이 있지 않기를 바랍니다.

We deeply regret to inform you that our shipment is delayed because of typhoon. We hope that this does not cause you too much inconvenience.

5일간이나 선적 지연되어 너무 죄송합니다. 당사의 불가피한 사정을 이해해주시기 바랍니다. 3일간 정전이 되었고, 그 후 어제까지 부산으로 가는 선박이 없었습니다.

I am terribly sorry for our the delayed shipment by five days. But I honestly hope that you will be generous enough to understand our inevitable situation. There was a power failure for three days, and after that, there was no vessel to Busan up to yesterday.

지연에 사과드리며 조금만 기다려 주시면 감사하겠습니다.

We apologize for the delay and greatly appreciate your patience.

우리 도시에 갑작스러운 정전이 이틀간 계속되어 생산을 이틀간 중단할 수밖에 없었습니다.

We had to stop our production for two consecutive days because there was sudden electricity failure in our city.

이것이 우리의 선적이 이틀 지연된 사유입니다. 너그럽게 이해해주시면 감사하겠습니다.

This is why our shipment was delayed by two days. Your generous understanding of our situation would be appreciated.

유감스럽게도 10월초 국가 공휴일 연휴로 인해 회신이 지연되게 될까 걱정이다.

I, however, am afraid that our reply will be delayed due to the consecutive national holidays in the beginning of October.

• 연휴: consecutive holidays; holidays in a row

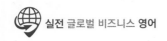

🎙️ 패턴 연습

~대해 얼마나 미안한지:

I cannot express/tell how sorry I am that ~:

I cannot express/tell how sorry I am for ~:

We can't express how sorry for the unexpected delay of the shipment.

예기치 못한 선적 지연에 대해 얼마나 미안한지 뭐라 말할 수 없습니다.

☞ 한국말에도 미안하거나 당혹스럽거나 하면 할 말이 없다라고 하는데 영어는 말 할 입이 없다라는 표현을 사용하기도 한다. 예를 들면, 예기치 못한 선적 지연에 대해 엄청 미안할 경우 I have no mouth to say with, regarding the unexpected delay of our shipment."라고 하여도 된다.

🎙️ 패턴 연습

~에게 불편을 끼치다: cause A inconvenience; cause inconvenience to A

We honestly hope that our 5 days delay in the shipment does not cause you too much inconvenience. We are terribly sorry for the delay, but we hope that you will kindly understand that the delay was inevitable, as there was unexpected power failure frequently last week, and so we could produce your order quantity on time.

5일간의 선적 지연이 너무 큰 불편을 끼치지 않기 바람. 정전 사태로 생산 지연. 선적 지연된 바 이해해주시면 감사하겠습니다.

I hope that this call at this dawn does not cause you too much inconvenience. The purpose of my call is to ask for your position on the imminent shipment by air.

이 새벽에 전화 드려 너무 불편을 끼쳐 드리는 것은 아닌지요. 전화 드린 것은 화급한 항공 선적 건에 대한 귀하의 입장을 알고 싶어서입니다.

선적이 이미 15일이 지연됨. 생산이 완료되는 즉시 항공 운송시키세요. 항공료는 귀사 부담입니다.

Your shipment is already delayed by 15 days. Please ship the goods by air without delay, not by sea, as soon as you finish production. The airfreight charge should be borne by your prestigious company.

• without delay: 지체 없이

🖊 조기 선적 요청

여기 시장 상황이 우리에게 유리하게 돌아서고 있습니다. 당초 납기보다 조기 선적할 수 있다면 좋겠습니다.

The market situation here has been turning in favor of us. It would be good for us if you could effect shipment earlier than our original delivery.

☞ 업황이 호전되는 징조이니 적극 협조하는 것이 좋을 것이다.

당사 고객이 가능한 많이 선적하기를 원합니다. 귀사의 부품이 바닥이 나고 있습니다. 좀 더 빨리 귀사 부품을 선적할 수 있는지요? 최대한 빠른 선적 가능 일자 통보바랍니다.

Our customer asks us to ship our product as many as possible. We are running out of your part. I wonder whether you can ship your part sooner. Please inform us of the earliest date of your shipment.

• run out of ~ : ~을 다 써버리다, ~이 바닥이 나다

☞ 완제품 업체가 고객으로부터 오더를 더 받을 수 있으나 완제품 생산을 위한 부품이 모자라 부품업체의 조기 선적을 촉구하는 것임.

화급히 선적 요청한대로 선적 가능할 것임을 통보드리게 되어 기쁩니다.

We are pleased to inform you that we will be able to ship the goods as you urgently requested.

🎤 패턴 연습

설상가상으로, 엎친 데 덮친 격으로:

to make matters worse; to add fuel to the fire/flame; to add insult to injury; to make things worse; to worsen the situation

To make matters worse, the extra expenses and cost caused by the company's advance shipment have been incurred.

설상가상으로 그 회사의 조기 선적으로 추가 부대 경비와 비용이 발생하였음.

☞ 물품은 필요할 때 받아야지 너무 빨리 받으면 창고료, 금융 비용 등이 발생한다. 수출업자의 경우, L/C 거래이고 L/C상에 선적 기일이 언제까지라고만 명기되어 있다면 조기 선적하고, 네고하여 물품 대금 조기 수취 가능하다.

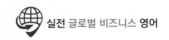
He lost all of his money in stock investment recently. To make matters worse, he was fired last month.

그는 최근 주식 투자로 전 재산을 날렸다. 설상가상으로 그는 지난달 해고당했다.

선적 지연 요청

당사 고객이 1개월 선적 지연을 요청했습니다.

Our customer asked us to delay our shipment by one month.

그래서 우리는 생산 일정을 변경할 수밖에 없습니다. 귀사 선적을 한 달 지연시켜 주실 수 있는지요.

And so we have to change our production schedule. I wonder whether your situation allows you to delay your shipment to us by one month.

☞ 완제품 고객이 완제품 업체에게 선적 지연을 요청했다. 완제품 업체는 부품업체에게 부품의 선적을 1개월 지연시켜 줄 것으로 요청했다. 이는 적정 재고 관리 및 금융 비용 절감을 위한 것이다.

잘 아시다시피 큰 지진이 우리나라에 발생, 당사 공장이 큰 피해를 입었습니다.

As you might well know, a big earthquake hit our country and damaged our factory terribly.

생산을 중단했으며 빨라야 내달 말이라야 생산 재개할 것으로 예상됩니다.

We have stopped production, and expect to restart production in the middle of next month at the earliest.

내달 초까지 선적을 지연시켜 주시면 감사하겠습니다.

I would appreciate it if you could delay your shipment to early next month.

☞ 지진으로 귀사의 부품이 소요되는 제품의 생산을 내달 말까지 중단하였으니 부품 선적을 지연시켜 달라는 것임.

🎙 패턴 연습

~하기 시작하다: start/begin to 동사 원형, start/begin ~ing

Since last year, it started to import a variety of parts for domestic sales.
작년부터 국내 판매를 위해 여러 가지 부품을 수입하기 시작함.

The company has recently begun producing 1 giga D-Ram,
그 회사는 최근 1기가 디램을 생산하기 시작했다.

✒ 적기 선적 요청

꼭 선적 일정 지켜주기 바람.
Please keep your shipping schedule by all means.

• by all means: 꼭, 반드시

적기 선적은 사업 성공의 주요 요소들 중의 하나이다. 우리가 우리의 고객에게 적기 선적하기 위해서는 귀사의 부품을 적기 선적해주는 것이 절대적으로 필요하다.

Timely shipment is one of key factors to business success. In order for us to effect timely shipment to our customers, timely shipment of your part to us is definitely required.

BIZ Tip 900원 부품의 중요성

한 제품을 만들려면 수백 가지의 부품이 필요한 것이 일반적이다. 이 중 한 가지 부품만 문제가 생겨도 제품 생산이 불가하다. 몇 년 전 세계 굴지의 자동차 회사가 900원짜리 부품이 조달되지 않아 상당 기간 생산을 중단한 적도 있다. 이 경우, 부품 업체는 부품 가격뿐만 아니라 완제품 업체의 손실 일부를 보전해야 한다.

완제품 업체에서는 각 부품에 복수 협력 업체를 유지함으로써 이 같은 부품 조달 위험을 회피하려 한다.

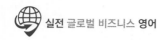
신규 협력 업체는 양질의 제품을 적기 선적함으로써 그 회사의 기대에 부응했다.

The new vendor met the company's expectation by timely shipment of quality products.

- meet/satisfy one's expectations: 기대에 부응하다, 기대를 충족시키다

적기 선적이 가능한 것은 공장 직공들이 밤새워 일한 덕분이다.

I owe timely shipment to overnight working of factory workers.

🎙 패턴 연습

B에게 A를 빚지다, A는 B 덕택이다, B 덕분에 A가 된다: owe A to B

I owe US$100 to Mr. Kim. I owe Mr. Kim US$100.
100달러 빚지다.

I owe my present position to your considerate help.
내가 이 자리까지 오른 것은 당신의 사려 깊은 도움 덕분임.

There is no doubt that the company owes much of its wonderful progress to your support and encouragement.
그 회사의 놀랄 만한 발전은 귀하의 후원과 격려 덕분임.

우리 회사에 가장 중요한 것은 양질의 부품을 적기에 받는 것이지 가격 자체는 아니다.

Of paramount importance to our company is to receive quality parts and components on time, not the price itself.

🎙 패턴 연습

가장 관심 있는: of paramount concern
가장 중요한: of paramount importance

This matter is of paramount importance.
이 문제가 다른 무엇보다 중요하다.

Of paramount concern to me and my company is the constant expansion of mutually beneficial business between your company and ours.

저와 저희 회사에 가장 중요한 관심사는 귀사와 당사의 상호 호혜적인 관계를 지속적으로 확장하는 것임.

• of + 명사 → 형용사
of interest; interesting,
of help; helpful
It was of much interest to him.

of much interest; very interesting
of much help; very helpful
It was very interesting to him.

차기 주문 여부는 적기 선적에 달려 있다.
On-time delivery is crucial for next order.

패턴 연습

～에 중요하다, ～에 필수적이다: be crucial for ～

This support will be crucial for our distributor's sales activity and for the assistance of end users who use our equipment in their circuit test system.

이러한 기술 지원은 당사 판매업자의 판매 활동이나 회로 테스트 시스템에 우리의 장비를 사용하는 최종 소비자에게 도움을 줌으로 매우 중요함.

The first business transaction is very important to our business success in Korea. The first business transaction is crucial to our business success in Korea. The first business transaction decides our business success in Korea.

첫 거래가 한국 시장에서의 사업 성공 여부를 좌우함.

The quality of your first shipment decides our future business with the company.

첫 선적의 품질이 그 회사와의 향후 거래를 좌우함.

모든 공장 직공들이 자기 본분을 다해 준 덕분에 납기 약속을 지킬 수 있었다.
All the factory workers acted their part and so the company could keep its delivery promise.

🎙 패턴 연습

역할을 하다 play a role/part
~에서 주요 역할을 하다: play a major role/part in ~

play an important role: 중요한 역할을 하다
play a key/strategic role: 중추적/전략적 역할을 하다

The foreign vendors played an important role in the company's coming down the manufacturing cost.
그 외국 협력 업체들이 그 회사의 제조 원가를 인하시키는 데 큰 역할을 하였다.

I am convinced that your country plays a strategic role in the development of the Korea textile industry, especially in relation to Eastern Europe and countries in the vicinity of your country.
특히 동유럽과 귀 국가 인접 국가들과 관련, 귀국이 한국 섬유 산업 발전에 전략적 역할을 한다고 확신함

We also play the role of business consultant, providing such services as supplying information and handling negotiating and contracting.
당 부서는 BIZ 컨설턴트 역할도 하고 있는 바, 제공하는 서비스는 정보 제공, 협상, 계약 체결 등임.

He played a major role in winning the soccer game.
축구 경기를 이기는 데 주요한 역할을 하였다.

She played an important role in securing the company as a customer.
그녀는 그 회사를 고객으로 확보하는 데 중요한 역할을 했다.

5월 10일 자 10,000톤 관련 계약에 의하면 on-board 30일 이내 목적지 항구에 도착되어야 한다고 명시 되어 있다. 항구에 적기 도착하는 것이 아주 중요하다.

As you know, our contract of May 10 for 10,000 metric tons stipulated that the goods should reach the destination port within 30 days after on-board date. Timely arrival at the port is very important.

• stipulate 규정/요구/명기하다 📖 stipulation

BIZ Tip Demurrage(체선료)

체선료(demuarrage)는 선박에서 화물 양륙이 늦어져 발생하는 비용과 손실에 대한 요금이며, DEM이라고도 한다.

이는 주로 곡물/석탄/동정광 등 bulky cargo 운송 목적으로 선박을 용선(charter) 할 경우 발생되는 사안이다.

선박이 항구에 도착하면 항구에 즉시 접안을 하여야 되나 항구 사정상 접안 일정이 잡혀 있어 그 일정에 맞게 항구에 도착하는 것이 바람직하다. 만약 선박이 항구 도착일이 늦어져 접안 일정을 놓치게 되면 접안 가능할 때까지 바다에서 대기하여야 된다.

이 경우 화주는 물품을 받지도 못해 사용하지 못하고, 선박은 바다에서 대기하여야 되는 바, 기회비용이 발생하는 것이다. 선박은 항구에 도착하면 빨리 화물은 내려놓고 다른 물품을 선적하여 운송을 하여야 수익이 창출되는 것이다.

패턴 연습

~할 것을 약속하다 : promise to 동사 원형:

The supplier promised to effect timely shipment when we visited its factory, but this time the shipment was delayed by ten days again.

지난번 공장 방문 시 공급업체는 적기 선적을 약속했으나 이번에도 또다시 선적이 10일 지연되었다.

• as promised: 약속대로

give/make a promise: 약속하다

I promise you to come. I promise you that I will come.

나는 오기로 약속한다. 나는 틀림없이 올 것이다.

The plan promises well/ill.

그 계획은 전망이 좋다/나쁘다.

A promise is a promise.

약속은 약속이다.(약속을 어길 수 없다)

I promise to do my best for you, and hope that you will be as generous with your help and advice as always.

저는 귀사를 위해 최선을 다할 것을 약속드리는 바, 귀사도 예전과 같이 도움과 조언을 아끼지 마시기 바람.

The company is bound to keep its promise to employees. Otherwise it would be very difficult for the company to employ excellent persons.

회사는 직원들에게 약속을 지켜야 한다. 그렇지 않으면 우수한 사람들을 채용하기 힘들다.

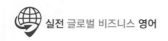

분할 선적 요청

당사 고객이 1개월 선적 지연을 요청해 왔습니다. 귀사의 선적을 한 달 지연할 수 있으면 그리 해주세요. 만약 불가하면 분할 선적하세요.

Our customer wants us to delay our shipment by one month. If you can delay your shipment to us by one month, please do so. If not, please ship our goods partially.

분할 선적 금지.

Partial shipment is not allowed/acceptable.

☞ 고객이 요청하여 분할 선적을 금지하는 경우도 있으며, L/C 거래라면 L/C에 분할 선적 금지라고 명기하는 것이 일반적이다.

한 번에 다 선적해라. 분할 선적하지 말고.

Please ship the goods in one lot, not partially.

• in one lot: 한 묶음으로, 단번에

당초 일정보다 조기 분할 선적해주셔서 너무 감사합니다.

I don't know how to thank you enough for your partial shipment earlier than original schedule.

패턴 연습

~할지 모르겠다: I don't know ~

I don't know what will happen if this kind of late shipment is repeated. I do hope that, from now on, you will ship our customer's order on time, noting that first business chance is last chance.

귀사의 선적 지연이 우리 고객에게 큰 불편을 끼치고 있음. 만약 이러한 선적 지연이 반복된다면 무슨 일이 일어날지 모름. 첫 번째 사업 기회가 마지막 사업 기회라는 것을 명심하시고 이제부터는 꼭 적기 선적 부탁드림.

☞ 상거래에서 이런 경우, 사용 가능한 우회적 표현을 예를 들면,

Your late shipment imprints a bad image on our customer.
Your late shipment may possibly make our customer seriously consider a new supplying source. First image lasts long/forever.

상거래 시 유하고 신사적인 communication이 늘 좋은 것은 아니다. 왜냐하면 너무 유하다 보면 사태의 심각성을 해외 업체가 제대로 인지 못하는 경우도 있다. 따라서 강한 톤의 메시지가 필요할 땐 강하게 하고 유할 때는 유하게 하는 탄력적인 communication이 중요하다.

I came back to Korea three days ago. I don't know how to thank you enough for the kindness and hospitality which you   showed/rendered/gave   to me.

3일 전 귀국함. 베풀어주신 친절과 호의에 어떻게 감사드려야 할지 모르겠다.

I don't know how to thank you enough for all the arrangements that you made for me while I stayed there.

거기 체류 시 조처해주신 모든 사항들에 어떻게 감사드려야 될지 모르겠습니다.

You are required to ship minimum 20,000 PCS of the part at the soonest possible. We are running out of the parts. If you can't airfreight 10,000 PCS by May 10, please carry the available quantity first by yourself immediately, and ship the remaining quantity by May 20.

가능한 한 빨리 최소한 2만 개 선적 바람. 현재 당사 재고 바닥나고 있음. 5월 10일까지 1만 개 항공 선적 불가하면 가능한 수량을 휴대하여 즉시 오시고, 나머지 수량은 5월 20일까지 선적 바람.

☞ 이 상황은 납기가 많이 지연되어 부품 재고가 없어 생산 중단하게 되었으니 부품을 휴대해서 오라는 것이다. 물품을 휴대하고 비행기로 입국하면 통관이 현장에서 즉시 이루어지는 바, 아주 급한 경우엔 물품을 사람이 직접 운송하기도 한다. 물론 이럴 경우 관련 비용이 많이 발생되나 납기는 비즈니스의 생명인 바, 생산 지연, 납기 지연에 따르는 문제는 책임을 져야, long-term relationship 유지가 가능하다. 사람이 휴대하지 않고 그냥 화물만 air freight 시키면 통관에 최소한 반나절은 더 소요된다.

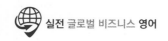

🖋 선적 실수 사과

우리 판매 부서와 선적 부서 간의 원활치 못한 의사소통으로 귀사에 잘못된 물품을 선적하여 정말 죄송합니다.

We are terribly sorry that we shipped the wrong goods to you because of some miscommunication between our Sales Department and Shipping Department.

이 예기치 못한 사태로 귀사에 큰 불편을 끼친 점 사과드립니다. 앞으로 이런 일은 절대 재발되지 않을 것임을 약속드립니다. 이해하여 주시면 감사하겠습니다.

I don't know how to apologize for your inconvenience caused by this unexpected happening. I promise that this will not happen again. Your kind understanding would be much appreciated.

귀사 오더 처리 과정에서 발생된 당사의 실수에 대해 정말 죄송합니다.

I am very sorry for the mistake in our taking care of your order.

오더 처리 과정을 조사한 결과, 관련 부서들 간의 오해가 있어 다른 물품이 선적되었습니다.

Checking the oder process shows that there was some misunderstanding between relevant Departments in our order processing, and so the wrong products were shipped to you.

귀사 오더의 모델 번호를 잘못 입력하였습니다. 다시는 이런 일이 재발되지 않을 것입니다. 너그럽게 이해하여 주시면 감사하겠습니다.

The model No. of your order was mistyped. We will never do this kind of mistake again. Your generous understanding would be highly appreciated.

✒ 반송 요청

불량품은 반송하여 주시기 바랍니다. 반송에 관련된 제반 비용은 당사가 부담할 것임.
Please ship back the defective quantity. Any cost and expense in shipping back will be borne by us.

당사가 잘못 선적한 물품은 당사의 포워더가 귀사에서 픽업하여 반송 처리할 것인 바, 서류 작성을 도와주시면 감사하겠습니다.
Our forwarding company will pick up the wrong goods which we mistakenly shipped to you, and will take care of shipping them back to us. I hope that you will be kind enough to help our forwarder with preparing necessary documents.

물품이 선적된 지 1년 이내 반송될 경우 수입 관세가 청구되지 않습니다. 그 물품은 선적된 지 1년이 다가오고 있기 때문에 귀사에 보상액을 지불하기 전이라도 반송을 시켜야 될 수도 있음. 우호적인 회신과 선하 증권 사본이 필요함.
클레임 금액은 귀사 구좌로 송금하겠음.

No import duty is levied on products returned to us within one year after our shipment. The urgency of the situation may demand that you ship back the products prior to receipt of our payment. We need your favorable answer and a copy of the B/L. We will remit the claimed amount to your account.

- impose; levy; lay: 부과하다
- The urgency of the situation may demand that you ship back the products prior to receipt of our payment.
  상황이 급해서 물품 대금을 받기 전에 물품을 반송시켜야 할 수도 있다.

☞ 다른 식으로 표현하면,
  As the situation is urgent, you may be required to ship back the products prior to receipt of our payment.

 Incorterms 2020

상품 거래는 Incoterms를 따르는 것이 일반적이다. Offer, Bid, PO, 계약서 등에 『구체적으로 언급되지 않은 사항 들은 Incorterms 2020에 따른다.』라고 명기할 수도 있다. 상호 신뢰가 있는 관계이고 장기 거래처일 경우, 명기하 지 않을 수도 있다. 어쨌든 글로벌 상거래는 달리 명기한 것이 없다면(unless otherwise specified), Incortems 2020을 준수한다고 간주하는 것이 일반적이다.

▶ E 조건 : 출발지 인도 조건
· EXW(Ex-works, Ex-factory) : 공장인도조건

▶ F 조건 : 운송비 미지급 인도조건
· FCA(free carrier) : 운송인인도조건
· FAS(free alongside ship) : 선측인도조건
· FOB(free on board) : 본선인도조건

▶ C 조건 : 운송비 지급 인도조건
· CFR(cost&freight) : 운임포함조건
· CIF(cost, insurance, freight) : 운임 보험료 포함인도
· CPT(carriage paid to) : 운송비 지급 인도조건
· CIP(carriage and insurance paid to) : 운송비 보험료 지급 인도조건

▶ D 조건 : 도착지 인도조건
· DAT(delivered at terminal) : 도착터미널 인도조건
· DAP(delivered at place) : 도착장소 인도조건
· DDP(delivered duty paid) : 관세지급 인도조건
· 복합운송조건 : EXW, FCA, CPT, CIP, DAT, DAP, DDP
· 해상운송조건 : FAS, FOB, CFR, CIF

Incoterms의 각 거래 조건별 비용부담과 책임 한계를 도표로 표시하면 다음 쪽과 같다.

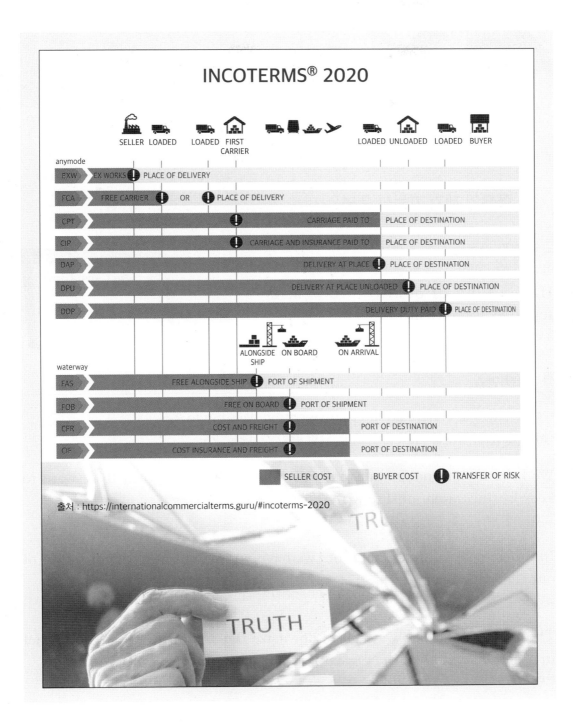

出처 : https://internationalcommercialterms.guru/#incoterms-2020

Chapter 22 클레임

클레임 제기 가능성 통보

만약 이런 종류의 품질 문제가 재발된다면 클레임을 제기 할 수밖에 없음을 통보드립니다.

If this kind of quality problem is repeated, we have no option but to lodge a claim to your company.

패턴 연습

~하는 수밖에 없다: have no alternative/option/way but to 동사원형
• alternative: 하나를 택할 여지, 대안, 달리 택한 길, 다른 방도

We have no alternative but to supply our goods at no profit if we want to keep business relationship with the customer.
고객과 거래 관계를 유지하려면 이윤 없이 물품을 공급하는 수밖에 없다.

In order to streamline operation, we have no option but to dismiss 10% of our staff members.
업무 축소를 위해 직원 10% 감축이 불가피하다.

The company had no way but to downsize the organization and personnel in order to streamline the presently complicated business procedures.
현재의 복잡한 업무 절차를 능률화시키기 위해 조직/인력을 축소할 수밖에 없었다.

이러한 상황에 대해 걱정스러운 바, 현존하는 문제를 즉시 해결해주시기 바람.

We are concerned over this matter, and strongly request you to immediately solve the presently existing problems.

현재 직면한 문제를 직시하고 우리의 고객들을 안심시킬 해결책을 찾아주기 바람.

I honestly hope that you will notice the serious problem carefully and will be able to immediately find out the right solution to calm down our customers.

귀사의 늦은 선적으로 크리스마스 판매 계획이 엉망이 되었다.

Your late shipment screwed up our sales plan for Christmas day.

• screw up: 혼동시키다, 뒤죽박죽 만들다　　　　　　　　　　유 make a mess of; foul up

He really screwed up our party, as he was so drunken and vomited here and there.
그가 술에 취해 여기저기 토해서 우리의 파티를 뒤죽박죽으로 만들었다.

불량이 지속되면 그 회사로부터 추후 발주는 없을 것이 명백하다.

It's self-evident that the aftermath of your continued defectiveness will mean no future orders from the company.

• self-evident; crystal-clear: 자명한, 명백한

내가 제시한 조립 방법을 채택한다면 생산성에 대해 책임지겠습니다.

I will take the responsibility for the productivity, if you adopt my proposed way of assembly method.

귀사 사정을 충분히 이해하나 일전 이메일에서 설명드린 품질 문제로 당사가 심각한 상황에 처하게 됨.

We now fully understand your situation, but face serious difficulties because of the quality problem described in our previous E-mail.

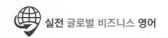
당사 바이어가 이러한 품질 문제가 다시 발생된다면 공식적인 클레임을 제기할 수밖에 없다는 위협적인 서신을 보내왔음.

Our buyer sent us a threatening letter that lodging a formal claim is unavoidable if the problem comes up one more time.

• lodge a claim 클레임을 제기하다

🎤 패턴 연습

제어할 수 없는, 어쩔 수 없는, 불가피한

unavoidable; uncontrollable; inevitable; beyond one's control; that one can't control

The typhoon hit our factory suddenly. And it terribly damaged our goods at the factory warehouse. We, however, should endure the typhoon beyond our control.
갑자기 태풍이 공장을 강타. 공장 창고의 물품이 큰 타격을 입음. 하지만 우리가 제어할 수 없는 태풍은 인내할 수밖에 없다.

I am sorry that I can't accept your invitation because of overseas trip schedule beyond my control.
제가 변경 불가한 해외 출장 일정으로 초대에 응하지 못해 죄송합니다.

품질 문제가 발생된 지 이미 7일이나 지났습니다.
Seven days has already passed since the quality problem came up.

아직까지도 QC 기술자를 보내지 않고 2주 전 선적한 물품에 내부 검사 결과 문제가 없다는 말만 반복하고 있으면 어쩌라는 것인지요?
How come you still don't send your quality control engineer but just repeat your internal inspection shows that there is no quality problem with the goods shipped two weeks ago?

우리의 고객은 이미 화가 날 만큼 나 있습니다. 우리가 뭘 어떻게 할까요?
Our customer hit the ceiling already. What shall we do?

지금 즉시 한국으로 와서 품질 문제는 우리 부품이 아니라 다른 요소에 의해 발생되는 것임을 입증하세요.

Please do come to Korea immediately, and prove to our customer that the quality problem is not caused by your part but by other factors.

그렇지 않으면 십중팔구 비즈니스를 잃어버릴 것입니다.

Otherwise, we will lose business in nine cases out of ten.

• hit the ceiling: 엄청 화가 나다, 가격이 최고조에 달하다

☞ 얼마나 화가 나면 뛰면 천정을 들이박겠는가.

귀사의 이해를 촉진하기 위해 터치스크린 수입 판매 시 문제된 사항을 다음과 같이 요약드림.

In order to facilitate your understanding, we are pleased to summarize the problems we have found during our sales of imported touch screen to Korea.

7월 4일까지 상기 문제들을 어떻게 해결하실 것인지 꼭 통보해 주시기 바람. 상호 호혜적인 거래 지속을 위해 귀사에서 최선을 다할 것으로 믿음.

We strongly request you to advise us how to solve the above problems by July 4 at the latest. We trust that you will do your best in order to keep the mutually beneficial business between us.

🎙 패턴 연습

문제가 있다	직면한 문제는~	문제 해결을 하다
have problems	encounter problems	solve problems

We have some problems with imported touch screen.
현재 우리의 수입 터치스크린에 문제가 있음.

The basic problems we have encountered are in the areas of surface quality and packing method.
기본 문제는 표면 품질과 포장 방법임.

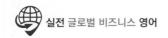
The QC manager finally solved problems caused by the part.
그 품질 관리 과장은 부품으로 야기된 문제들을 마침내 해결했다.

당사 고객은 사용하지 못하는 합판 2개에 대해 결제하기를 원치 않으며, 이로 인해 당사가 금전적인 부담을 안고 있음.
Our customers do not want to pay for two unusable pieces of particle board, and this forces us to carry the financial burden of this rejection.

🎙 패턴 연습

A에게 강제로 ~시키다, ~을 강요하다
force/oblige/compel/enforce/press/constrain A to 동사 원형
☞ be forced/obliged/compelled/enforced/pressed/constrained to 동사 원형
　~할 수밖에 없다

We were obliged to come down the price because the market is oversaturated.
시장이 과포화되어 가격 인하를 단행할 수밖에 없었다.

The increasingly worsening cash flow of the company compelled the president to decide to curtail personnel and salary.
날로 악화되고 있는 현금 흐름으로 인해 사장은 인원 감축 및 급여 인하를 단행하기로 결정할 수밖에 없었다.

So, we were compelled to accept a D/A, taking the risk of non-payment. As you know, an L/C is guaranteed by a bank, while a D/A is only a contract between the seller and the buyer. Payment under D/A has not arrived yet, and the payment risk continues to hang over us.
따라서 당사는 지급 불능의 위험을 안고 D/A 거래를 할 수밖에 없었음. 알다시피 L/C는 은행에서 보증되지만, D/A는 은행의 보증이 없고, 매도자와 매수자 쌍방 간의 계약에 불과한 것임. 아직 물품 대금 결제를 받지 못하였으며 결제 위험이 지속적으로 당사를 위협하고 있음.

My humble opinion on the issue is that the company should be responsible for the claim lodged by our customer.
우리 고객이 제기한 클레임은 그 회사가 책임져야 된다고 사료된다.

🎙 패턴 연습

~라는 의견이다; ~라고 생각하다:

I am of the opinion that ~; My opinion is that ~: I think that ~

If clear evidence proves the company's claim to be just, we will be responsible for the damages. I, however, am still of the opinion that the claim should be treated separately from the remittance of the amount of US$20,000.

만약 그 회사의 클레임이 정당하다는 확실한 증빙이 나온다면 손해에 대해 책임은 질 것임. 하지만 클레임과 2만 불 송금은 별도로 처리되어야 함.

My opinion is that the market is likely to recover soon and so we have to increase our production capacity for profit maximization.

시장이 곧 회복될 것 같은 바, 이익 극대화를 위해 생산 능력을 증가시켜야 한다고 생각한다.

• in my humble opinion: 제 소견은 ~
  public/general opinion: 여론
  public/open hearing: 공청회
  ask for a second opinion: 다른 사람의 의견을 구하다

✒ 클레임 제기

– 수량, 품질, 제품 파손(포장/운송 시), 납기, 운임, 환불, 기타

귀사와의 거래에 관련된 중요한 사건에 대해 항의 서한을 발송하게 되어 유감스럽습니다.

We regret to send this protest message to you in regard to some critical happenings concerning our business with you so far.

5월에 선적한 귀사 물품의 품질 문제로 귀사에서 선적한 수량을 한 개도 받을 수 없습니다.

The quality problem with your May shipment of our order does not allow us to accept any of your shipped quantity.

그 물품은 생산이 한 번에 이루어져, 진행성 불량이 일어 날 가능성을 배제할 수 없습니다.

As the goods were produced at the same batch, the chance of progressive defect can't be ruled out.

그 물품에 대해 100% 환불 받기를 원합니다. 귀사 포워딩 회사에서 물품 반환 조처토록 하여 주세요.

We would like to get 100% refund on the goods, while you make your forwarding company take the procedure of shipping back the goods.

 진행성 불량(progressive defect)

생산 초기에 불량은 아니지만 시간이 지나면서 취약한 소자의 특성이 변경되면서 발생되는 불량으로 회사에서 가장 겁내는 불량이다. 공장 출고 시 멀쩡하던 것이 소비자가 사용하면서 서서히 불량이 발생되는 것이니 제조업체에서는 좌불안석이 될 수밖에 없다. 이러한 불량을 걸러내기 위해 aging test(가혹/노화 테스트) 한다.

지난 5월 선적하신 수량에 대해 환불 요청드립니다.

I want to ask for the refund on the goods which you shipped last May.

귀사의 선적이 때늦어 우리가 귀사의 제품을 양산에 투입하지 못하였으며, 그 결과 당사 고객이 주문을 취소하였습니다.

Because your shipment was belated, we could not input your goods into our mass production and, as a result, our customer canceled its order to us.

이러한 사유로 귀사에서 선적한 화물은 쓸모가 없게 되었음.

Under this situation, your shipped goods became useless.

☞ 난감한 상황이다. 이런 일이 발생하지 않도록 납기가 준수될 수 있도록 공급업체의 진행 사항을 수시로 check하는 것이 바람직하다.

🎙 패턴 연습

클레임을 제기하게 되어 유감스럽다.

We are sorry that we have to lodge a claim.

We regret that we send/raise this claim.

Because of our deep, mutually beneficial business relationship, I very much regret having to send the attached claim. I would be very grateful for your understanding.

깊은 유대 관계에도 불구하고 클레임 서신을 송부하게 되어 유감인 바, 양해하여 주시면 감사하겠음.

We are terribly sorry for our delayed shipment. If this delay causes your customer to lodge a claim to you, we will take the full responsibility for the claim.

선적 지연 매우 죄송함. 만약 이 선적 지연으로 인해 귀사가 귀사의 고객으로부터 클레임을 받는다면 클레임에 대해 전적으로 책임을 질 것입니다.

일만 개 선적 인보이스와 관련, 물품 수취 후 57개가 모자란 것을 발견했음을 통보드리게 되어 유감임.

Regarding the invoice of your shipment of 10,000 PCS, we regret to inform you that we found there were 57 PCS short after receipt of your shipment.

차기 선적 시 57개를 추가하되, 당사에서 관세를 두 번 지불하지 않도록 인보이스에는 표기하지 마세요.

Please ship these 57 PCS more when you ship our next order. But please don't show this quantity in the invoice so that we don't have to pay duty for this 57 PCS two times.

☞ 통관은 서류에 의거한 대로 한다. 세관에서 모든 수입 물품에 대해 일일이 개수 확인할 수는 없는 일이다. 비록 57개가 수량 부족이나 수입업체는 인보이스 수량 만 개에 의거, 이미 관세 지불한 바, 추후 57개가 추가 선적될 때, 이 57개가 인보이스상에 표시되면 관세를 두 번 납부하여야 한다.

부족분이 있으면 책임을 지겠습니다.

We will account for the shortage if any.

• account for 설명하다(explain), 책임지다(be responsible for)
  This fact accounts for the company's attitude toward consumers.
  이 사실로 그 회사의 소비자에 대한 태도가 설명된다.

금일 지난주 선적하신 물품 잘 받았습니다.

Today we have well received the goods which you shipped to us last week.

하지만 유감스럽게도 첨부 사진에 보시다시피 물품이 약간 부서져 있습니다. 아마 패킹 문제인 것 같습니다.

But, much to our regret, some of our goods were broken as you see in the attached pictures. I presume that there is problem with your packing.

전수 검사 후 구체적인 손실 금액과 보상 방안을 제시해 드리겠습니다.

As soon as we finish checking the status of all the quantity, we will get back to you with concrete loss amount and our idea to compensate for this loss.

☞ 물품 수취 후 눈에 보이는 문제가 있을 경우, 즉시 사진을 찍어 이메일로 상황 통보한다. 시간이 한참 지난 다음에 통보하면 논쟁거리가 된다.

2020년 9월부터 한국 시장에서의 독점 판매인으로 귀사 제품을 판매하기 시작하여 현재까지 9개 시스템을 판매하였고 현재 추가 판매 협의 진행 중임.

We started to do business with you as an exclusive distributor for your products in Korea in September, 2020; we have already sold nine systems and are presently in the midst of business talks about additional systems.

그러나 기(旣) 설치된 시스템은 많은 문제를 야기하였습니다. 이것이 판매 활동에 지장을 초래했고, 향후 설치될 시스템은 현재 납기 문제가 발생하였습니다.

But the systems, which were already installed, caused many problems. This has hampered our business progress, and the systems, which are to be installed in the future, face delivery issue.

이러한 것이 귀사와의 향후 사업에 부정적 영향을 크게 끼치게 되었음. 이러한 상황에 대해 걱정스러운 바, 현존하는 문제를 즉시 해결해주시기 바랍니다.

This drastically and negatively influence our future business with you. We are concerned over this matter, and strongly request you to immediately solve the presently existing problems.

당사는 미국 업체와의 거래를 지속할 것을 앙망하나 급격한 해상 운임 인상이 단행된다면 거래를 지속하기 어렵습니다.

It is our ardent wish to stably continue the business relationship with the American companies, but your drastic freight hike for months is really critical to our business with them.

따라서 이번 예정된 운임 인상이 관계 당사자들에 미칠 심각한 후유증을 고려, 운임 인상을 재고하여 주시면 감사하겠습니다.

We, therefore, request that you will be generous enough to reconsider these projected price hike, analyzing the serious aftermath of your freight hike that will have on all the parties concerned.

정히 인상이 불가피하다면 인상 폭을 최소화시켜 주시기 바람. 깊은 배려 바람.

And we honestly hope that your situation allows you to increase price not so much, if price hike is really inevitable.

7월 4일까지 상기 문제들을 어떻게 해결하실 것인지 꼭 통보해 주시기 바람. 상호 호혜적인 거래 지속을 위해 귀사에서 최선을 다할 것으로 믿음.

We strongly request you to advise us how to solve the above problems by July 4 at the latest. We trust that you will do your best for mutually beneficial business between us in the near future.

불량품을 상호 검사한 결과, 품질 문제는 공급업체의 책임이라고 우리 모두 결론지었다.

Mutual inspection of the defective products makes both of us reach the conclusion that the quality problem was caused by the supplying side.

🎙 패턴 연습

~라는 결론에 달하다: come to/reach the conclusion that ~
결론적으로, 최후로: in conclusion; to conclude; finally
속단하다, 지레짐작하다: jump/rush to a conclusion

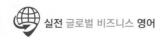

Although we are not very well acquainted with your prestigious company, we have come to the conclusion that you would be a very good business counterpart for us.

당사는 귀사를 잘 알지 못하나 귀사가 좋은 사업 파트너가 될 수 있다는 결론에 도달함.

In conclusion, further discussion about the quality problem could allow us to find out the way to solve your commission.

결론적으로 품질 문제를 더 얘기 해봐야 귀하의 커미션을 해결할 방도를 찾을 것으로 보인다.

Don't jump to a conclusion. Don't reach a hasty conclusion.

성급한 결론 내리지 마라.

패턴 연습

지치다, 지치는 일이다: exhausted, exhausting

To find out exactly what caused the defectiveness of your product is exhausting, as many parts and components are intermingled.

여러 가지 부품이 얽혀 있어 정확한 불량 원인을 찾아내는 것은 지치는 일이다.

As you well know, combatting protectionism can be a tough work. Battling for three days in a row against a formidable enemy can be very exhausting.

보호 무역주의와의 전쟁은 힘든 일임. 3일간 연속해서 무서운 적과 싸우면 기진맥진하게 됨.

He is exhausted after inspecting all the parts of disassembled handset for five hours in order to solve quality issue.

그는 품질 문제를 해결하기 위해 분해된 핸드폰의 모든 부품을 5시간 동안 검사 후 녹초가 되었다.

✒️ 클레임 중재

올바른 이해와 판단을 위해 모든 상세 내용을 해명드리고자 함.

We would like to clarify all details for your correct understanding and judgement.

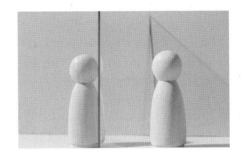

귀하의 중재 노력에도 불구하고 품질 분쟁은 상호 간의 조정이 필요하지만 곧 해결되리라 확신함.

Although the quality dispute still awaits a mutual settlement despite your efforts as a mediator between the two parties, I have a strong belief that the matter will be resolved in the near future.

- I have a strong belief that ~; I am in the strong belief that ~;
  I strongly believe that ~: ~할 것을 확실히 믿다, 확신하다
  to the best of my belief: 내가 확신하는 바로는, 믿는 바로는

내가 특히 염려하는 것은 이러한 성격의 논쟁이 양사 간 우호적인 관계에 부정적인 영향을 끼치지 않을까 하는 것임.

However, my particular concern is that disputes of this nature may negatively affect the friendly atmosphere existing between our two companies.

- efforts to settle the dispute between A and B: A와 B간의 분쟁을 해결하려는 노력
  quality dispute: 품질 분쟁
  labor dispute: 노동 쟁의
  in dispute: ~논쟁 중의, 미해결로
  a point in dispute: 논쟁점
  beyond/out of/past/without dispute: 의론할 여지없이, 분명히, 해결된

현재 문제가 되고 있는 사안들은 가까운 미래에 상호 만족할 수 있도록 해결될 것으로 확신함.

I am without doubt confident that any existing problems at the present time will be settled in the very near future on mutually satisfactory terms.

🎙️ 패턴 연습

틀림없이, 의심 여지없이: undoubtedly; without doubt/question; out of doubt/ question; no doubt/question; certainly; unquestionably
cf) out of the question; impossible: 불가능한

The introduction of your company undoubtedly relays the message of a young and dynamic business enterprise.
귀사의 회사 소개 내용을 보고 귀사가 젊고 역동적인 BIZ를 추구하고 있는 회사라는 것을 확실히 인지하게 됨.

We are without doubt sure that not only our sister company but other companies will soon be in need of automatic machinery and systems.
조만간 당사 자회사나 타 회사들도 자동화 기계나 시스템이 필요할 것으로 확신함.

Finally, I would like to say, I am without doubt confident that this special report on our company in this newspaper will play a valuable role in further deepening the mutual understanding between our two companies.
마지막으로, 본 신문의 당사에 대한 이번 특별 기사는 양사 간 상호 이해 관계를 더욱 더 돈독히 하는 데 중요한 역할을 할 것으로 믿어 의심치 않음.

귀하가 처음부터 본 거래에 개입되어 온 바, 귀하는 본 미결 사안을 우호적으로 해결할 의무가 있음.
Because you have been involved in this business from the very beginning, you are under an obligation to make this unsettled case come to an amicable settlement.
• be under an obligation to 동사 원형: ~할 의무가 있다,(~에게) ~한 신세를 지고 있다.

양사는 마침내 우호적 해결책을 찾았다.
The two companies finally reached an amicable settlement.

법에 호소하는 것은 좋은 방법이 아니다. 중재를 의뢰하자. 쟁의를 중재 재판소에 부쳐라.
It's not a good way to resort to the law. Let's go to arbitration. Please submit a dispute to a court of arbitration
• arbitration: 중재/조정/재정   arbitrator: 중재인, 심판자

이 예기치 못한 문제를 어떻게 다루어야 될지 모르겠다. 고객이 까다로운 사람은 아니다.

I don't know how to deal with this unexpected quality problem. The customer is not a tough guy to deal with.

• deal with 취급하다, 다루다

 패턴 연습

어려움을/문제를 해결하다: resolve/settle the difficulties/problems

We appreciate your full efforts to resolve the difficulties concerning the milk powder quality claims on you from your clients.

귀사의 고객으로부터 제기된 분유 가루 품질 클레임 해결 노력에 감사드림.

☞ 분유 가루를 외국으로 수출하였으며, 그 분유 가루를 수입한 회사가 고객에게 분유 가루를 공급한 후 클레임이 발생하였음. 이 과정에 수입한 회사가 클레임을 해결하려고 보여준 노력에 감사드린다는 것임. 이 수입 회사는 end user가 아닌 에이전트 또는 무역상이다. 즉, 공급업체를 대변하여야 되는 입장이다.

First of all, I wish to express my sincere appreciation for your invaluable services and contributions rendered to us in your efforts to settle the dispute between our Hong Kong Branch Office and your preeminent company.

우선 무엇보다도 당사 홍콩 지사와 귀사 간의 품질 분쟁 해결 노력 과정에 우리에게 베풀 주신 큰 서비스와 공헌에 감사드림.

Meanwhile, for a more efficient resolution of the dispute, I have discussed this matter with the staff members from our head office so that they may directly be involved in the settlement of the dispute.

분쟁의 보다 효율적인 해결을 위해 본사에서 온 직원들과 품질 분쟁에 대해 논의했고, 그들이 직접 분쟁 해결에 개입하고자 할 것임.

🎙️ 패턴 연습

흔들릴 수 없는 사실, 부동의 사실: unshakable(unbendable, unfaltering, unwavering) fact

As you can see from the unshakable facts above and the evidence enclosed, the shipping company has absolute obligation for the accident and the extra expenses, but they refuse to answer or to take their proper responsibility.

상기 명백한 사실들과 첨부된 증거에서 보듯이 그 해운 회사는 본 건과 추가 비용에 대해 절대적인 책임이 있으나 답변을 거절하며 책임을 지려하지 않고 있음.

We question their integrity and intelligence, and we cannot understand how the company was nominated as agent by the world-famous company in your country. We would be most grateful if you could help us to solve the dispute, which would be invaluable for the maintenance of our good business relationship with our valued customers in your country.

그 회사의 정직성과 지성이 의심스럽고, 귀국의 세계적인 기업이 어떻게 그 회사를 대리점으로 지정했는지 이해하기 힘듦. 이러한 분쟁을 해결하도록 도와주시면 당사가 귀국의 소중한 고객과 좋은 관계를 유지하는 데 큰 도움이 될 것임.

- question: 질문/물음/신문, 의문으로 여기다, 문제시하다, 이의 제기하다

  raise a question: 문제를 제기하다, 문제 삼다

  We question the promise of the customer.　　　　　고객의 약속을 의문시하다.

  I question whether price cut is practicable.　　　가격 인하가 실제 가능한지 의문이다.

  ☞ practicable: feasible, possible, workable, executable, viable, achievable, attainable

✒️ 클레임 해결

신규 협력 업체의 품질 문제는 우리 회사에서 아주 중요한 사안입니다.

The quality problem caused by a new vendor is extremely important at our company.

즉시 불량 원인을 파악, 대책 수립하기 바랍니다.

I ask you to find out what caused defectiveness and make a countermeasure immediately.

첫 이미지가 오래 갑니다.

First image lasts long.

삼일 전에 통보 드린 문제와 관련, 아직까지도 아무런 말이 없군요.

Still there is no comment from your side, regarding the problem which I informed you of three days ago.

귀사와의 향후 거래는 전적으로 귀사에서 이 문제를 얼마나 빨리 해결하는지에 달려 있습니다.

Our future business with you totally depends upon how promptly you solve this problem.

즉시 회신주세요.

Please do comment by return.

당사 생산 라인에서 발생된 문제에 대해 왜 아직까지 침묵인지 의아합니다.

We wonder why you keep silent at the problem which came up at our production line.

본 문제를 빨리 해결하지 않으면 당사 내부적으로 귀사는 블랙리스트에 올라갈 것입니다.

If you don't solve this problem quickly, your company will be on the black list internally at our company.

이 경우 당분간 귀사와의 거래량 증대는 불가한 바, 이 점 고려 바랍니다.

In this case, we can't increase business amount with you for the time being. Please consider this.

- blacklist company: 요(要) 주의 업체, 거래 주의 업체
- ☞ 품질/납기/약속 불성실 이행 등의 업체는 일단 요주의 업체가 되고, 이런 일이 반복되면 퇴출된다.

여기 현지 사정상 이번이 세 번째 품질 문제이고, 만약 이런 문제가 재발된다면 벤더 자격을 상실하게 될 것이라는 것을 환기드립니다.

The present situation here makes me draw your attention to the fact that this is your 3rd quality problem and if this problem occurs one more time, your company will be kicked out of vendor list.

- kick A out of B : A를 B에서 차버리다. 쫓아내다, 해고하다

불량품 원인을 파악하여 내일까지 대책을 제출하세요.

Please do find out the cause for the defective quality, and submit the countermeasure by tomorrow.

만약 이 일이 조처되지 않으면 귀사와 당사 간에 무슨 일이 일어날지 모르겠습니다.

Otherwise, I am afraid what will happen between our two companies.

품질 문제와 귀사의 고객으로부터 제기된 클레임을 해결하려는 노력에 감사드림.

We appreciate your full efforts to resolve the difficulties concerning the quality and the claims on you from your clients.

품질 사안이 나오자마자 그가 프랑스로 날아가서 고객의 불평을 완화시켰다.

As soon as the quality issue came up, he flied to France and alleviated the customer's complaint.

- alleviate 경감/완화하다,(문제를) 다소 해결하다　　　명 alleviation
☞ 문제 발생 시 즉시 성의를 보이면 감동하고 신뢰하기 마련이다. 한국 업체들이 한때 일본 기계를 선호한 것은 아침에 문제 발생을 통보하면 저녁에 기술자가 한국에 도착한다는 것이었다. 한마디로 responsiveness가 최고인 것이다. 물론 이것이 가능한 사유는 비행기 시간이 몇 시간 안 되는 지형학적인 혜택도 클 것이다.

그가 제안한 품질 문제 해결 방법은 누가 봐도 명백했다.

His suggested solution to the quality problem was apparent to all.

그가 제안한 방법은 이 경우에는 맞지 않는다.

His proposed solution does not apply to this case. His suggested solution has no application to this case.

이런 종류의 클레임에 일반적으로 적용되는 규칙/통칙은 아래와 같다.

A rule of general application in this kind of claim is as below.

너의 말은 요점을 벗어났다. 품질 문제를 야기시킨 원인을 확실히 찾아라.

Your saying is beside the question. Please do find out quickly what caused the quality problem.

• beside the question: 문제를 떠나서, 요점에서 벗어난

이 시련을 통해 양사 사이의 관계가 보다 강화될 것을 알게 되어 위로가 됨.

We ourselves are comforted to know that the relationship between our two companies will be further strengthened through our trials together.

품질 문제의 근본 원인이 무엇인지 찾아내서 현장에서 문제점에 대한 대책을 제출하기 위해 내일 QC 기술자를 보낼 것임.

I will send our QC engineer tomorrow in order to find out what's the root cause for the quality problem and to submit our countermeasures for the problem on the spot.

당사의 품질 문제가 귀사에 큰 불편을 끼치고 있어 죄송합니다. 현재 원인 규명 중에 있으며, 곧 귀사에 해결 방안을 제시해 드리겠습니다.

We are so sorry that our quality problem causes you much inconvenience. Please be informed that we are trying to find out the exact cause now and will get back to you with countermeasure ASAP.

• ASAP: as soon as possible

제기하신 불평 충분히 이해합니다. 이메일을 받자마자 관련 부서들이 같이 모여 문제 해결 방안을 찾도록 했습니다.

We fully understand your complaints. As soon as I receive your e-mail, I have arranged that all the relevant Departments get together to find out the way to solve your present problem.

제가 가시적인 결과를 갖고 연락드릴 때까지 꾹 참고 기다려 주시면 감사하겠습니다.

I would appreciate your being patient enough to wait until we get back to you with concrete result.

 패턴 연습

클레임을 해결하다: settle a claim

~에게 클레임을 제기하다: make/put in/file a claim on ~

We look forward to your settlement of this claim at your earliest possible convenience.

클레임의 조속 해결을 기대한다.

The sales manager brought up several precedents in order to settle the claim amicably, when he received a formal claim from his customer.

고객으로부터 정식 클레임을 받자 우호적인 해결을 위해 여러 전례를 끄집어냈다.

We will remit the claimed amount to your account.

클레임 제기된 금액을 송금할 것이다.

• troubleshooting: 분쟁 해결, 조정, 문제 해결
  To make money is a reward for troubleshooting.   돈 버는 것은 문제 해결에 대한 대가이다.

화물이 공장에 도착하였는데 상태가 아주 좋지 않습니다.

I regret to inform you that your goods have reached our factory in terrible condition.

첨부 사진을 보시면 포장이 얼마나 화물을 손상시켰는지 알 수 있습니다.

The attached pictures show how badly your packing damaged the goods.

당사에서 말한 포장 방법을 왜 따르지 않았는지 의아합니다.

It's strange that you did not follow our packing instructions.

왜 우리 지시 사항을 무시했는지 그리고 지금부터 무엇을 할 것인지 즉시 통보 바랍니다.

Please inform us by return why you did not follow up our instructions and what you will do from now on.

향후에는 좀 더 순탄한 거래를 원하는 것에 공감하며 다시 한 번 감사드립니다.

We completely share your sentiments on having smoother transactions in the future. We wish to express again our deep appreciation for your efforts

우선 무엇보다도 당사 홍콩 지사와 귀사 간의 분쟁 해결 노력에 감사함.

First of all, I wish to express my sincere appreciation for your efforts to settle the dispute between our Hong Kong Branch Office and your preeminent company.

그 회사는 품질 문제로 훼손된 이미지를 회복하기 위해 가능한 모든 수단을 동원했다.

The company left no stone unturned in order to recover its image undermined by quality problem.

- leave no stone unturned: 뒤집지 않은 돌이 없다. 즉, 모든 돌을 뒤집어 본다는 것이니 모든 수단을 동원한다는 라는 의미이다.

🎤 패턴 연습

～의 토대를/근본을 침식하다, 훼손하다, 이미지를 구기다: undermine

A breach of promise undermines your image.
약속을 어기면 이미지가 나빠진다.

As you know, Japanese automobile and automobile part manufacturers have undermined the competitive edge of American producers
아시다시피 일본의 자동차 회사와 자동차 부품 회사들이 미국 생산업체들의 경쟁력을 약화시켰다.

- undermine the competitive edge: 경쟁력을 약화시키다
  strengthen/sharpen the competitiveness: 경쟁력을 강화하다

🎤 패턴 연습

～를 권하다/제안하다: recommend/advise/suggest～

We will open the second L/C if you can help us to immediately resolve the quality problem. We strongly suggest the following actions to resolve this difficulty.
귀사가 품질 문제를 즉시 해결하도록 돕겠다면 2번째 L/C를 개설할 것임. 본 품질 문제 해결을 위해 다음과 같이 제안드림.

With regard to your proposal, we are pleased to suggest our opinion and to request the followings.

귀하의 제안과 관련, 우리의 의견을 제시해 드리며 다음 사항들을 요청드립니다.

패턴 연습

~했어야 했다: should have + 과거분사

Regarding the quality issue, your visit to the company seems to be belated. You should have come much sooner in order to make the company rest assured of working with you. The company thinks that it would be too risky to wholly depend upon your company only, and is going to locate another supplier. Much to our regret, our belatedness made the company source another supplier. In Korea, responsiveness is the key to business success.

품질 문제와 관련, 귀하의 방문은 실기 한 것 같음. 좀 더 일찍 왔더라면 그 회사에서 귀사와의 거래에 대해 안심하였을 것임. 그 회사는 이번 사태를 계기로 귀사에 전적으로 의존하는 것은 위험이 크다고 판단. 다른 공급 업체를 찾으려 하고 있음. 귀하의 때늦은 방문이 이 사태를 초래한 것은 대단히 유감스러움. 한국에서는 고객의 요청에 대한 대응 속도가 사업 성공을 좌우함.

As you know, our contract of May 18, 2023(No. DH20230518A) for 14,000 metric tons stipulated that the order should arrive within 30 days from the shipping date. This means that the first shipment of June 30, 2023 should have arrived on or before July 30, and the second shipment of August 31, 2023 should have arrived on or before September 30, 2023.Unfortunately, the shipments were received nine and eleven days later respectively. Hence, we regretfully submit this debit notice for US$20,000, which is calculated on the attached form.

우리 계약에 의하면 선적일 30일 이내 목적지에 도착되어야 하나 1차, 2차 선적 각기 9일, 11일 선적 지연이 발생됨. 따라서 첨부와 같이 정산하여 선적 지연으로 인한 손실 2만 불을 청구하게 되어 유감임. 의문 사항 있을 시 연락 주시기 바람.

☞ 인생은 would have pp → could have pp → should have pp라고 한다.
　~었더라면, ~할 수 있었는데, ~했어야 했는데.

🎤 패턴 연습

일을 끝내지 않고, 마무리 하지 않고: with my work unfinished.

Because of sudden claim from the biggest customer in Busan, Manager Kim had no option but to fly to Busan right away, with his marketing report unfinished.

부산에 있는 가장 큰 고객으로부터 갑작스러운 클레임이 제기되어 마케팅 보고서를 끝내지 못하고 급히 부산으로 갈 수밖에 없었다.

I am sorry that I had to return to Korea with my work unfinished.

제 일을 마무리짓지 못하고 한국으로 돌아오게 되어 죄송함.

My explanation finished her.

나의 설명에 그녀는 손을 들었다.

🎤 패턴 연습

~을 따라잡다, ~을 제안하다, 찾아/생각해 내다: come up with

We would like you to go to the factory to verify the claim. We have checked the tank lorry and shipping container, but have not come up with any suspected cause of the reported blocked tank valves and pipes.

귀사가 바이어의 공장을 방문. 클레임 사안을 확인하기 바람. 탱크로리와 컨테이너를 조사해보았으나 보고된 바와 같이 탱크밸브와 파이프가 막히는 원인이 될 수 있다고는 판단되지 않았음.

Your company's product breadth makes matching of our capabilities and your requirements a formidable task. So far, I have come up with the below two basic areas: areas for third-party technical assistance and joint venture with us.

귀사의 제품군이 너무 광범위하여 적정 협력 분야 발굴이 쉽지 않음. 여태까지 다음 2가지 기본 분야를 발견함. 제3자 기술 지원과 당사와의 합작 투자가 그것이다.

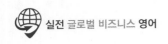
✏️ 클레임 보상

– 금전 송금, 추후 선적 시 보상, 기타

흰색 잔류물과 관련, 기술 자료 제출드림

Regarding the white-colored residue, we are pleased to submit our technical paper for your evaluation.

정밀 테스트 결과, 흰색 잔류물은 아마 습기에 의한 알루미늄 물질의 산화에 의한 것임을 알게 되었음.

Having conducted detailed testing, we found the white-colored residue to be the simple result of oxidation of aluminum material, possibly caused by moisture.

만약 선적 드린 제품으로 인해 어떤 문제가 발생되면 귀사의 클레임을 기꺼이 받을 것임. 만약 필요하다면 P-bond도 발행하겠음.

If any damage or loss is caused by our shipped product, we will honor your claim. We will issue a performance bond as an additional guarantee if you desire.

• honor claim: 클레임을 존중하다. 즉, 클레임을 책임지겠다. 문제없을 것이니 걱정하지 말라는 의미임.

본 건 조사 결과, 우리가 보상하여야 된다는 것이 밝혀졌음.

Our investigation of this matter revealed that we should compensate you.

이 문제를 확실히 해결하기 위해 귀사의 손실에 대해 우리가 보상드릴 금액은

To settle this matter decisively, we will compensate you for your losses by paying the amount equivalent to

• 현재 창고에 보관 중이나 우리에게 반환될 제품의 가격

   the value of your warehoused products, which will be shipped back to us, plus

• 제품 판매로 입은 손해(US$7,000 이하로 추정)

   any losses incurred from the sale of products(assuming US$7,000 or less)

• 검사 비용 US$1,000 을 합한 것이 될 것임.
  and inspection cost of US$1,000.

☞ 통화 단위 다음에 빈 칸을 주지 말고 US$1,000와 같이 숫자를 붙여서 사용한다. 미국 달러는 US$, USD로 표시해야지 U$로 표시하면 안 된다. 그리고, $를 사용하는 국가가 많은 바, $로 사용하지 말고 반드시 US$, HK$ 등과 같이 국가 표시를 명확히 해주는 것이 추후 오해의 여지가 없다.

🎙 패턴 연습

~(가치 · 의미 · 중요도 등이) 동등한(맞먹는): equivalent/equal to~

His saying is equivalent to dropping the project.
그의 말은 그 프로젝트를 포기하는 것과 같은 것이다.

I see technical cooperation between our two companies to be equally critical.
기술 협력의 중요성은 양사 간에 똑같이 중요함.

You are required to treat your members equally.
모든 요원들을 동등하게 취급하세요.

He is equal to the project.	그는 충분히 그 프로젝트를 할 수 있다.
The supply is equal to the demand.	공급이 딸리지 않는다.
All men are equal.	모든 사람은 평등하다.
Twice 5 is equal to 10.	5의 2배는 10
Six times six equals thirty-six.	6 × 6은 36

other things being equal: 다른 조건이 같다면
on equal terms: ~와 동등한 조건으로

그 회사가 구입한 기계는 방위 산업용인 바, 방산 자금 대출로 구입함. 따라서 본 제품의 적기 납품은 매우 중요함.

The company bought the machine, using a governmental defense loan, because it is for defense products; therefore, the delivery time of the product is essentially critical.

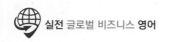

그 회사는 8월 2일까지의 선적을 위해 물품 대금을 선불 결제하였으나 10월이나 11월에 제품이 준비된다는 귀사 영업 과장의 통지를 받음.

The company paid you for this machine in advance to satisfy delivery by August 2, but your sales manager's message dated June 28 said that the projected completion of the machine would be in October/November.

8월 2일까지 선적 불가하다면 그 회사는 발주 취소하고 귀사에 프로젝트 차질을 초래한 보상을 요구할 것임.

If you can't make a shipment of this machine by August 2, the company will have to cancel that order, and they will consequently request you to compensate the setback in their project.

- critical: 비평의, 비판적인, 위기의, 위독한, 결정적인, 중대한   a critical wound: 중상
  a critical moment: 위기   a critical situation; 중대한 국면/형세

문제 재발 방지 대책 제시 및 지속 거래 요청

이러한 문제는 재발되지 않을 것임을 약속드립니다. 첨부는 당사의 대책입니다. 당사가 부품 납품을 계속하도록 허락하여 주시기를 앙망드립니다.

We promise that this kind of problem will never happen. The attachment is our countermeasure. I honestly hope that you will allow us to keep supplying our parts for your preeminent firm.

과거의 우리 실패는 용서해주시고 새로운 기분으로 같이 사업 추진할 수 있도록 하여 주시면 감사하겠음.

I hope that you will grant us a reprieve from our past failures so that we can move forward together with our renewed and continuous energies.

- reprieve: 집행 유예, 일시적 경감/유예, 구제, 패자 부활전
- move/go forward: 앞으로 나아가다, 전진하다

당사는 과거 손실을 덮어버릴 준비가 되어 있는 바, 귀사도 이 문제를 잊고 양사의 상호 이익을 위해 새롭게 비즈니스를 시작할 수 있기 바람.

We are willing to overlook our past losses, and we request that you also forget this previous matter between you and us, so that we can enter into new business again for our mutual benefits.

알다시피 당사와 당사의 자매 회사들은 '신뢰'를 중시함. 귀사와 거래 관계를 유지하기를 원하며 귀사의 지속적인 후원 기대함. 당사의 후원을 기대하셔도 됨.

As you may know, our company and its sister companies stress Trust. We hope to continue our business relationship with you and to receive your continuing support. In turn, you can expect our good will and strongest support.

• 귀하를 지지/후원합니다.　　　　　　　　　　　　You have my support. I support you.

 패턴 연습

A에게 ~를 납득시키다/깨닫게 하다, A에게 ~를 확신시키다

convince A that ~; convince A of ~:

Out of difficulties often come good; these problems have convinced us that we have the best possible partner in food industry.

어려울 때 가끔 좋은 일이 온다고. 이번 문제로 인해 당사는 식품 산업분야에서 최고의 파트너와 거래하고 있다는 것을 재삼 확인함.

☞ 문제가 발생하였는데 파트너가 확실히 해결해주고 있는 것에 대한 감사의 표시인 바, 여러 표현이 가능하다.

Thru these problems, we have become confident that our company has the best possible partner.
These problems have made us confident that your preeminent company is our best partner possible.

이러한 문제로 인해 우리는 귀사가 최고의 파트너라는 확신을 갖게 되었습니다.

• industry: 공업, 산업, 근면　　　　　　　　　　　　industry and thrift: 근면과 검약
　manufacturing industry: 제조업, 공업　　　　　　　　steel industry: 철강업

automobile industry: 자동차 산업
shipbuilding industry: 조선업
industrial: 공업의, 산업의
Poverty is a stranger to industry.

tourist industry: 관광산업

industrious: 근면한, 부지런한
(속담) 부지런하면 가난이 없다.

소 송

만약 우리가 클레임한 금액을 보상하지 않으면 소송으로 갈 수밖에 없다는 것을 주시하기 바람.
준거법은 계약서에 명기한 바와 같이 한국법이 될 것이다.

Please note that we have no way but to make a lawsuit if you don't agree to
compensate for our claimed amount. The governing law shall be Korean
law as the contract says.

소송하는 것을 절대 원치 않습니다. 귀사의
경영진이 당사의 손실을 보전해주고
당사와의 비즈니스를 지속적으로 하도록
해주기 바랍니다.

We hate seeing our partner in court.
I hope that your management will
allow you to compensate for our loss
and to keep doing business with us.

☞ 소송한다는 것을 구어체로는 see you in court
라는 말을 사용하기도 한다. 법정에서 본다는 것은
소송을 한다는 것이다.

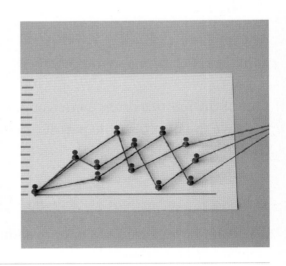

그 회사와 고객은 열띤 토론 끝에 타협에 이르렀다. 그 회사는 소송을 제기한 고객과 타협했다.

The company and its customer reached a compromise after heated
discussion. The company made a compromise with its customer who filed
a lawsuit.

🎙️ 패턴 연습

손실 보상: compensation for the losses
손실 보상하다: compensate for the losses

We agreed to make the agreement regarding the compensation for the losses of the company incurred by taking products at the price higher than international market price.

그 회사가 국제 시세가보다 높은 가격으로 제품을 인수함으로써 입은 손실 보전에 대한 계약서를 작성하기로 합의함.

The company should compensate him for his loss.

그에게 손해를 배상해야 한다.

The company should compensate to him with money.

그에게 돈으로 보상해야 한다.

주) 손해의 종류는 P510 consequential damage 참조.

Chapter
23

해외 출장

1 미팅 약속

 일정 타진

다음 달에 뵈었으면 합니다. 첫째 주가 어떤지요?

I hope to meet you next month. I wonder whether the first week of next month would be convenient for you or not.

당사의 신기술을 소개하기 위해 약속을 잡고 싶습니다. 6월 11일이 어떤지요? 저는 아무 때나 좋습니다.

I would like to set up an appointment with you in order to introduce our company's new technology. We wonder whether June 11 is OK or not. To me, any time is OK.

미팅이 가능한지, 미팅이 가능하다면 언제가 편할지 통보 바람.

Please advise us if a meeting is possible, and if so, please comment when would be convenient for the meeting.

당사 뉴욕 지사장으로부터 그의 서울 방문이 1월까지 지연될 것이라고 얘기 들음.

The head of our New York office recently advised me that his trip to Seoul would be delayed until January.

- delayed to/until: ~까지 지연되다
  Please delay writing an e-mail of claim by 5 working days.
  클레임 이메일 쓰는 것을 5 근무일만 미루세요.

내주 금요일 미팅 가능하신지요?

Would you please check if you would be amenable to the meeting of next Friday?

- amenable 잘 받아들이는, 대응 가능한

관심이 있다면 상담 일시 및 장소를 통보주시면 감사하겠음.

If you are interested, we would appreciate it if you could advise us of convenient time and place to meet with you.

🎤 패턴 연습

특권, 특권이 있다; privilege, be privileged to 동사원형

It's my privilege to make an overseas business trip by business class any time. I am privileged to make an overseas business trip by business class any time.

언제든지 비즈니스 클래스로 해외 출장을 갈 수 있는 특권이 있다.

It has been my privilege to be chairman of the host committee, as well as program chairman.

프로그램의 의장이자 주최 위원회의 의장이 된 것은 특권임

🎤 패턴 연습

형편이 좋다면, 편리하다면: If it is convenient to/for you
폐가 되지 않으신다면: If(it is) not inconvenient to/for you:

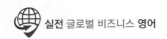

When will it be convenient for you to go there?

언제 가는 게 좋겠나?

I would like to visit you at 10 AM if it is convenient to you.

괜찮다면 오전 10시에 방문하고 싶습니다.

His office is convenient to/for the express bus terminal.

그의 사무실은 고속버스 터미널 근처에 있다.

• a train station conveniently located: 편리한 곳에 있는 기차역

다음 분기 가격 논의를 위해 6월 10일 오후 2시 귀하를 찾아뵙고자 합니다. 사정이 어떤지요.

I would like to visit you at 2 PM, on June 10 in order to discuss the price for next quarter. I wonder how your situation is.

5월 10일 파리 방문하여 5월 15일까지 체류할 계획입니다. 사정이 괜찮다면 5월 13일 저녁 같이 하고 싶습니다. 어떤지요?

I am planning to visit Paris on May 10, and to stay there until May 15.
If your situation permits, I would like to have dinner with you on May 13.
Is it OK with you?

귀사 연구소 연구원들과 기술 미팅을 원합니다. 내주 중 아무 일자나 미팅 주선 가능하겠는지요?

I would like to propose a technical meeting with your R&D engineers. Is it possible for you to arrange a meeting any day next week?

그 회사 상무와 수석엔지니어가 1월 말에 미국 방문 예정임. 금번 기회에 만나서 신제품 개발 건을 협의하였으면 합니다. 서로 얼굴을 맞댄 아이디어 구상은 신제품 개발에 효과가 있을 것으로 사료됩니다.

The managing director and chief engineer of the company are going to pay a visit to the U.S. at the end of January. We would like you to take this opportunity to meet them and to discuss the development of new products. I think that face-to-face brainstorming will be of much help to the development of new products.

• brainstorming(브레인스토밍): 회의에서 모두가 차례로 아이디어를 제출하여 그 아이디어로 최선책을 도출하는 방법.

🎙 패턴 연습

at the beginning of: 초순에(early)　　in the middle of: 중순에
at the end of: 말에(late)

He is to leave for Paris in the middle of this month, and is to return to Korea at the end of next month.

그는 이번 달 중순에 파리로 출발. 다음 달 말에 귀국 예정이다.

• 5월 초순/중순/말: early May, mid-May, late May

저는 6월이 좋은 바, 사정이 어떤지요?

June would be an ideal time for me. Please tell me if this will be feasible for you.

여름에 개최하게 되면 회의 사전 준비 기간은 줄지만, 우리의 합동 노력을 신속히 촉진하게 될 것임.

While having the meeting this summer shortens the time available for your preparations, it will more quickly give renewed impetus to our joint efforts.

합동 회의를 위한 노력에 감사드림. 회신 기다리겠음.

I greatly appreciate your efforts toward our upcoming joint meeting.

🎙️ 패턴 연습

이용할 수 있는, 쓸모 있는, 손에 넣을 수 있는: available 　　🅟 availability

If your person-in-charge is available for the meeting, General Manager DH Kim, in charge of our Chemical Products Department, will join our delegation. Please inform us of his availability.

만약 귀사 담당자가 이번 회의에 참석 가능하다면 당사 화학품부 부장도 회의 참석하고자 함. 담당자가 회의 참석 가능한지 통보 요망.

I have ordered Mr. SJ Kim, General Manager of Planning and Research Department of our company, to be available to you for such matters.

당사 기획 조사 부장에게 시간 할애하여 귀하와 그런 사항들을 협의하도록 지시하였습니다.

✒️ 미팅 일자 확정

귀하가 제시한 미팅 시간 괜찮습니다. 귀하의 랩탑 컴퓨터 제조업체/모델 번호/일련번호를 통보주시면 수위실에 사전 등록하여 수위실을 신속히 통과할 수 있도록 하겠습니다.

Your proposed time for our meeting is OK. Please inform me of the details(maker, model No. and serial No.) of your laptop computer so that I can register your computer at gatekeeper's house in advance, which allows you to pass the gatekeeper's house quickly.

양사 간의 첫 만남이 터치스크린 시장에서 새로운 협력의 장을 열어 상호 이익과 번영을 가져다 주기를 희망함.

We sincerely hope that an initial business meeting between us will open a new venue of cooperation in the touch screen market which will result in our mutual benefit and prosperity.

* open a new venue of cooperation: 새로운 협력의 장을 열다
   ☞ 사업 미팅이 잡혔을 때 기대감을 표현하는 문장으로 특히 출장 전에 이메일 발송 시 활용하기 좋은 문장임.

저는 이번 미팅을 통해 잠재된 협력 방안을 최대 한도까지 찾을 수 있을 것으로 생각함.

I view this meeting as a vehicle for us to push our way of cooperation to the full potential.

🎙 패턴 연습

confine to; restrict to; limit to: ～에 제한하다, ～에 국한하다
confine oneself to ～: ～에 틀어박히다, ～에 국한하다

We are sorry that the meeting can last only two hours maximum. Our president confined the business meeting with vendor candidates to two hours maximum.

상담은 최대 2시간까지만 가능합니다. 당사 사장님께서 벤더 후보 업체와의 상담 시간을 최대 2시간으로 제한했습니다.

I would like to work with you on some joint business projects in the near future. Our working together should not be confined to our formal meetings.

가까운 장래에 합작 사업에 같이 일하기를 바랍니다. 공식적인 미팅에 국한되지 않기를 바랍니다.

☞ 회의로만 끝나지 않고 실질적인 비즈니스 성사를 원한다는 것임.

🎙 패턴 연습

준비/주선/조정/정리하다: arrange
배열/배치/정리/정돈/채비/준비/계획/조정/조절: arrangement

The next quality meeting has been arranged for 2 PM, Thursday.

다음 품질 회의는 목요일 오후 2시로 정해졌다.

We have arranged for him to pick us up here.

그가 여기서 우리를 픽업하도록 했다.

I will arrange somehow.

어떻게든 해보겠다.

- arranged marriage: 중매결혼
- as previously arranged: 미리 계획한 대로
- make the arrangement for: ～를 준비(주선)하다
- It is arranged that ～: ～하기로 되어 있다

패턴 연습

~를 대동하고, ~를 동반하고: accompanied by ~; go together with ~

(사물 사건을) 동반하다: be accompanied with ~

부수물/따르는 것/반주: accompaniment

I was accompanied by my wife when I visited Paris. I visited Paris together with my wife.

파리 방문 시 아내가 동행하였다. 아내와 같이 파리를 갔다.

Please note that all the orders must be accompanied with cash.

모든 주문은 현찰만 가능하다는 것을 주목하라.

The president was accompanied by Sales Manager when he made a trip to India last month.

지난달 사장이 인도 방문 시 판매 과장이 동행했다.

• The president made a trip to India(together) with Sales Manager.

  사장은 영업 부장과 함께 인도를 여행했다.

Manager Kim sang a song to Miss Kim's piano accompaniment at the conference.

김 과장은 회의에서 미스 김의 피아노 반주에 맞춰 노래를 불렀다.

회의실 시설 확인

우리 측에서는 나를 포함 5명이 5월 10일 회의에 참석합니다. 프레젠테이션을 위해 프로젝트와 전기 콘센트가 필요합니다.

On our side, five persons including me are to attend the meeting of May 10. We need projector and electrical outputs for our presentation.

당사에서 멋진 프레젠테이션을 할 수 있도록 프로젝트, 전기 콘센트, 인터넷 연결이 가능한 회의실을 확보하기 바랍니다.

We would like you to secure a conference room with projector, electrical outputs, and internet access so that we can make a nice presentation to you.

• conference room; meeting room: 회의실

☞ 요즘 대기업 회의실에서 외부 인터넷 연결은 불가하다. 보안상 허락되지 않는다. 중소기업은 가능할 수도 있다.

🖊 미팅 일자 변경

회사 내부에 급한 회의가 소집되어 우리의 미팅 시간을 조정하게 되어 유감으로 생각합니다.

I regret to inform you that I have to reschedule our meeting because of an imminent internal meeting.

5월 10일 2시가 아니라 5시에 방문하여 주시기 바랍니다.

I would like you to visit me at 5 PM, not 2 PM on May 10.

갑작스럽게 변경 통보하게 되어 귀하에게 불편을 끼치지 않기 바랍니다.

I hope that this sudden notice does not cause you too much inconvenience.

☞ 이 상황은 해외 협력 업체의 고객 방문과 관련, 고객이 협력 업체에 송부한 이메일일 가능성이 크다. 해외 바이어와의 미팅이라면 내부 미팅 때문에 미팅 시간을 변경하지는 않을 것이다.

만약 내가 제시한 시간이 여의치 않으면 제 일정을 조정하도록 하겠습니다. 편한 날짜 몇 개만 말씀하여주세요.

I am prepared to change my schedule to accommodate yours, if my proposed time is not OK with you. Just name a few dates convenient for you.

다음 달 귀사의 해외 출장 일정에 한국 방문을 넣을 수 있다.

You may fit a trip to Korea in your overseas business trip of next month.

• fit A in ~ : A를 ~에 끼워 넣다

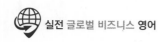

✒️ 미팅 약속 확인

당사 사장님으로부터 귀하가 당사 사장님과 한 약속을 재확인 드리라는 지시를 받았습니다.
My boss DJ Shim, who is CEO of Nena Electronics Corp., has asked me to reconfirm the appointment you made with him.

다음 주 언제든지 좋습니다. 항공권을 구입할 수 있도록 일자만 최대한 빨리 말씀하여주세요.
Any day next week would be OK for me. Please fix the date as soon as possible so that I can buy an air ticket.

✒️ 미팅 연기

어제 제 아내가 교통사고를 당해 수술을 한 바, 내일 한국 방문이 불가함을 통보드리게 되어 대단히 죄송합니다. 5월 10일 미팅을 5월 17일로 연기 가능하다면 감사하겠습니다.
I am terribly sorry to inform you that I can't fly to Korea tomorrow, as my wife met a car accident yesterday and underwent an operation. I would very much appreciate it if your situation allows you to delay the meeting of May 10 to May 17.

갑작스러운 내부 회의로 우리의 미팅을 연기해야 될 것 같습니다. 내주 화요일이 어떤지요?
I am afraid I will have to put off our meeting because of a sudden, internal meeting. How about next Tuesday?

갑작스러운 파리 출장으로 다음 주 금요일 미팅을 지킬 수 없어 유감임. 내주 토요일 한국 귀국 예정임. 일정 변경해서 나를 만날 수 있는지요?
I regret that I can't keep our next Friday meeting because of a sudden trip to Paris. I will return to Korea next Saturday. Can you reschedule your itinerary so that I can meet you?

패턴 연습

업무를 익히는 과정:

process of familiarizing oneself with the business mechanics

~에 정통/익숙하다: familiarize oneself with ~

Presently I am in a very demanding process of familiarizing myself with the business mechanics of the company to which I was transferred last month.

하지만 최근 통보 드린 바와 같이 지난달 전보된 회사 업무 파악 중이라 당분간 여유가 없음.

For this reason, I have to say now that the present time is not very convenient for me to meet with you and discuss these topics, although my interest has not changed. I would thus suggest that when the pressure of recently changed situation returns to normal, we can make arrangements to set up a schedule to have detailed discussion.

이러한 사유로 비록 이러한 사안들에 대한 나의 관심은 변화가 없지만 지금은 구체적인 상담 진행의 적기가 아님. 내가 여유가 생기면 그때 구체적인 상담 일정 잡았으면 함.

- for this reason: 이러한 사유로
- return to normal; get back to normal: 정상으로 돌아오다
- consult(with) one's pillow: 하룻밤 곰곰이 생각하다

미팅 취소

5월 10일 미팅을 취소하게 되어 유감입니다.

I deeply regret to inform you that I have to cancel our meeting of May 10.

어제 예기치 못한 일이 발생하여 내일 뉴욕으로 출발합니다. 언제 귀국할지 모르겠습니다.

I have to leave for New York tomorrow, as something unexpected came up yesterday. I don't know when I can come back to Korea.

추후 연락드리겠습니다. 제 불가피한 상황을 이해하여 주시면 감사하겠습니다.

I will get back to you later. Your understanding of my inevitable situation would be appreciated.

내일 미팅을 취소하게 되어 유감입니다. 주지하다시피 지진이 있었는데 공항이 폐쇄되었습니다. 곧 다시 연락드리겠습니다.

I am sorry that I have no option but to cancel our meeting of tomorrow. As is known to all, there was an earthquake here, which closed the airport.

✒ 대리 참석 통보

당사 사장께서 귀하를 1월 12일 만나기를 하였으나 약속을 지키지 못하게 되어 죄송합니다.

I am sorry to tell you that our president will not be able to keep his appointment to see you on January 12.

불행히도 사장님이 즉각적으로 처리하여야 되는 화급한 일이 발생되었습니다.

Unfortunately an urgent matter has come up at our company, requiring his immediate attention.

그래서 부사장께서 사장님을 대신하여 귀하를 만날 것입니다.

And so Executive Vice-president SH Kim will meet you on our president's behalf.

🎙 패턴 연습

불행히도, 불행하게도 ↔ 다행히도, 다행하게도

• unfortunately; to one's misfortune; it's unfortunate that ~
   ↔ fortunately; to one's fortune; it's fortunate that ~

The company is financially strong even in this slow economy. Fortunately the company was prudent enough to anticipate the worst when the economy was bullish last year, and so it saved lots of cash.

그 회사는 이런 불황에서도 재무 상태가 튼튼하다. 작년에 경제 호황일 때 최악의 경우를 예견하여 현금 비축을 많이 한 것은 다행한 일이다.

Unfortunately the company could not produce customer's order quantity because of unexpected blackout/power failure/outage.
It is unfortunate that the company could not produce customer's order quantity because of unexpected blackout/power failure/outage.
To its misfortune, the company could not produce customer's order quantity because of unexpected blackout/power failure/outage.

불행하게도 그 회사는 예기치 못한 정전으로 고객의 주문 수량을 적기 생산하지 못하였다.

She is very beautiful, healthy and wealthy, Unfortunately, however, she is cursed with a foolish son.

그녀는 매우 아름답고, 건강하고, 재산이 많다. 하지만, 불행하게도 바보 아들이 있다.

✒ 방문 요청

최대한 빨리 한국을 방문하여 당사 연구원들에게 귀사에서 최근 개발한 혁신적인 기술에 대해 프레젠테이션하여 주시면 좋겠습니다.

It would be nice if you could fly to Korea to make a presentation on your newly-developed, innovative technology to our R&D members at the soonest possible.

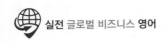

다음 주 아무 일자든 괜찮습니다. 언제가 좋은지요.

Any day of the next week is good for your presentation. I wonder which day would be convenient to you?

다음달 초순에 당사 사무실로 와서 2/4 분기 가격 협의와 시장 동향에 대한 얘기를 나누었으면 합니다.

I would like you to come to our office early next month in order that you and I can discuss the price for the 2nd quarter and market situation.

언제가 괜찮은지요? 저는 아무 때나 오케이입니다.

When is OK with you? To me, any day is OK at the moment.

2 각종 예약

비행기 예약

5월 10일 베이징에서 뉴욕으로 가는 비행기를 예약하고 싶습니다. 비즈니스 클래스로 창가 자리 원합니다. 가능하다면 10A 좌석을 주세요.

I would like to make reservations for the flight leaving from Beijing for New York in the morning of May 10. I want window seat at business class. If possible, the seat 10A is most preferred.

나는 아주 운 좋게도 추가 부담 없이 보통석에서 비즈니스석으로 승격되었다.

Much to my luck, my seat was upgraded from economy class to business class at no extra charge.

- at no extra charge/cost: 추가 비용 부담 없이   free of charge: 무료로, 공짜로

여름휴가로 파리에 가고 싶었으나 직항 편은 모두 예약되어 일본을 경유하여 가는 수밖에 없었다.

I wanted to fly to Paris for my summer vacation, but all the direct flights from Seoul to Paris were booked up. And so I had no option but to fly to Paris thru Japan.

- be booked up; be fully booked: 예매가 끝나다, 선약이 있다

그녀가 공항에 도착했을 때 그는 이미 인천 공항을 출발하여 파리로 향했다. 출발 시간은 13시 10분이었다

He had already departed from Incheon airprot for Paris, when she reached there. The departure time was 13:10.

 착륙 vs 도착

비행기가 공항에 착륙하는 것은 land이며, 착륙 시간이 landing time이다. arrival time이란 비행기가 공항에 landing 한 후, 터미널에 접안되는 시간을 말한다. 따라서 공항이 복잡할 경우, landing time과 arrival time에는 큰 차이가 있을 수 있다. 공항에서 전광판(electronic board)를 보면 landed, arrived 로 표시되는 것을 볼 수 있다. 이륙은 take off 라고 한다.

신규 계약을 위해 뉴욕에 갈 때 행운을 빌 것이다.

I will have my fingers crossed when you fly to New York for a new contract.

- cross one's fingers: 행운을 빌다

뉴욕 도착 후 한 자 써 보내 주십시오.

Drop me a line after you reach New York.

Drop a line to me after you get to New York.

- drop/send a line 몇 줄 적어 보내다

 호텔/회의실/식당/좌석 예약

싱글 룸 한 개 예약하고 싶습니다. 체크인 일자는 5월 15일이고, 체크아웃은 5월 20일임. 하루 투숙비와 예약 번호 통보주세요.

I would like to make reservations for one single bed room. My checkin is May 15, and checkout is May 20. Please inform me of the room rate and the reservation No.

5월 9일 체크인 예정인 JJ KIm입니다. 내 예약 번호는 AD777임. 5월 10일 2시부터 5시까지 20명용 회의실 하나 예약해주세요.

This is JJ Kim who is to check in at your hotel on May 9. My reservations No. is AD777. I would like to make reservations for one conference room for 20 persons from 2 PM to 5 PM, May 10.

5월 5일 저녁 7시 4명 예약해주세요. 산이 보이는 자리 부탁합니다.

I would like to make reservations for a table for 4 persons at 7 PM, May 5. I want the mountain-view seats.

5월 10일 저녁 7시 오페라의 유령 S석 2자리 예약합니다. 가능한지요?

I would like to make reservations for two S-class seats for Phantom of Opera at 7 PM, on May 10. Are the seats available?

호텔 사환은 체크아웃 수속을 밟고 있는 호텔 고객에게 보관증을 주었다.

The bellboy gave a claim check to the hotel guest who is checking out.

Claim Check: 보관증/예탁표/번호표

호텔의 체크아웃 시간은 호텔마다 상이하나 일반적으로 12~14시 사이이다. 귀국하는 날이 휴일이라 시내 관광 후 공항으로 가려한다. 비행기 출발 시간은 밤 11시이다. 이 경우 짐을 들고 돌아다니다 공항으로 갈 수도 없고. 이럴 경우 체크아웃 후 호텔에 짐을 맡겨 둘 수 있다. 이 경우 claim check를 받는다.

특급 호텔에서는 체크인 시 짐이 많을 경우, guest가 방으로 갈 때 방 안내를 하면서 벨 보이가 짐을 방으로 갖다준다. 만약 다른 guest들의 짐이 많이 밀려 있을 경우는 일단 claim check를 주고, 나중에 방으로 짐을 가져다준다. 벨보이에게 팁으로 짐 한 개당 일정 금액을 주는 것이 일반적이다.

I will check at which hotel you can get in touch with him.
어느 호텔에서 그와 연락할 수 있는지 알아보겠습니다.

• **get in touch with; communicate with:** ~와 통신/접촉하다

렌터 카 예약

일요일 윈저 성 가이드 해주려고 당신을 귀찮게 하지 마세요. 일요일 오전 10시부터 오후 10시까지 렌터카 예약만 부탁드려요.

Please don't bother yourself to guide me to Winsor Castle on Sunday. I would like you just to arrange a rental car for me from 10 AM to 10 PM, Sunday.

공항 Pick-up 요청

청도 공항에 SH101편으로 5월 7일 12시 50분 도착 예정입니다. 누군가 저를 픽업하도록 해주시면 감사하겠습니다.

I will reach Qingdao Airport by SH101 at 12:50 PM, May 7. I would appreciate it if you could make some one pick me up at the airport.

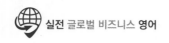
청도 호텔에서 저를 픽업할 차를 공항으로 보내도록 조처해주세요.

I will reach Qingdao Airport by SH101 at 12:50 PM, May 7. Please let Qingdao hotel send a car to the airport to pick me up.

☞ 호텔 리무진 택시를 이용할 경우 비용이 만만치 않다. 불가피한 경우가 아니면 경비 절감 차원에서는 이 서비스를 사용하지 않는 것이 좋으나, 치안이 문제되는 일부 국가의 경우 택시 타는 것이 안전치 못할 수도 있는 바, 거래처에서 픽업하지 않으면 호텔의 리무진 서비스를 이용하는 것이 안전하다. 이 비용은 호텔 투숙비 정산시 folio에 일괄 청구시키는 것이 가능한 바, 출장 후 경비 처리는 간단하다.

Folio; Guest Bill: 고객 계산서, 계산 명세서

호텔 체크인 후, 체크아웃 때까지 사용한 경비 내역서(객실료, 식당, 객실의 미니바, 전화 사용, pay TV 등)를 folio 라고 한다.

이 folio에는 경비 내역이 상세히 나와 있으며, 일부 외국 호텔들의 경우, 포르노 pay TV를 봐도 folio에는 포르노라고 명기는 하지 않는다. 아마 포르노를 본 것이 회사에서 결제되지 않아서인지 포르노를 보는 것이 이상하게 보여서인지. 해외 출장 시에는 가급적 영수증 개수를 줄이는 것이 좋다. 따라서 호텔에서 사용하는 모든 비용은 charge to my room 하도록 하여, 체크아웃 시 folio를 받고 일괄 결제하는 것이 편리하다. 회사에서 출장비로 받을 수 있다면 회사에 folio를 그대로 제출하면 되니 경비 정산이 간단하다.

✒ 호텔 → 공항 Ride 요청

비행기 SH102편을 타기 위해서 청도 공항에 5월 9일 11시까지 도착하여야 합니다. 회사 차로 호텔에서 공항까지 데려다 주시면 감사하겠습니다.

I have to reach Qingdao airport by 11 AM, May 9 in order to catch the flight SH102. I would appreciate it if your company car takes me to the airport from the hotel.

공항까지 태워 줄 사람이 있는지요? 만약 없다면 제가 해드리지요.

I wonder whether or not there is some one who can give you a ride to the airport. If not, I will be happy to give you a ride to the airport.

• give a ride to ~: ~까지 태워주다

✒ 예약 변경

체크인 일자 5월 10일을 5월 12일로 예약 변경합니다. 체크아웃 일자 5월 15일은 변경 없습니다.
내 예약 번호는 SH20231010 임.

I would like to change room reservation from checkin of May 10 to checkin May 12. Checkout of May 15 remains unchanged. My reservation No. is SH20231010.

• Checkout of May 15 remains unchanged.
  ☞ 표현은 여러 가지. There is no change with May 15 checkout.

✒ 예약 확인

싱글 룸 예약 확인 드립니다. 제 이름은 ST Kim 이고, 체크인은 5월 10일, 체크아웃 5월 13일임.

I would like to confirm my reservation for a single bed room. My name is ST Kim. Checkin is May 10, and checkout is May 13.

싱글 룸 예약 확인드립니다. 제 이름은 ST Kim 이고, 예약 번호는 STST1020입니다.

I would like to confirm my reservation for a single bed room. My reservation No. is STST1020.

✒ 구체적인 일정 작성

당신과 당신 가족은 제 개인적인 손님이 될 것임. 방콕 지사장에게 일정 통보해주세요.

You and your family will be my personal guests during your stay in my country. Please inform Mr. CS Lee, head of our Bangkok Office, of your itinerary.

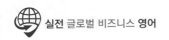

그의 일정을 이메일로 즉시 확인주시면 감사하겠습니다.

We would appreciate your immediate confirmation of his itinerary by E-mail.

제가 독자(獨子) 및 유수 전자 회사의 사장으로서 제 부친의 모든 경비와 일정에 대해 책임질 것임.

As his only son and President of a preeminent Korean Electronics company, I will be fully responsible for all expenses associated with his trip and for his adherence to the itinerary mentioned above.

---

③ 회의록 및 NDA

상담 내용(회의록) 작성/통보

상담 회의록을 만드는 것은 항상 좋은 일이다.

It's always good to make a minute of any business meeting.

• minute: 회의록

어제 합작 투자에 관해 구체적인 상담을 한 것은 좋았음.

It was good to discuss the concrete plan for the joint venture yesterday.

회의록 첨부와 같이 보내니 검토 후 의견 주시기 바랍니다. 회의록에 문제없기 바라며 다음 사항 조처하여 주기를 바랍니다.

The minute is as the attachment. Please check it and comment. I hope that there is not any problem with the minute, and look forward to your next step.

지난 금요일 바쁜 와중에 시간 내서 저를 만나주셔서 감사합니다. 당신과의 만남이 결실이 있었습니다.

Thank you for your taking the time out of your tight schedule to meet me last Friday. My meeting with you was really fruitful.

회의 내용을 아래와 같이 통보 드리니 검토 후 한 말씀 바랍니다. 우리의 사업이 신속이 진행되기를 바랍니다.

The below is the summary of the meeting for your perusal and comment. I hope that our business will go quickly.

첨부는 어제 회의 내용을 요약한 것입니다. 잘못된 것이 있으면 고치시고 누락된 것이 있으면 추가시켜 주세요.

The attachment is the summary of yesterday meeting. Please correct anything wrong, and add anything missing.

✒ 비밀 유지 요청

공장 라인 안내를 위해 이 NDA에 서명하여 주세요.

Before we guide you to our factory line, you are required to sign this NDA.

NDA의 목적은 귀하가 우리 생산 라인에서 본 것들을 귀사의 공장 실사 목적 이외의 다른 목적으로는 사용되지 않을 것임을 확인하여 주는 것임.

The purpose of NDA is that what you see at our line is just for your factory audit purpose, and will not be used for any other purpose.

• NDA(non-disclosure agreement): 비밀 유지 협정

당사에서 현재 개발 중인 신제품에 대해 어느 누구에게도 말하지 마세요. 비밀 사항입니다.

We hope that you will not disclose our new products under development to any one. They are just for your eyes only.

• for your eyes only; confidential; secret: 비밀의

금일 양사 간 사업 협력 방법의 모든 주요 사안에 대해 합의하였습니다.

Today both of us agreed to all the key issues of the way of business cooperation between your company and ours.

하지만 10억 불이 넘는 거래의 계약은 당사 사장님 사전 승인 사안인 바, 우리가 귀사에 연락할 때까지 당사와의 진행 사항을 공표하지 마시기 바랍니다.

However, entering into the contract of the business, whose amount is more than US$1 billion, should be approved by our president first. So, please don't announce the progress with us until we get back to you.

④ 귀국 인사

✒ 만남 반가움

최근 미국 방문 시 만나 기뻤습니다.

I was very pleased to have had the opportunity to meet you during my recent visit to America.

건강한 모습을 보게 되어 즐거웠음. 다시 면담할 기회 있기 바람.

I was very glad to see you in good health. I hope to have the opportunity to talk to you again soon.

• see you in good health: 건강한 모습을 보다

바쁘신 와중에 시간 할애하여 주신 데 대해 감사함.

I would like to take this opportunity to express my cordial appreciation for the time which you spared me in spite of your heavy schedule.

허심탄회하게 말씀드리면 가까운 장래에 한국 방문하기를 희망함.

To be honest with you, I earnestly hope that you have a chance to visit Korea in the near future.

• to be honest/frank with you: 허심탄회하게 말하면, 솔직히 말씀드리면

In particular, I will long cherish the memory of the delightful dinner we had at the gorgeous restaurant.

특히, 그 멋진 식당에서의 즐거운 식사에 대한 기억은 오랫동안 남아 있을 것이다.

• long; for a long time

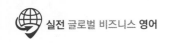

🎙 패턴 연습

오래 기억할 것이다: long cherish the memory of ~;
remain in one's memory for a long time

The wonderful dinner with you at the gorgeous restaurant in Paris will remain in my memory forever.
파리의 멋진 식당에서 당신과 같이 한 식사는 영원히 내 기억에 남아 있을 것이다.

✒ 연락 늦은 상황 설명

이제야 연락드리는 저를 양해해주시기 바람. 12월 초 귀국 후 화급한 사안들이 많아 이제 겨우 연락드리게 되었음.

Please accept my apology. I had hoped to write earlier, but the busy schedule and matters of immediate attention awaiting me, when I returned in early December, kept me away from any earlier correspondence.

- Please accept my apology for B; I would like to offer my apology to A for B; I would like to apologize to A for B: A에게 B에 대해 사과하다
- keep A away from ~ing: A가 ~를 못하게 하다
  Your late shipment kept us away from placing the next order.
  귀사의 선적 지연으로 당사는 차기 발주 불가합니다.

🎙 패턴 연습

좀 더 일찍 ~하지 못해: could not ~sooner/earlier

I am sorry that I could not contact you sooner.
좀 더 일찍 연락드리지 못해 죄송함.

Please accept my apologies for not writing you sooner because of overseas trips and tight schedules.
해외 출장 및 바쁜 일정 때문에 좀 더 일찍 연락드리지 못한 바, 사과드림.

🎙 패턴 연습

때늦다: belated

Although belated, allow me to say that I had a very worthwhile experience at the meeting, especially from my discussions with you.
늦은 감이 있지만 참으로 뜻 깊은 기회를 가졌고, 특히 귀하와의 면담이 더욱 그러했다는 말씀을 전함.

Although belated, I would like to express my sincere appreciation to you for the kind hospitality extended to me and my associates during our visit to your office.
늦은 감이 있지만, 귀 사무실 방문 시 우리에게 베풀어주신 환대에 감사.

If you don't fly to Korea right away, your visit will be belated. The internal progress at the company seems to show that it will stop development of PV module adopting your solar glass because of your unresponsiveness to quality problem.
지금 즉시 한국 방문하지 않으면 때가 늦을 것임. 그 회사의 내부 움직임은 품질 문제에 대한 귀사의 대응이 없어 귀사의 태양광 유리를 적용하는 태양광 패널 모델의 개발을 중단하려 함.

🖋 환대 및 도움 감사

인도 뉴델리 체류 시 퍼부어 주신 환대에 감사함. 제가 너무 불편을 끼쳐 드린 것은 아닌지요.
I would like to thank you very much for your hospitality which you so kindly showered upon me during my stay in New Delhi, India. I hope that my stay did not cause too much inconvenience to you.

파리 체류 시 베풀어 주신 따뜻한 환대와 LED 등 사업에 지속적인 도움을 감사드립니다.
I would like to convey my sincere appreciation to you for your warm hospitality extended to me during my stay in Paris and your continued help with our LED lighting business in France.

🎙️ 패턴 연습

개요를/상황을 파악하다: get/obtain a(clear) picture of
전반적인 상황을 파악하다: get/obtain the whole picture of

From speaking with you, I obtained a clear, general picture of cellular phone industry. I want to thank you again for your help in resolving pending problems surrounding OLED transactions and for the delightful lunch.

귀하와의 상담을 통해 핸드폰 산업에 대한 확실한 상황을 이해하게 됨. 다시 한 번 OLED 미해결 문제 해결에 도움주신 점과 점심에 감사드림.

- pending problems surrounding OLED transactions: OLED 거래를 둘러싸고 있는 미해결 문제/사안
  ☞ > OLED 거래 관련 미해결 문제/사안

Do you get the whole picture of the business?

그 사업의 전반적인 상황 파악이 되는지요?

🎙️ 패턴 연습

일원으로: as a member of

It was a great pleasure for us to have a meeting with you on March 16 at the Hyatt Hotel in Los Angeles when we visited USA as a member of the Trade Mission last month.

통상 사절단의 일원으로 미국 방문 시 LA 하이야트 호텔에서 귀하를 만난 것은 무척 기뻤음.

This growth in mutual trade can be attributed to the efforts of the business sectors in both our countries, and I, as a member of this business community, feel proud of such an economic phenomena.

상호 교역의 성장세는 양국의 민간 사업 분야에서의 노력에 기인하며, 민간 사업 단체의 일원으로 그러한 경제적 현상에 자부심을 느낌.

🎤 패턴 연습

바쁜 일정에 시간 내어 ~하다: take the time out of busy/tight schedule to 동사 원형
일정을 조정하여 ~하다: adjust the schedule so as to 동사 원형

Once again, I would like to express my sincere gratitude for your taking the time out of your busy schedule to meet with me.
저를 만나려고 바쁘신 와중에도 시간을 내주신 데 대해 깊은 감사를 드림.

We hope that you can adjust your schedule so as to make this meeting possible.
귀하 일정을 조정하여 상담 시간을 할애해 주시기를 희망함.

We hope that you can take the time out of your busy schedule to visit our company during your stay in Korea.
한국 체류 시 바쁘시겠지만 시간을 내어 당사를 방문하여 주시기를 희망함.

🎤 패턴 연습

~에 대해 깊은 감사를 드립니다: express/render/convey/offer
hearty/heartful/heartfelt
appreciation/thanks for~

On behalf of our company and its staff members, I would like to express my heartfelt appreciation for the wonderful reception given in honor of the Minster of Trade and Industry and his delegation.
당사와 직원을 대표하여 상공부 장관과 사절단을 축하하는 멋진 환영 리셉션에 대해 진심으로 감사드림.

Once again, I would like to convey my sincere appreciation for your kind courtesy extended to us, and I hope to see you again in the near future.
다시 한 번 호의에 감사드리며 다시 뵙기 바랍니다.

I would like to take this opportunity to express my heartful gratitude for the warm hospitality extended to us by you and your staff during our recent visit to Paris.
이 기회를 빌어 제가 파리 방문 시 베풀어준 귀하와 귀하의 직원들의 환대에 감사드립니다.

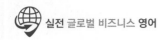

당신과 당신 직원들의 도움이 없었으면 언어와 문화적인 장벽이 엄청 컸을 것임.

Without you and your staff, I would have faced many insurmountable language and cultural obstacles.

🎙 패턴 연습

극복할 수 없는, 넘지 못 할: insurmountable, formidable, hopeless, insuperable, overwhelming, unbeatable

I do not think the transportation problem will be insurmountable.
수송 건이 큰 문제로는 판단되지 않음.

Unless the market changes, our business is hopeless.
시장이 돌아서지 않는 한 우리 사업은 희망이 절벽이다.

🎙 패턴 연습

유익한 관계: beneficial(business) relationship
결실을 맺는 관계: fruitful(business) relationship

We again would like to express our appreciation for your kind message, and we hope that this opportunity will lead to a fruitful business relationship between our firms in the near future.
다시 한 번 서신에 감사드리며, 이번 기회를 계기로 조만간 구체적인 결실을 맺을 수 있기 바람.

Thank you very much again for your help. We are all looking forward to the meeting and to producing fruitful results.
다시 한 번 도움에 감사드림. 회의 기대되며 결실이 있기를 바람.

Thank you again, and I hope for your continued support and interest in developing a mutually beneficial relationship.
다시 한 번 감사드리며 상호 간의 이익이 되는 관계 발전을 위해 지속적인 관심과 도움을 바람.

We look forward to working with you and appreciate your efforts to promote a mutually beneficial business relationship between your preeminent firm and ours.

함께 일할 수 있기를 바라며, 양사 간 상호 유익한 사업 창출을 위한 귀사의 노력에 감사함.

🖋 리셉션 감사

특히 품위 있는 리셉션과 인상적인 매장 시설을 견학시켜 주신 데 대해 감사드림.

I would especially like to thank you for the elegant reception, as well as for the opportunity to see your impressive shop facilities.

미래에는 우리의 관계를 굳건히 할 많은 기회가 있음을 확신하며, 상호 간의 이익 증진을 위해 확실하게 노력할 것임을 확언드림.

I am sure that future holds many opportunities to strengthen our relationship, and assure you of our unequivocal efforts to further our mutual benefits.

• further: 진전시키다, 조장/촉진하다

귀국 수상 공식 방문을 축하하여 귀국 주한 대사께서 2023년 5월 15일 주최한 리셉션에서 귀하와 면담 기회를 가졌던 것에 대해 기뻤음.

It was indeed a pleasure to have had the opportunity to meet and speak with you at the reception of May 15, 2023, hosted by your ambassador residing in Korea, in honor of the official visit of His Excellency Prime Minister of your great country.

🎙 패턴 연습

~주최의: hosted by ~

I would firstly like to say that it was truly a great pleasure to meet with you once again during the dinner hosted by Prime Minister of Korea, on the occasion of the official visit of His Excellency Prime Minister of your country to the Republic of Korea.

한국 국무총리가 주최한 귀국 총리의 방한 환영 만찬 때 다시 뵙게 되어 무척 기뻤음.

다시 한 번 리셉션 감사드림. 그 리셉션은 저의 귀중한 거래처들과 개인적인 관계뿐만 아니라 사업 관계를 돈독히 할 수 있는 멋진 기회였음.

I would like to thank you once again for the warm reception you held for me; it was indeed a splendid opportunity for me to enhance both the personal and business relationships with my dear counterparts.

✒ 과일 감사

기분 좋은 오찬과 호텔 방으로 보내 주신 과일 감사드림.

Thank you very much for the delightful luncheon and the fruit basket you sent to my hotel room.

맛있는 열대 과일 감사드리며 곧 다시 뵙기 바람.

Thank you again for your delicious tropical fruits, and I hope to see you again soon. Best wishes.

✒️ 선물 감사

선물 감사드림. 그 선물을 보니 귀국에서 즐거웠던 시간이 생각납니다. 뉴델리에서의 환대에 감사드립니다.

Thank you very much for your souvenir which reminds me of the pleasant time I had in your country. I very much appreciate your hospitality during my stay in New Delhi.

🎤 패턴 연습

유감스럽게도 너무나 짧다: regrettably too short

The time we had to renew our friendship was regrettably too short; I hope that we can soon create an opportunity when we will have the sufficient time to further strengthen our personal as well as official ties.

만남의 시간이 너무 짧아 유감이었음. 우리의 우정을 돈독히 하고 사업을 결속할 수 있는 시간을 충분히 가질 수 있는 기회를 조만간 마련하겠음.

We stayed in Venice only one day because of tight business schedule, which was regrettably too short.

빡빡한 사업 일정으로 베니스에 겨우 하루 체류했다. 그것은 유감스럽게도 너무 짧았다.

🎤 패턴 연습

기념의, ~을 기념하는: commemorative 통 commemorate 명 commemoration

This is to express my sincere thanks to you for the elegant commemorative coin, honoring the 100th anniversary of the first arrival of your country person in Korea.

한국에 처음 온 귀국 사람의 한국 방문 100주년을 기념키 위해 만든 주화를 선물로 주셔서 진심으로 감사드림.

I would like to convey my thanks to you again for your gift as a symbol of friendship.

다시 한 번 우정 어린 선물 감사드림.

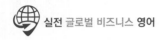

- stamps commemorative of the Olympic Games: 올림픽 기념 우표
- in commemoration of: ~을 기념하여

사진 동봉

우리가 뉴욕에서 만난 지 20일이 지났군요.

Twenty days has already passed since we met together in New York last month.

3월 1일 뉴욕에서 저녁 식사 전 리젠시 호텔 스위트 룸과 칵테일 파티에서 찍은 흥미로운 사진 2장 동봉 해드림.

I have enclosed herein two copies of photo, which are very much interesting, taken at the Suite Room of the Regency Hotel and at the cocktail party before starting the dinner in New York on March 1.

- 기간 pass/elapse since ~: ~한 지 ~이 지나다
  Five years already passed since we met each other in Hong Kong.
  홍콩에서 만난 지 5년이 지났군요.

전시회 기간 동안 찍은 사진 첨부와 같이 보내드림. 그 사진들이 저와 함께한 즐거운 시간을 상기시켜 주기를 바람.

The attachments are several copies of the photos taken during the Exhibition. I hope these will remind you of the pleasant time I shared with you.

🎙 패턴 연습

같이하다, 나누다: share

It was, indeed, most pleasurable to meet an old friend from Korea and to have shared two meals together. The luncheon you hosted for me was most memorable and shall always remain with me.

한국에서 온 옛 친구를 만나 두 번이나 같이 식사를 하게 되어 정말 반가웠음. 당신이 베풀어준 오찬은 항상 기억에 남아 있을 것임.

Still vivid in my memory is the pleasant time I shared with you, talking over matters of mutual concern. For a long time I shall remember my meeting with you.

귀하와 상호 관심사에 대한 이야기로 함께한 시간이 기억에 생생함. 상당 기간 동안 귀하와의 만남 기억할 것임.

🎙 패턴 연습

우쭐해하다, 빌붙다, 기쁘게 하다, 실물 이상으로 잘 묘사되다: flatter

The picture flatters him. His picture is flattering.

사진이 실물보다 낫다. 속어로 얘기하면 "사진 빨이 좋다."라는 의미.

I feel flattered by your invitation.

초청을 받아 영광스럽다.

Thank you for your flattering message of May 16, inviting me to address the prestigious Top Management's Roundtable.

나를 우쭐하게 하는 최고 경영자 원탁회의 초청 메시지에 감사드림 .

• flattering: 빌붙는, 아부하는, 기쁘게 하는, 실제보다 좋아 보이는

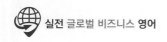

방한 요청

우리의 사업 관계를 진전시키기 위해 7월 중 서울 방문을 해주실 수 있는지요?

To help promote our business relationship, may we ask you to honor us by visiting Seoul sometime during July?

- may we ask you to honor us by ~ing:
  상대방에게 어떤 제안을 수락해 달라고 정중히 요청할 때 사용

사전에 편리한 일자 통보주신다면 7월 중 아무 때나 괜찮음.

Any time would be convenient, if you let us know in advance what dates would be best for you.

9월 일본 방문 후 한국으로 오시기 바람.

I would like to take this opportunity to ask you once again to come to visit me in Seoul after your trip to Japan in September.

10월에 꼭 와서 단풍으로 덮힌 아름다운 산을 같이 등산합시다.

I very much like you to visit me in October so that you and I can climb beautiful mountains covered with maples together.

면담 주선 감사

방금 귀국하였습니다. 시간 내주신 것과 사장님 면담 주선에 감사드립니다.

I have just returned to Korea. Thank you for your time and arrangement of my meeting with your president.

중동 출장에서 귀국. 당신을 만나 기뻤음. 통신청 장관과의 면담 주선에 많은 감사드림.

Having successfully completed my visit to the Middle East, I am now safely at home. It was a great pleasure for me to meet you, and I would like to express my many thanks for your efforts in arranging my meeting with the Minister of Communication.

구체적 상담 진행 요망

지난 수요일 귀사 사무실에서 미팅으로 우리가 구체적인 사업 아이디어를 창출하기를 바랍니다.

I hope that, thru our meeting of last Wednesday at your office, you and I can generate concrete business ideas.

상하이 태양광 에너지 전시회 귀사 부스에서 논의한 미해결 사안들과 관련, 당사 상해 지사장과 구체적인 상담 진행하기를 바랍니다.

Regarding the pending issues which you and I talked about at your booth at Shanghai Solar Energy Show, I hope that you will proceed concrete discussion about the issues with the head(Mr. JK Kim) of our Shanghai branch.

지사장에게 귀하와 같이 최적의 사업 분야를 찾으라고 지시한 바 있습니다.

I instructed him to find out the best business venue with you.

특정 분야 협력 기대

잘 알다시피 당사는 전기 전자 및 통신 분야에서 세계 유수 기업의 하나임.

As you may know, our company is recognized throughout the world as one of the leading manufacturers in the electric, electronics and telecommunication fields.

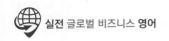

따라서 귀사와 당사의 협력 가능성은 무한함.

Therefore I believe the potential for cooperation between our two companies is virtually unlimited.

- virtually: 사실상, 실질적으로
  The project was virtually finished. 그 프로젝트는 사실상 종결되었다.

어떤 분야에서든 서로가 노력하면 이러한 협력이 양사에 상호 호혜적일 것이라고 믿음.

It is my belief that this cooperation will prove mutually beneficial to both of us in every field of endeavor.

잘 지내시고 계시죠. 당사 사무실에서 귀하를 만나뵌 것은 큰 기쁨이었음. 지난번 파이프와 파이프 부속품에 대한 상담을 상세히 정리해 드립니다.

I hope you are well. It was a great pleasure to meet with you at our office. I would like to elaborate on our previous discussion about pipe and pipe accessories.

- elaborate: 공들이다, 정성들여 만들다, 공들인, 정교한

지난번 합의에 대해 계속 진행하기를 바란다.

We want to get the ball rolling again on the previous agreement.

- get/set/start/keep the ball rolling: 일을 잘 시작하다, 계속 진행시키다

🎙 패턴 연습

제공하다, ~할 여유가/돈이/능력이 있다: afford

My recent trip afforded me many opportunities to enhance both my business and personal relationship with my Turkish associates.
이번 여행을 계기로 터키 상공인들과의 개인적인 친분을 넓히는 동시에 사업을 확장할 수 있는 기회를 얻게 됨.

We should therefore like to request, if it is at all possible, that the next meeting be held on a mutually convenient date in September so that we may be afforded the opportunity of having the Minister in attendance at our conference.
따라서 가능하다면 9월 중 상호 간에 편한 일자를 선택한다면 우리의 합동 회의에 장관이 참석할 수 있는 기회를 마련해보겠음.

I cannot afford to let a chance of US$10 Mil business transaction disappear.

천만 불의 거래 기회를 그냥 놓칠 수는 없다.

- I can't afford to be generous. 나는 선심 쓸 여유가 없다.
  I cannot afford the trip expense. 그 여행 비용을 감당할 수 없다.

패턴 연습

~할 미래/시간/날을 기대하다

I look forward to the future/time/day when ~:

I look forward to the near future when we can begin developing many areas of cooperation between your preeminent bank and our company.

가까운 장래에 귀사와 당사 간 다양한 분야의 협력을 진전시키기를 기대함. 귀사와 당사 간 다양한 분야의 협력을 진전시키는 가까운 장래를 기대함.

I look forward to the time when we cooperate with each other in other venues of business.

다른 분야에서 같이 협력하는 시간이 오기를 바랍니다.

I look forward to the day when we play golf together in Alaska.

알래스카에서 같이 골프 치는 날이 오기를 기대합니다.

패턴 연습

전체로써, 총괄하여: as a whole

In the meantime, we would appreciate your informing us of your specific product areas in relation to your future business interests with our company as a whole.

귀사와 당사의 향후 BIZ 관심사와 관련, 특정 품목을 총괄적으로 통보해 주시면 감사하겠음.

I don't like my manager's way of working. This issue should be treated as a whole.

나는 내 담당 과장의 일처리 방법이 마음에 들지 않음. 그 사안은 총괄적으로 다루어져야 됨.

- individually; separately; case by case: 개별적으로, 분리하여

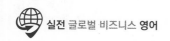

- specific: 특유한, 상세한, 독특한, 특정한 ⟷ general　　🅑 specifically
  specific gravity: 비중　　　　　　　　　　　　 specific purpose: 구체적인 목적
  be specific/peculiar to ~: ~에 특유의, 독특한

🎙 패턴 연습

강조된 부위/사항을 자세히 조사하다, 검토하다, ~을 되짚어 보다
go through the highlighted points

With much interest I went through the highlighted points in your message and other information which your staff gave us during your last visit.
메시지에서 중요한 사항들과 지난번 귀사 방문 시 귀하의 직원이 준 정보를 아주 흥미롭게 훑어보았음.

Once again, QC guy went through the manufacturing process in order to find out the root cause for the quality problem.
QC 담당자는 품질 문제의 근본 원인을 파악하고자 제조 공정을 다시 한번 검토함.

I've highlighted the important passages in yellow.
중요한 구절들에는 내가 노란색으로 강조 표시를 해 놓았다.

🎙 패턴 연습

생산적인, 다산의, 이익을 낳는: productive
productive meeting: 생산적인 회의
productive business discussion :생산적인 상담

This morning we had very productive discussions with you on business between your company and ours in order to produce the precision extruders in Korea. This e-mail represents the general points of understanding in our discussions.
금일 아침 우리는 한국에서 정밀 압출기를 제조하기 위해 매우 생산적인 상담을 하였음. 본 이메일이 상담 시 거론된 일반적인 사항들을 서술함.

I am happy to recommend a fashion designer who has worked with my company for about five years and is very qualified for the advanced training course. If you accept her, she will be more productive at my company after finishing the course.

당사에 근무한 지 5년된 패션 디자이너를 고등 훈련 과정에 적격자로 추천드림. 그녀를 받아 주시면 그녀는 훈련 과정을 마친 후 당사에서 보다 더 생산적인 일을 할 수 있을 것으로 확신함.

Thank you again, and I look forward to working together with you in some productive fields in the near future.

다시 한 번 감사드리며 향후 생산적인 분야에서 같이 일하기를 바람.

✒ 지사 설치 검토

상담 시 말씀드린 바와 같이 당사는 귀국에 지사 개설 가능성을 고려 중임.
As already mentioned during our discussions, our company is considering the possibility of opening a branch office there.

만약 현지 프로젝트에 투자할 경우, 자금 조달 건으로 귀하와 귀하의 은행에 도움을 요청드리고자 함.
In case of investing in a certain project there, I would like to look to you and your bank for support in the matter of financing.

🎤 패턴 연습

~의 경우: in case of; in the event of; in case/event that ~

However, in case of the high conductivity paste, we are not in a position to offer you because it is not made in Korea.

전도성이 높은 페이스트의 경우. 한국에서 만들지 않기 때문에 공급 불가함을 통보드립니다.

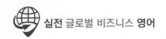

Moreover, in the event of two stockists, inconsistent selling price will cause serious confusion in our end user's purchase of your product; therefore, you are strongly requested to maintain and enlarge the market share in Korea through discussions solely with us.

게다가 재고 판매상이 이원화 될 경우, 가격이 일관성이 없으면 최종 소비자에게 혼란을 초래할 것인 바, 오로지 당사와만 가격 협의/결정을 하여 귀사 제품의 시장 점유율 유지/확대를 도모하기 바람.

🎤 패턴 연습

~의 결과로써: as a result of

As a result of this business trip, I feel a need to make our presence known in your country by establishing our branch office.

이번 출장을 계기로, 우리의 지사를 설립할 필요성을 느낌.

This initiative is largely a result of the insight and wisdom you gave to me during our discussion. I appreciate your contribution to strengthening and expanding the relationship between your prestigious company and ours.
I look forward to your continuing assistance.

이렇게 결단을 내린 것은 귀하가 저에게 보여준 통찰력과 지혜의 결실임. 귀사와 당사 간의 관계 강화 및 확대에 기여해주셔서 감사함.

As a result of strenuous efforts, the company finally secured the largest solar energy company as its customer.

부단한 노력 끝에 가장 큰 태양광 에너지 회사를 고객으로 확보함.

⑤ 합작 투자 관련 출장

✒ 이사회 참석 출장

귀하가 내달 한국 방문 시 만날 수가 없어 유감입니다. 귀하의 한국 도착 3일 전에 사우디 아라비아로 출발할 계획입니다. 목적은 합작 투자 이사회에 참가하기 위해서입니다.

I regret that I could not see you when you come to Korea next month. Just three days before your arrival in Korea, I am scheduled to leave for Saudi Arabia in order to attend the meeting of board of directors of our joint venture.

• board of directors: 이사회

✒ 이사회 안건 작성

2차 합동 회의 준비 감사함. 회의 일자 시의 적절하며, 좋은 결과 기대함.

We appreciate your preparation for the 2nd Joint Executive Meeting. We think the date of the meeting is timely, and we are looking forward to producing good results.

이번 주에 우리의 안건을 준비해서 보내드리겠음.

Our suggested agenda for the meeting will be made within the week, and will be sent to you ASAP.

• ASAP: as soon as possible

합동 회의 전 귀측의 안건을 보내주시면 회의 준비에 큰 도움이 될 것임.

Receiving your agenda before the meeting will be very helpful for our meeting preparations.

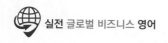

합동 회의 참석자 통보

우리 측은 본사에서는 나와 국제금융 부장이, 홍콩 지사에서는 김 상무와 여러 명이 회의에 참석할 예정임.

We are pleased to advise you that our participants will consist of two members from our headquarters - myself and General Manager ST Park in charge of our International Finance Department - and members of our Hong Kong branch - Managing Director JH Kim and several other branch members.

귀사 측에서는 누가 회의에 참석하는지요?

Who are to attend the meeting on your side?

기술 실무진 파견

따라서 금년 내 편리한 시간에 한국을 방문하여 주시기 바람.

Hence, we cordially invite you to visit Korea sometime this year at your convenience.

그리고 곧 우리 실무진을 파견하여 공장 시설/현장 견학 및 기술적인 사항을 해결토록 하겠음.

Also, our working-level personnel are expected to be dispatched to your factory soon to look around the facilities and the scene, and to cover up some technical matters remaining to be solved, if any.

- It remains to be seen.   두고 봐야 안다.
  This problem remains to be solved.   이 문제는 아직 미해결이다.
  Let it remain as it is.   그대로 두어라.
  remain silent: 침묵을 지키고 있다   remain single: 독신으로 지내다
- Nothing remains but to 동사 원형: 이제는 ~할 수밖에 없다
  Nothing remains but to give up the project, as there is some cash flow problem.
  현금 흐름에 이상이 생겨 그 프로젝트를 포기하는 수밖에 없다.

환대 감사

귀국에 체류 시, 특히 3차 이사회 때 저와 제 동료들에게 베풀어준 사려 깊은 환대와 협조에 감사드림.

I would like to extend my appreciation for the hospitality and thoughtful cooperation given to me and my colleagues during our stay in your country, especially during the 3rd Board of Directors meeting of our joint venture company.

- extend one's appreciation for ~; express one's gratitude for ~;
  extend thanks for ~: 감사를 표시하다/전하다
- look forward to ~ing; anticipate ~ing; anticipate that ~
  anticipate the worst: 최악의 경우를 각오하다　　　I anticipated as much. 그렇게 될 줄 알았다.

주요 일정 통보

개발 계획에는 프로토타입 샘플, 툴오프 및 양산의 이정표가 명시되어 있습니다. 따라서 개발비의 30%를 미리 지불해 주시기 바랍니다.

The Development Plan shows milestones of prototype sample, tooling-off and mass production. Therefore you are required to pay 30% of for development fee in addvance.

Milestone, Milepost (이정표, 주요 일정, 획기적 사건, 중대 시점)

an important event in the development or history of something or in someone's life; a significant event or point in development; a stone functioning as a milepost

마일스톤(milestone), 마일포스트(Milepost)란 프로젝트 진행 과정에서 특정할 만한 상황을 말한다. 예를 들어, 계약, 착수, 인력 투입, 선금 수령, 중간 진행 상황 보고, 감리, 종료, 잔금 수령 등등 프로젝트 성공을 위해 반드시 거쳐야 하는 중요한 지점을 의미한다.

- milestone in one's life : 인생에서 가장 중요한 사건(landmark)이나 시점
- milestone in the history : 역사상 중대한 사건

Developing an autonomous electric vehicle was a milestone in human history.
자율주행 전기차 개발은 인류 역사의 중대 사건이었다.

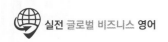

 6 **후속 조처 사항 통보**

 특정 분야 실무진 타당성 검토

향후 합작 투자 사업 가능성을 위해 당사 실무진들이 타당성 조사를 시작하기를 희망하며, 귀하에게 진전 사항을 지속적으로 알려 드리겠음.

For the future possibility of establishing the Joint venture business, I hope my working-level staff members start an extensive feasibility study, and I would like to assure you that I will keep you informed on its progress.

• working-level: 실무적인/실무 차원의

 경제 개발 참여 제안

귀국의 개발에 도움이 될 수 있는 활동을 개시할 수 있기를 희망함.

I honestly hope that we can begin activities that can aid in the development of your country.

급속한 경제 개발에 큰 감명 받음.

I was very much impressed with the rapid development of your economy.

우리의 프로젝트 제안을 지금까지 신중히 고려하고 계신 데 대해 감사드림.

I appreciate your having given us serious consideration of our project proposals so far.

우리가 우리의 대리점을 통해 어떤 제안을 드리든지 간에 그 누구보다도 잘해낼 것으로 기억해주시기 바람.

Please remember that, whatever proposal we give to you through out agent there, we will execute it better than anyone else.

가까운 장래에 귀국을 위해 좀 더 많은 일을 할 수 있기 바람.

I hope we can work for you further in the near future.

 ## 수출입 가능 품목 조사

당사의 직원들에게 귀사와 당사 간 적절한 무역 거래 품목을 찾으라고 지시하였습니다.

I have ordered my staff members to find out the right trading items between your preeminent firm and ours.

직원들이 유망 분야를 발견한 바, 그것은 귀사의 중국 합작 투자 공장용 기계를 당사에서 공급하는 것입니다.

They found out some promising areas here, namely, in the purchase of our machinery for your Chinese joint venture facilities.

 ### 패턴 연습

유망한: promising

The new business seems promising.
그 신사업은 유망한 것 같다.

The small, promising company was absorbed into a big American company.
그 유망한 작은 기업이 미국계 대기업에 흡수/병합되었다.

Through the leadership of prominent businessmen, promising new growth areas in our business relationship have been identified.
사업가들의 탁월한 지도력으로 신규 유망 성장 분야가 확인되었음.

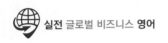

보다 상세한 사양을 통보해 주시면 구체적인 상담 진행하겠음.

With more detailed specifications from you, we can move further here.

귀하와 제가 이 분야에서 사업을 개발할 수 있기를 바랍니다.

The two of us should be able to develop some business in this area.

상품 거래 이외의 협력 모색

귀사의 제품군이 너무 광범위하여 적정 협력 분야 발굴이 쉽지 않음.

Your company's product breadth makes it difficult for us to find out the right venue of cooperation.

여태까지 다음 2가지 기본 분야를 발견함. 하나는 우리가 귀사의 오버몰딩 기술을 수입하는 것이고 다른 하나는 우리가 일반 상품을 수출하는 것이다.

Up to now, we have come up with the below two basic areas: one is our import of your overmolding technology and the other is our export of general merchandise.

• one ~, the other ~: 하나는 ~이고, 다른 하나는 ~

상사 승인 후 연락

3%가 넘는 가격 인하는 제 과장님의 승인을 받아야 합니다.

The matter of price cut by more than 3% requires my manager's approval.

어젯밤 귀국해서 오늘 출근하니 어제 과장이 갑자기 뉴욕으로 출장간 것을 알았습니다.

I returned to Korea yesterday night. Upon reporting for work today, I found that my manager flied to New York yesterday.

그에게 연락, 내일까지 5% 가격 인하 요청에 대한 확실한 입장을 통보해 드리겠습니다.

I will contact him and will get back to you with our firm position on your request for 5% price cut by tomorrow.

☞ 해외 출장 마지막 날 상담 시 가격 인하 요청을 받았으나 인하 요청 폭이 너무 커서 과장 승인을 받아야 되는 사안임. 귀국해 보니 과장이 출장이라 내일까지 기다려 달라는 것임.

최종적인 가격 인하 폭을 통보해 드립니다. 귀사 요청 사항 5%는 아니고 3%입니다.

I inform you of our final price cut, which is 3%, not your requested 5%.

3%는 당사에서 최대한 할 수 있는 폭이며, 귀사의 판매 활동을 충분히 경쟁력 있게 해줄 것으로 믿는 바, 수락하여 주시기 바랍니다.

I honestly hope that you will be kind enough to accept our maximum price cut which I believe suffices to make your sales competitive.

🎤 패턴 연습

족하다, 충분하다, ~에 충분하다, 만족시키다: suffice to 동사 원형;
be sufficient to 동사 원형; be sufficient for 명사
suffice it(to say) that ~ : (지금은) ~이라고만 말해 두자; ~이라고 말하면 충분하다
sufficient: 충분한 ⬌ insufficient/deficient: 불충분한/부족한

Our price cut of US$10/piece sufficed to make the products of the company competitive on the market.

우리의 개당 10불 가격 인하로 그 회사의 제품은 충분한 시장 경쟁력을 갖게 되었다.

Another example will suffice(for its explanation).

하나 더 예를 들면(그 설명으로) 족할 것이다.

This will suffice you.

이것으로 만족하실 것입니다.

I told him 20 gallons of gas would suffice to get to our destination.

나는 그에게 휘발유 20갤런이면 목적지까지 가는 데 충분할 것이라고 말했다.

Ten dollars a day would suffice your pocket money.

하루에 10달러면 충분한 용돈이 될 것이다.

There is sufficient food for ten persons. There is food sufficient for ten persons.

10명이 먹을 충분할 음식이 있다.

This phenomenon suffices to prove what caused the defectiveness.

이 현상은 불량 원인이 무엇인지 충분히 입증한다.

These clues will be sufficient to identify who is the murderer among seven suspects.

이만한 단서이면 용의자 7명 중 누가 살인범인지 충분히 규명할 수 있다.

 7 덕 담

 BIZ 성공은 활달한 성격 덕택

만나주셔서 감사합니다. 귀하의 활달한 성격에 감명 받았습니다. 이제야 귀하와 당사의 사업이 성공적인 이유를 이해합니다.

Thank you for meeting with me. I was most impressed with your energetic personality; I now understand why our business with you is so successful.

• a big/great/huge success; an unqualified success: 대성공

BIZ 성공은 적격 업체 소개 덕분

최근 혁신적인 NFS(near field communication: 근거리 이동 통신) 칩을 개발한 그 회사에 개인적인 소개를 시켜 주신 데 대해 큰 감사드림.

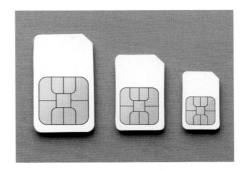

I greatly appreciate your efforts in making personal introduction to the company which has recently developed an innovative NFS chip.

그 회사에서의 상담은 큰 가치가 있었음. 그 회사의 성공의 대부분은 귀하의 탁월한 공헌에 기인한다는 것을 알게 되었음.

Our discussion at the company was rewarding and invaluable; a large portion of their success stems from your outstanding contributions.

- stem from: 유래하다, 기인하다, 생기다
  The new car stemmed from R&D's three years' development.
  그 신차는 연구소의 3년간 개발로 탄생하였음.

돈독한 관계 기대

지난 12월 프로젝트 서명을 위해 귀국 체류 시 베풀어 주신 환대 감사.

Thank you for your hospitality while I was in your country to sign the PVC project last December.

금번 프로젝트를 계기로 가까운 장래에 양사 간 보다 더 큰 결실이 있기를 기대함.

I hope that signing the PVC project contract will lead to a more fruitful business relationship between our firms in the future.

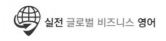

🖋 지사 도움 감사

방금 출장에서 돌아왔습니다. 이번 출장으로 이 지역에 대한 시야를 넓힐 수 있었습니다.

I have just returned from my trip to the Middle East. The trip offered me the good chance to broaden my view of this region.

귀 국가 체류 시 우리에게 큰 도움을 주고 있는 귀하를 만나고 싶었으나, 만날 기회가 없어 아쉬웠음.

During my stay in your country, I sincerely hoped to meet you since you have been a great help to us. Unfortunately, I did not have this opportunity.

귀하가 지속적으로 우리 지사 요원들을 신경써주셔서 기쁘며, 곧 뵙기 바람.

I am happy to know that you are continuously assisting our branch office staff, and hope to see you soon.

🎤 패턴 연습

시야를 넓히다, 계몽적이다: broaden one's view; widen one's angle; enlighten

I very much enjoyed exchanging economic views with you; it was simultaneously inspiring and enlightening.

귀하와 경제적인 견해를 교환한 것은 즐거웠습니다. 그 토론은 고무적인 동시에 시야를 넓혀주었음.

We all found his discussion enlightening and invaluable. I was especially interested to learn about recent Japanese industrial trends and past Japanese corporate experiences in accessing the American market.

강의 내용이 계몽적이고 매우 값어치 있었음. 저는 특히 일본 산업 동향과 미국 시장 진출과 관련된 일본 기업들의 경험에 대해 큰 관심이 있었음.

✒ 양사 간 문제 해결 기대

만나주셔서 감사. 우리의 상담은 매우 유익했다고 생각함.

Thank you for meeting me. I thought that our discussion was very fruitful.

현안 해결에 도움을 줄 것이며 나아가서는 양사 간에 더욱 협력이 강화될 것임.

The meeting will help us resolve problems in the near future and will lead to greater cooperation between our two companies.

✒ 현지 활약상 칭찬

귀하의 말레이시아에서의 활약상에 대해 더 알게 되어 기뻤음. 귀하의 회사와 회사의 운영에 깊은 감명을 받음.

I was happy to have had the opportunity to learn more about your activities in Malaysia. I was quite impressed with your company and its operations.

새해에 귀하의 신사업인 태양광 모듈(태양광 패널: solar panel) 사업이 성공하기를 바람. 제가 도움이 될 일이 있으면 연락 바람.

I hope for your success in your new business of solar panel there in the new year. Please contact me if I can be of any assistance.

🎤 패턴 연습

~에 감명 받다: be impressed/moved/touched/struck with/by/at ~

The company was highly impressed by your level of quality control, and is now leaning quite favorably toward your product.

귀사의 가격과 품질에 깊게 감명 받아 귀사 제품에 호감을 보이고 있음.

☞ 몇 회사 제품을 저울질 하다가, 이 회사 제품으로 기울었다는 것임.

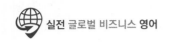

I was much impressed by your dynamism, entrepreneurship and pioneer spirit which have made your company a solid manufacturer of cellular phone.

귀사를 핸드폰 제조업체로의 입지를 확실하게 한 귀하의 패기, 기업가 정신 및 개척자 정신에 깊은 감명을 받음.

• 개척자 정신: pioneer spirit, frontier spirit

통찰력과 시각에 대한 감사

늦은 감이 있지만, 참으로 뜻 깊은 기회를 가졌고, 특히 귀하와의 면담이 더욱 그러했다는 말씀을 전함.

Although belated, allow me to say that I had a very worthwhile experience at the meeting, especially from my discussions with you.

귀하의 견해와 통찰력은 매우 교육적이며 도움이 되었음.

Your views and insights were most educational and helpful.

전보에 대한 애석함과 성공 기원

귀하가 떠난다니 슬프고 또 다른 한편으로는 전근지에서도 여기 서울에서처럼 핵심 인물이 될 것이라는 확신이 들었음.

I received your message with the mixed feelings of regret in hearing of your departure and of the assurance in knowing that you will undoubtedly be as indispensable at your new branch as you have been here in Seoul.

회사 근무 시 보여주신 열정과 근면함에 감사드리며, 앞길에 항상 좋은 일만 있기를 바람.

I would like to express my gratitude for the hard work and diligence that you have shown while at the company, and sincerely hope that the future holds only the best for you and your career.

우호적 기사 게재 감사

당사를 귀국 친구 분들에게 아주 좋게 소개시켜 주려고 부단한 노력을 하여 주신 데 대해 큰 감사를 드림.

I also would like to thank you most sincerely for your boundless efforts which made it possible to introduce our company to your great country's friends so favorably.

이번 신문 기사로 귀국과 아국(我國)의 경제 협력이 심화될 것으로 확신함.

It is out of doubt that the economic cooperation between your country and ours will be expanded and deepened through your newspaper.

🎙 패턴 연습

우정/관계를 깊게 하다/돈독히 하다

deepen/beef up/cement/strengthen friendship/relationship

Also I hope to meet you again in the near future to deepen our friendship.

또한 가까운 시일에 우리의 우정을 돈독히 하기 위해 다시 만나고 싶음.

I believe our meeting has created a momentum which will strengthen and expand our business relationship.

우리의 만남으로 우리의 사업 관계를 강화하고 사업을 확대할 수 있는 계기를 만들었다고 확신함.

I was pleased to meet you despite your heavy schedule. It was good to see you and to renew our deep friendship. This was a higher priority for me than any business we discussed.

바쁘신 와중에 시간 할애 감사함. 만나게 되어 반가웠고 우리의 깊은 우정을 확인할 수 있어 기쁨. 사실 사업 얘기보다는 우정을 새로이 하는 것이 먼저였음.

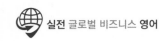

Chapter 24

전시회

 ## 전시회 정보 요청

국제 박람회 담당 과장으로서 박람회에 대해 알고 싶습니다. 최대한 빨리 귀사의 무역 박람회 영문 설명서를 송부하여 주시면 감사하겠습니다.

As the manager in charge of international trade fairs, I would like to be informed about the fair. I would appreciate your sending any English-language descriptive materials on the fair at your earliest possible convenience.

- be in charge of; be charged with: 책임이다, 담당이다
  He is in charge of generating new business.
  신규 사업 담당/책임.
  He is charged with generating new business.
  그는 신규 사업을 담당하는 임무를 맡고 있다.

 ### 패턴 연습

I would like to be informed about ~에 대해 알고 싶다: I would like to know about ~; I wish to be informed on ~; I wish to know about ~

I would like to be informed about the participating companies.
참가 회사들에 대해 알고 싶습니다.

I wish to know about the participants of last year.
작년 참가 회사들에 대해 알고 싶습니다.

Several days ago, I learned that your company organized a trade fair every other year.

귀사가 2년에 한 번씩 무역 박람회를 개최한다는 것을 알게 되었다.

- every other(second) year: biennially: 한 해 걸러, 격년제로
                    cf) biannual; half-yearly: 일 년에 두 번
  every other month; bimonthly: 한 달 걸러, 격월제로
  every other week; biweekly: 한 주 걸러, 격주로
  every other day: 격일로

🖊 전시회 참가 요청

2023/9/10-20일 사이 중국 상해에서 개최되는 태양광 에너지 전시회에 참가 요청 드립니다.

We would like to invite you to participate in the solar energy exhibition to be held in Shanghai, China, during September 10 - 20, 2023.

8월 초까지 참가 카드를 송부주시면 감사하겠습니다.

I would appreciate if you could send the participation card to us by early August.

- participate in; take part in; partake in: 참가하다

그 회사가 신제품을 출품한 그 전시회는 성공적이었다.

The exhibition where the company exposed new products turned out successful.

- exhibition: 전시회   fair: 박람회   expo/exposition: 엑스포/박람회

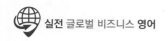

전시회 출품 데모 견본 요청

귀사의 전시회 참가를 강력히 희망함. 부스에 출품할 데모 기계 한 대를 보내주시기 바람.

We strongly encourage you to participate in the exhibition. Please send us a demonstration machine which we can exhibit at the booth.

🎤 패턴 연습

증명/논증/시범/시연/시위/운동/데모: demonstration 동 demonstrate

This demonstrates the excellent quality of our product.
이것이 우리 제품의 우수한 품질을 증명한다.

He demonstrated how the injection machine worked.
그 사출기가 어떻게 작동하는가를 실제로 조작해 보였다.

They are demonstrating for a 10 percent wage hike.
그들은 10%의 임금 인상을 요구하며 시위를 하고 있다.

He demonstrated against the government's nuclear policy.
그는 정부의 핵 정책에 반대하여 시위를 하였다.

데모용 기계 내부 부품들이 서로 뒤얽혀 있어 설명서 없이 해체하기는 어려웠다.

The parts inside the demonstration machine are too intricate for us to disassemble without manual.

• intricate; complex: 뒤얽힌, 엉클어진, 복잡한, 난해한

데모 견본이 없었더라면 전시회 참가가 성공적이지 못했을 것이다.

Our participation would not have been so successful without your back-up of demonstration sample.

🎙 패턴 연습

~가 없었으면 ~하지 못했을 것이다: would not have pp without ~

The development of the product would not have been possible without the deep cooperation of the related vendors.

관련 협력 업체들의 깊은 협조가 없었으면 제품 개발은 불가하였을 것이다.

The joint meeting would not have been so successful without your excellent guidance and outstanding organization.

당신의 탁월한 지도력과 조직력 덕분에 합동 회의는 성공적이었음.

☞ 다르게 표현하면,

Your excellent guidance and outstanding organization have made the joint meeting successful.

🎙 패턴 연습

적극적인, 활발한: active ⟷ inactive; passive: 소극적인, 활발하지 않은
active   participation/trade/marketing/sales
적극적인   참가 / 교역/   마케팅 / 판매

We will actively promote the sale of your products.

귀사 제품을 적극적으로 판매 추진할 것이다.

Let me express my hearty thanks to Mr. SH Kim, chairman of the Committee, outstanding speakers, and delegates of both sides for their active participation in this significant event.

이 중요한 모임에 적극적으로 참여하여 주신 위원회 회장님, 탁월한 연사들, 양측의 사절단에게 진심어린 감사를 드립니다.

I would like to express my boundless appreciation to the chairman Kim and his Committee for their hospitality. I also thank all the delegates for their preparation and active participation in this important event.

위원장님과 그의 위원회의 환대에 무한히 감사드림. 또한 모든 위원들에게 이 중요한 회의 준비와 적극적인 참가에 대해 감사드림.

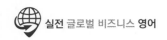

전시회 관련 호텔 예약 요청

10월 1일부터 10일까지 코엑스 가까운 4성급 호텔에 싱글 룸 2개 예약 바랍니다.

Please make reservations for two single bed rooms at the four star hotels near to the COEX from October 1 to October 10.

- 예약하다는 make reservations for, reserve가 있으나, reserve 라는 말보다는 make reservations for를 주로 사용한다.

모든 설비가 다 갖춰져 있는 오성급 호텔에 예약해라.

Please make reservations for five stars hotel with all the amenities.

- amenities: 쾌적한 설비/시설

적당한 호텔에 싱글 룸 한 개 예약해주세요.

Please make reservations for a single room at a moderate hotel.

 호텔의 등급 및 방의 전망

전 세계적으로 호텔의 등급은 star로 표시하는 것이 보편화되어 있다. 한국에서는 국화인 무궁화를 사용, 등급 표시한다. star가 많을수록 등급이 높은 호텔이다. Deluxe hotel이라 함은 five stars(오성) hotel 이상을 지칭한다.

호텔 room rate는 같은 크기라도 각 방의 전망에 따라 객실료가 상이하다.

- sea-view/mountain-view/lake-view: 바다/산/호수가 보이는
  In general the room rate of sea-view room is a little higher than that of mountain-view room at the hotels worldwide. 바다가 보이는 방의 투숙비가 산이 보이는 방의 투숙비보다 약간 높다.

호텔 규모로는 라스베이거스에 있는 호텔들의 규모가 어마어마하며(객실 2천 개 이상), 마카오의 카지노 호텔 규모도 상당하다.

높은 곳에서 자고 싶다면 홍콩 Island에 있는 리츠 칼튼 호텔에 하루 투숙할 만하다. 전 세계에서 가장 높은 층(102~118층)에 위치한 호텔이다. 수영장은 118층에 있으며, 세계에서 가장 높은 곳에 위치한 수영장이다.

✒ 전시회 부스 방문 초대

다음달 상하이 태양광 에너지 쇼 기간 동안 당사 부스로 초대합니다.
We would like to invite you to our booth during Shanghai Solar Energy Show next month.

무료 티켓 5장 동봉해드리오니 시간 할애하시어 당사 부스에 잠깐 들러 당사의 신제품을 봐주시기 바랍니다.
Enclosed are five free tickets to the show. I hope that you will be able to drop by our booth to see our new products.

혁신적인 태양광 패널을 전시할 것입니다.
We will display innovative PV modules at the booth.

🎤 패턴 연습

방문하여 주실 수 있는지요?
Could you please visit us? Could you please come to us?
Could you honor us by your visit?
May we ask you to honor us by visiting our booth?
☞ 여러 방법으로 표현 가능한 바, 상황에 맞게 예의 격식 정도를 결정하면 된다. 상대방에게 어떤 제안을 수락해 달라고 아주 정중히 요청할 때는 honor를 사용하는 것이 좋다.

To help promote our business relationship, may we ask you to honor us by visiting Seoul sometime during July? Any time would be convenient, if you let us know in advance what dates would be best for you.
함께한 즐거운 시간이 오랫동안 기억될 것임. 우리의 사업 관계를 진전시키기 위해, 7월 중 서울 방문을 해주실 수 있는지요? 사전에 편리한 일자 통보해 주신다면 7월 중 아무 때나 괜찮음.

• have the honor to 동사 원형; have the honor of ~ing: ~하는 영광을 얻다, 삼가 ~하다
  May I have the honor of dancing with you?   같이 춤 출 영광을 주실 수 있는지요?
  I have the honor to join this project.   이 프로젝트에 참가하게 되어 영광입니다.
  I have the honor to inform you that ~: ~라고 삼가 말씀드립니다

 **거래처에 전시회 방문 상담 제의**

다양한 혁신적인 전화기가 쇼에 전시될 것입니다.

A variety of innovative phones will be displayed at the show.

바쁘시지만 시간 할애하시어 당사 부스 방문, 그 전화기들의 사업 가능성을 상담하기를 원합니다.

We would like you to take time out of your tight schedule to visit our booth and to discuss with us the business possibility of our new phones.

5월 10일부터 15일까지 귀사 사무실에서 가까운 파리 전시 센터에서 개최될 이차 전지 전시회에 참가 예정입니다.

We plan to participate in the secondary battery show to be held in Paris Exhibition Center near to your office during May 10-15.

당사 부스 방문하시어 이차 전지 산업에서의 협력 가능성을 논의할 수 있기를 바랍니다.

I hope that your situation allows you to visit our booth in order to discuss business possibilities in secondary battery industry.

🎤 패턴 연습

~할 계획이다, ~하려고 한다: plan to 동사 원형

We are planning to visit the show in Las Vegas during February 14~20, and to stay in the USA for two to three weeks after the show. However, we prefer to meet you at the show for our mutual convenience.

당사는 2월 중 라스베이거스 전시회를 참관하고 전시회 이후에 2~3주 미국에 머무를 계획임. 하지만 상호 간의 편의를 위해 전시회에서 만났으면 합니다.

We plan to install one more production line next month. From this coming May, the American companies like yours are planning to source from us.

당사는 다음 달에 생산 라인 한 개를 증설할 계획이다. 이번 5월부터 귀사와 같은 미국 회사들이 당사로부터 제품을 조달 받을 계획이다.

Exhibition (전시회), Fair(박람회), EXPO (엑스포)

- 일반적으로 전시회는 특정 분야에 대한 제품 전시 홍보 광고용이며, 문화 엔터테인먼트는 없는 것이 보편적이다.
- 박람회는 여러 산업 제품들이 출품되고 문화 엔터테인먼트가 있다.
- EXPO는 과거 만국박람회, 국제박람회라고 하였으나 현재는 그냥 엑스포라고 칭하며, 다양한 제품, 문화 활동, 먹거리, 엔터테인먼트가 가미되며 여러 국가가 참가하는 큰 축제장이다. 1851년 런던 엑스포를 그 기원으로, 1928년에 파리에서 체결한 국제박람회 조약에 따라 가맹국의 주최로 5년마다 개최된다.
- 규모 면에서 「엑스포 > 박람회 > 전시회」 순으로 크며, 개최 기간 면에서도 「엑스포 〉박람회 〉전시회」 순으로 길다.

비즈니스 영어 이메일 작성 꿀팁

- 기본적인 화장을 하라 – 보기 좋게, 읽기 좋게
  - ☞ 가독성(可讀性, legibility) 향상과 비즈니스 열정을 피력
- 긴 내용은 문장 뒤 쪽으로
  - ☞ 긴 내용은 가능한 문장 뒤 부분에 배치하여 이해력 향상
- 접속사 선택이 헷갈리면 semicolon(;) 사용
- 간단명료한 문장 작성
- 쉬운 단어 표현 사용
- 문법에 맞는 문장 작성
- 필요시 idiom및 미국적인 표현 사용.
- 논리적 · 합리적인 문장 작성
  - ☞ 비즈니스의 기본은 상호 이익 추구가 되어야 한다.

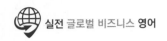

Chapter 25

상호 변경, 사무실 이전

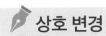

상호 변경

당사 상호는 2024년 1월 1일부터 KFS Corp.으로 변경됨을 통보드림.

We wish to inform you that the name of our firm, CBD Trading Corp., will be changed to KFS Corp., effective January 1, 2024.

- 상호: name of company; corporate name
- change A to B: A를 B로 변경하다

패턴 연습

~부터 효력 발생, ~부터 유효: effective(as of/as at/as from/from) 일자

Effective January 1, 2024, our company name is changed to SH Solar Energy Corp.

당사 상호는 2024년 1월 1일부터 SH 태양광 회사로 변경된다.

The new traffic law shall be effective as from January 1, 2024.

새로운 교통법은 2024년 1월 1일부터 적용된다.(효력이 발생된다).

- effective date: 효력 발생일
- cause and effect: 원인과 결과, 인과
- come/go into effect: (새 법률 등이) 실시되다, 발효하다
- to no/little effect; without effect: 무효로, 효험/효과 없이
  to the effect that ~: ~라는 뜻/취지로
  to the same effect: 동일한 취지로

effective demand: 유효 수요
an immediate effect: 즉효

this/that effect: 이러한/저러한 취지로

이 새로운 상호가 당사의 무역업체로서의 활동상을 더 잘 반영할 것임.

This new name will better reflect our company's activities as a trading company.

이 새로운 상호가 핸드폰 종합 부품업체로서의 위상을 더 잘 반영할 것임.

This new name will better reflect our company's activities as a general maker of parts and component for cellular phone.

🎙 패턴 연습

반사/반영/반향/반성/숙고/회고/비난하다, 곰곰이 생각하다: reflect

The solar glass reflected the light onto the car passing nearby.
태양광 유리가 가까이 지나가는 차에 빛을 반사했다.

The company's price-cut policy reflected the market situation.
그 회사의 가격 인하 정책은 시장 상황을 반영하고 있다.

He reflected that it was difficult to solve the quality problem.
그는 그 품질 문제를 해결하는 것은 어렵다고 생각했다.

Please give me time to reflect.
생각할 시간을 주세요.

우리의 국제 거래에 있어 귀사의 후원과 협력이 있어 기쁨. 새로운 상호하에서도 귀사의 격려와 후원이 지속되기를 기원함.

We are pleased to have had your support and cooperation in our global business transactions, and we hope that you will continue to give us your encouragement and support under the new corporate name.

당사의 새로운 이름이 우리의 활동상과 태양광 산업에서 중요한 위치에 있다는 사실에 대한 이해를 증진시켜, 고객과 파트너들에게 혜택을 주기 바람.

We believe that the new name will promote a better understanding of our activities and our important position in the solar energy industry, thereby benefitting our clients, customers, and partners.

사무실 이전

2023년 5월 10일 자로 사무실이 아래 주소로 이전됩니다.

As of May 10, 2023, the company will be relocated at the address below.

• notice of relocation: 사무실 이전 안내

본사 소재지가 한국 서울인 그 회사는 한국 5대 무역 회사 중의 하나이다.

The company, whose principal office is located in Seoul, Korea, is one of top five trading companies in Korea.

• 본사/본점 소재지는 ~: principal/main office is located ~

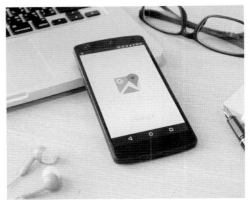

사업 확장 및 직원 증가로 사무실 이전합니다.
사무실 이전으로 불편이 없기 바랍니다.

We are moving to a new location because of business and personnel expansion. We hope that this relocation does not cause you any inconvenience.

사무실 연락처 변경 - 전화번호, 팩스 번호, 이메일 주소

전화번호는 변경 없습니다.

The phone numbers remain unchanged.

팩스 번호는 ~로 변경됩니다.

The facsimile No. is changed to ~.

이메일은 변동 없습니다.

The E-mail address remains unchanged.

✒ 개인 핸드폰 번호 변경

내일부터 제 핸드폰 번호가 ～로 변경됩니다.

My mobile phone No. is changed to 011-1111-××××as from tomorrow.

거기서 전화하실 때는 82-11-1111-××××을 돌리시면 됩니다.

When you call me there, please dial 82-11-1111-××××.

☞ 외국으로 전화번호 변경 내용을 통보할 때는 외국에서 돌려야 되는 전화번호를 적어주는 것이 서비스이다.

BIZ Tip 금형·사출 관련 용어

- 금형 : tool, mold
  ▶ 일반 사출 금형, press 금형, blow 금형 등등 여러 가지 금형이 있다. 세계 제일의 금형 기술 보유국은 독일과 스위스이고, 그다음이 일본, 한국으로 추정된다.
- 금형 제작하다 : make a mold, make a tool, tool
- cavity : 금형의 속이 빈 틀. 충치
  ▶ 붕어빵 굽는 판을 보면 붕어 모양으로 빈 틀이 여러 개 있어 거기에 원료를 넣고 붕어빵을 구워낸다. 각 빈 틀을 cavity이라고 한다.
  ▶ cavity가 많으면 한 번에 붕어빵을 많이 만들어 낼 수 있을 것이나 금형 가격은 올라감으로, cavity 개수는 상품성을 고려 결정한다.
- cycle time : 싸이클 타임
  ▶ 사출기에서 제품이 만들어져 나오는 시간인 바, cycle time이 짧을수록 제품의 생산성이 좋은 것이다.
- plastic injection : 사출
  ▶ 사출기를 plastic injection machine이라고 하는데 수직(vertical) 방식, 수평(horizontal) 방식 등이 있다.

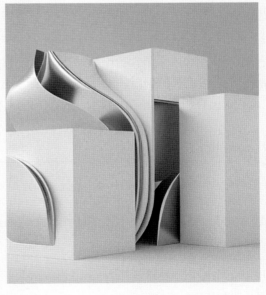

- shot : 사출기와 금형이 한 번 부딪혀 제품을 생산하는 것을 의미하는바, 금형 수명은 how many shots로 문의한다. 즉, 금형을 만들어 제품을 몇 개 생산하는지를 보증한다. 여기에 의해 금형 비가 설정된다. 만약 보증 shot이 1백만 개고 cavity가 5개라면 1백만 개 x 5개 = 5백만 개의 제품 생산을 보증한다는 것이다.

Chapter 26

이 · 취임, 전보

이임 통보

2023년 3월 2일 자로 제 후임으로 취임할 KFS건설 사장을 소개.

It is my great pleasure to introduce Mr. TJ Kim, President of the KFS Construction Co., Ltd., who will succeed to me as President of KFS Corp., as of March 2, 2023.

나는 KFS 사장직을 그만 두고 2023년 3월 2일부터 KFS Cable 사장으로 취임 예정입니다.

I would like to inform you that I will be leaving my assignment as the president of KFS Corp., to assume a new post with an affiliate, KFS Cable Corp., as its president as from March 2, 2023.

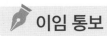 패턴 연습

후임하다, 후임자: succeed to, successor

My successor will be Mr. Shim. Mr. Shim will succeed to me.
내 후임자는 Mr. Shim이다.

He was appointed as my successor.
그는 나의 후임자로 임명되었다.

He will succeed to me as President of my company.
그는 내 후임으로 사장직을 맡을 것이다.
• succeed in ~ing: ~하는 것을 성공하다

He finally succeeded in selling his own company's bad stock after he visited 30 companies in ten countries for five months.

그는 5개월 동안 10개국 30개의 회사를 방문하여 자기 회사의 악성 재고를 판매하는 데 마침내 성공했다.

저는 떠나지만 향후로도 긴밀한 협조 관계 지속되기 바라며, 제 후임자에게도 제가 4년간 KFS에 재직 시 보여주신 도움을 끊임없이 주시기를 기대합니다.

I hope that we can continue our close business relationship despite this move and that you will give Mr. Kim the same kind assistance you extended to me during my four years with KFS Corp.

KFS 사장 재직 시 보여주신 도움 및 협조에 깊은 감사.

I would like to express my deep and cordial thanks to you for the support and cooperation that you have extended to me during my tenure at KFS Corp.

저는 과거 5년간 일한 적 있는 KFS 화학 사장으로 전보됩니다.

I will become president of KFS Chemicals where I worked for about five years in the past.

I will be transferred to KFS Chemicals as its president, where I worked for about five years in the past.

내 후임은 외환 과장 Mr. Shim임. 저에게 항상 주었던 무한한 호의와 큰 도움을 그에게도 주시기를 부탁드립니다.

My successor will be Mr. JK Shim who is formerly head of our Foreign Exchange Section. I wish that you will extend to Mr. Shim the same boundless courtesy and invaluable assistance that you always so freely offered me.

- successor: 후임자 ⟷ predecessor: 전임자, 선배

  The new general manager reversed business strategy of his predecessor.

  신임 부장은 전임 부장의 영업 전략을 뒤집었다.

  The new president reversed many of the policies of his predecessor.

  새 대통령은 전임 대통령의 정책들 중 많은 것들을 뒤집었다.

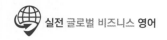

📝 취임 통보

저는 KFS Engineering의 사장으로 3년 근무 후, 금일자로 김 사장님의 후임으로 KFS Corp. 사장에 취임함을 통보드립니다.

This is to inform you that as of today, I am assuming the position of President of KFS Corporation after serving for three years as President of the KFS Engineering, succeeding to President TK Kim.

수년간의 경험을 활용, 귀사의 이익과 당사의 이익을 공히 향상시킬 것을 확언드림.

You can rest assured that I will apply the experiences I have gained over the years for the benefit and advancement of both your interests and ours.

상호 호혜적인 관계가 예전과 다름없이 지속되기 바람.

I hope that our mutually beneficial business relationship will go steadily as ever before.

패턴 연습

go steadily as ever before: 예전과 같이 지속되다.

Nowadays Tom goes steadily with Mary as ever before.
탐이 예전과 같이 메리와 사귀고 있다.

I hope that, even though there came up some unpleasant happening between our two companies last month, the friendly business relation will go steadily as ever before.
지난달 양사 간에 불쾌한 일이 있었지만 우호적인 관계가 예전과 같이 지속되기를 바랍니다.

🖋 전보 통보

일반 소재 개발부 부장으로 임명 통보받았음을 통보해 드립니다.

I am pleased to inform you that I have been appointed as the new General Manager of Materials Development Department.

아마 아시다시피 이 분야가 당사 성장의 선봉장인 바, 내 경력에 도전적인 새로운 분야가 될 것임.

As you may know, this area is the spearhead of our company's current and future growth and will be a challenging new area for my career.

🎤 패턴 연습

창끝, 선봉, 선봉에 서다: spearhead

She is spearheading a campaign for reducing the company's expense.
그녀는 회사 경비를 줄이는 운동의 선봉에 서 있다.

He spearheads streamlining organization.   그가 조직 합리화를 주도한다.

글로벌 비즈니스를 주도하기 위해 KFS 사장으로 전보됨을 통보드림.

I would like to inform you that I will be transferred to KFS Corp., as its president in order to spearhead global business.

그 합작 투자 회사 이사회에서의 내 후임자는 통신 사업부 홍 전무가 됨.

Also, I would like to advise you that Mr. JK Hong, the senior managing director of telecommunication division, has been appointed as my successor to the board of directors of the joint venture company.

홍 전무는 KFS 통신에서 통신 사업에 많은 경험을 쌓은 바, 그 회사에 크게 기여할 것임.

I am very confident that Mr. Hong's vast experience in telecommunication business and outstanding performance during his former assignment with KFS Telecommunication Co., Ltd., will make a good contribution to the company.

국제적인 합작 투자 사업에서 정말 우호적이고 상호 협력적인 분위기에서 같이 일한 것은 영광이자 기쁨입니다.

It has been my great honor and pleasure to work with you in such a friendly and cooperative spirit of international joint venture.

우리의 우정이 지속되기 바라며, 내 후임자에게도 저에게 베풀어 준 후원과 도움 주기 바람.

Moreover, I look forward to continuing our friendship in the future, and trust that you will provide my successor with the same support which you have extended to me.

다시 한 번 감사드리며 앞길에 행운과 성공이 있기를 바람.

I would like to express my sincere appreciation for your cooperation and wish you best luck and success in the future.

✒ 취임 축하

사장 취임 축하. James를 통해 사장 취임 소식 들음. 당신의 탁월한 경력과 전문성으로 미루어 사장으로서의 미래는 성공적일 것임.

Congratulations on your recent appointment to the president of Nena Trading Corp. James had informed me of the wonderful news, and I should tell you that, with your superior background and professional experience, you will have a most successful future with Nena Trading.

지금은 오직 축하의 글만 보낼 수 있으나, 서울 방문할 기회 있으면 연락바람. 다시 축하드림. 곧 뵙기 바람.

At this time, I can only go so far as to write you this message of congratulations. But if you have the chance to visit Seoul, please contact me.

• so far as; ~까지는, ~하는 한에는(to the extent/degree that)
  I can only go so far as to write you ~
  ☞ 사정이 여의치 않아 가지는 못하고 글로만 축하한다는 의미.

승진 축하

임직원을 대표해 임원 승진 진심으로 축하드림.

On behalf of everyone at my company, I would like to convey my deepest respect and hearty congratulations on your promotion to the distinguished position of Executive Director.

귀하의 지혜와 지도는 저와 저의 임직원 모두에게 격려가 되고 있음.

Both your wisdom and guidance have always been an encouragement to me and to everyone at my company.

당신의 역량은 그 직위에 있고도 남음.

I believe that you more than deserve the position.

다시 한 번 축하드림. 지속적인 후원과 지도를 바람.

Once again, I would like to convey my deepest congratulations, and I look forward to your continuous support and leadership.

화학품 담당 상무로 승진을 진심으로 축하드립니다.

We wish you the best of luck in your promotion to Managing Director in charge of chemical products.

패턴 연습

~할 만하다, 할 가치가 있다: deserve
~할 자격이 있고 남다: more than deserve ~

The vendor deserves receiving the largest order from the company among all the vendors.

그 협력업체는 그 회사의 모든 협력 업체 중에서 그 회사로부터 가장 많은 오더를 수주할 자격이 있다.

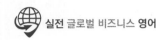

The company more than deserve the government's prize, as it developed lots of innovative products.

그 회사는 혁신 제품을 많이 개발한 바, 정부로부터 연구 개발 상을 받을 자격이 있고도 남는다.

The production manager's suggested way of assembly deserves attention.

생산 과장이 제시한 조립 방법은 주목할 만한 가치가 있다

He deserves the preside.

그는 사장이 될 자격이 있다.

He deserves helping.

그는 도움 받을 자격이 있다.

None but the brave deserve(s) the fair.

용자만이 미인을 얻을 자격이 있다.

🎤 패턴 연습

승진하다: promote ↔ 강등하다: demote
승진: promotion ↔ 강등: demotion

I also want to congratulate you on your promotion to Vice-chairman.

부회장으로 승진 축하드립니다.

You more than deserve the general manger of OLED Department. Your promotion was a matter of time.

OLED 부서의 부장이 될 자격이 충분하고도 남음. 승진은 시간 문제였음.

If you beat around the bush when you report to the president, you will not get promotion at all. Rather, chance can't be ruled out that you get demotion. The president wants succinct reports.

사장에게 보고 시 변죽 울리면 승진은 불가할 것이다. 오히려 강등될 가능성도 배제 못한다. 사장은 간단명료한 보고를 원한다.

✒ 이임 축하

KFSS은행 퇴직 축하. KFSS은행은 당신의 능력과 당신의 존재를 그리워할 것임.

Congratulations on your retirement from KFSS Bank. I think KFSS will dearly miss your talents and your personal presence.

반면 당신이 이번에 조인한 세계 금융 위원회는 당신 같은 인재를 받게 되어 매우 운이 좋음.

On the other hand, the Global Banking Council is quite fortunate to employ you.

• on the other hand: 또(다른)한편으로는, 이와 반대로

당신이 메시지에서 그러했듯이 나 또한 당신의 도움에 감사드림. 보다 중요한 것은 당신이 역할이 어떻게 발전되는지를 듣고 싶음.

Just as you did in your message, I would like to take the opportunity to thank you for your helpfulness throughout our relationship. More importantly, I am very anxious to hear more about your new role as it develops.

✒ 전보 축하

전자사업부 수장으로 전보 축하.

Please allow me to convey my sincerest congratulations on your new post as the head of Electronics Division.

그 중요한 직책을 맡게 된 것은 귀하의 강력한 지도력과 능력에 기인함.

I firmly believe that you were chosen for this important post because of both your strong leadership and capabilities.

귀하는 모든 사람의 귀감이 될 것임.

You always will be an example for everyone to follow.

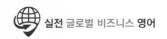

• follow the example of A; follow A's example: A를 본받다
  as an example; by way of example: 한 예(例)를 들면, 예로서
  beyond/without example: 공전의, 전례 없는

 패턴 연습

～때문에: because of ～; on account of ～; owing to ～; due to ～
due to는 be due to로 사용할 수 있다: ～탓이다, ～할 예정이다

The delayed shipment is due to unexpected labor dispute.
선적 지연은 예기치 못한 노사 분규에 기인한다.

He is due to make a trip to Paris next week.
그는 내주에 파리 방문 예정이다.

We will take legal procedures in due course, if you don't pay for our goods by the end of next week.
내주 말까지 대금 결제하지 않으면 법적인 절차를 순서대로 밟겠습니다.

• due: 지급 기일이 된, 만기가 된   overdue: 지급 기일이 지난, 만기 지난
  This bill is due.   그 어음은 만기가 되었다.
  Your payment is overdue.   지급 기일이 지났습니다.

 취임/전보 축하에 대한 감사

축하 메시지 감사함.

Thank you very much for your cordial congratulations.

새로 맡은 자리가 일해 볼만하다고 생각되며, 나의 능력이 나의 직원과 동료들의 기대에 부합되기를 바람.

I also think my position very challenging, and do hope that I could meet the expectations of my staff and colleagues like you.

참고로 당사 상해 지사장 연락처 통보드림. 언제든지 연락하시면 환영 받을 것이며 상호 관심사 상담할 수 있음.

For your information, I would like to advise you of the phone No. and E-mail address of the head of our Shanghai Branch as below, where you will be given a warm welcome any time, and you can have discussion on matters of mutual concern with him.

예전과 마찬가지로 귀하의 지속적인 협조와 배려는 저와 저의 부서에 큰 도움이 될 것임. 다시 한 번 뵙기 바람.

Just as before, your continuous cooperation and attention will be a big help for me and my Department. I look forward to having the pleasure of getting together with you again soon.

• 지속적인, 계속되는: continuous; continual; continued; incessant; ceaseless; unbroken

🖋 이임 축하에 대한 감사

따뜻한 격려의 말 감사합니다. 이제는 당신같이 진실한 친구와 내 인생을 즐기고자 합니다.

Thank you for your warming and encouraging words. I wish to enjoy my personal life with my true friends like you.

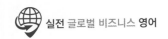

Chapter 27 경조사

생일 축하

이 즐거운 날 축하드립니다. 세월은 흐르지만 귀하는 늙지 않고 점점 현명해지시고, 나의 존경심은 깊어만 갑니다.

Please accept my heartfelt congratulations on this joyous occasion. As every year passes, your sir are not getting older but wiser, and my respect grows deeper.

패턴 연습

~에 대해 축하하다
Please accept my heartfelt/hearty/heartful congratulations on ~:
I would like to convey/offer/render my heartfelt/hearty/heartful congratulations on ~
~은 축하할 일이다: It is a matter for congratulation that ~:

I would like to convey my heartfelt congratulations on your development of new materials.
신물질 개발을 진심으로 축하드립니다.

It is a matter for congratulation that the separator company has been receiving an avalanche of orders from overseas.
그 분리막 회사에 해외로부터 주문이 쇄도하는 것은 축하할 일이다.

다시 한 번 생일 축하드립니다. 귀하와 귀하 가정에 기쁨이 충만하고 영원하기를 기원드립니다.

Once again happy birthday to you, and may this day be filled with everlasting joy for you and your family.

- everlasting; never-ending; eternal; unending: 끝이 없는, 영원한
  everlasting glory: 불후의 영광   everlasting fame: 영원한 명성
- be filled with: 충만하다, 가득 차다

결혼 축하

아드님의 결혼 축하드리며 신혼부부의 행복과 번영을 기원드림.

On the auspicious occasion of the wedding of your prince, I take great pleasure in extending to you and through you to the bridegroom and bride our most sincere congratulations and best wishes for a most happy and prosperous future of the newlyweds.

결혼 축하드립니다. 행복과 번영이 항상 가득하기를 기원드립니다.

Congratulations on your wedding! I wish happiness and prosperity to be always with your couple.

승진 축하

연구소장 승진을 축하드립니다. 귀사의 신제품 개발이 가속화될 것으로 확신합니다.

We would like to offer our heartful congratulations on your promotion to the distinguished position of head of R&D. I believe that, with your promotion, the development of new products will be propelled.

- 가속화하다, 촉진하다: facilitate; expedite; propel; accelerate

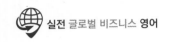

✒ 출생 축하

첫 손자의 탄생을 진심으로 축하드림.

I would like to express our warmest congratulations and best wishes to you and your family on the auspicious occasion of the birth of your 1st grandson.

첫 아들 탄생을 축하합니다. 일생에서 가장 행복한 순간을 만끽하기 바랍니다. 아기는 순식간에 커버립니다.

Congratulations on the birth of your 1st son! I hope you will fully enjoy the happiest moment in your life. A baby grows up before we notice it.

✒ 주요 거래처 인사 사망 조문

우리는 Hass 씨의 사망 소식을 듣고 너무 비통하였습니다. 우리 모두는 애도를 전합니다. 친구이자 능력 있는 사업 파트너를 잃음에 대해 같이 비통함. Hass 씨는 존경스럽고 다정한 사람으로 기억될 것임.

We were deeply saddened to hear of the death of Mr. Hass. All of us here wish to extend our heartfelt sympathy; we share in the tragic loss of an able business partner as well as a friend. Mr. Hass will always be remembered with fondness and respect.

• extend/convey/render/offer heartfelt/hearty/heartful sympathy: 비통함을 전하다

🎙 패턴 연습

~하게 되어 무척 슬프다/비통하다: be deeply saddened to 동사 원형:

We are deeply saddened to hear that the semiconductor market has started to collapse down because of oversupply.

과잉 공급으로 반도체 시장이 붕괴되기 시작했다는 것을 듣고 비통해한다.

He was deeply saddened to hear that his son did not pass the exam.

그는 아들이 시험에 합격하지 못했다는 얘기를 듣고 비통해했다.

🎤 패턴 연습

같이 ~하다, 공유하다: share

Let's share the cost.

비용을 공동 부담합시다.

If you share a hotel room with your colleague when you make an overseas trip, you can save your trip expense.

해외 출장 시 동료와 한 방을 사용하면 출장비를 절감할 수 있다.

☞ 출장비가 하루 일당제의 경우, 출장비를 절감하여 개인 돈을 벌 수 있다. 실비제의 경우는 경비를 아무리 절감해도 개인에게 돈이 생길 수는 없다.

- share a taxi: 택시를 합승하다.
- share in profit: 이익 분배에 한몫 끼다.

이 어려운 시기에 도움 될 일이 있으면 말씀해주세요.

Please let us know if there is anything we can do to help you through this period of sorrow.

당사는 기쁠 때나 슬플 때나 당신 곁에 있다는 것을 알고 조금이마 위안이 되기 바람.

We hope that you will find a small consolation in knowing that our company will stand by you both in grief and happiness.

다시 한 번 애도를 전함.

Once again, we express our deepest condolences.

📝 문 병

부친의 병원 입원 유감이며 쾌차하시기를 기원드림.

I am very sorry to hear of your father's hospitalization and hasten to express our sincere good wishes for his most speedy recovery.

🎙 패턴 연습

빠른 회복: speedy recovery
빨리 회복하다: make/show a quick/speedy recovery

The Korean economy showed a very speedy recovery after the COVID-19 Pandemic.
The Korean economy made a very quick recovery after the COVID-19 Pandemic.
한국 경제는 코로나 19 팬데믹 사태 후 매우 빠른 속도로 회복됨.
• financial crisis: 금융 위기, 재정/재무 위기

He made a quick recovery after he underwent an operation for cancer.
He recovered quickly after he had an operation for cancer.
그는 암 수술 받은 후 빨리 회복되었다.

• perform an operation on a patient:	환자에게 수술을 하다
• undergo/have an operation:	(환자가) 수술을 받다
• recover one's health/consciousness:	건강/의식을 회복하다

📝 부친상 위로

부친 사망에 대해 뭐라 애도의 말을 드려야 할지요. 어떤 말로도 그 슬픔을 치유할 수 없다는 것을 압니다. 당신 곁에는 항상 제가 있다는 것을 잊지 마세요.

Please accept my deepest condolences on the passing of your father. I know that no words could ever mend the loss you feel, but please remember that I am always at your service.

📝 위로/격려에 대한 회신

걱정과 따뜻한 말 감사드림. 현재 상황은 저에게 혹독합니다.

Thank you for your concern and warming words. The present situation is severe to me.

하지만 당신과 같은 귀중한 친구들이 나를 바쳐줄 때 곧 좋아질 것으로 기대합니다. 다시 한 번 감사드립니다.

I, however, expect to become better soon when backed up by my valued friends like you. Thank you for your continued attention.

친절하고 따뜻한 메시지 감사합니다. 갑작스럽게 부친을 잃은 것은 진짜 고통스럽군요. 귀하의 따뜻한 격려의 말과 더불어 점차 좋아질 것으로 기대합니다.

Thank you for your kind and warming message. The sudden loss of my father is really painful. I hope to get better gradually with your encouraging words.

Chapter 28 회의 세미나

회의/세미나 개최 통보

지난 7월 서로 연락한 후 시간이 참 빨리도 흘러갔군요.

Time has elapsed quickly since we last corresponded in July.

이제 가을이 코앞이네요. 10월 29일 필라델피아에서 개최될 세계 경제 세미나를 준비하느라 바쁨.

Fall is now upon us, and we are busy preparing our next World Economy Seminar which will take place in Philadelphia during the week of October 29.

우리의 핵심 인사를 만날 좋은 기회가 주어짐.

This will give you an excellent opportunity to meet the key members of our staff.

패턴 연습

탁월한/좋은 기회: excellent opportunity

Actually the present chicken game gives the solar glass company an excellent opportunity to swim in the money, as most of its financially weak competitors are expected to collapse down soon.

재무 상태가 취약한 경쟁업체들의 대부분은 곧 붕괴될 것으로 예상되는 바, 현재의 치킨 게임은 그 태양광 유리 회사가 돈을 많이 벌 수 있는 좋은 기회를 제공한다.

To look around any exhibition gives us an excellent opportunity to find out new items.
전시회 참관은 신규 품목 발굴에 좋은 기회를 제공한다.

To become a vendor of the largest handset company in the world offers an excellent chance of exploring new business items.
세계에서 가장 큰 핸드폰 회사의 협력 업체가 되면 신규 사업 품목들을 발굴할 기회가 주어진다.

🎙 패턴 연습

~이 코앞에 와 있음 : upon us; ahead of us; around the corner

Summer is now upon us. Summer is ahead of us. Summer is around the corner.
여름이 코앞이다.

Winter is upon us. What's your plan for winter vacation?
겨울이 코앞이다. 겨울 방학 계획이 뭐니?

The shareholders' meeting is now upon us.
주총이 코앞에 와 있다.

🎙 패턴 연습

달력의 일자에 표시하다: block off the date
　　　　　　　　　　mark the date on the calendar

I am attaching a copy of the meeting agenda, subjects to be discussed and an envelope to reserve your place. I hope you will block off that week on your calendar and plan to spend it with us.
회의 안건, 토론 주제들, 귀하 좌석 예약 봉투 첨부드림. 그 주는 달력에 표시하여 다른 약속을 잡지 않고 우리와 같이 보낼 계획을 잡으시기 바람.

• block off: 막다, 차단하다
　block off that week on your calendar 달력에서 그 주를 막아라.
　☞ 표시를 해서 다른 약속이 생기지 않도록 하라.

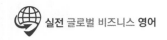

She marked the date on her calendar so that she can't miss the key man's birthday.

핵심 인물의 생일을 놓치지 않으려고 달력의 그 날짜에 표시했다.

🖋 회의/세미나 참석 요청

귀하의 우리의 서비스에 대한 관심을 고려, 귀하를 이번 회의의 특별 손님으로 초청함.

In light of the interest you showed in our services, I would like to invite you to be a special guest at this meeting.

🎙 패턴 연습

견지에서, 관점에서: in light of; in view of:

While our efforts to date have been very successful, the future holds even greater promises. In view of our economic scale and complementarities, I firmly believe that trade volume between our two countries could be further increased.

현재까지의 우리의 노력은 성공적이었으며, 미래는 더 밝음. 우리의 경제 규모와 보완 관계로 판단하건대, 양국 간 교역량은 훨씬 더 증대될 수 있다고 확신함.

In the light of the highly beneficial and enlightening nature of the Council, I must extend to you my sincere appreciation for providing me with such a worthwhile opportunity.

그 회의는 아주 유익하고 계몽적인 바, 그런 훌륭한 기회를 제공해주신 데 대해 진심으로 감사드림.

I believe that the Council had not only benefited your prestigious bank but also all the participants.

그 회의는 귀 은행에 도움을 주었을 뿐만 아니라 참가자 모두에게 도움이 되었을 것으로 확신함.

✒️ 참석 통보

당사 사장께서 세미나 참석할 것임을 통보해 드립니다.

I am pleased to inform you that our president will attend the seminar.

즐겁게 세미나 참석할 것입니다.

I will be happy to join your seminar.

참가비는 얼마인지요?

What's the participation fee?

🎤 패턴 연습

상환, 상환하다: reimbursement, reimburse

Enclosed is a bank draft for US$3,250 in reimbursement of participation fee minus expenses incurred during the September 15~16, 2023 meeting of the International Solar Energy Seminar.

태양광 에너지 세미나 미팅 시 발생된 경비 정산 후 귀하에게 상환드릴 금액 US$3,250에 대한 은행 수표를 동봉함.

✒️ 참석 불가 통보

1월은 회사 내부 회의 및 해외여행으로 시간 내기 어려워 초청 수락치 못하게 되어 유감임.

I regret to inform you that I cannot accept your invitation. January is a very busy time for me with a full schedule of corporate meetings and overseas trips.

🎤 패턴 연습

기업의: corporate

- corporate meeting: 회사 회의
  corporate bond: 회사채

corporate culture: 기업 문화
corporate name: (회사의)상호

In order to secure a foreign company in a certain country as your customer, you should understand the cultural difference between her and Korea first. And then you should understand the corporate culture difference between the company and yours.

해외 거래처를 확보하려면 우선 그 거래처 국가와 한국의 문화 차이를 이해하여야 되며, 그 후에 그 대상 회사와 귀사의 기업 문화 차이를 이해 하여야 된다.

하지만 제가 서울에서 저의 참석을 요하는 중요한 사안들 때문에 심포지엄에 참석 못해 매우 유감임.

However, it is with much regret that I will be unable to attend the symposium due to the important business matters requiring my presence in Seoul.

귀하를 다시 볼 기회를 놓치게 되어 많이 슬픔.

Missing an opportunity to see you again causes me much sadness.

🎤 패턴 연습

하는 기회를 놓치는 것은: Missing an opportunity to 동사 원형

☞ 이 문장 구조를 여러 상황에 활용하면 매우 유용하다.

Missing an opportunity to become the company's vendor does not allow you to get 25% M/S.

그 회사의 협력 업체가 될 기회를 놓치면 시장점유율 25% 확보는 불가하다.

☞ 핸드폰용 터치스크린 시장에서 1위가 되려면 어느 핸드폰 회사의 협력 업체가 되어야 되는지는 자명한 일이다.

Getting an opportunity to guide you in Korea gives me much pleasure.

한국에서 귀하를 안내할 기회를 갖게 된 것은 나로서는 무척 기쁜 일임.

포럼 개최 기간 동안 너무 바빠 참석이 불가함을 통보드리게 되어 유감.

I am deeply regretful to inform you that I will be extremely busy during that period, and will therefore be unable to participate in the Forum.

연수회 하루 전에 파리로 가기 때문에 연수회 참석 불가합니다.

Unfortunately I will not be able to attend the workshop, as I am leaving for Paris on business one day before your workshop.

사정이 허락한다면 나를 대신해 우리 부장이 프레젠테이션했으면 합니다.

If your situation permits, I would like our general manager to make a presentation at the workshop on my behalf.

• workshop: 연수회, 공동 연구회

 패턴 연습

~대해 프레젠테이션/연설하다: deliver/make a presentation/speech on
opening speech/address/remarks: 개회사
closing speech/address/remarks: 폐회사

The candidate mounted the platform to make a speech. The opposition party's platform attracted the poor.

후보자는 연설을 하기 위해 연단에 올랐다. 야당의 강령은 가난한 사람들에게 매력적이었다.

BIZ Tip **Platform: 강령, 기반, 근거, 기준, 단(壇), 연단, 교단, 플랫폼**

기업에서는 제품에 플랫폼이란 말을 자주 사용하는데, 그 의미는 어떤 작업 또는 기술 구현이 이루어질 수 있는 기본 환경을 의미한다. IT 환경에서는 어플리케이션을 작동시킬 때 기반이 되는 OS나 환경들을 지칭함.

플랫폼이 정거장에서 차를 타는 승강단이고 또한 연사들이 올라가는 연단의 의미를 갖고 있는 바, 출발할 수 있는 바탕/근간이라는 의미를 보면 제품에서 갖고 있는 의미를 유출할 수 있다.

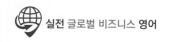

✒️ 대리 참석 통보

당사 해외 사업부 담당 임원이 본인 대신 참가 예정.

It is my great pleasure to introduce to you Mr. DS Kim, Executive Director of our Overseas Division, who will represent KFS Corp., at the seminar on behalf of me.

🎙️ 패턴 연습

변경 불가한 일정: schedule that I can't control; uncontrollable schedule; schedule beyond my control; unavoidable schedule; inevitable schedule

Unfortunately, because of an urgent overseas trip that I cannot reschedule, I will not be able to attend. Mr. DJ Park, Executive Vice-president, whom you know very well, will be in my place.

일정을 변경할 수 없는 화급한 출장으로 사절단 방문에 참가치 못하게 되었음. 제 대신 귀하가 잘 아는 박 부사장이 갈 것임.

• urgent; imminent; exigent; pressing: impending: 화급한, 긴급한, 절박한

On account of an imminent overseas trip beyond my control, I have to change my meeting schedule.

일정을 변경할 수 없는 긴급한 출장으로 상담 일정을 변경하여야 합니다.

초청에 크게 감사드리나 선약이 있어 나 대신 과장을 참석시킬 것입니다.

I cannot express my appreciation for being invited, but my previous engagement makes me send my manager on behalf of me.

원탁회의에서 배부하는 어떤 자료든 관심이 있는 바, 자료 나올 때마다 저에게 송부해주세요.

I would be interested in any materials the Roundtable circulates; please send them to me whenever they are available.

🎙️ 패턴 연습

돌다, 순환하다, 차례로 돌다,(소문 등이) 퍼지다,(신문 등이) 배부/판매되다,
(화폐 · 어음 따위가) 유통하다: circulate 📖 circulation

Blood circulates through the body.
피는 체내를 순환한다.

The rumor circulates on the market that the company is going into bankruptcy.
그 회사가 부도날 것이라는 소문이 시장에 퍼졌다.

• the circulation of the blood/currency: 혈액 순환/통화 유통
• be in circulation: 유포/유통되고 있다 ⟷ be out of circulation: 사용되지 않다
  The paper/magazine has a large/small circulation.
  그 신문은/잡지는 발행 부수가 많다/적다.

✒️ 연사로 초청

5/10일부터 15일까지 한국 대구에서 개최되는 이차 전지 세미나에 연사로 초청 드립니다.
I would like to invite you as the speaker to the secondary battery seminar which is to be held in Daegu City, Korea from May 10 to May 15.

2023년 이차 전지 기술 세미나에 연사로 초청해주신 데 대해 감사드림.
I very much appreciate your message of May 10 inviting me as a speaker at the 2023 Secondary Battery Technology Seminar.

비록 연사로 초청받는 것이 영광스럽지만 6월 10일부터 유럽 출장이 시작, 6월 25일에야 한국 귀국 예정임. 따라서 유감이지만 참가 불가하게 된 바, 양해하여 주시면 감사.
Although I feel very honored at being invited as a speaker, I have a firm schedule for a business trip to European countries starting on Jun 10, in which I will be returning to Seoul on June 25. Thus I deeply regret to inform you that I will be unable to participate in the seminar.

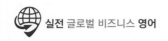

5/10일 월요일 오후 2시부터 6시까지 당사 회의실 11호에서 개최될 당사 연구원들의 연수회에서 전자파 차폐 기술 이론에 대한 프레젠테이션을 해주시기를 요청드립니다.

I would like to invite you to present technical theory on EMI shielding at the workshop of our R&D engineers, which is to be held at the conference room 11 of our company, from 2 PM to 6 PM, Monday, May 10.

☞ 이 상황은 부품업체들에게 자주 일어나는 일이다. 완제품 업체에서는 각 부품업체로부터 그 부품 관련 기술적인 설명을 듣곤 한다. 부품업체에서 자발적으로 설명 요청할 기회를 요청하는 경우도 많다. 이는 영업의 전초 단계인 바, 부품업체의 입장에서는 아주 좋은 일이다. 완제품 업체에서 이런 요청이 온다면 무조건 수락하는 것이 정답이다. 여러 연구원들을 집합하는 기회를 잡는다는 것은 협력 업체 등록보다 어려울 수 있다.

연사 초청 수락

프레젠테이션할 기회를 주셔서 감사합니다. 말씀하신 일시에 프레젠테이션 드리겠습니다. 귀사 연구원들에게 보여 드릴 견본을 다양하게 준비하겠습니다.

Thank you for your giving me an excellent opportunity to make a presentation on shielding. I will be very happy to make a presentation on your designated time & date. I will bring a variety of samples to show to your engineers.

회의/세미나 성공 기원

1월의 회의는 대성공일 것으로 확신함.

I am sure that your conference in January will be an unqualified success.

세미나의 성공을 확신함.

I am sure that the seminar will be very successful.

회의/세미나 마감 인사

마지막으로, 귀빈 여러분들을 한국에 모셔 너무나 기쁘다는 것을 말씀드리며, 한국 체류가 보람 있고 기억할 만한 것이 되기를 바람.

In closing, I would like to express the unambiguous pleasure it has been to have you all in Korea, and I hope your stay here has been both rewarding and memorable.

• in closing: 마지막으로

이 세미나 기간 동안 서로 알게 되는 기회를 갖게 되었고, 우리들 중 많은 분들이 이미 지금쯤은 서로 이름을 부르는 친밀한 관계가 되었을 것으로 확신함. 평생 친구의 첫 걸음을 디딘 분들도 일부 있을 것으로 확신함.

During this Seminar, we have had a chance to get to know one another. Many of us are by now on first-name terms, and I am sure some of you have taken the first step to lifelong friendships here.

• first-name terms: 이름 부르는 사이

건배 제의

우리의 새로운 사업을 위해 건배!

Let me propose a toast to our new business.

• 건배: propose a toast; cheers; bottoms up; to your health

이 첫 거래를 위해 건배! 우리가 3년 이내에 한국 시장을 다 잡아 먹을 수 있을 것으로 믿습니다.

Let me propose a toast to this first deal. I believe that you and we can devour Korea market within three years.

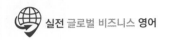

신사 숙녀 여러분, 우리의 우정과 우리 양사의 번영을 위해 건배!

Ladies and Gentlemen, May I ask you to join me in a toast to our friendship and to the everlasting prosperity of our two companies.

양 국가에 서광이 늘 비치고, 우리의 아들딸과 손자 손녀의 앞길에도 항상 태양이 비치기를 건배!

Let me propose a toast, "Let the sun shine forever on our two great countries and on our children and grandchildren."

국제회의/세미나 참석 후 인사

귀국에서 개최된 이차 전지 세미나에서 귀하를 만난 것은 큰 기쁨이자 영광이었음.

It was my great pleasure and honor to have met you at secondary battery seminar in your country.

그 세미나는 통신 산업의 전반적인 상황을 이해하는 좋은 기회를 제공해주었다.

The seminar gave me an excellent opportunity to get the whole picture of telecommunication industry.

🎤 패턴 연습

만남은 기쁨이자 영광이었음:

It was my great pleasure and honor to 동사 원형;
I was very pleased and honored to 동사 원형;
I had the great pleasure and honor to 동사 원형;
I had the great pleasure and honor of ~ing

I was very pleased and honored to have met you in your country.
I had the great pleasure and honor to have met you in your country.
I had the great pleasure and honor of having met you in your country.
당신 나라에서 당신을 만나 매우 기쁘고 영광스럽다.

한 달에 2건의 회의를 준비/개최한 능력에 탄복함. 힘들었을 것으로 추정함.

I admire your ability to arrange and organize two conferences in one month; it must have been very difficult.

귀측의 노력으로 회의가 성공리에 끝났다고 생각함.

I think that the meeting was very successful thanks to the efforts of you and your staff.

귀사에서 준비하신 정보 자료들이 일부 연사의 부족한 점을 충분히 보충하고 남았습니다.

Your prepared informative materials more than compensated for the shortcomings of some speakers.

 패턴 연습

~하는 능력에 탄복하다: admire the ability to 동사 원형

The president admired the sales manager's ability to generate business so quickly.
사장은 그렇게 빨리 사업을 성사시킨 판매 과장의 능력을 치하했다.

The production manager of the company admired the vendor's ability to find out more efficient assembly way.
그 회사의 생산 과장은 협력 업체가 훨씬 더 효율적인 조립 방법을 찾아낸 능력에 탄복했다.

 인사에 대한 답변

그렇게 탁월한 분들과 일할 때는 어떤 모임을 주최하는 것이 대단히 용이함.

Being the host is very easy when working together with such outstanding colleagues.

패턴 연습

호스트 하는 것은 쉽다.

Being the host is easy. Acting as the host is easy.

Acting as the host is very easy when cooperating with such outstanding partners.

그렇게 탁월한 파트너와 협력하면 어떤 모임을 주최하는 것이 대단히 쉽다.

☞ 상대방의 칭찬에 대해 오히려 상대방의 공을 높이는 문장인 바, 잘 응용하자. 예를 들어, 해외 공급선에서 거래선 확보에 대해 칭찬의 메시지를 보내 올 때, 해외 공급선의 공으로 돌리면 해외 공급선과의 관계 돈독에 도움이 될 수 있음. 하지만, 공급업체의 기업 문화에 따라 반대의 상황, 즉 누가 영업해도 자기 회사 제품을 팔 수 있는 것으로 간주할 수도 있는 바, 적의 판단하여야 한다. 비즈니스는 정답이 없다. 항상 상황에 맞게 탄력적으로 움직이고 대처하여야 한다.

Generating business is very easy when we are backed up by the excellent quality and competitive price of the global company.

세계적인 회사의 탁월한 품질과 경쟁력이 뒷받침될 때 사업을 성사시키는 것은 아주 쉽다.

Chapter 29

각종 초대/요청

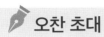 **오찬 초대**

2023년 10월 12일 목요일 12시 롯데호텔 메트로폴리탄 클럽으로 귀하를 주빈으로 오찬에 초대하오니 수락하여 주시면 감사하겠음.

I would like to cordially invite you to the luncheon to be given in your honor at the Metropolitan Club of the Hotel Lotte, at 12:00, on Thursday, October 12th, 2023.

나와 같이 KFS Carbon 사장 Mr. DH Shim과 당사 상무 Mr. TJ Kim이 참석할 것입니다.

In addition to myself, Mr. DH Shim, President of KFS Carbon Co., Ltd., and Mr. TJ Kim, Managing Directors of my company respectively, will attend the luncheon.

패턴 연습

각자, 각각, 각기, 따로따로: respective, respectively

In addition to myself, Mr. DH Shim, Manger and Mr. TJ Kim, Assitant Manager, respectively will attend the luncheon.

나 이외에 심 과장과 김 대리가 오찬에 참석할 것이다.

During our enjoyable luncheon, we had agreed to some important matters of interest to both our respective companies. Please allow me to refresh your memory and reaffirm mutual commitments to these matters.

오찬을 즐기면서 우리는 각 사의 이해가 달린 중요한 문제에 합의했었음. 오찬 시 다음과 같은 사항에 대해 합의한 것을 상기시켜 드림.

They have their respective merits.

그들은 각자의 장점이 있다.

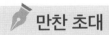 만찬 초대

경제협력위원회 대표로 2023/10/20일 오후 7시 한국의 집에서 정보청 장관 초청 만찬을 주최할 계획임. 이에 즈음하여 귀하도 참석하여 주시면 감사하겠습니다.

On behalf of the Economic Cooperation Committee, I have the honor of hosting the dinner in honor of H.E. Minister of Information at the Korea House, at 19:00, on Wednesday, 20th of October, 2023. On this occasion, I would like to request the pleasure of the company of your Excellency.

• the pleasure of the company of your Excellency: 귀하와 동석하는 기쁨
  company는 회사라는 뜻 이외에 교제, 사귐, 동석, 동석자, 일행 등의 뜻으로 자주 사용됨

🎙 패턴 연습

에 즈음하여: on the occasion of ~

I would firstly like to say that it was a great pleasure as well as an unsurpassed honor to have been able to sit with you during the dinner hosted by Prime Minister of Korea, on the occasion of the official visit of His Excellency Prime Minister of your country to the Republic of Korea.

한국 국무총리가 주최한 귀국 총리의 방한 환영 만찬 때 옆 자리에 앉게 되어 무한한 영광임.

• official visit: 공식 방문 ⟷ personal/unofficial visit: 비공식 방문, 개인적인 방문
  state visit: (국가 원수급의) 공식 방문

• on this happy/sad occasion: 이토록 기쁜/슬픈 때에
  on occasions: 이따금, 때에 따라서(occasionally)
  on the first occasion: 기회 있는 대로, 가급적 빨리

🎤 패턴 연습

초청으로: by invitation of

As you know, H.E. Minister of Information of your country is scheduled to visit Korea in early October by invitation of his Korean counterpart, Minister of Culture and Information.
한국 정보문화부 장관 초청으로 귀국 정보청 장관 방한 예정임.

• by invitation of: ~의 초대로   at the invitation of: ~의 초대에 의하여
  accept/decline an invitation to ~: ~의 초대에 응하다/초대를 거절하다

✒️ 골프 라운딩 초대

골프 라운딩 초대합니다. 2023년 10월 25일 수요일 오전 11시 비발디파크 CC입니다.
We would like to invite you to play golf at Vivaldi Park CC (www.vivaldiparkcc.com). The tee-off time is 11 AM, October 25, 2023, Wednesday.

• tee-off: 티 위에 공을 올리는 것은 tee-up이고, 올라가 있는 공을 때리는 것이 tee-off. 골프장의 라운딩 예약 시간은 첫 플레이어의 tee-off 시간을 의미한다.

🎤 패턴 연습

A가 ~하도록 초대/초청하다: invite A to 동사 원형:
A를 B에 초대하다: invite A to B: extend to A an invitation to B;
                    extend an invitation to B to A

We invited the purchasing manager to have dinner at Hyatt Hotel. We invited the purchasing manager to dinner at Hyatt Hotel.
우리는 그 구매 과장을 하이야트 호텔에서 식사하자고 초청했다.

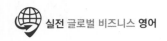

The company extended to all of its suppliers an invitation to bid for next year's purchasing quantity.

The company extended an invitation to bid for next year's purchasing quantity to all of its suppliers.

The company invited all of its suppliers to bid for next year's purchasing quantity.

그 회사는 내년도 구매 물량 입찰에 모든 공급업체를 초청했다.

We are very pleased to invite your technical manager to stay in Korea for six months to provide us with technical support.

귀사의 대 당사 기술 지원을 위해 귀사의 기술 과장이 6개월 동안 한국 체류하기를 초청함.

신제품 발표/시연회 초대

5월 10일 10시 코엑스에서 신차 발표를 하려 합니다. 이번 신차 발표회에 초대합니다.
We plan to introduce our new cars at COEX at 10 AM, May 10. We would like to invite you to this new car-launching ceremony.

이번 금요일에 스마트폰 신제품 발표회를 가지려고 합니다.
We are going to have a new smart phone rollout ceremony this coming Friday.

• rollout:(신제품의) 발표회/출시

관심 있으시면 초대장 보내드리겠습니다.
If you are interested, we will send an invitation card.

핸드폰 사업 담당 사장께서 직접 시연할 것입니다.
Our president of cellular phone division will give a live demonstration.

자녀 결혼식 초대

제 아들 결혼식에 초대합니다. 2023년 8월 5일 오후 2시 시내 Happy Wedding Hall의 잉꼬실입니다.

I would like to invite you to my son's wedding ceremony at Parakeet Room, Happy Wedding Hall downtown, 2 PM, August 5, 2023.

• parakeet: 잉꼬

칠순 잔치 초대

제 부친 칠순 잔치에 초대합니다. 시간은 2023/5/7일 오후 6시 잠실 SH 호텔 효도 실입니다.

You are cordially invited to attend my father's 70th birthday party at Filial Room, SH Hotel Jamsil, 6 PM, May 7, 2023.

• filial: 효성스러운
  filial son: 효자

취임식 초대

귀하 부부를 2023/10/20일 회장 취임식 및 취임식 이틀 후 회장과의 특별한 미팅에 초대합니다.

We would like to invite you and your wife to Mr. Chairman-elect's Inauguration Ceremony on October 20, 2023 and to a special meeting with him two days later.

여기에서의 체류가 즐겁고 보람될 것으로 믿습니다.

I believe that you can have a pleasant and rewarding stay here.

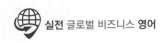

🎙 패턴 연습

즐겁고 보람 있는 체류/여행/출장

pleasant and rewarding stay/trip/business trip

pleasant and fruitful stay/trip/business trip

Once again, I heartily welcome you to Korea and hope that your stay in our country will be a most pleasant and rewarding one.

다시 한 번 한국 방문 감사드리며 한국 체류가 아주 즐겁고 보람 있는 일이 되기를 바람.

I hope that your business trip to Paris will be pleasant and fruitful.

파리 출장이 즐겁고 결실이 있기 바랍니다.

✒ 초대 수락 통보

부친 칠순 잔치에 즐겁게 참석합니다.

We are happy to accept your invitation to your father's 70th birthday.

초대해 주셔서 감사합니다. 귀하와 시간을 같이할 수 있다면 언제든지 오케입니다.

Thank you for your invitation to dinner. Nothing can hinder me from sharing time with you.

초대해 주셔서 영광입니다. 파티에 즐겁게 가겠습니다.

I feel honored at being invited. I will be happy to join you party.

Chapter 30

각종 거절

 사업 제안 거절

귀사의 사업 제안 서신을 관심 있게 읽었으나 당사는 현 시점에는 그러한 투자는 약속할 입장이 아님을 알려드리게 되어 유감임.

We read your message of business proposition with much interest; however, we regret to inform you that we are not in a position to undertake such investment at this time.

 특정 품목에 대한 거절

제안하신 품목을 지금 당장 수입하기는 어렵습니다.

It seems difficult for us to immediately import your proposed item.

당사는 건축 자재 분야에 대한 전문성이 없어 시장 조사 시간이 필요합니다.

We are not specialized in construction materials, and so we need some time to conduct market survey.

정확한 시장 정보 파악에 시간이 많이 걸립니다. 일정 시일이 지나야 수입 고려 가능합니다.

To get accurate market information requires lots of time. We can only consider importing your proposed item after some time.

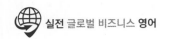

최종 오퍼 감사합니다. 하지만 현재 여기의 시장 상황으로는 귀사의 가격이 경쟁력을 가질 수가 없습니다.

Thank you for your final offer. We, however, regret to inform you that the present market situation here does not make your price competitive at all.

적절한 시기가 오면 같이 일하기를 바랍니다.

We hope to work together when the right time comes.

☞ 가격 경쟁력이 없어 가격 인하를 몇 번 요청한 후 받은 최종 오퍼 가격도 경쟁력이 없을 경우이다.

가격/품질 경쟁력은 있습니다.

Your products are competitive in price and quality both.

하지만, 귀사의 납기 2개월로는 한국 시장에서 비즈니스를 창출한다는 것은 불가능합니다. 한국 시장은 유사 제품의 평균 납기가 2주입니다.

It's not possible to generate sales of your products in Korea if you insist on the delivery of 2 months. The average delivery of the similar products is only two weeks.

납기 단축 없이는 사업 추진 불가합니다.

We can't persue business without your shortening delivery.

☞ 가격/품질/납기가 경쟁력이 있어야 비즈니스 창출이 가능하다. 물론, 독점 공급되는 제품이라면 상황이 달라진다. 위의 경우는 중개업자가 stock sale을 하는 것을 고려해볼 만하다. 가격/품질 경쟁력이 있다면 재고를 안고 비즈니스 추진하는 것을 적극 고려해볼 만하다.

지분 투자 거절

그 회사 지분 20%를 인수하라는 귀하의 제안을 충분히 검토하였으나 관심을 두지 않기로 결론이 남.

We have fully studied your proposal for acquiring 20% equity of the company, but, unfortunately, we have come to a conclusion that we are not interested in your proposal.

• 지분 투자: equity investment   지분 참여: equity participation

귀사가 OLED 프로젝트에 지분 참여자를 필요로
한다면 우리로서는 이러한 참여 방식도 실행가능
하기 때문에 지분 참여를 진지하게 생각할 것임.

If you require equity participants
in the OLED project, we will give it
serious thought because this form of
participation is quite feasible as far as
we are concerned.

• equity participant: 지분 참가자
• 지분을 다 갖고 있으면 wholly-owned 라고 표현하면 된다.
  wholly-owned subsidiary 완전 자회사

그 회사는 다양한 형태의 지분 참여에 대해 관심을 표명함.

The company expressed an interest to various forms of equity participation.

🎙️ 패턴 연습

~하는 데 관심이 있다, ~에 관심이 있다

be interested to 동사 원형; take/have interest in 명사/~ing

We have much interest in your new OLED technology. Could you send us
any available informative catalog including technical data about the new
OLED?

귀사의 새로운 OLED 기술에 관심 있는 바, 기술 자료를 포함한 관련 정보 카탈로그 송부 요청드림. 조속 회신 요망.

We are very interested to learn about your overmolding technology.

당사는 귀사의 오버 몰딩 기술에 관심 있습니다.

We are very much interested in your thin film PV module.
We take much interest in your thin film PV module.
Your thin film PV module interests us very much.

박막 태양광 모듈에 큰 관심이 있습니다.

☞ 글은 여러 가지 방법으로 쓸 수가 있다. 다양한 방법으로 작문해보자.

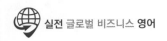

📌 시의 부적절 통보

그럼에도 불구하고 귀하의 양해를 구함. 당사는 재원이 부족하여 현재로서는 사업 영역 확장을 검토할 입장이 아님.

Yet, I must seek your understanding that our company does not have enough resources, and that we are not in a position at the moment to expand our business line.

지금은 태양광 에너지 사업에 큰 자금을 투자할 때가 아니다.

Now is not the right time for us to invest a huge amount of money in solar energy business.

그렇게 좋은 기회를 주셔서 감사합니다.

Thank you for your offering such an excellent opportunity.

이사회에서 열띤 토론 끝에 귀하가 말씀하신 사업 기회에 대한 투자는 지연하기로 결정하였습니다. 그 사유는 세계 경제가 향후 몇 년은 안갯속일 것으로 예상되기 때문임.

After heated discussion at the BOD meeting, our company has decided to delay investment in your said business chance, as the world economy is expected to be foggy a few years.

수익성이 있는 분야에서 같이 일할 수 있는 날이 오기를 바랍니다.

We, however, hope that the day will come soon when both of us can work together in some lucrative venues.

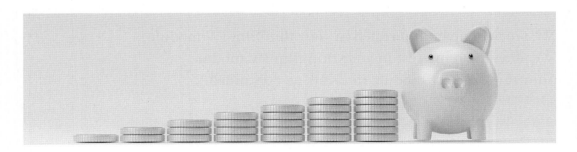

🎙️ 패턴 연습

~하는 날이 올 것이다: the day will come when ~

Once again let me thank you for your help, and I hope the day will come again soon when I work together with you.

다시 한 번 도움에 감사드리며, 다시 함께 일할 기회가 있기를 기대함.

• I hope the day when I work together with you will come again으로 쓸 경우 읽는 사람이 편하지 않다. 그래서 the day will come when ~으로 사용하는 것이 clear하다.

I hope that the day will come when the annual trading volume between our two companies reaches US$10 billion.

양사 간 연간 교역량이 연 100 억불이 되는 날이 오기를 기대함.

I hope that the day will come when the annual sales revenue reaches US$10 billion.

연 매출이 100억 불이 되는 날이 오기를 기대함.

I hope the day will come when we sell our technology on royalty basis.

우리 기술을 로열티 받고 수출할 수 있는 날이 오기를 바란다.

🎙️ 패턴 연습

우리가 ~하기에 적절한 때가 오면

when the time is correct for us to 동사 원형
when the right time comes for us to 동사 원형

Nevertheless, as I have mentioned earlier, I am positive that your proposal will be welcomed by many corporations. Thus allow me to take up your proposal when the time is correct for us to participate in the venture.
I hope that we can somehow establish a business relationship in the days to come.

하지만, 전에 언급 드린 바와 같이 귀사의 제안을 환영할 업체는 많을 것으로 확신함. 따라서 향후 당사가 그 사업을 할 여건이 조성되면 그때 귀하의 제안에 응하겠습니다. 장래에 어떤 방식으로든 거래 관계가 형성되기를 희망함.

- I am positive that ~: ~를 확신하다, ~에 대해 긍정적이다
  I am negative that ~: ~를 확신 못하다, ~에 대해 부정적이다
- take up: 제안/도전/내기에 응하다
- in the days to come; in the future

패턴 연습

적기: timely ⟷ 때가 아닌, 시기상조의: untimely, mistimed
timely/on-time delivery/shipment/investment: 적기 납기/선적/투자

Timely shipment is required to keep an excellent relationship with customers overseas.
해외 고객들과 좋은 관계 지속을 위해서 적기 선적이 요구된다.

Timely investment is very important for the companies to grow up.
기업이 성장하기 위해서는 적기 투자가 중요하다.

Never miss the delivery deadline. Timely delivery should be kept for a long-term business relationship.
납기 마감 시일은 절대 넘기지 마라. 적기 납기는 장기 거래 관계를 위해 반드시 지켜야 한다.

We think the date of the meeting is timely, and look forward to most productive meeting.
회의 일자 시의 적절하며, 아주 생산적인 회의 기대함.

Timely information on the foreign exchange and credit markets is essential to our FX deal performance.
외환 및 신용 시장에 대한 적기 정보는 당사의 외환 거래에 아주 중요함.

- FX: foreign exchange

합작 투자 거절

귀사가 제안한 품목들의 경우, 당 그룹 회사들은 합작 투자보다는 기술 이전을 선호함. 따라서 현재로서는 합작 투자는 어렵습니다.

Concerning your proposed items, our group companies prefer to enter into a technology transfer rather than a joint venture. And so we regret that joint venture business is not possible at the moment.

우리의 고객은 비록 국내 업체의 가격이 외국 업체보다 높지만 외국 업체의 부품보다는 국내 업체의 부품을 선호했다.

Our customer preferred to use the part of the local vendors rather than the part of foreign companies even though the price of the local vendors is relatively high.

그 사유는 국내 업체의 대응이 외국 업체보다 빠르기 때문이다.

The reason is that the local vendors are more responsive than the foreign ones.

그래서 제3국에서의 합작 투자보다는 기술 이전을 해서 한국에서 생산하는 것을 선호한다.

We, therefore, prefer your technology transfer to us so that we can produce the parts here in Korea, rather than a joint venture outside of Korea.

그 프로젝트를 포기하여야 되는 이유는 다음과 같다.

The reasons why we have to give up the project are as follows.

- as follows: 다음과 같이/같은
- follow-up measures: 후속 조처   follow-up meeting: 후속 미팅
- following day/week/month/year 다음 날/주/달/해

우리의 시장 분석은 완전히 잘못되어 우리의 투자는 실패로 판명되었다.

Our market analysis proved wide of the mark, and our investment proved a failure.

- wide of the mark: 틀린/얼토당토않은/목적을 빗나간/예상이 어긋나서

귀사의 합작 투자 제안을 충분히 검토하였습니다. 하지만, 합작 투자가 성공적일 수 없다는 결론에 도달하였습니다.

We have fully reviewed your proposal for joint venture. We, however, reached the conclusion that the joint venture can't be successful.

귀사와 같이 협력할 적격 파트너를 물색하기 바랍니다.

We hope that you will locate the right partner to go with you.

독점권 공여 불가 통보

당사와 비즈니스 관계를 시작하려는 귀사의 관심을 듣고 기뻤음.

We were pleased to hear of your company's interest in initiating a business relationship with us.

그러나 당사의 회사 정책상 어떤 해외 거래든 거래 금액이 천만 불이 될 때까지는 독점권을 주지 않는다.

However, our company policy does not allow us to pursue any overseas business on an exclusive basis until the business amount reaches US$10 Mil.

추후 양사가 상호 이익이 되는 거래를 어느 정도 진행한 후, 좀 더 적당한 때에 귀사의 제안을 재고하게 될 것임.

We would be happy to reconsider your suggestion at a later and more appropriate time, after both of us have been involved in mutually beneficial business.

리셉션 초대 거절

신차 발표 리셉션 초대 무척 감사하나 해외 출장 일정으로 참석 불가한 바, 대신 김 과장을 보내니 혜량하여 주시면 감사하겠습니다.

I very much appreciate your invitation to a reception of introducing new cars. I, however, regret to inform you that my overseas trip schedule does not allow me to attend the reception. In lieu of me, Manager Kim will attend the reception. Your considerate understanding of my inevitable situation would be appreciated.

- ~하게 되어 유감이다.
  I regret to inform you that ~; It is regretted that ~;
  I am regretful to inform you that ~, to my regret
- ~하게 되어 아주 유감이다.
  I am deeply regretful to inform you that ~;
  I deeply regret to inform you that ~;
  It's much/deeply regretted that ~
  Much to my regret ~

패턴 연습

바쁘다, 바쁜: very busy; busy as a bee
~하느라 바쁘다: be busy ~ing

The Sales Department of the company was very busy preparing a presentation for its potential customer's factory audit to be conducted during next week.
그 회사의 영업부는 다음주에 있을 잠재 고객의 공장 실사에 대비한 프레젠테이션을 작성하느라 매우 바빴다.

I am deeply regretful to inform you that I will be extremely busy during that period, and will therefore be unable to participate in the Forum.
포럼 개최 기간 동안 너무 바빠 참석이 불가함을 통보드리게 되어 유감.

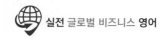
I would like to make an apology for being unable to accept your invitation because of previous engagement.

선약으로 초대 응하지 못해 죄송합니다.

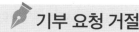 기부 요청 거절

자선 활동을 적극적으로 후원하고 싶지만, 당사는 아동복을 제조하지 않아 말씀하신 기부는 어렵습니다.

Although we would like to actively support this charity, we regret to inform you that our company does not manufacture any children's wear, and therefore cannot make the requested donation.

- charity 자애, 자비, 박애, 사랑
  a man of charity: 자선가
  형 charitable: 자비로운, 관대한, 자선의

✒ 취임식 초대 거절

2023년 10월 20일 취임식 초대에 감사드리나 변경 불가한 선약이 있어 초대에 응하지 못하니 혜량하여 주시기 바람.

I, however, deeply regret to inform you that I cannot accept your special invitation to Mr. Chairman-elect's Inauguration Ceremony on October 20, 2023 due to previous business commitments which are beyond my control.

제 불가피한 사정을 이해하여 주시면 감사드림. 의장 당선자님께 제 진심어린 축하의 인사를 전해주시기 바람.

Your understanding of my situation would be appreciated. Please pass on my sincere congratulations to Mr. Chairman-elect.

귀하의 사려 깊음에 다시 한 번 감사드리며 취임식이 성공리에 끝나길기원드립니다.

Thank you again for your thoughtfulness. I am sure that the inauguration ceremony will be a great success.

- inauguration ceremony: 취임식 matrimonial ceremony: 결혼식
  funeral ceremony: 장례식
- president-elect: 대통령 당선자 governor-elect: 주지사 당선자
  mayor-elect: 시장 당선자 chairman-elect: 의장(회장) 당선자
- Your understanding of my situation would be appreciated.
  제 상황을 이해해 주시면 감사하겠습니다.
  considerate/thoughtful을 understanding 앞에 붙이면 보다 더 정중해짐
  be 동사 다음에 highly, greatly를 쓰면 더욱 강조됨.

🖋 연사 초대 거절

비록 귀하가 저를 세미나 연사로 초청해 주셔서 영광스럽지만 5월 10일부터 브라질 출장이 시작, 5월 20일에야 한국 귀국 예정임.

Although your inviting me as a speaker at the seminar makes me honored, I have a firm schedule for a business trip to Brazil starting on May 10, in which I will be returning to Seoul on May 20.

따라서 유감이지만 참가 불가하게 된 바, 양해하여 주시면 감사하겠음.

Thus I deeply regret to inform you that I will be unable to participate in the seminar. Your understanding would be appreciated.

🎙️ 패턴 연습

~하게 되어 영광

feel/be honored at ~ing; feel/be honored to 동사 원형:
I feel honored to be a part of A: A의 일원이 되어 영광스러움

I am very honored to be here with you and to have the opportunity to extend, on behalf of the Korean delegation, our warmest welcome to the distinguished guests from our friend country.

한국 측을 대표해서 우리 친구 나라에서 오신 귀빈 여러분들에게 환영 인사를 하게 되어 큰 영광임.

I am very honored to be here with you.

이 자리에 모시게 되어 영광.

I am very honored to receive your invitation, but I deeply regret to inform that my situation does not allow me to accept your kind invitation. I have a firm schedule for the business meetings in USA during the week of your seminar.

초대 영광이지만, 제 사정이 그 초대를 받는 것을 허락하지 않아 유감입니다. 세미나 기간 동안 미국에서의 상담 미팅들이 확정되어 있습니다.

- I have a firm schedule for ~: ~이 확정되어 있다
  The company has a firm schedule for the factory audit.
  공장 실사 일정이 확정되어 있다.

Chapter 31

영문 계약서 상용어

1 상용어 - 법률 관용어 포함

　영문 계약서 상용어는 계약서에 자주 사용되는 단어와 어구를 알파벳 순으로 엄선 수록, 사전식으로 활용 가능한 바, 본 상용어를 숙지하면 웬만한 영문 계약서는 이해하고 협상하는 것이 어렵지 않을 것이다.

상용어	의 미
at the risk of and for the account of~	~의 위험과 비용으로
abandonment	(권리) 포기
abate	줄이다, 약해지다, 法 배제하다
acknowledge	(어떤 사실을) 인정하고 받아들인다(▶ 즉, 나중에 딴소리하지 않는다는 의미 내포)
accelerate	가속화하다, 앞당기다
accidental	우발적 · incidental, casual, adventitious, contingent
account receivable	외상 매입금 · account payable : 외상 매출금
act and deed	후일의 증거, 증거물
act of commission/ omission	· 작위 / 부작위 · act or omission, commission or omission : 法 작위 또는 부작위 · act of commission (작위) : 금지된 일을 적극적으로 하는 행위 · omission (부작위) : 마땅히 할 일을 일부러 하지 않는 소극적 행위

상용어	의 미
act of God	불가항력(force majeure) · 당사자가 제어할 수 없는, 불가피한 상황, 즉, 신의 영역으로 면책 사유가 된다. · an unforeseeable event such as a flood, earthquake, war 　etc used as an excuse for not fulfilling a contract 　beyond one's control, out of one's control
ad hoc	특정 문제에 관한
addendum	부록, 부칙(supplementary provision), (복수) addenda
adjudge	판단을 내리다, 판결하다
adjudicate	판결을 내리다, 판정을 내리다, 재결하다, (대회) 심판을 보다
adopt	채택하다, 쓰다, 입양하다
advance payment	선급금, 선금 · interim payment : 중도금　•retention money : 유보금
adversely	불리하게, 반대로 · affect adversely : 악영향을 주다
affidavit	진술서
affixation of signature	기명 날인
aforementioned	상기의, 상술의, 전기의, 전술의 · above-mentioned, above, aforesaid
after June 1	6월 1일 이후(◉ 6월 1일은 포함되지 않음) · before June 1 : 6월 1일 이전(◉ 6월 1일은 포함되지 않음) · from, as from, as of, to, by, until, till, commencing with June 1 : 6월 1일 포함 ◉ Incoterms 2020은 from, after 모두 포함되지 않는 것으로 일자를 계산한다. 　10 days from/after June 1 하면 6월 11일을 의미 ◉ 영문법과 Incoterms는 일자에 대한 기산일이 다른 예도 있는 바, 기산일이 중요하다면 명확히 하여야 한다. 예를 들어 on and after June 1 이라고 하면 6월 1일 포함 여부에 대한 이견이 있을 수 없다.
agent	대리인, 중계상, 에이전트, 요원, 첩보원
aggregate liability	총책임 · aggregate income : 총소득액　•aggregate investment : 총투자액
aggrieved party	손해를 입은 당사자, 피해 당사자

상용어	의 미
agreement	계약(contract) · sign the agreement : 계약서에 서명하다 · close/make/enter into/reach the agreement : 계약을 체결하다 · extend/renew the agreement : 계약을 연장/갱신하다 · (unilaterally) break/repudiate/breach a contract : 계약을 (일방적으로) 파기하다 · X-year contract : X년 계약(예 : five-year contract 5년 계약) · lease/rental agreement : 임대 계약 · employment agreement : 고용 계약 · nonfulfilment, nonperformance, nonobservance, failure of agreement : 계약 불이행 Agreement와 MOU 차이점 계약은 agreement, contract 등이라 하며 법적인 책임과 의무가 있다. MOU(memorandum of understanding)는 양해각서라고 하며, 일반적으로 정식 계약 전의 단계이며, 그냥 그런 의사가 있다는 것을 표명한 것이다. MOU는 계약서와 달리 법적 구속력이 없다. 한마디로 말해 MOU는 계약으로 이어질 수도 있고 이어지지 않을 수도 있다. ⊚ MOU는 주가 조작(stock manipulation)에 악용되는 경우가 있다.
all and every	일체의, 모든 것의 · any and all
all risks(A/R)	전손, 해상 보험의 모든 위험 담보 조건
allegation	(증거 없는) 주장, 진술
alter	변경하다 · amend, modify, change
alternative	대안, 대체 가능한
amicable	우호적인, 원만한
amortization	감가상각 · amortization without consideration : 무상 소각
anniversary	기념일, ~주년 · 1st anniversary : 1주년 · 2nd anniversary : 2주년 ⊚ 계약 몇 주년을 의미 시 anniversary를 사용
answer	답변서 · written answer, written reply, written refutation
appendix	본문 끝에 덧붙이는 기록, 부록
applicable law	준거법 · governing law, proper law
appoint	임명하다, 정하다

상용어	의 미
arbitration	조정, 중재 · arbitration court : 중재 재판소
argument	논쟁
arm's length	공정한, 대등한 입장에서의, 서먹서먹한, 독립적인, 멀리하는 · arm's length transaction : 공정한 거래, 독립 거래 ◉ 아무 관계가 없는 독립 당사자 간의 거래. 예를 들어, 부모와 자식 간의 부동산 거래는 arm's length transaction으로 간주하기 어려움
article	계약서의 몇 조, 조항
as provided in	명시된 규정에 따라
as the case may be	경우에 따라서, 상황에 따라서
assign	양도하다 · assign and transfer
assignment	(계약의) 양도
assume and agree	동의하다, 합의하다
at fault	잘못해서, 죄가 있어, 책임이 있어, (기계가) 고장이 나, 어찌할 바를 모르고, 당황해서
at one's cost and expense	누구의 비용으로
at the discretion of ~	~의 자유 재량에 의거 · upon the(written) consent / agreement of ~ :(서면) 동의/합의에 의거
at the option of ~	~의 자의로, ~의 생각대로, ~의 마음대로 · at one's option
at the risk of ~, at one's risk	~의 위험을 무릅쓰고, ~을 희생하고
at will	마음대로(just as or when one wishes) · at will agreement : 월 단위로 당사자를 구속하는 계약(원 임대차 계약에 벗어나는 일부 결함이 있어 조처를 요청하였으나 조처되지 않을 경우 계약 해지 가능) · at will employee : 임의 직원(언제든지 해고, 퇴사 가능한 직원)
authorize and empower	권한을 부여하다
authorized capital	수권 자본금
background IP	~ 백그라운드 지적 재산
BATNA	Best Alternative To a Negotiated Agreement 협상 결렬 시 대안

상용어	의 미
be entitled to ~	~ 할 자격이 있다, ~ 할 권리가 있다
be final and binding upon ~	~에 대하여 최종적인 구속력을 갖는다
be governed by and construed under ~	~에 적용되고 해석된다
beneficiary	수익자
beyond one's control	제어할 수 없는, 통제할 수 없는 · out of control, uncontrollable, unmanageable, irrepressible, ungovernable, unstoppable, unquenchable, irresistible
biased view	편견 (distorted view, prejudiced view)
bilateral	쌍무적인, 쌍방의 · unilateral : 일방적인, 한쪽에 치우치게, 편무적으로
bill of lading(B/L)	선화 증권
bind and obligate	구속하다
bind upon	묶다, 구속하다, 동여매다, 체결하다
binding power	구속력 (binding force)
board of directors	이사회(BOD, directorate)
boilerplate(clause)	(사업상 서류·법률적 합의안 등의) 표준 문안(조항)
bona fide	진실한, 성실한, 산의의, 선의로, 호의로
bound	(법, 의무 등에) 얽매인, (법 의무상) ~ 해야 하는
breach of promise	위약 · breach of contract, breach of agreement · breach of trust/faith : 배임, 신탁 위반
breaching party	계약 위반자
broad area	광범위 · broad　scope/extent/spectrum
burden of proof	입증 책임
business ethics	상도, 상도덕, 기업 윤리 · business forecast : 경기 예측, 사업 전망

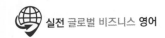

상용어	의 미
by and between	~에 의해
by and under	~에 따라, ~에 의해
by and with	~에 의해
by virtue of	힘으로, 덕분에
by-law	조례, 내규 · by law : 법률적으로, 법으로(under law)
cancellation	취소, 무효화
candidate	후보자
capacity	자격, 능력, 용량, 수용력, 法 행위 능력, 법정 자격
capital contribution	자본금 출자
cause	정당한 사유, 원인 · with cause : 정당한 사유가 있이 • without cause : 정당한 사유 없이
cease	중단되다, 그치다, 중단시키다 · cease and come to an end : 종료되다
certified	보증된, 공인된 · certified copy of register : 등기부등본
change of situations	사정 변경, 상황 변경 · change of circumstances
circumvent	피하다, 회피하다, 우회하다, 면하다, 둘러 가다, 포위하다 · circumvent the law : 법을 회피하다 · circumvent customs : 관세를 피하다 · circumvent real issues : 실질적인 사안을 회피하다
clause	조항, 항목 · add/amend/remove/include a clause : 조항 추가/수정/삭제/포함
collective bargaining	단체 교섭
collectively	통틀어, 일괄적으로, 집합적으로
collusive bidding	담합 · collusive tendering
comfort letter	컴포트 레터 ⊚ 한 회사의 재정이 안정적이라 것을 확인해주는 비공식 보고서

상용어	의 미
commentary	법률 해석서
commerce	상업 · commercial business / matters / morality / practices / transaction 상용 / 상사(상업에 관한 일) / 상도덕 / 상관습 / 상거래
commercially reasonable	상업적으로 합당한 · commercially reasonable costs
commencing with	~ 일자부터 시작해서(from 일자)
common law	영국에서 전통적으로 전수되어 온 보통법 ⊛ law of equity(형평법) – 보통법의 상대적 개념
compensation	배상, 보상 · compensation for damage : 손해배상, 손해보상 ⊛「배상」은 남의 권리를 침해한 사람이 그 손해를 물어주는 일을, 「보상」은 국가 또는 단체가 적 법한 행위에 의하여 국민이나 주민에게 가한 재산상의 손실을 갚아 주는 행위이다.
competent	만족할 만한, 괜찮은, 권한이 있는, 결정권이 있는 능숙한(↔ incompetent)
compliance	(법·명령 등의) 준수, (명령 등에) 따름 · compliance table/matrix : 사양/조건 충족 여부 표
comply with	준수하다, 순응하다
compulsory	강제적인, 의무적인(mandatory), 필수의 · compulsory disposition : 강제 처분 · compulsory education : 의무 교육 · compulsory execution : 강제 집행 · compulsory investigation : 강제 수사 · compulsory removal : 강제 철거
concerned party	당사자(interested party)
conflict	상충, 충돌 · conflict of interest : 이해 상충, 이해 충돌 · generational conflict : 세대 간의 갈등 · rational conflict : 인종 갈등 · conflicting : 상반된
conform	(법, 규칙 등에) 따르다, 맞다, ~에 일치하다 · conform to the law, conform to business manners · conformity : 따름, 순응
consequential	~ 결과로 발생되는, ~에 따른

상용어	의 미
consequential damages	정확한 한국어 번역은 법조인들의 대세를 따르면 될 것이나, 비즈니스 관점에서의 consequential damages는 「판매 기회 상실 야기 손해/배상금」 정도로 번역하는 것이 무난하지 않을까 한다. · consequential damage는 indirect damages이며 special damages이다. 법률적인 측면에서 손해배상 종류에 대한 번역은 대략 다음과 같다. · direct damages : 직접 손해 · indirect damages : 간접 손해 · special damages : 특별 손해 · punitive damages : 징벌적 손해 · consequential damages : 결과적 손해 · reliance damages : 신뢰 이익의 손해배상
consideration	약인, 대가, 고려
consist of ~	~로 구성되다
constitute	구성하다, ~이 되다, 이루다, 설립하다
construction	계약의 해석, 추정, 의미
construe	이해하다, 해석하다
consumer	소비자
contemporaneous	동시에 발생하는, 동시에 존재하는 · contemporary
contingency	우발성
contract capacity	계약 능력, 계약 자격
contract of adhesion	부합 계약, 당사자의 협상력에 차이가 큰 계약 ⓟ 계약 당사자의 한쪽이 계약 내용을 미리 결정하여 다른 한쪽은 계약 내용을 결정할 자유가 없는 계약. 예를 들면, 전기·가스·수도의 공급 계약, 보험 계약 등
contradiction	모순, 자가당착
contravention	위반, 위배 · in contravention of ~ : ~을 위반하여, 위배하여
costs and expenses	비용과 경비
counterclaim	맞고소, 반소. 맞고소하다, 반소하다, 반소를 제기하다
court of equity	(형평법) 법원
court of law	(형평법/보통법) 법원

상용어	의미
court order	법원 명령
covenant	약정, 약정하다
covenant and agree	동의하다, 합의하다
cover, embrace and include	포함하다
cross reference	상호 참조
cumulative and not exclusive	누적적이며 배타적이지 않은 ⊚ 이 권리를 행사한다고 다른 권리를 사용하지 못하는 것이 아니다. 즉, 병행 가능하다는 것임. · 어떤 법적 구제 권리를 사용하는 것은 당사자의 선택이며, 이 권리 저 권리 병행하여 사용 가능. · Lessor shall also been titled to any and all other remedies provided by law. All rights and remedies are to be cumulative and not exclusive.
customary	관례적인
damage	손해
damages	damage를 복수로 사용하면 손해배상금, 손해액, 배상액 ◦ claim damages : 손해배상금을 청구하다 ◦ pay damages : 손해배상금을 지불하다
de facto	사실상의, 실제로는 · de facto management : 사실상의 경영 · de facto marriage : 사실혼
deal memo	계약 체결 과정에서 당사자 간에 주요 조건을 적어 교환한 편지 형식의 문서
declare	선언하다, 신고하다
deduction and withholdings	공제 및 원천징수 · recoupment : 공제, 변상, 보상
deem	간주하다 · deemed and considered : 간주되고 추정된다
defamation	명예 훼손, 중상
default	불이행, 불출장, 기권, 法 채무 불이행, 디폴트(컴퓨터에서 미리 정해 놓은 값 : 기정값, default value)
deliverable	산출물, 제시물 ⊚ (회사가 고객에게 약속한) 상품/제품, 제공품을 의미 · 개발 의뢰자가 개발자에게 제공하는 개발에 필요한 정보, 견본, 제품 등 · 개발자가 개발하여 개발 의뢰자에게 제공하여야 되는 정보, 견본, 제품 등

상용어	의미
denominate	(특정 단위로) 액수를 매기다, 표시하다, 명명하다
deposit	계약금, 보증금 · retainer : 착수금, (변호사 등) 의뢰 비용, 상담료
determine	이해하다, 결정하다
devote	(노력, 시간, 돈을) 바치다, 쏟다, 기울이다 · devote A to B : A를 B에 바치다, 쏟다 · devote oneself to ~ : ~에 몰두하다, 전념하다
dictate	받아 쓰게 하다, 명령하다, 지시하다
diminish	줄어들다, 깎아내리다
direct or indirect	직접이든 간접이든, 직접적이거나 간접적이거나
discharge A from B	A를 B로부터 면책시키다
disclaimer	면책 경고문, 항변 등 자신의 권리나 청구의 포기
disclose	밝히다, 드러내다
discrepancy	불일치, 상위, 어긋남, 모순 · non-conformity, incongruity, mismatch · NCR(non-conformity report) : 불일치 보고서, 부적합 보고서 · punch list : (건설에서 사용) 시공 상태의 수정 보완 목록
discretion	재량, 신중함 · at one's discretion : ~의 재량으로
disinterested	객관적인, 공평한 의미이며 · uninterested : 흥미 없는, 무관심한
disprove	반증하다, 틀렸음을 입증하다 · falsify, refute
divert	(생각·관심을) 다른 데로 돌리다, 전환시키다, 우회시키다, 전용하다
divulge	알려주다, 누설하다 · disclose, let on, let out, reveal, unwrap, expose, give away, discover, bring out, break
doctrine of freedom of contract	계약 자유의 원칙
due and payable	만기가 되어 지불/지급, 지불/지급 시점이 되다
due diligence	통상의 주의 의무, 정밀 조사, 기업 실사

상용어	의 미
duly authorized	적법하게 권한을 가진, 합법적으로 위임받은 · duly authorized representative
each and all	일체의, 모든 것의
each and every	각
effective and valid	유효한
elaborate	정교한, 정성들인, 자세히 말하다, 상술하다, 정교하게 만들어내다
eligible	~을 할 수 있는, 자격이 있는, 신랑·신붓감으로 좋은
eminent domain	수용권
encumbrance	장애물
enforce	강제하다
enforceable against ~	~에 대해 강제 집행력이 있는, 법적 구속력이 있는, 집행력이 있는, 법적 구속력이 있는
ensure, insure	반드시 ~하게 하다, 보장하다
entail	수반하다
enter into force	발효되다, 시행되다 · come into force
entire agreement	완전한 합의, 완전한 계약 · merger clause : 완전 합의 조항 ⊚ 본 조항이 포함된 계약서 이외의 다른 합의, 협정, 진술 등은 효력이 없다는 것임
entirely and completely	완전히
entirety	전체, 전부
equitable relief, equitable remedy	(형평법상의) 구제 수단, 구제 조치, 구제책 ⇔ legal remedy : 법적 구제 수단, 관습법상의 구제수단 　common law : (보통법상의) 구제수단 · injuctive relief : 가처분
equivalent to	~와 같은, 상응한 (equal to ~) · this is in effect equivalent to ~ : 이것은 결국 ~와 같다
escrow	기탁, 조건부 날인 증서(어떤 조건이 성립될 때까지 제삼자에게 보관해 둠) · escrow account : 기탁 계정, 이스크루 어카운트
expressly or impliedly	명시적으로 또는 묵시적으로

상용어	의 미	
except as otherwise specified in ~	~ 명시된 것을 제외하고	
except as otherwise expressly provided in ~	본 계약에서 달리 명시적으로 규정하는 경우를 제외하고는	
except herein otherwise provided	여기에 달리 제공된 경우를 제외하고	
except otherwise agreed by the parties	당사자 간에 달리 합의되는 경우를 제외하고는 · unless otherwise agreed by the parties : 당사자 간에 달리 합의되지 않으면	
exclusive	배타적인, 전용의, 독립적인 · exclusive possession : 전유, 혼자 소유　● exclusive right : 독점권 · exclusive use : 전용, 혼자 사용	
exclusive jurisdiction	전속 관할 ◉ 법률이 고도의 적정·신속·공익상 필요로 특정 법원에만 관할권을 인정하여 재판을 하도록 하는 것 · non-exclusive jurisdiction 임의 관할 ◉ 당사자의 합의나 응소에 의하여 관할 법원을 정할 수 있도록 하는 것. 당사자의 편의 공평 도모의 취지에서 인정됨.	
execute	실행하다, 해내다, 처형하다	
executed and delivered	(계약서상) 작성 합의되어 교부된	
exercise	행사하다	
expiration	만료, 만기 · expiry	
express contract	명시적 계약 ⇔ implied contract (묵시적 계약)	
extinction	소멸 · extinctive/negative prescription : 소멸 시효 · completion of extinctive prescription : 소멸 시효 완성	
extreme situation	극한 상황	
fabrication	날조	
face value	액면가 · par value, amount value	
fair	공평한 · fair and equitable principle : 신의칙, 공명정대 원칙	

상용어	의미
feasibility	타당성, 실현 가능성 · feasibility study : 예비 조사, 타당성 조사
fiduciary capacity	수탁자의 자격 · 수탁자의 자격으로 : in a fiduciary capacity
filing a lawsuit	소 제기, 소송 제기
final and conclusive	종국의
finance	재원, 재정, 금융 · financial affairs : 재무 · financial institution : 금융 기관 · financial statement : 재무제표
fine print	작은 활자, 작게 쓴 약관 등 ◉ 계약서상에 다른 글자보다 작게 인쇄된 내용. 즉, 예를 들면, 보험 증서 뒷면의 작은 글씨로 되어 있는 내용들.
finish and complete	완료하다
fit and suitable	적당한
flat fee	균일 요금
flat tax	일률 과세, 단일 세율 과세 · 비례세(proportional tax) : 과세 표준의 변동과 무관하게 일정한 세율을 적용하는 조세 · 누진세(progressive tax) : 소득이나 과세 대상 금액이 올라갈수록 세율이 높아지는 조세 · 역진세(regressive tax) : 소득이나 과세 대상 금액이 올라갈수록 세율이 낮아지는 조세
for and during the period of~	~ 기간 · for and during the term of : ~기간 중
for and in/on behalf of ~	~을 위해
for and in consideration of ~	~을 약인(約因)으로
for the avoidance of doubt	명확히 말해서, 다시 말해, 즉, 무언가를 명확히 다시 설명할 때 사용하는 관용구 · for the clarification, to make things clear ◉ 비즈니스 이메일에서도 자주 사용한다
for the purpose of ~	일반적인 의미는 '~하기 위해서' 의미이나 계약서에서 법률적인 의미는 '~에서는'이다. · for the purpose of this agreement : 본 계약에서는 · for the purpose of this article : 본 조항에서는, 본 조항의 목적상, 본 조항의 적용에 있어
forbearance	(특히 잘못한 사람에 대한) 관용, 관대 forbear : 참다, 삼가다

상용어	의 미
force and effect	효력
foregoing	전술한 내용, 앞서 말한, 방금 말한 · aforesaid, foresaid, forementioned, forenamed
foreign	외국의 · foreign currency : 외환 · foreign exchange rate : 환율 · foreign capital/money/fund : 외자
form	형식, 방식
formal objection	이의 신청
format	서식
formation	성립, 형성
forthwith	(합리적인 시간 내에서) 즉각 · immediately, promptly는 그냥 즉각, 즉시의 의미
frame contract	기본 계약, 프레임 계약 A non-legally binding agreement between two parties setting out their intention to agree on the precise delivery schedule and pricing terms In the future with respect to the supply and purchase. 예를 들면, 「향후 5년간 1년에 몇 ton씩 구매하겠다.」라는 것이 기본 계약이며, 연간 단위로 물량/가격/납기들을 확정하는 것이다. 이 경우, 어떤 중요한 사항, 예를 들어, 가격 합의가 이루어지지 않으면 계약이 성사되지 않는다. 즉, frame contract는 법적 책임과 구속력이 없다. 하지만, frame contract는 주로 장기적인 business partner 관점의 계약서인 바, 특별한 사유가 없는 한 계약대로 진행되는 것이 일반적이다. 주로 원자재 공급/구매 계약은 장기간의 frame contract를 먼저 체결하는 것이 일반적이다. 일종의 공급자/수요자 상호 우선 협상 대상자의 지위 정도로 간주하면 된다. ⓟ Smelter(제련소)의 경우, 광산과 광물 frame contract를 체결한다, 예를 들면, copper smelter는 Cu mine과 copper concentrate(동광석) frame contract를 체결하고, 매년 가격 협상하여 확정하는 것이다. 광산은 생산 물량의 일정량에 대해서 안정적인 수요처를 확보하고, 제련소는 수요 물량의 일정량은 안정적인 공급처를 확보하게 되어 좋다.
free of all encumbrances	모든 방해물 없이, 어떠한 장애물도 없이 · encumbrance : 방해물, 장애물, 法 부동산에 대한 부담(저당권 등) · a house freed from all encumbrances : 담보가 전혀 잡히지 않은 주택
from and after	~후
from that time forward	그때부터 계속해서

상용어	의 미
fulfill	이행하다, 수행하다, 실행하다
full and complete	완전한
full force and effect	유효한
furnish and supply	공급하다
general	일반적인, 보편적인, 전박적인 · general affairs : 서무 · general effect, overall effect : 전체 효과 · general insurance clauses : 보험 약관 · general manager : 총지배인, 총감독 ◎ 중국에서는 총경리로 칭하며 대표 이사 사장을 의미 · general meeting : 총회 · general meeting of shareholders : 주주 총회 · general rules : 총칙, 통칙
general	일반적인, 보편적인 · generally available to the general
gentleman's agreement	신사협정, 신사협약
geographically defined	지리적으로 정의된
give and grant	부여하다
give, devise, and bequeath	유증하다
good faith	선의의, 사기성이 없는 · bona fide
goodwill	영업권
governing law	준거법 · applicable law, proper law
grant	공여, 교부, 양여 · grant-back licensor(라이센서, 기술 제공자)는 licensee(라이센시, 기술 도입자)에게 유상으로 기술 이전을 하나 licensee가 그 기술을 기반으로 신기술을 개발할 경우, 그 신기술을 licensor에게 무상으로 제공하는 것을 의미한다. licensor들이 보험 차원에서 이런 조항을 삽입하여 기술 이전하는 경우가 종종 있다. 왜냐하면, 각 사의 특화된 기술이 융합될 때 신기술이 개발될 가능성이 크기 때문이다.
grace period	거치 기간, 유예 기간 · a loan payable in ten years with a two-year grace period 2년 거치 10년 상환 대출

상용어	의 미
groundless	사실무근의, 근거 없는 · unfounded, baseless, without reason, without justification, without rational basis · a totally unfounded allegation : 전혀 근거 없는 주장 · a groundless rumor : 근거 없는 소문 · 근거 있는 : well-founded, well-grounded
harmonize	조화시키다, 화합시키다, 조화하다, 화합하다, 잘 어울리다
have and obtain	소유하다, 보유하다
heavy duty	중관세
heavy tax	중과세
hold and keep	보유하다
hold harmless	책임이 면제되다, 면책하다 · save harmless
in the ratio of ~, at the ratio of ~	~의 비율로, ~의 비율대로 · the reatio of 7 to 3 : 7 대 3의 비율로 · increase with the ratio of 7 to 3 : 7 대 3의 비율로 증가하다
in witness whereof	이상을 증명하기 위하여, 이에 대한 증거로, 이상에 대한 증거로서
including without limitation ~	~ 포함하되 ~에 제한되지 않는다. 즉, ~를 반드시 포함해서 무제한으로 · including but not limited to ~로도 사용 ⊙ including only ~라고 하면 열거하는 전부
inclusive of	including
incorporated in	~에 통합되다, ~에 편입되다, ~에 포함되다, ~에 반영되다
incorporation	회사 설립, 법인 설립
indemnify and hold harmless	· indemnify는 이미 발생한 손실, 손해와 장래의 손실, 손해에 대한 보상, 보전을 현시점에서 배상 약속한다는 것임. · hold harmless는 제삼자로부터의 청구에 대해서 앞으로의 책임에 대해 면책한다는 의미이다. save harmless로도 사용한다 · indemnify and hold harmless against and from all expenses, claims, and loss 모든 비용, 클레임, 손실을 ~ 에게 배상하고 책임을 면제시킨다. · Distributor shall have no liability or obligation regarding any loss and claim, and Supplier shall defend, indemnify and hold Distributor harmless from any loss and expense which might be caused by Supplier's products infringing the intellectual property rights of a third party. 디스트리뷰터는 손실 및 청구에 대해 책임이나 의무가 없으며 공급자는 공급자의 제품이 제삼자의 지적 재산권을 침해함으로써 발생할 수 있는 손실 및 비용에 대해 디스트리뷰터에게 손해배상하며, 그 책임으로부터 디스트리뷰터를 보호하고 면책한다.

상용어	의 미
indemnity	indemnify A from B, indemnify A against B : (법률적으로) 보장하다, B로부터 A를 보호하다 法 B에 대한 A의 법적 책임을 면제하다, 면책을 보증하다
independently developed	독립적으로 개발된 · jointly developed : 공동으로 개발된
infringement	침해
initial here	여기에 이름 첫 글자들로 서명하라
initiate a preceeding	소송 절차를 밟다
injunct	금지하다, 억제하다 · injunctive : 명령적인, 금지의 · injunctive relief : 금지 명령 구제 · injunction :(법원의) 명령 ⊙ restraining order :(권한자의) 경고, 명령
impair	손상시키다, 악화시키다
impose	도입하다, 부과하다, 강요하다
in a timely manner	시기적절하게, 적시에, 적기에
in accordance with ~	~따라서, ~에 부합되게
in any event	아무튼, 좌우간 · in any case
in bad faith	불성실하게, 악의로 · mala fide
in compliance with	~에 따라, ~에 응하여, ~대로, ~에 쫓아 · in obedience to
in consideration of ~	약인으로, 대가로 · 약인이란 계약 당사자가 계약을 체결하게 하는 동기, 유인, 즉 계약 체결의 이유로 당사자 일방에 발생하는 권리, 이익, 이득 또는 상대방이 부담하는 손실, 손해, 책임 등을 말한다.
in duplicate	2통으로 · triplicate : 3통
in force	효력을 가지다, 유효하다 · in full force : 완전 효력을 가지다
in good faith	호의로, 선의로

상용어	의미
in lieu of	대신에 · instead of
in no event	어떻게 되든(~이 아니다), 어떠한 경우에도 ~ 아니다
in respect to	관해서는, 대해서는 · in respect of, with reference to, in reference to
in the public domain	누구나 살 수 있는, 권리 소멸 상태인
injunction	(법원의) 명령
insofar as ~	~ 하는 한(◉ 당사자의 의무가 무엇인지 제한할 때)
installment	할부, 분납, 할부금, 분할 불입, 분할 불입금 · installment loan : 할부 대출, 할부 금융 · installment buying : 할부 구매 • installment selling : 할부 판매
instrument	일반 영어에서는 「기계, 기구, 도구, 악기, 수단, 방편, 앞잡이」 등의 뜻으로 사용되나, 법률, 증권, 금융, 계약 분야에서는 『법률 문서』로 사용되는 빈도 높은 단어이다.
intentional miscoduct	고의적 악행 · wilful miscondnuct
inter alia	그중에서, 특히 · among other things, among others
interfere	간섭하다, 참견하다, 개입하다
intermediary	중재자, 중개인
inure to the benefit of ~	~의 이익을 위하여 효력이 있다, ~의 이익이 되도록 효력이 발생한다 ◉ 일반 상거래 계약에서는 발생될 가능성이 희박하며, 상표권 라이선스 계약에 실제 사용되는 경우가 있다.
irreparable	회복할 수 없는, 만회할 수 없는, 바로잡을 수 없는 · irreversible, irrepairable, cureless, incurable, irremediable
irrevocable	변경할 수 없는, 돌이킬 수 없는 · irrevocable decision : 확정 판결 · irrevocable letter of credit : 취소 불능 신용장
is not authorized to ~	~ 할 권한이 없다 · have no authority to ~

상용어	의 미
issuance	발부, 발행 · issuance of securities : 증권 발행 　⊙ 증권(securities)은 주식(share/stock)과 채권(bond)의 총칭 · issuance of stocks/shares : 주식 발행 · issuance at a discount : 할인 발행 · issuance at a premium : 할증 발행
joint	공동의, 합동의, 연대의 · joint development : 공동 개발 · joint guarantee : 연대 보증 　⊙ 보증과 연대보증은 큰 차이가 있다. 예를 들어, [A가 1억 원을 차입 시 B가 보증한다.]와 [A가 1억 원을 차입 시 B가 연대보증한다.]라는 의미는 상이하다. 　　전자는 A가 차입금 상환 능력이 없을 경우, 채권자가 B에게 상환 청구 권리가 있지만, 후자는 A의 차입금 상환 능력 여부와 상관없이 B에게 상환 청구할 수 있고, B는 상환 의무가 발생한다. 즉, 연대보증 한다는 의미가 본인이 차입한 것과 같다고 간주하여야 한다. · joint endorsement : 연명 배서 · joint investment : 공동 투자 · joint liability : 연대 책임 · joint meeting : 연석 회의 · joint ownership : 공동 소유 · joint research : 공동 연구 · joint surety : 연대 보증인 · joint venture : 합작 투자, 줄여서 J/V라고 한다 　⊙ joint undertaking 이라고도 한다 · joint signature : 연서 　⊙ jointly : 공동으로, 연대해서
joint and several liability	연대 책임
jurisdiction	사법권, 관할권, 관할 법원
just and equitable	공정하고 정당한
justifiable	정당한, 정당한 이유가 있는
keep and maintain	유지하다
kind and character	성질 kind and nature
known and described as ~	~라고 불리다

상용어	의 미
large	큰, 대 · large part/percentage/portion of ~ : ~의 대부분 · large stockholders/shareholders : 대주주
laws and acts	법률 및 행위, 법과 행위
lawsuit	소송
legal	법률의, 법적인 · legal expense : 소송 비용 · legal relationship : 법률 관계 · legal representative : 법정 대리 · legal requirement : 법률 요건 · legal service : 법률 사무
legalese	난해한 법률 문제(용어, 표현법) plain English movement : 법률 용어 순화 운동
letter	· letter of credit : 신용장 · letter of undertaking : 이행 각서 · letter/warrant/power of attorney : 위임장 · letter of commitment : 약정서 · letter of confirmation : 확인서
lien	선취득권, 리엔, 유치권
limited	한도의, 한정의 · limited amount : 한도액 · limited company : 유한 회사 · limited liability : 유한 책임 · limited partnership : 합자 회사 · general partnership : 합명 회사
liquidate	청산하다 · liquidator : 청산인 · liquidated damage : 확정 배상액(▶ 계약 불이행 시 손실의 발생 유무를 따지지 않고 해당 금액 배상), 지연 배상액
location	소재지 · location of industry : 산업 입지 · relocation : 이전 · notice of relocation : 이전 안내
maintain	유지하다, 지키다, 주장하다

상용어	의 미
make and conclude	체결하다 make and enter into
make use of ~	~을 이용하다, 활용하다, 덕보다

manifest	적하 목록, 명백한
	· 화물이 선박이나 비행기에 실릴 때 작성하는 목록이다.
	  MNF, M/F라고도 한다.
	⊚ 비행기 승객 명단도 manifest라고 하는데, Netflix 방영물 중에 Manifest라는 제목의 드라
	  마도 있다.

material breach	중대한 위반
	⊚ Material breach is a contract law term which refers to a failure of performance
	  under the contract which is significant enough to give the aggrieved party the
	  right to sue for breach of contract.
	계약을 크게 위반하는 것을 「material breach of contract」라고 하며, 국가 간의 조약을 크게 위
	반하는 것은 「material breach of treaty」라고 한다.
	Material breach에 해당되는 사안이 발생되면 보통 계약이 파기되거나 벌칙 조항이 있는 것으
	로 계약서를 작성하는 것이 일반적이다.
	· material : 직물, 천, (물건의) 재료, 물질적인, 물리적인, 중요한
	⊚ 원자재의 의미로는 일반적으로 복수형을 사용하여 raw materials
	⊚ facts material to decide on the investment : 투자 의사 결정에 중요한 사실
	⊚ material evidence : 물적 증거

maturity	만기, 성숙 mature : 만기가 되다, 성숙하다, 완성하다, 만기가 된, 익은, 성숙한
may ~	~ 할 수 있다 ⊚ 허가, 허락, 권리의 의미 (cf. 능력의 ~ 할 수 있다는 can) ⊚ 법적으로 ~할 권리를 행사 가능하다는 의미로 has the right to ~, be entitled to ~를 사용 하기도 한다
mean and include	~ 을 의미하다
mentioned or referred to	기재되다
milestone, milepost	마일스톤, 주요 일정표
mirror-image rule	엄격 일치의 원칙 – 청약과 승낙은 세부 내용까지 완전 일치하여야 계약이 성립된다는 원칙 · battle of forms : 서식의 전쟁
misappropriation	남용(abuse)

상용어	의 미
miscellaneous provisions	부칙, 다양한 조항, 잡다 조항
modify and change	변경하다
move-in and move-out fee	전입 전출 수수료
multimodal	복합, 다모드의, 다양한 · multimodal transport, multimodal freight : 복합 운송
mutatis mutandis	준용하다, 필요한 부분만 약간 수정하여, 본질적으로 같으나 필요한 변경을 조금하여
mutually beneficial	상호 호혜적인, 서로에게 이익이 되는
negligence	과실 · gross negligence : 중과실
negotiate	협상하다, 교섭하다
neither party shall be liable to the other party for ~	양 당사자 중 어느 일방도 –에 대해(상대방 당사자에게) 책임을 지지 아니한다.
non-binding	구속력이 없는, 강제적이 아닌, 비강제적인 · non-obligatory
non-compete	경쟁 금지, 동종 품목/업종 경쟁 금지, 동종 업종 취업 금지 ⓘ In contract law, a non-compete clause (often NCC), or covenant not to compete (CNC), is a clause under which one party (usually an employee) agrees not to enter into or start a similar profession or trade in competition against another party (usually the employer). Some courts refer to these as 「restrictive covenants.」 계약에서 자주 사용하는 말로서, 경쟁 관계에 있는 품목을 팔거나, 회사에 경쟁되는 일은 할 수 없다는 것이다. 예를 들어, 외국 회사에 독점권을 부여하였는데, 그 독점권을 받은 회사가 독점권 공여 업체와 경쟁 관계에 있는 물품을 같이 판매한다면 이는 독점권 공급 업체에 손실을 끼치게 될 가능성이 큰 바, 이런 상황을 방지하기 위한 것이다. 또한 고용 계약서에도 자주 사용하는 표현인데, 고용인이 회사를 그만둘 경우, 몇 년간은 그 회사에 취득한 지식이나 know-how를 갖고 그 회사의 이익과 상충되는 사업은 하지 못한다는 의미로 사용된다. 즉, 동종 업종에서 경쟁하지 않는다는 것임. 일반적으로 임원급 이상의 인사나 직급이 어느 정도 되는 연구원들에게만 적용되며, 각 나라마다 각 기업마다 경쟁 금지 기간이 상이하다.

상용어	의 미
non-compliance	불이행
nonconforming	관행을 따르지 않는, 규법을 따르지 않는, 국교를 신봉하지 않는
non-performing party	불이행 당사자
not later than June 1	6월 1일보다 늦지 않게 (▶ 6월 1일까지) · no later than June 1 : 6월 1일 보다 빨리 · no sooner than June 1 : 6월 1일보다 늦게 · not sooner than June 1 : 6월 1일보다 빠르지 않게
nothing contained in this Agreement should be construed to ~	본 계약에 있는 어떤 내용도 ~ 하는 것으로 해석되어서는 안 된다 · nothing contained in this Agreement should be construed as ~ing
nothing herein, however, shall be deemed to ~	하지만, 여기에 있는 어떤 것도 ~하는 것으로 간주되지 않는다
nothing prevents either party from ~ing	양 당사자가 ~하는 것을 막는 것은 아무것도 없다
notwithstanding anything to the contrary in this agreement	본 계약에 명기된 반대되는 어떤 내용의 규정에도 불구하고 ⊚ 계약서 조항이 상충될 경우, 우선순위를 확실히 하여 논쟁의 소지를 없게 할 필요가 있을 때 사용 · notwithstanding anything to the contrary herein
novation	(채무·계약 등의) 갱신
null and no effect	무효한 · null and no force, null and no value
null and void	무효의, 효력이 없는
obligate	(법률·도덕상의) 의무를 지우다, 강요하다 · be obligated to~ : ~해야 한다, ~할 의무가 있다 · obligation : 의무　　• under no obligation to ~ : ~할 의무가 없다
occurrence	발생
of and concerning	~에 대해서, ~의
on and before ~	일자까지 (by, until and including)

상용어	의 미
on behalf of	대표하여, 대신하여
on one's own account	누구의 비용 부담으로
one and more than one	1개 이상 (not less than one) · more than one : 2개 이상
out-of-pocket expense	· 계약의 준비 및 체결 과정에서 발생한 비용 일체, 부대 비용 · 자기 부담금(◎ 프로젝트를 위해 지불한 금액; 식사비, 주유비, 호텔비 등을 포함한다)
over and above	~을 넘다
partially or totally	부분적으로 또는 전체적으로, 부분적으로 또는 완전히
participate	참가하다
party	당사자
payable	지불해야 하는, 지불할 수 있는, ~를 수취인으로 하는
payment schedule	지불 일정
payroll	급여 대장, 급여 대상자 명단, 급여 지불 총액 · on the payroll : 고용되어　　· off the roll : 해고되어
performance bond	이행 보증서, 이행 보증금(즉, 약속 불이행 시 해당 돈 반환 불가)
pertaining to	~에 관한 · all matters pertaining to ~ : ~에 관한 일체의 사항
pledge	약속, 서약, 저당(금), 담보, 약속하다, 맹세하다, 저당 잡히다 pledgee : 法 질권자, 저당권자　　· pledger : 法 저당권 설정자
power and authority	권한
power of attorney	위임장 (POA)
preceding	이전의, 앞선, 선행하는, 바로 앞의, 전술의, 상기의
preemptive right	신주 우선 인수권, 선매권
preferential	특혜의, 우선의 · preferential　duty/tariff : 특혜 관세 · preferential payment : 우선 변제 ◉ prior payment, payment in preference
premises	계약서 전문, 전기의 사항

상용어	의미
presume	(근거 있는) 추정하다 assume : 근거 없는 추정하다
presumption of innocence	무죄 추정의 원칙
prevail	만연하다, 팽배하다, 승리하다, 이기다
prima facie	언뜻 보기에, 추정적 일견하여, 우선은
principal	원금, 주요한, 주물 · principal office : 본점(main/head office) · principal and interest : 원금과 이자 · principal registration : 본 등기
privilege	특전, 특혜
pro rata	정비례해서(◉ 비례해서 배분한다는 의미 내포) · proportionally
proceeding	소송 절차
promote	촉진하다, 홍보하다, 승진시키다
provided that ~	다만 ~ 한 경우에
provided, however, that ~	다만 ~ 한 경우에(◉ provided that 보다 강하게 표현)
provision	조항, 공급, 제공, 준비
provisional	임시의, 일시적인, 잠정의, 가(假 : 임시, 가짜, 시험적인) · provisional certificate : 가증서 · provisional agreement : 가계약 · provisional invoice : 가송장 · provisional payment : 가지급 · provisional registration : 가등기 · provisional seizure : 가압류 · provisional deposition : 가처분
punitive damages	징벌적 배상 · exemplary damages
purportedly	(사실이 아닐지도 모르지만) ~로 알려진, ~로 진술된
pursuant to ~	~에 준해서, ~에 따라서
raw materials	원자재 · crude materials, rough materials

상용어	의미
recital	(증서 등의) 사실의 열거 부분, 비고 부분
recite	(참고 사실을) 문서로 구진(◉ 모든 것을 갖추어 자세히 진술) 하다
recourse	상환청구권, 소구권 · with recourse : 의무자의 신용 외에 이행을 청구할 수단이 있음 　　　　　　　　　1차 책임자가 책임지지 않으면 2차 책임자에게 청구 가능 · without reocurse : 의무자의 신용 외에 이행을 청구할 수단이 없음(즉, 3자 면책이라는 의미) · limited recourse : 의무자의 신용 외에 이행을 청구할 수단이 있으나 제한적임
red tape	· 불필요한 요식(행위) 　red tape formalities : 번거로운 절차
reimburse	상환하다
reliance damages	신뢰 이익의 손해배상
relieve	없애주다, 완화하다, 줄이다
render	주다, 제공하다, 만들다, 제시하다, 제출하다
represent	표시하다, 진술하다, 대표하다, 대리하다, 해당되다
representation and warranty	진술 및 보증
representation letter	대표 각서, 대리 위임장
reprisal	보복, 앙갚음
request and demand	요청과 요구 ◉ 요구는 「받아야 할 것을 필요로 달라고 청하는 것」이며, 요청은 「필요한 어떤 일이나 행동을 청하는 것」이다. ◉ 일반적으로 요구의 경우 요구받은 자가 요구받은 사항을 거부할 수 없으며, 요청의 경우는 요청받은 자가 요청받은 사항에 대한 판단 여지가 있다. 즉, 요구와 요청은 강제성의 정도에 차등을 두는 것이다.
request for arbitration	중재 신청서
reserve the right	권리를 유보하다
resolution	의결
resort to legal means	법적인 구제 수단을 취하다

상용어	의 미
respective	각자의
restitutionary damages	원상 회복 배상 · restitution : 반환, 法 배상, 보상
restrict	제한하다, 방해하다
result from	A results from B.　B로 인해 A가 발생된다. · B results in A. · B causes A.
retain	유지하다, 보유하다, 함유하다, 간직하다
revoke	철회하다, 폐지하다, 취소하다 · revoke a decision · revoke a business license
right of first refusal	우선적 선택권, 우선적으로 결정할 수 있는 권리, 우선매수권
right of publicity	퍼블리시티권, (명사들의) 이름·초상 보호권 ◉ 유명인이 저작 인격권에 속하는 성명, 초상 등에 권리를 상품화시켜 이전이 가능한 권리로 구성한 개념
rollback	(상황·법률·협상·가격·급여 등이 과거 상태로) 역행, 후퇴, 되돌림, 인하
save and except	~을 제외하고
statement of defence	피신청인 준비 서면 · statement of rejoinder : 피신청인 2차 준비서면
stipulate	규정하다, 명기하다
stock	· stock corporation : 주식회사 · stock/share　certifcate : 주권 · stock/share　price : 주가 · stock/share　transfer : 주식 양도 · stock/capital　watering : 주식 증자, 물타기 증자
stoppage	조업 중단, 멈춤
strict liability	엄격 책임
subcontract	하도급, 하청업
subcontract	하도급, 하청업 · subcontractor : 하도급업자, 하청업자 ◉ 요즘은 하청업체 대신 협력 업체라는 말을 사용한다.

상용어	의 미
subject to	~에 달려 있다, ~에 의해 결정된다 계약서에 자주 사용되며 비즈니스 서신에서도 자주 사용된다. 일반적으로 앞 문장이 있고, 뒤에, subject to~라고 사용하는데, subject to 이하의 내용에 따라, 앞의 문장 내용이 결정되는 바, subject to 이하의 내용에 신경을 써야 한다. 예를 들어, We are pleased to place an order with your company for 200 tons of PC for cellular phone housing, subject to the order quantity of service providers. 당사는 귀사에 핸드폰 케이스용 PC 200톤을 발주해서 기쁘다. 이 발주는 통신업체의 핸드폰 발주 수량에 의해 최종 결정된다. 즉, 법적으로 얘기하면, 통신업체의 발주가 없다면 200톤의 발주는 자동 취소되는 것으로 된다. 즉, 조건부 발주이다. 하지만, 공급업체로서는 이 조건부의 PO를 받는 것과 못 받는 것은 큰 차이가 있는 바, 이런 조건부 PO라도 받으면 생산 일정 잠정 수립과 자재 수급에 잠정 대처할 수 있다.
subject to the conditions hereinafter set forth	본 계약에 명시되어 있는 조건에 따라 아래에 명시되어 있는 조건에 따라
subsequent	그다음의, 차후의 · subsequent step : 그다음 움직임, 후속 조치(follow-up measures)
subsidiary	부수적인, 자회사의 · wholly-owned subsidiary : 완전 종속 회사, 완전 자회사
scope	영역 · full scope : 충분한 여지, 전면, 전 규모
sealed deed	날인 증서
secrecy	비밀
security	담보
shall ~	~한다 (계약서의 shall은 의무를 의미한다.) · 『~ 할 의무가 있다.』라는 의미로 『~ 한다.』라고 해석하면 되며, be obligated to ~로도 사용한다. · 『shall not ~』은 『~ 하지 않기로 한다.』의 의미로, 대다수의 경우 해석은 『~ 하지 않는다.』로 하는 것이 일반적이다. 만약 명기한 대로 하지 않으면 계약 위반이 되는 것이다.
shall in no way impair the enforceability of~	~의 집행에 영향을 끼치지 않는다, ~의 강제성에 영향이 없다 ⊚ in no way : 결코/조금도 ~ 않다(not ~ at all)
shall not be unreasonably withheld	불합리하게 보류되지 않는다, 부당하게 보류되지 않는다 · The other party's written consent shall not be unreasonably withheld. 　다른 당사자가 서면 동의를 부당하게 보류하지 않는다.

상용어	의 미
shall not be used for any purposes other than~	~ 이외의 용도로 사용되지 않는다, ~의 용도로만 사용된다 · shall not be used for any other purpose than ~
shortlist	우선 협상 대상자, 최종 후보자 명단, 최종 명단에 넣다
side letter	부속 서신 · side issue : 지엽 문제, 부차적 문제 · side agreement : 추가 협약, 부가 협약 · side job : 부업, 아르바이트
sign and seal	서명 날인
skeleton argument	주장 요약서(최종 서면) ⏺ 살은 없고 뼈만 있으니 압축 요약된 내용을 의미한다. · skeleton : 골격, 해골, 윤곽, 골자 · skeleton in the closet, skeleton in the cupboard, family skeleton : 　(남의 이목을 꺼리는) 집안 비밀
slowdown	둔화
sole and exclusive	유일의, 배타적인
specific performance	특정 이행 명령
standby credit	보증 신용장
statement of claim	신청인 준비서면 · statement of reply : 신청인 2차 준비서면
substantial	상당한, 사실상, 실직적인, 내용이 풍부한 · substantial amount of money : 상당한 액수의 돈 · substantial evidence : 상당한 증거 · substantially : 실체상, 본질상, 사실상
successful bidding	낙찰 · successful bid : 낙찰 · successful bidder : 낙찰자
supersede	대리하다, 대신하다 · take the place of, replace, supplant
supersede and displace	~을 대신하다, ~을 무효로 하다
survival	규정의 존속성 · survival clause : 존속 조항

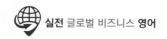

상용어	의 미
TBD	곧 결정될 것임, 추후 결정, 현재 미정 · to be determined, to be decided
temporary	일시적인
tender of performance	변제(채무 이행의) 제공 · tender of payment ◉ 채권자의 협력을 필요로 하는 채무에서, 채무자가 급부의 실현에 필요한 모든 준비를 다하여 채권자의 협력을 요구하는 일
term sheet(T/S)	주요 조건 요약서
terms and conditions	조건, (계약상) 지불 조건 및 일반 조건
terms of reference(TOR)	위임 사항, 권한
territory	영역
the day and date first written above	서두에 기재된 일자
then current	당시 현재 · then-current : 당시의
then existing	그 당시에 존재하는, 당시에 유효한, 당시의
this agreement shall govern and prevail	본 계약에 따르며, 본 계약이 우선한다.
through one's fault	~의 과실로 · through no(particular) fault of one's own : ~의 잘못이 아닌데도
thrust	요점, 취지, 찌르기, 공격 · thrust of a clause : 조항의 요지
timely	시의적절한, 적기의 · timely ↔ untimely　　• opportune ↔ inopportune · seasonable ↔ unseasonable
to the extent permitted by law	법이 허용하는 범위 내에서
to the maximum extent possible	최대한
to whatever extent	어느 정도
tort	(민사 소송으로 이어질 수 있는) 불법 행위

상용어	의 미
trade name	상표명, 상품명(brand name)
trademark	상표, 트레이드마크
transfer	양도, 이월
treasury stock	자사주
trigger event	(일련의 사건을 유발하는) 계기, 유인 · quick on the trigger : 재빠른, 빈틈이 없는, 사격이 빠른
true and correct	올바른
type and kind	~ 종류의
unavoidable	피할 수 없는 ineluctable, inescapable, inevitable, ineludible
under and subject to	~에 따라
under one's hand and seal	서명 날인되어
under the direction and control of ~	~의 지시와 감독에 따라
under the pains and penalties of perjury	위증죄 형벌하에
understood and agreed	합의된, 동의된
undertaking	약속, 의무, 보증
undue influence	부당 위압
unless caused by ~	~로 야기되지 않으면
unless in writing	서면이 아니면
unless otherwise agreed	별도 합의가 없으면
unless otherwise specified in~	~에 달리 명기되지 않는 한
unless otherwise notified by	별도로 통지받지 못하면
untrue statement	허위 진술, 사실 와전 · misrepresentation

상용어	의미
upon the close of this agreement	계약이 체결되는 대로
vacate	(좌석, 방, 집 등을) 비우다, 방을 빼다, (일자리에서) 떠나다 **法** 무효로 하다 · vacate a house, vacate the seat
validate	입증하다, 인증하다, 승인하다, 인정하다
validity, legality and enforceability of ~	~의 효력, 적법성 및 집행 가능성
via a written change order	서면으로 변경 지시하여, 서면 변경 지시를 통해서 · thru a change order in writing
vice versa	반대의 경우도 같다
void	무효의, (법적) 효력이 없는
voluntarily or by cause	자발적이든 사유가 있든
voluntary	자발적인, 임의적인 · voluntary auction : 임의 경매 · voluntary unemployment : 자발적 실업
voting stocks/shares	의결권주
waive the right	권리를 포기하다
waiver	권리 포기 non-waiver : 권리 불포기
walk-through	단계별 검증, 검사, 외관 검사, 연습, 리허설 ⊚ 주로 건설 쪽에 사용된다. 건설 진행 상황을 걸어 다니면서 검사, 검증한다는 것이다.
warrant	보장하다, 장담하다, 영장 · search warrant : 수색영장 · arrest warrant : 체포영장 · warrant for search and seizure : 압수 수색 영장
when and as	~일 때, ~의 경우
when and if	~일 때, ~의 경우
whereas	반면에, ~한 사실이 있으므로, ~라는 사실에 비추어, ~한 사실이 있으며 · while, on the other hand ⊚ Shipment is covered in article 7 whereas quality control is defined in article 17. 　선적은 7조에 명기되어 있는 반면에 품질 관리는 17조에 명기되어 있다.

상용어	의미
whereas clause	계약서 전문 중 설명 조항(= recitals)
wholly owned	완전히 소유된
without cause	정당한 사유 없이, 이유 없이
willfully and knowingly	고의로, 알면서
with all due speed	전속력으로
with reference to	~에 관하여 · with regard to, in connect to, with respect to
withdrawal	철회, 취하 · early withdrawal : 조기 해약, 중도 해약 · withdrawal of litigation : 소송 취하
withholding	원천징수 · withholding income tax : 원천 소득세 ⊙ 세법상 원천 징수 의무자는 돈을 주는 사람이다. 회사에서 직원에게 급여를 지급하면 급여의 세금을 차감한 후 직원에게 급여를 지급하며, 그 세금은 회사에서 직원 명의로 대납한다.
within the meaning of ~	~에 규정되어 있는
withnesseth	주목하다, 알아차리다, 주의하다, 논평하다, 증언하다 · take notice of
without commitment	아무런 의무를 지지 않고, 확약 없이, 언질 없이
without limiting the generality of the foregoing	앞에서 설명한 사안의 일반성을 한정하는 것은 아니며 ⊙ 어떤 사항을 일반적으로 규정하고 몇 가지를 특정하여 예시할 경우 사용
without prejudice to ~	~에 영향을 주지 않고, ~를 침해하지 않고, ⊙ 어떤 행위를 한다고 해서 ~에 대해 어떠한 영향을 주지 않는다는 것임. 즉, ~에 대한 권리는 여전히 살아있는 것임. · without prejudice to any other rights or remedies which may be available to the company 회사에서 조처 가능한 다른 권리나 구제책에 영향 없이 · Until your company supplies 2 Mil PCS, the agreement between us shall continue to be enforced without prejudice to the amendment to the agreement. 귀사가 200만 개를 공급할 때까지 귀사와 당사 간의 계약은 계약 수정 사항에 영향 없이 계속 유효하다.

 Consequential Damages

상거래를 실제 하는 비즈니스맨들에게 consequential damages를 번역하라면 「판매 기회 상실 야기 배상금」 정도로 할 것으로 판단된다.

핸드폰 조립에 필요한 부품을 개당 $100에 100,000개 공급하는 계약을 핸드폰 회사와 체결하여, 부품을 공급하고, 핸드폰 회사에서 그 부품을 사용하여 핸드폰을 조립하여 통신사에 100,000세트를 공급하였으나, 핸드폰 부품 불량으로 판명되어, 핸드폰 회사에 큰 손해를 입혔다. 이 경우, 부품회사는 핸드폰 회사에 손해배상을 책임져야 하며, 부품 가격 배상뿐만 아니라 핸드폰 완제품 피해 관련 배상도 하여야 한다.

2010년대의 일이지만 핸드폰 FPCB 관련 업체 여러 회사가 폭망한 적이 있었는데, 그 상황은, 공급하는 부품에 불량이 생겨, 핸드폰 업체의 핸드폰 판매에 차질이 발생하여 핸드폰 판매 수익의 일부를 부품 업체에서 책임져야 하는 일이 발생한 것이다. 간단히 말해, 공급하는 부품 가격은 $10이나 이 부품 불량으로 $1,000짜리 핸드폰을 판매할 기회를 상실하게 된 것인바, 판매 기회 상실에 대한 배상 책임이 있는 것이다. 이러한 구조는 비즈니스 측면에서는 너무나 당연하다. 이러한 손해를 consequential damages라고 한다.

Consequential damages를 resultant damages라고도 한다. 즉, 어떤 원인에 의해 결과적으로 발생한 손해를 의미한다. 이러한 상황에 대해 법원에서 어떤 식으로 판결 내릴지는 경우에 따라 다르지만, 실제 비즈니스에서는 배상 책임을 당연히 져야 한다. $1 부품을 납품한다고 $1 책임만 있는 것은 아니다. 그 부품으로 인한 완제품 피해와 핸드폰 업체의 기업 이미지 피해의 일부를 책임져야 한다. 본 FPCB 경우, reliance damages도 발생한 것이다. 예를 들어 6월에 출시하는 것으로 광고를 하였는데, $1짜리 부품으로 인해 3개월이 지연된다면 기업에 대한 신뢰가 깨지고 기업 이미지(corporate image)는 추락하는 것이며, 제품을 출시하였는데 불량이라면 이 또한 기업 이미지에 큰 타격을 주는 것이다.

▶ A results from B = B results in A : B로 인해 A가 발생하다
  Your late delivery of 10,000 PCS resulted in our heavy loss.
  Our heavy loss resulted from your late delivery of 10,000 PCS.
  귀사의 만 개 선적 지연으로 큰 손실이 발생하였다. 손실의 원인이 선적 지연, 즉 선적 지연의 결과로 damages가 발생한 것이다.

실전 글로벌 비즈니스 영어

초판 인쇄 2024년 1월 10일
초판 발행 2024년 1월 15일

지은이 장 시 혁
펴낸이 임 순 재

펴낸곳 (주)한올출판사
등 록 제11-403호
주 소 서울시 마포구 모래내로 83(성산동, 한올빌딩)
전 화 (02)376-4298(대표)
팩 스 (02)302-8073
홈페이지 www.hanol.co.kr
e-메일 hanol@hanol.co.kr
ISBN 979-11-6647-401-9

실전 글로벌 비즈니스 영어

실전 글로벌 비즈니스 영어

실전 글로벌 비즈니스 영어